马克思主义研究文丛

马克思主义与中国道路

陶德麟◎著

图书在版编目（CIP）数据

马克思主义与中国道路 / 陶德麟著. —北京：中央编译出版社，2018.8
ISBN 978-7-5117-3584-3

Ⅰ. ①马…
Ⅱ. ①陶…
Ⅲ. ①马克思主义 - 发展 - 研究 - 中国 ②中国特色社会主义 - 社会主义建设模式 - 研究
Ⅳ. ①D61

中国版本图书馆 CIP 数据核字（2018）第 116509 号

马克思主义与中国道路

总 策 划	
出 版 人：	葛海彦
出版统筹：	贾宇琰
责任编辑：	杜永明
美术编辑：	王洪广　吴成英
责任印制：	刘　慧
出版发行：	中央编译出版社
地　　址：	北京西城区车公庄大街乙 5 号鸿儒大厦 B 座（100044）
电　　话：	（010）52612345（总编室）　（010）52612339（编辑室）
	（010）52612316（发行部）　（010）52612346（馆配部）
传　　真：	（010）66515838
经　　销：	全国新华书店
印　　刷：	三河市华东印刷有限公司
开　　本：	710 毫米 × 1000 毫米　1/16
字　　数：	371 千字
印　　张：	25.75
版　　次：	2018 年 8 月第 1 版
印　　次：	2018 年 8 月第 1 次印刷
定　　价：	99.00 元
网　　址：	www.cctphome.com　　邮　箱：cctp@cctphome.com
新浪微博：	@中央编译出版社　　微　信：中央编译出版社（ID：cctphome）
淘宝店铺：	中央编译出版社直销店（http://shop108367160.taobao.com）
	（010）55626985

本社常年法律顾问：北京市吴栾赵阎律师事务所律师　闫军　梁勤
凡有印装质量问题，本社负责调换，电话：（010）55626985

五月五 🤝

自序：新时代理论工作者的新使命

党的十九大把习近平新时代中国特色社会主义思想确立为党的指导思想，这对实现中华民族的伟大复兴是具有决定意义的头等大事。这次大会的战略部署中把牢牢掌握意识形态的领导权列为重要任务，指出要加强理论武装，推动新时代中国特色社会主义思想深入人心，深化马克思主义理论研究和建设，加快构建中国特色哲学社会科学。这就使我们理论工作者担负起了新的使命。

在我们必须坚持的"四个自信"中，理论自信是贯穿一切的基础。一百多年来无数志士仁人为了救亡图存，曾经从西方引进过各式各样的资产阶级理论，一一归于失败，直到马克思主义传入中国，建立了中国共产党并领导了革命，中国人才知道走什么道路、建立什么样的制度和文化才能救中国、富中国、强中国，才有了光辉灿烂的今天和未来。这是因为只有马克思主义才在人类思想史上第一次找到了解开社会发展规律这个"千古之谜"的钥匙，为人类的解放提供了科学的世界观和方法论，确是放之四海而皆准的普遍真理。只有马克思主义才是民族复兴的思想武器，这是历史证明了的铁则。

我们理论工作者要履行新时代的新使命，就必须进一步努力推进马克思主义的中国化、时代化、大众化的事业。为此，我认为要大力增强几个观念。

一、国情观念

马克思主义是普遍真理，不可能对不同民族、国家的具体问题做出现成的答案。只有把马克思主义的普遍真理与各国各民族的实际情况正确地结合起来,这个真理才能落地生根,发挥作用。我们党成功的根本原因就是坚持了马克思主义的普遍真理与中国具体实际相结合的原则。我们有经过几千年的发展而形成的政治经济文化生态诸方面的特点,有不同时期发展水平和所处的国际环境的特点,运用马克思主义时必须如实地结合这些特点,使马克思主义中国化,成为自己的东西。从毛泽东思想到今天的习近平新时代中国特色社会主义思想就是中国化的马克思主义。毫无疑问,我们必须原原本本地学习马克思主义的经典著作,只有这样才能学会在实践中运用马克思的立场、观点、方法解决我们的问题;但决不能机械地照搬马克思主义著作中在当时当地针对某种特殊情况作出的一切具体论断而脱离中国实际,犯教条主义的错误。

二、辩证观念

唯物辩证法是马克思主义的世界观和方法论的灵魂,对一切问题的分析都不能离开它。以如何对待吸取外来文化的问题为例。中国是世界的一部分,不是闭门锁国的孤岛。我们不是对世界大局闭目塞听的"国粹派"。我们有广阔的世界眼光和深邃的历史视野,有海纳百川的胸襟气度。除了要大力继承和弘扬中国优秀传统文化和革命文化之外,也必须放手吸纳世界文明大道上一切有价值的成果。对西方文化的成果我们决不盲目排斥。但至关重要的是,我们必须有自己的立场,自己的坐标,自己的主心骨,放眼世界要以立足中国为前提。对外国的成果必须做辩证的分析,区分真理与谬误、合理与不合理、适合中国国情与不适合中国国情、对我有益与对我无益或有害,决不能盲目崇拜,以西为宗,唯西是从。即使对可以吸纳和利用的外国思想学说,也要做辩证的分析,吸取其合理成分并根据我们的需要加以改铸,而不能邯郸学步,一体照搬。在那些"名气"不小的西方流派面前,尤其是在那些言伪而辩的理论面前,决不可自我矮化,以做跟班和吹鼓手为荣,把外国人的见解作为评价是非的标准,而丧失了自我。对那些谬误见解，我们应该以科学的态度和方法仔细鉴别，理直气壮而又实事求是地作出批评。

三、创新观念

时代化是马克思主义中国化的必然要求。理论的唯一源泉是实践，检验真理的唯一标准也是实践。实践是不断发展的，在新时代到来的时候尤其日新月异，新事物新问题层出不穷，理论工作者必须以敏锐的眼光密切关注新事物，发现新问题，提出新见解，使马克思主义的时代化落到实处。既要坚持马克思主义的根本原则，坚持至今仍然符合实际的正确论断，又不能固守已经落后于发展中的现实情况的某些观点。僵化和停滞会使原来正确的东西变成不正确的东西，或者变成贫乏无力缺乏生气的东西。这就要求我们有创新的追求，开拓的勇气。但创新和开拓必须实事求是，符合发展中的具体实际，符合客观规律。不能把生造一个新名词、提出一些耸人听闻的奇谈怪论来冒充"创新"和"开拓"。

四、大众观念

大众化同样是马克思主义中国化的必然要求。马克思主义的科学真理只有为广大人民群众所掌握才能变成改造世界的伟力。我们理论工作者的作品不是"藏之名山束之高阁"供自我欣赏的"秘本"，而是写给人民大众看的。人民大众看不懂、不爱看的作品就将不起作用，几乎等于白写。人民大众的知识准备、文化素养、生活经历等等千差万别，我们的作品应当与不同类型的人民群众的需要相适应。我们需要内容深刻的高水平的作品，但表述的形式应当多种多样，既需要"阳阿薤露"和"阳春白雪"，也需要"下里巴人"。但无论何种层次的作品，都应该力求说理透辟，明白晓畅，避免故作高深，佶屈聱牙。当年苏东坡批评扬雄"好为艰深之辞，以文其浅陋"，"若正言之，则人人知之矣"，又说"辞，达而已矣，辞而至于能达，则文不可胜用矣"。这些话现在对我们还有借鉴意义。

我是一个在理论战线上工作了六十多年的老兵，是一个在浩渺的大海中乘桴而行的探索者，自知贡献甚微。如今垂垂老矣，还更感到自己是一个小学生。但我还不敢懈怠，还跟在大队伍后面一边继续学习，一边做一点力所能及的工作。我有幸看到我国在中国共产党的领导下已进入了新时代，习近平新时代中国特色社会主义思想已经成为我们的指针，今年又正是马克思这位巨人200周年诞辰，心潮澎湃，所以我同意从我多年的论文中选出一部分汇成此书，作为雪泥鸿爪献给读者，恳望得到批评指正。

杜永明同志和编辑部的其他同志为此书的出版付出了大量的心血，谨致最诚挚的谢意。

目 录
CONTENTS

马克思主义中国化、时代化与大众化

群众路线与马克思主义的认识论
　　——读《毛泽东选集》第四卷 ………………………… 3
谈谈马克思主义哲学的通俗化
　　——读毛泽东同志致李达同志的三封信 ………………… 23
改革需要哲学，哲学需要改革 …………………………………… 29
马克思主义中国化是哲学社会科学的重大课题 ………………… 49
对马克思主义中国化研究中两个问题的理解 …………………… 54
关于马克思主义大众化问题 ……………………………………… 77
做好马克思主义中国化、时代化、大众化这篇大文章 ………… 86
略论文化建设中的传承与借鉴 …………………………………… 96
《李达全集》总序 ………………………………………………… 113
马克思主义中国化的必要性问题 ………………………………… 137

真理标准、生产力标准

评实用主义的真理论 ……………………………………………… 161

关于真理标准的几个问题 …………………………………… 182
逻辑证明与真理标准 ……………………………………… 193
实践怎样检验认识？ ……………………………………… 209
认识的对象是检验真理的标准吗？
　　——一篇对话 ………………………………………… 224
真理阶级性讨论中的一个方法问题 ……………………… 235
关于生产力标准的几个理论问题 ………………………… 243
论真理标准、生产力标准与"三个有利于"标准的关系 …… 257

辩证法和历史观

关于"矛盾同一性"的一点意见
　　——评罗森塔尔、尤金著《简明哲学词典》 …………… 275
百家争鸣与"两家"争鸣 …………………………………… 281
不能用专政的办法解决精神世界的问题 ………………… 287
人道主义的哲学基础 ……………………………………… 297
两种伦理原则 ……………………………………………… 308
道德观念要符合经济体制改革的要求 …………………… 318
从马克思的两段话说起 …………………………………… 330
全面准确地理解以人为本的科学涵义 …………………… 338
人学研究之我见 …………………………………………… 348
构建社会主义核心价值体系的指导思想 ………………… 355
论辩证法与和谐问题 ……………………………………… 364
践行马克思主义的实践观，为实现中国梦而奋斗 ……… 376

附录

　　陶德麟：笔有雷鸣道不孤
　　　　《光明日报》记者　王斯敏 ……………………… 379

索　引 ……………………………………………………… 391

马克思主义中国化、时代化与大众化

群众路线与马克思主义的认识论[①]
——读《毛泽东选集》第四卷

群众路线是我们党的根本的政治路线，也是我们党的根本的组织路线。在各项工作中正确地贯彻群众路线，是党在长期的革命斗争中取得伟大胜利的重要保证。关于群众路线的系统理论，是毛泽东同志把马克思列宁主义的普遍真理与我国革命的具体实践结合起来的产物，是对马克思主义理论宝库的重大贡献。群众路线问题具有极深刻的理论意义和实际意义，值得从各个方面进行深入的研究。这篇笔记，只是就这个问题的一个侧面，即群众路线的工作方法同马克思主义认识论的关系这样一个侧面，记录了作者学习《毛泽东选集》第四卷之后的一些体会。

一、群众路线的工作方法和马克思主义认识论的统一，实践观点和群众观点的统一

如何使主观认识符合于客观实际，这是一个极为重要的认识论问题。所有的唯物主义者都主张主观是客观的反映。但是马克思以前的唯物主义离开了人的社会性和人的历史发展，不了解认识对实践的依赖关系，不了解认识本身的规律性，因而不能正确地解决主观如何反映客观的问题。这个问题只有马克思主义才第一次给予了科学的解决。马克思主义指出，不

---

① 原载《新建设》1961年第5期。

仅人们认识的内容与客观存在是同一的，而且认识本身的发展规律与客观世界的发展规律也是同一的（即都服从于以对立统一规律为核心的辩证法规律），认识的辩证法是客观辩证法的反映。人们的主观认识之与客观实际相符合，正是在社会实践的基础上通过辩证法的途径达到的。马克思主义认识论阐明的认识运动的辩证规律是普遍规律，不仅适用于懂得或承认它们的人，而且也适用于不懂得或不承认它们的人。但是，这是不是说任何人都是自觉地遵循着这些规律去进行认识活动的呢？当然不是。如果这样，世界上就没有唯心主义者和形而上学者了。认识运动的辩证规律的普遍性表现在：当人们遵循着这些规律去行进认识活动的时候，就能够经历一定的过程而达到主观与客观的具体的历史的统一，并在实践中实现预想的目的；反之，当人们违反了这些规律去进行认识活动的时候，就会造成主观与客观的分裂，并在实践中得不到预期的结果。我们既不应当因为有人不按照认识运动的辩证规律去认识世界，就否认这些规律的普遍性；也不应当因为强调这些规律的普遍性，就抹煞①了按照这些规律与违反这些规律进行认识活动的原则区别。不仅如此，就是在按照认识规律去进行认识活动的人们中间，也还有自觉与不自觉的原则区别。认识活动不自觉地符合了认识的辩证规律，在不了解或不承认马克思主义认识论的人们中间也是常见的（如恩格斯所说的，人们在知道什么是辩证法以前，早就辩证地思维着了）；处在这种情况下的人们也能在许多问题上达到主客观的一致，但是往往要冒更多的风险，走更多的弯路，付出更多的代价，有时还不免陷入唯心主义和形而上学的泥坑，形成主客观的分裂。只有被马克思主义武装起来了的、自觉地按照认识运动的辩证规律去进行认识活动的人，才能最有效地经过正确途径达到主客观的一致（这当然不是说在认识的过程中可以不走任何弯路，不犯任何错误）。由此可见，我们为使自己的主观认识符合于客观实际，不仅不能违反认识运动的辩证规律，而且也不能停留在不自觉的状态，而应当自觉地遵循这些规律去认识世界和改造世界。

---

① 今天一般用"抹杀"。——编者注

但是，怎样才能使我们善于遵循认识运动的规律去认识世界和改造世界呢？为了做到这一点，仅仅懂马克思主义认识论的一般原理还不够，还必须进一步把一般原理具体化为每一个革命干部都能够掌握的工作方法。只有完成了这件工作，才能最有效地解决如何使我们的主观认识符合客观实际的方法问题。毛泽东同志数十年来倡导的群众路线的工作方法，就是对这个问题的光辉贡献。

要理解群众路线的工作方法与马克思主义认识论的统一，首先当然必须理解唯物主义认识论的一般命题：认识来源于客观存在。但是，正如马克思所批评的，旧唯物主义者的主要缺点就在于对客观存在仅从直观的方面加以理解，而不把人们的实践活动也看作客观的东西。其所以实践也是客观的、物质的东西，是因为：第一，人们的实践活动的内容（生产斗争和阶级斗争）决定于一定的社会形态，而一定的社会形态是不能由人们根据主观愿望自由选择的；第二，人们的实践活动的总结果（一定发展程度的生产力，以及和它相应的一定的生产关系）也是不依个别人的意志为转移的。如果说存在决定意识的话，那么就应该指出，决定人们的意识的首先不是一般的存在，而正是社会存在，正是人们的实践活动及其结果。人类的历史是人们的活动创造出来的，人们正是在改造客观世界的实践活动中改造着自己的主观世界，这样，马克思主义就不是停留在认识来源于客观世界这个唯物主义的一般命题上，而是进一步提出认识来源于实践这个辩证唯物主义的命题。把实践的观点引入认识论的领域，这是马克思主义完成的伟大的革命变革。

但是，马克思主义的实践观点与群众观点是不可分割的。因为人们的实践活动，无论是生产活动或其他活动，都不可能彼此孤立地、互相隔绝地进行，而只能以团体为单位、以社会为单位共同进行。纯粹的"个人"实践决不能改变社会存在，决不能创造历史，而且这种离开社会的抽象的"个人"实践并不存在，正如离开社会的抽象的"个人"本身之不存在一样（这里不是一般地否认任何意义下的个人和个人实践。作为群众一员的个人，以及作为群众实践的一个部分的个人实践，是不应当否认的）。因此，实践总是社会的实践、群众的实践。当我们说认识来源于实践的时候，就是说来源于群众的实践。

弄清楚认识来源于实践这个辩证唯物主义认识论的基本命题与人民群众是历史的创造者这个历史唯物主义的基本命题之间的有机联系，实践观点同群众观点之间的有机联系，对理解毛泽东同志关于群众路线的理论是至关重要的。

二、"从群众中来"的过程就是由感性认识到理性认识的过程

毛泽东同志对群众路线的工作方法作了如下的经典性的表述：

> 在我党的一切实际工作中，凡属正确的领导，必须是从群众中来，到群众中去。这就是说，将群众的意见（分散的无系统的意见）集中起来（经过研究，化为集中的系统的意见），又到群众中去宣传解释，化为群众的意见，使群众坚持下去，见之于行动，并在群众行动中考验这些意见是否正确。然后再从群众中集中起来，再到群众中坚持下去。如此无限循环，一次比一次地更正确、更生动、更丰富。这就是马克思主义的认识论。①

为什么说"这就是马克思主义论"呢？因为"从群众中来，到群众中去"的领导方法的基本公式，同毛泽东同志在《实践论》中所阐明的"从感性认识而能动地发展到理性认识、又从理性认识而能动地指导革命实践"的认识论的基本公式是完全一致的。

马克思主义的认识论告诉我们，要完成从感性认识到理性认识的飞跃，有两步工作要做：第一步是在实践中取得丰富的合乎实际的感性材料，第二步是综合感性材料加以整理和改造，使之上升到理性认识，这两

---

① 毛泽东：《关于领导方法的若干问题》，见《毛泽东选集》第3卷，人民出版社1991年版，第899页。

步工作就是"从群众中来"的过程。

首先,毛泽东同志经常强调从群众的实践中取得感性材料的重要性。他指出,共产党人必须承认一条简单的真理:任何英雄豪杰的头脑不过是"加工厂",其"原料"或"半成品"只能来自人民群众的实践(或者自己的科学实验)。不论在什么情况下,领导者制订政策或提出意见、计划、办法,都绝对不可以从主观想象出发,而必须从客观存在着的事实出发,从实际出发。"任何一个部门的工作,都必须先有情况的了解,然后才会有好的处理。"①"对于中国各个社会阶级的实际情况,没有真正具体的了解,真正好的领导是不会有的。"②我党历史上各次"左"倾和右倾机会主义的错误之所以发生,从认识论的根源看,首先就是由于那些错误的负责人从来没有系统地掌握过中国社会的实际材料(他们反而荒谬地把重视实际材料贬称为"狭隘经验论"),因而不能不陷入主观和客观分裂、认识和实践相脱离的境地,在实践中一再碰壁。因此,毛泽东同志在总结党的历史经验、清算"左"右倾机会主义错误的时候,再三再四地强调了"详细地占有材料"的重要性,强调了"没有调查就没有发言权"的真理。他尖锐地批判了那种不收集实际材料,不了解实际情况,却在那里自以为是地发号施令的主观主义作风,指出这是"完全违反马克思列宁主义基本精神的作风",是"极坏的作风"③。他反复地告诫我们,是不是从实际出发,肯不肯周密地系统地进行调查工作,是一个共产党员有没有党性或者党性是否完全的问题。

怎样才能取得丰富的合乎实际的感性材料呢?毛泽东同志认为,"唯一的方法是向社会作调查",是"向下作调查"④,此外并无捷径。凡属不肯进行周密调查工作的人,必不能获得丰富的感性"原料",必不能造出合用的理性"成品"。这种人如果发议论,一定是无知妄说;如果指导工

---

① 毛泽东:《改造我们的学习》,见《毛泽东选集》第3卷,人民出版社1991年版,第802页。
② 毛泽东:《〈农村调查〉的序言和跋》,见《毛泽东选集》第3卷,人民出版社1991年版,第789页。
③ 毛泽东:《改造我们的学习》,见《毛泽东选集》第3卷,人民出版社1991年版,第797页。
④ 毛泽东:《〈农村调查〉的序言和跋》,见《毛泽东选集》第3卷,人民出版社1991年版,第790页。

作，一定要失败。

能不能做好调查工作，首先不是一个技术问题，而是一个根本态度问题，或世界观问题。要做好调查工作，必须从理论上解决知识的来源问题，就是说，必须老老实实地、不折不扣地承认群众的实践是知识的唯一来源，此外再也没有第二个来源，从而把群众当作自己的"可敬爱的先生"，恭谨勤劳地给群众当学生。毛泽东同志说：

> 没有满腔的热忱，没有眼睛向下的决心，没有求知的渴望，没有放下臭架子、甘当小学生的精神，是一定不能做，也一定做不好的。必须明白：群众是真正的英雄，而我们自己则往往是幼稚可笑的。不了解这一点，就不能得到起码的知识。①

其次，也还有一个方法问题。毛泽东同志认为，"东张西望，道听途说，决然得不到什么完全的知识"②。要了解情况，"最简单易行而又忠实可靠的方法就是开调查会，即约集有经验的干部和群众进行座谈（开调查会每次人不必多，三五个、七八个即够）"。"必须给予时间，必须有调查纲目，还必须自己口问手写，并同到会人展开讨论。"③毛泽东同志本人就经常亲自主持这样的调查会。他在第一次国内革命战争时期所写的《湖南农民运动考察报告》，第二次国内革命战争时期所写的《兴国调查》、《长冈乡调查》、《才溪乡调查》等等，就是范例。此外，"走马观花"的方法也是这一方法的补充，但必须以开调查会为基本的方法。没有从调查会中得来的基础知识，"走马观花"也会看不懂的。

要获得正确的理性认识，依据的感性材料必须真实而且十分丰富。因为理性认识只能发现感性材料中实际存在着的内部联系，而不能在感性材

---

① 毛泽东：《〈农村调查〉的序言和跋》，见《毛泽东选集》第3卷，人民出版社1991年版，第790页。
② 毛泽东：《〈农村调查〉的序言和跋》，见《毛泽东选集》第3卷，人民出版社1991年版，第790页。
③ 毛泽东：《〈农村调查〉的序言和跋》，见《毛泽东选集》第3卷，人民出版社1991年版，第790页。

料之外去臆造什么"联系"。主观主义者有时候也不是完全不要感性材料，但他们仍然得出了错误的结论，原因是什么呢？原因之一就是他们没有把收集材料当作一件严肃的工作，没有下苦工夫去做，因而他们即使有一点感性材料，也是一鳞半爪、零碎不全的，甚至是不符合实际的。

> 同志们都是知识分子。知识分子往往不懂事，对于实际事物往往没有经历，或者经历很少。你们对于一九三三年制订的《怎样分析农村阶级》的小册子，就看不大懂；这一点，农民比你们强，只要给他们一说就都懂得了……要使不懂得变成懂得，就要去做去看，这就是学习。报社的同志应当轮流出去参加一个时期的群众工作，参加一个时期的土地改革工作，这是很必要的。在没有出去参加群众工作的时候，也应当多听多看关于群众运动的材料，并且下工夫研究这些材料。①

取得丰富的合乎实际的感性材料，这是"从群众中来"的极重要的一个步骤。然而停留在这一步还不行，还必须对感性材料进行逻辑的加工，使之上升到理性认识的阶段，否则仍然不能通观过程的全体，把握事情的本质，引出规律性的结论。主观主义的错误，不仅表现为从书本出发而不从实际出发的教条主义，而且还表现为不能把感性认识提高到理性认识的经验主义。群众是划分为阶级的，不同阶级对同一问题会有不同的意见；同一阶级中还有先进、中间、落后的不同状态，其意见也不相同；同一状态的人们的意见，有关于这个片面的，有关于那个片面的；有正确的，有不正确的；如此等等。对这些来自群众的分散的无系统的意见，领导者如果不加以整理、分析、批判、概括，使之上升为集中的系统的意见，如何能够据以制订正确的政策呢？因此，毛泽东同志一贯反对那种对群众的意见不加分析的做法。针对1948年年初某些地区在土地改革宣传中的若干"左"倾错误，毛泽东同志批评说：

---

① 毛泽东：《对晋绥日报编辑人员的谈话》，见《毛泽东选集》第4卷，人民出版社1991年版，第1320页。

在领导者和群众的关系问题上，关于既反对命令主义、又反对尾巴主义的宣传，有些地区是注意了；但在许多地区却错误地强调所谓'群众要怎样办就怎样办'，迁就群众中的错误意见。甚至对于并非群众的、而只是少数人的错误意见，也无批判地接受，否定了党的领导作用，助长了尾巴主义。①

正确的做法应当是怎样呢？他说："凡属人民群众的正确的意见，党必须依据情况，领导群众，加以实现；而对于人民群众中发生的不正确的意见，则必须教育群众，加以改正。"②不但对一般群众的意见应当采取分析的态度，就是对于下面干部的意见也应当这样："下面干部的话，有正确的，也有不正确的，听了以后要加以分析。对正确的意见，必须听，并且照它做……对下面来的错误意见也要听，根本不听是不对的；不过听了而不照它做，并且要给以批评。"③

整理、分析、批判、概括的过程，就是造概念、下判断、作推理的过程，即逻辑思维的过程。为了通过这个过程而得出正确的结论，必须借助于科学的思维方法，这就是毛泽东同志经常宣传和运用的矛盾分析的方法，即分析与综合相结合的方法。他写道：

> 什么叫问题？问题就是事物的矛盾。哪里有没有解决的矛盾，哪里就有问题。即有问题，你总是赞成一方面，反对另一方面，你就得把问题提出来。提出问题，首先就要对于问题即矛盾的两个基本方面加以大略的调查和研究，才能懂得矛盾的性质是什么，这就是发现问题的过程。大略的调查和研究可以发现问题，提出问题，但是还不能解决问题。要解决问题，还须作系统的周密的调查工作和研究工作，

---

① 毛泽东：《纠正土地改革宣传中的"左"倾错误》，见《毛泽东选集》第4卷，人民出版社1991年版，第1281页。
② 毛泽东：《在晋绥干部会议上的讲话》，见《毛泽东选集》第4卷，人民出版社1991年版，第1310页。
③ 毛泽东：《党委会的工作方法》，见《毛泽东选集》第4卷，人民出版社1991年版，第1442页。

这就是分析的过程……常常问题是提出了,但不能解决,就是因为还没有暴露事物的内部联系,就是因为还没有经过这种系统的周密的分析过程,因而问题的面貌还不明晰,还不能做综合工作,也就不能好好地解决问题。一篇文章或一篇演说,如果是重要的带指导性质的,总得要提出一个什么问题,接着加以分析,然后综合起来,指明问题的性质,给以解决的办法,这就不是形式主义的方法所能济事。①

这种整理、分析、批判、概括的工作,是必须由领导者亲自进行,而不能由别人代替的。否则,领导者就不能在自己的头脑中完成由感性认识到理性认识的飞跃,就不能有真知灼见,就不能据以制定正确的政策和办法。所以,毛泽东同志屡次强调领导者"亲自动手","不要秘书代劳"的必要性。他在1948年写的《关于建立报告制度》的指示中,规定各中央局和分局书记(各野战军和军区首长)每两月亲自向中央和中央主席(军委主席)作一次综合报告,不但要报告各项活动的动态,而且要报告问题、倾向和解决方法,"内容要扼要,文字要简练,要指出问题或争论之所在"②。这种政策性的(不是技术性的)经常的综合的请示报告制度,不但对于坚持民主集中制具有极大的意义,而且也是帮助和督促领导人员经常地分析问题的重要方法之一。

但是,强调领导者亲自动手,并不是说从感性认识到理性认识的上升过程只能由领导者个人完成。如果认为群众只在提供材料上起作用,而在研究材料上没有作用,领导者只是在收集材料的时候需要深入群众,而在整理、分析、批判、概括的时候就不需要深入群众,那是不对的。由感性认识到理性认识的飞跃的完成,并不完全是领导者闭门独思的结果,而往往是领导者同群众一起商量的结果。只有不断地同群众商量,不断地研究群众的实践,领导者才有可能在整理、分析、批判、概括的过程中少犯错误和不犯严重的错误。

---

① 毛泽东:《反对党八股》,见《毛泽东选集》第3卷,人民出版社1991年版,第839页。
② 毛泽东:《关于建立报告制度》,见《毛泽东选集》第4卷,人民出版社1991年版,第1265页。

把调查同研究作为"从群众中来"的两个步骤，是为了理论分析上的便利。在实际工作中，调查同研究是不能机械地分开的。调查的过程往往同时也就是研究的过程。毛泽东同志常常是把调查研究作为统一的过程来论述的。前面讲到的调查会，固然以收集材料为主要目的，但也不是单纯地记录材料，而是同到会的人展开讨论，共同研究，在可能的情况下还应该作出结论。如果不把调查的过程同时又作为研究的过程，那么收集材料就很难十分丰富并合于实际，收集材料的任务本身也很难完成。

以讨论政策为目的的党委会、干部会等等，当然更应侧重于研究。关于如何开好这类会议的方法，毛泽东同志作过许多重要论述，这些论述的基本精神，归结起来是：第一，开会之前要作充分而恰当的准备。一方面，应使全体到会的人员作好思想准备和材料准备。这就是要事先互通情报，交流材料，取得共同的情报知识；要事先通知（像出"安民告示"一样），使到会的人知道要讨论什么问题，解决什么问题；对于复杂的或有分歧意见的问题事先还须有个人商谈。另一方面，领导机关应在开会之前由少数人商量（由一个人负主责），提出问题和分析问题，写好成文的纲要，精心斟酌这个纲要的内容和文字（注意简明扼要，反对不着边际的长篇大论），以便在会议上作报告。没有准备，就不要急于开会。第二，在会上要充分地展开讨论。发言的人应当以典型的材料（不要很多）说明自己的观点，以明晰的观点统率材料；会议的主持者应当充分听取到会人员的意见，对原来的报告作必要的补充和修改。第三，会议要在讨论的基础上得出明确的结论（或作出决议）。第四，会议的次数不可过多，时间不可过长，不可沉溺于细小问题的讨论。只有做到了这些，会议才能真正完成把感性认识提高到理性认识的任务。[①]毛泽东同志批判了经验主义的开会方法，"这即是事前毫无准备，不提出问题，不分析问题，不向干部会议作精心准备的、内容文字都有斟酌的报告，而听凭到会人员无目的地杂乱

[①] 以上各点参看《毛泽东选集》第4卷，人民出版社1991年版，第1331、1343、1442、1444页。

无章地议论，致使会议时间延长，得不到明确而周密的结论。"①

这种方法之所以叫作经验主义的方法，就因为它只能使到会人员的认识停留在感性认识的阶段，而不能使之提高到理性认识的阶段。

以上讲的从感性认识而能动地发展到理性认识的全部过程，就是"从群众中来"的过程，也就是党的政策或领导者意见的形成过程。离开这个过程，任何天才的领导者也不可能进行正确领导。毛泽东同志说得极为深刻：

> 中央领导之所以正确，主要是由于综合了各地供给的材料、报告和正确的意见。如果各地不来材料，不提意见，中央就很难正确地发号施令。②

> 不懂得和不了解的东西要问下级，不要轻易表示赞成或反对。有些文件起草出来压下暂时不发，就是因为其中还有些问题没有清楚，需要先征求下级的意见。我们切不可强不知以为知，要"不耻下问"，要善于倾听下面干部的意见。先做学生，然后再做先生；先向下面干部请教，然后再下命令。③

为了做到这一点，毛泽东同志认为必须力戒骄傲。因为一骄傲，就不能甘当小学生，知识的源头就断了；一骄傲，背上了包袱，思想的"机器"就开不动，智慧就枯竭了；这样当然不可能做好"从群众中来"的工作，不可能获得正确的认识，并制订出合乎实际的政策或办法。所以毛泽东同志强调地指出：力戒骄傲，"这对领导者是一个原则问题"④。

---

① 毛泽东：《一九四八年的土地改革工作和整党工作》，见《毛泽东选集》第 4 卷，人民出版社 1991 年版，第 1332 页。
② 毛泽东：《党委会的工作方法》，见《毛泽东选集》第 4 卷，人民出版社 1991 年版，第 1441—1442 页。
③ 毛泽东：《党委会的工作方法》，见《毛泽东选集》第 4 卷，人民出版社 1991 年版，第 1441 页。
④ 毛泽东：《党委会的工作方法》，见《毛泽东选集》第 4 卷，人民出版社 1991 年版，第 1443 页。

三、"到群众中去"的过程就是由理性认识到实践的过程

"从群众中来"的过程,是认识世界的过程,是变客观的东西为主观的东西的过程,这个过程的终点表现为政策的制定。但是,对于领导机关说来,政策的制定还只做了事情的一半,更重要的一半还在于掌握政策,把政策化为群众的行动,依据政策去组织群众的革命实践。这是"到群众中去"的过程,是改造世界的过程,是变主观的东西为客观的东西的过程。

为什么说"到群众中去"的过程更为重要呢?这是因为:第一,政策是理性认识的成果,是就感性"原料"进行"加工"而制成的"成品"。这种认识是否符合于客观实际,"成品"是否合用,在"从群众中来"的过程中是不可能完全解决的,只有回到群众的实践中去加以检验,才能完全解决。如毛泽东同志所说的:"政策必须在人民实践中,也就是在经验中,才能证明其正确与否,才能确定其正确和错误的程度。"[①] 第二,认识世界的目的在于改造世界,制定政策的目的在于指导革命实践,有了正确的政策,还必须掌握群众,方能成为改造世界的物质力量。毛泽东同志说得好:"任何思想,如果不和客观的实际的事物相联系,如果没有客观存在的需要,如果不为人民群众所掌握,即使是最好的东西,即使是马克思列宁主义,也是不起作用的。"[②] 所以,毛泽东同志十分重视"到群众中去"的过程。

"到群众中去"的过程,同"从群众中来"的过程一样,也是十分艰巨的。领导者有了正确的思想和意见,还必须以恰当的方式告诉别人,方能使这些思想和意见见之实行。如果以为只要政策、意见、办法等等本身

[①] 毛泽东:《关于工商业政策》,见《毛泽东选集》第4卷,人民出版社1991年版,第1286页。

[②] 毛泽东:《唯心历史观的破产》,见《毛泽东选集》第4卷,人民出版社1991年版,第1515页。

是正确的，它就会自发地实现，无需进行艰苦深入的宣传组织工作，那是完全不切实际的。

那么，怎样做好"到群众中去"的工作呢？

首先，为使党的政策贯彻到群众中去，必须坚持政策的严肃性。政策本身不正确，固然会在实践中遭到失败；政策本身正确，如果在实行过程中受到了歪曲，也一定要造成坏的结果。毛泽东极端重视政策的严肃性问题，指出"政策和策略是党的生命"①。他说：

> 政策是革命政党一切实际行动的出发点并且表现于行动的过程。一个革命政党的任何行动都是实行政策。不是实行正确的政策，就是实行错误的政策；不是自觉地，就是盲目地实行某种政策……人们的实践，特别是革命政策和革命群众的实践，没有不同这种或那种政策相联系的。因此，在每一次行动之前，必须向党员和群众讲明我们按情况规定的政策。否则，党员和群众就会脱离我们政策的领导而盲目行动，执行错误的政策。②

不严肃地执行党的政策，歪曲党的政策，就是让错误的政策去指导群众的实践，就是损害革命的利益，这是绝对不能容许的。毛泽东同志严厉地批评了擅自修改中央或上级党委的政策的无组织无纪律的行为。为了在1948年的"土改"工作和整党工作中严肃地贯彻政策，他规定，在干部会议中：

> 必须充分讲明关于这两项工作的全部正确政策，将许可做的事和不许可做的事，分清界限。必须将中央颁布的各项重要文件，责成一切从事土地改革工作和整党工作的干部，认真学习，完全了解，并责

---

① 毛泽东：《关于情况的通报》，见《毛泽东选集》第4卷，人民出版社1991年版，第1298页。

② 毛泽东：《关于工商业政策》，见《毛泽东选集》第4卷，人民出版社1991年版，第1286页。

成他们全部遵守,不许擅自修改。如有不适合当地情况的部分,可以和应当提出修改的意见,但必须取得中央同意,方能实行修改。①

毛泽东同志这段论述的精神,对于任何工作都是完全适用的。

只是在行动之前讲明政策就够了吗?还不够,还必须在行动的过程中作出不失时机的具体指导。否则,政策的贯彻还是难免要出偏差。所以毛泽东同志又指出:

> 方针决定了,指示发出了,中央局、分局必须同区党委、地委或自己已派出的工作团,以电报、电话、车骑通讯、口头谈话等方法密切的联系,并且利用报纸作为自己组织和领导工作的极为重要的工具。必须随时把握工作进程,交流经验,纠正错误,不要等数月、半年以至一年后,才开总结会,算总账,总的纠正。这样损失太大,而随时纠正,损失较少。在通常情况下,各中央局和下面的联系必须力求密切,经常注意明确划清许做和不许做的事情的界限,随时提醒下面,使之少犯错误。这都是领导方法的问题。②

其次,为了使党的政策真正贯彻到群众中去,还必须把政策交给群众。毛泽东同志十分强调让政策"最迅速最广泛地同群众见面"的重要性,并且认为"善于把党的政策变为群众行动,善于使我们的每一个运动,每一个斗争,不但领导干部懂得,而且广大的群众都能懂得,都能掌握,这是一项马克思列宁主义的领导艺术"③。他说:

> 在我们一些地方的领导机关中,有的人认为,党的政策只要领导

---

① 毛泽东:《一九四八年的土地改革工作和整党工作》,见《毛泽东选集》第4卷,人民出版社1991年版,第1330页。
② 毛泽东:《关于工商业政策》,见《毛泽东选集》第4卷,人民出版社1991年版,第1284页。
③ 毛泽东:《对晋绥日报编辑人员的谈话》,见《毛泽东选集》第4卷,人民出版社1991年版,第1319页。

人知道就行，不需要让群众知道。这是我们的有些工作不能做好的基本原因之一……在有些同志的工作中间，群众路线仍然不能贯彻，他们还只靠少数人冷冷清清地做工作。其原因之一，就是他们做一件事情，总不愿意向被领导的人讲清楚，不懂得发挥被领导者的积极性和创造力。他们主观上也要大家动手动脚去做，但是不让大家知道要做的是怎么一回事，应当怎样做法，这样，大家怎么能动起来，事情怎么能够办好？①

因此，他强调指出：

> 我们的政策，不光要使领导者知道，干部知道，还要使广大的群众知道……群众知道了真理，有了共同的目的，就会齐心来做……群众齐心了，一切事情就好办了。②

善于把政策交给群众，让广大群众都能懂得，都能掌握，这是马克思列宁主义的领导艺术，是工作犯不犯错误的界限所在。因为党的政策只有在同群众的觉悟水平相适应的时候，才可能为群众所接受，并化为群众的行动。"当着群众还不觉悟的时候，我们要进攻，那是冒险主义。群众不愿干的事，我们硬要领导他们去干，其结果必然失败。当着群众要求前进的时候，我们不前进，那是右倾机会主义。"③怎样才能使党的政策同群众的觉悟水平相适应，从而避免冒险主义或右倾机会主义的错误呢？这一方面当然是取决于"从群众中来"的过程，即在制定政策的时候要以群众的觉悟水平为依据；另一方面也取决于"到群众中去"的过程，即在贯彻政策的时候要大力进行宣传解释，使政策同群众见面，以便把群众的觉悟水

---

① 毛泽东：《对晋绥日报编辑人员的谈话》，见《毛泽东选集》第4卷，人民出版社1991年版，第1318页。
② 毛泽东：《对晋绥日报编辑人员的谈话》，见《毛泽东选集》第4卷，人民出版社1991年版，第1318页。
③ 毛泽东：《对晋绥日报编辑人员的谈话》，见《毛泽东选集》第4卷，人民出版社1991年版，第1319页。

平逐步地提到党的政策的高度。只有当政策为群众所掌握,并在群众的实践中变成了现实的时候,才算完成了"到群众中去"的任务。

从群众中集中起来,又到群众中坚持下去,这是一次循环。能不能说,只要经过这样的一次循环,就可以保证形成正确的政策或意见,并在群众的实践中变成现实呢?事情没有那样简单。要想形成关于一定时期、一定工作任务的正确政策或意见,并见之实行,需要从群众中来、到群众中去的多次循环(情况愈复杂,任务愈艰巨,循环的次数也需要得愈多)。而且当情况向前推移了、工作任务改变了的时候,又需要在新的条件下继续地反复地循环,就这个意义说,这种循环是永无止境的。在循环的过程中,由于主客观条件的种种限制,这样那样的错误仍然是难免的。以为只要按照"从群众中来,到群众中去"的科学公式办事,就可以保证绝对不犯任何错误,那是一种违反马克思主义认识论的形而上学的幻想。那么,这个科学公式的重要意义何在呢?就在于指出了达到正确认识的唯一途径。这就是说,如果我们严格地按照它去进行工作,就可以不犯方向性的错误,不陷于主观和客观相分裂、认识和实践相脱离的境地,就能够在每一次的循环中使自己的认识提高一步,深化一步;反之,如果违反了它,我们就一定要碰壁。

群众路线是我们党的根本路线,是进行一切工作都必须坚持的。有的同志觉得,大事需要走群众路线,小事不需要。毛泽东同志认为不对。他认为,即使像报刊编辑部如何消灭错字这样的"小事",要收到效果,也非走群众路线不可。[①]又有的同志觉得,平时可以走群众路线,任务紧急的时候不行。毛泽东同志也认为不对。即使在火线上,也要发动士兵讨论如何攻克敌阵,如何完成战斗任务。[②]当然,这并不排斥在若干特殊情况下领导者的临时处置;然而要处置得宜,也非平时坚持先做学生、后做先生的原则,以致已经把情况弄清了不可。

---

① 毛泽东:《对晋绥日报编辑人员的谈话》,见《毛泽东选集》第4卷,人民出版社1991年版,第1318页。
② 毛泽东:《军队内部的民主运动》,见《毛泽东选集》第4卷,人民出版社1991年版,第1275页。

四、"从群众中来"和"到群众中去"都必须正确处理一般和特殊的关系问题

为了正确地有效地贯彻群众路线,还必须采取一般和个别相结合的方法。毛泽东同志说:

> 从群众中集中起来又到群众中坚持下去,以形成正确的领导意见,这是基本的领导方法。在集中和坚持过程中,必须采取一般号召和个别指导相结合的方法,这是前一个方法的组成部分。从许多个别指导中形成一般意见(一般号召),又拿这一般意见到许多个别单位中去考验(不但自己这样做,而且告诉别人也这样做),然后集中新的经验(总结经验),做成新的指示去普遍地指导群众。①

毛泽东同志的这个概括,是马克思主义认识论中关于一般和特殊的原理在领导方法上的生动运用。无论"从群众中来"或"到群众中去",都必须正确处理一般和特殊的关系问题,才能符合认识过程的正常秩序,收到预期的效果。

第一,从"从群众中来"的过程(即领导者的意见形成的过程)看,毛泽东同志的上述论断告诉我们,必须正确地解决如何形成一般性的指导意见(政策、方针、计划、办法等)的问题。毛泽东同志在《矛盾论》中指出,人们认识的正常秩序,总是首先认识许多个别事物的特殊本质,然后才有可能更进一步地进行概括工作,认识诸种事物的共同本质。一般就寓于特殊之中,离开了特殊就没有一般。如果认为在研究事物的特殊规律之前就可以预先认识事物的一般规律,那就是唯心主义的意见。因此,毛泽东同志认为,不对具体的问题进行调查研究,取得特殊的经验,就不

---

① 毛泽东:《关于领导方法的若干问题》,见《毛泽东选集》第3卷,人民出版社1991年版,第902页。

可能有基本的知识:"凡不从下级个别单位的个别人员、个别事件取得具体经验者,必不能向一切单位作普遍的指导。"① 领导者进行调查研究的过程也就是学习的过程。毛泽东同志把这叫作"指导和学习相结合的方法"②。如果不肯或不善于参加群众的实践并从中总结经验,而喜欢自作聪明发表意见,那么,这种意见一定是脱离实际的空论,这种领导一定是主观主义和官僚主义的领导。但是,另一方面还必须反对经验主义的方法,即认为只有把所有具体工作都参加到,所有的单位都调查到,才能形成一般意见。这是不必要的,也是不可能的。为了了解麻雀的生理构造,并不需要把天下所有的麻雀都解剖一遍,解剖几只就够了。特殊之中有一般。一只或几只典型的麻雀就可以代表一般的麻雀。当然,社会生活中的问题比麻雀的生理构造问题要复杂得多,选择典型也困难得多,然而基本的道理却是共同的。因此,毛泽东同志告诉我们,调查研究的基本方法是典型调查,即有计划地抓住几个单位(不要很多)进行周密的调查,从中引出一般性的结论;取得经验的基本方法也应当是选择两三单位(不要很多)将所号召的工作深入实施,从中引出一般性的指导意见。这就是突破一点,取得经验,指导全面的方法。毛泽东同志在1948年年初指导土地改革工作时指出:"不要全面动手,而应选择强的干部在若干地点先做,取得经验,逐步推广,波浪式地向前发展。"③"土改"如此,其他工作也都应当如此。

第二,还必须正确地解决一般对特殊的指导作用问题。正如自然科学研究不可能不受一定哲学思想的指导一样,对实际工作的研究也不可能没有一定哲学思想的指导。在调查研究的过程中或指导某项具体工作的过程中,不是受正确思想的指导,就是受错误思想的指导,不是自觉地,就是盲目地受某种思想的指导。马克思主义的一般原理和党的方针政策是从实

---

① 毛泽东:《关于领导方法的若干问题》,见《毛泽东选集》第3卷,人民出版社1991年版,第900页。
② 毛泽东:《纠正土地改革宣传中的"左"倾错误》,见《毛泽东选集》第4卷,人民出版社1991年版,第1282页。
③ 毛泽东:《纠正土地改革宣传中的"左"倾错误》,见《毛泽东选集》第4卷,人民出版社1991年版,第1282页。

际中抽出来又在实际中得到证明的科学真理,只有以它为指导,才能在具体的研究中区别什么是正确的东西,什么是错误的东西,什么是生长着的新东西,什么是衰亡着的旧东西,什么是主流,什么是支流,才能从特殊的经验中引出正确的结论。相反地,如果不是自觉地以马克思主义的一般原理和党的方针政策为指导,那就可能接受错误思想的指导,这样,即使辛辛苦苦地作了调查研究,也不会得出正确的结论,甚至还会犯方向性的错误。毛泽东同志屡次强调一切调查研究工作必须运用马克思主义的基本观点,特别是阶级分析的方法,对一切具体工作的指导必须有明确的政策的观点,共产党人必须经常把无产阶级的世界观拿在手里。这些科学论断都是不可须臾忘记的。

从"到群众中去"的过程(即领导者的意见见之实行的过程)看,毛泽东同志的上述论断也告诉了我们两个最根本的原则:任何工作任务,都必须有一般的普遍的号召。一般号召是从个别指导中形成的,但是它一经形成,就成为反映工作全局的一般规律的东西,就包括了各个局部的共同本质,对于各个局部就有指导意义。如毛泽东同志所说的,"不认识矛盾的普遍性,就无从发现事物运动发展的普遍的原因或普遍的根据"①,"懂得了全局性的东西,就更会使用局部性的东西,因为局部性的东西是隶属于全局性的东西的"②。显然,没有一般号召,就不能动员广大群众按照党的政策指出的方向行动。毛泽东同志教导说,共产党员不但要记住各项具体工作的路线和政策,尤其要记住党的总路线和总政策,否则,"我们就将是一个盲目的不清醒的革命者,在我们执行具体工作路线和具体政策的时候,就会迷失方向,就会左右摇摆,就会贻误我们工作"。③

第三,还必须有个别的具体的指导。一般和个别是对立的统一。一般是一个侧面,个别又是一个侧面。任何一般只能大致地包括一切个别事物,任何个别都不能完全地包括在一般之中。因此,一般的认识,即使是

---

① 毛泽东:《矛盾论》,见《毛泽东选集》第1卷,人民出版社1991年版,第297页。
② 毛泽东:《中国革命战争的战略问题》,见《毛泽东选集》第1卷,人民出版社1991年版,第168页。
③ 毛泽东:《在晋绥干部会议上的讲话》,见《毛泽东选集》第4卷,人民出版社1991年版,第1314页。

完全正确的，在上述的意义上也还是片面的、抽象的，只有把一般、特殊联结起来，才能有全面具体的认识。

毛泽东同志在《矛盾论》中说，有了一般认识之后，还必须以它为指导，向着尚未研究过的或者尚未深入地研究过的新的具体事物进行研究，这样才能具体认识具体事物，才能丰富和发展一般认识的内容，并使一般认识不致成为枯槁僵死的东西。马克思主义的活的灵魂就在于具体地分析具体情况，说的正是要善于把一般同特殊联结起来。把这些原理应用于领导方法，毛泽东同志告诉我们，在领导者的意见见之实行的时候决不可以满足于提出一般号召，而必须"在作了一般号召之后，紧紧地接着从事于个别的具体的指导"。这当然不是说，领导者必须把自己领导下的一切具体工作都亲自做一遍，而是说应该在作了一般号召之后，有计划有目的地选择若干个点（不要很多），亲临现场，详细了解实施过程中的各种实际问题，并亲自指导这些单位的负责人具体地解决这些问题。这样既解决了问题，推动了工作，又取得了那些为原来的一般号召所包括不了的新的特殊经验。于是就可以总结新的经验，作为成新的指示，去进一步指导群众了。有两种方法不对：一种，只作一般号召，不作具体指导，这是容易使一般号召落空的官僚主义的领导方法；另一种，陷在具体工作里出不来，事无巨细，一概躬亲处理，只当了"演员"，忘记了"导演"的任务，这是经验主义或事务主义的领导方法。这两种方法都同毛泽东同志阐明的科学原理不相符合。

毛泽东同志阐明的关于正确的领导必须从群众中集中起来又到群众中坚持下去的原则，以及在集中和坚持的过程中必须采取一般和个别相结合的方法的原则，是在任何时候进行任何工作都必须牢牢记住和严格遵守的最根本的原则。随着革命实践的发展，这些原则的内容也愈来愈丰富，愈来愈为广大的党员、干部和群众所掌握。今天，当我们面临着日新月异的艰巨复杂的社会主义建设任务的时候，当各项工作中都有一个很大的"必然王国"有待于我们去探索的时候，反复地咀嚼毛泽东同志关于群众路线的论述，切切实实地用来指导我们的行动，这对于帮助我们把各项工作做得更加深入细致，把社会主义建设事业推进得更加迅速，其意义是不可估量的。

谈谈马克思主义哲学的通俗化[①]
——读毛泽东同志致李达同志的三封信

一、通俗化的战略意义

为纪念毛泽东同志诞辰九十周年出版的《毛泽东书信选集》中收进了毛泽东同志1951年至1954年给李达同志的三封信。这三封信曾发表于1978年《哲学研究》第12期，全国各大报刊都转载过。这三封信在当时的公开发表具有多方面的重要意义，包括对理论宣传工作的指导意义。现在重读之后，感到有必要再从一个方面，即关于马克思主义哲学的通俗化方面谈一些感受。

1951年和1952年，毛泽东同志的《实践论》和《矛盾论》相继重新发表时，李达同志立即以极大的热情撰写了这两篇著作的《解说》，发表前曾将打印稿寄请毛泽东同志审阅，毛泽东同志还作了一些修改。1954年，思想界开展对以胡适为代表的资产阶级唯心主义的批判时，李达同志又撰写了《胡适思想批判》和《胡适政治思想批判》等文，发表前也征求过毛泽东同志的意见。这三封信是毛泽东同志给李达同志的复信。毛泽东同志在信中对李达同志的工作给予了高度的赞扬和殷切的关注，在关于《〈实践论〉解说》的一封信中，毛泽东同志指出：

[①] 原载《学习与实践》1984年第1期。

这个解说极好，对于用通俗的言语宣传唯物论有很大的作用。

关于辩证唯物论的通俗宣传，过去做得太少，而这是广大工作干部和青年学生迫切需要，希望你多写些文章。

你的文章通俗易懂，这是很好的。在再写文章时，建议对一些哲学的基本概念，利用适当的场合，加以说明，使一般干部能够看懂。要利用这个机会，使成百万的不懂哲学的党内外干部懂得一点马克思主义的哲学。未知以为如何？①

毛泽东同志在这里反复强调的对广大干部、群众进行马克思主义哲学的通俗宣传，是一项具有战略意义的大事。

马克思主义哲学是无产阶级的精神武器，是无产阶级政党的世界观，是自有人类以来唯一科学和彻底革命的世界观。无产阶级如果不以马克思主义哲学作为认识世界和改造世界的武器，就不可能意识到自己的阶级地位和历史使命，树立远大的奋斗目标，制定正确的斗争策略和工作方法，因而也不可能解放自己和全人类。但是马克思主义哲学（整个马克思主义也一样）不是从工人运动中自发产生，而是由马克思、恩格斯这样的革命家兼学者通过概括历史经验和现实斗争创造出来的；不是朴素的经验，而是严整的科学。要使工人阶级和革命群众掌握它，就必须进行"灌输"工作，也就是必须通过宣传。宣传要有实效，就必须适应群众的不同水平，采取不同的方式。通俗宣传是与最大多数群众的水平相适应的宣传方式，这就决定了它是使群众掌握马克思主义哲学的极其重要的环节。缺少了这个环节，广大群众掌握马克思主义哲学就会遇到难以跨越的障碍。

当前我们正在进行的社会主义现代化建设是我们的前人从来没有做过的极其光荣伟大的事业，比夺取政权的革命斗争更加复杂，更加艰巨。如果没有一条以马克思主义哲学为理论基础的实事求是的思想路线来指导亿万群众的行动，要取得胜利是不能设想的。而广大群众如果没有马克思主义哲学的最起码的知识，要正确地理解党的路线并自觉地创造性地贯彻党

---

① 《哲学研究》1978年第12期。

的路线也是非常困难的。因此，大面积地提高群众的马克思主义哲学的水平，实在是一项百年大计，一项具有战略意义的宏伟工程。而就我们的职工队伍的文化水平来说，百分之九十五以上的人还没有达到大专水平（更不用说国家职工以外的广大群众）。要使这样广大的群众懂得一点马克思主义哲学，除了做好通俗宣传，没有别的途径。从这个意义说，通俗宣传是上述宏伟工程中的基础工程。我们哲学工作者如果轻视这项基础工程，不为它付出辛勤的劳动，就将是严重的失职。我们应该看到，广大干部和群众由于在十年动乱中吃够了唯心主义和形而上学的苦头，现在比以往任何时候都更加痛切地感到需要学习马克思主义哲学。他们为了思索历史经验，理解社会现象，领会党的方针政策，探讨面临的新情况、新问题，正在从马克思主义哲学里找立场、观点和方法。各种类型的读书班、自学小组等等如雨后春笋，不断涌现，其学习的主要内容之一就是马克思主义哲学。党和政府也采取了系统的措施来满足广大群众的要求，如鼓励出版优秀的通俗读物，开办各种学习班、培训班，举办通俗讲演，举办电视大学和自学考试等等。我们哲学工作者责无旁贷，应该在这项具有深远意义的普及工作中贡献自己的力量，并在工作的过程中教育自己，提高自己。

这当然不是说哲学工作者的唯一任务就是通俗宣传。我们还要做许多其他方面的工作。例如，要大力研究现代化建设中层出不穷的新情况、新问题，要深刻总结当代各门科学的新成果，要认真研究我们中华民族的哲学史、科学史和各种思想史，要与国际哲学界进行对话交流，要深入研究和准确批判当代各派反马克思主义的思潮等等，要通过这一切工作的综合来坚持马克思主义哲学，发展马克思主义哲学，写出高水平的马克思主义哲学专著和论文，使马克思主义哲学成为既具有时代内容又具有民族风貌的哲学，使我们中华民族站在当代世界理论思维的最前列。这是毫无疑问的。然而所有这一切属于提高性质的工作，都不能脱离普及工作这个最重要的基础。一切提高工作的成果如果不通过普及工作转化为亿万群众的精神财富，终究是不能充分发挥作用的。试想，即使我们的哲学研究工作取得了很有价值的成果，而成千上万的群众却连马克思主义哲学的基本常识都没有，思想还受各种形式的唯心主义和形而上学支配，对形形色色的腐朽意识形态没有识别和抵制的能力，马克思主义哲学怎么能变成巨大的物质力量？社会主义事业又怎么能得到可靠的保证？而且，我们哲学工作者本身如果不通过亲身参加普及工作与广大群众保持密切的联系，脱离了马克思主义哲学的深厚土壤，不能把握群众的脉搏和呼吸，不了解群众的需要，又怎么能坚持正确的方向？

我们本来是有重视马克思主义哲学通俗化的优良传统的。许多老一辈卓有成就的马克思主义哲学家如李达、艾思奇、杨献珍、冯定等同志都写过很多通俗宣传的优秀读物，作过很多深入浅出的讲演，起了很大的作用，只是在林彪、"四人帮"横行的时候，把这个宝贵的传统破坏了。林彪、"四人帮"把通俗化歪曲成了庸俗化，搞成了漫画化、滑稽化，歪曲了马克思主义哲学的基本概念和基本原理，为他们的政治需要服务，极其严重地败坏了通俗化的名誉，直到现在还留下恶劣的影响，以致不少人还对通俗宣传抱有各种奇奇怪怪的看法。我们应该理直气壮地为马克思主义哲学的通俗宣传恢复名誉，把它放在应有的重要地位，发挥它的巨大作用。

二、通俗化的成功之路

马克思主义哲学的通俗宣传决不是如某些人所想象的那样是什么很容易的"低级"工作。恰恰相反，要真正做好这项工作，没有深湛的理论素养，没有丰富的历史知识、社会知识、自然科学知识以及其他多方面的知识，没有丰富的斗争经验，没有深厚的语言文字功夫，没有对广大群众特别是直接宣传对象的深切的了解，是不可能做好的。

马克思主义哲学的通俗宣传之所以是艰巨的工作，主要是因为我们要宣传的并不是算术中的四则运算或者代数中的一元一次方程式解法之类的简单知识，而是人类思维的最高成果；接受宣传的群众又缺乏这方面的预备训练（否则就不叫通俗宣传了）。马克思主义哲学的科学内容与群众的接受能力之间的矛盾是实际存在的。能否解决好这个矛盾，是通俗宣传成功与否的关键，值得认真研究。把优秀读物同林彪、"四人帮"横行时期的某些粗劣的小册子加以对比，我感到处理好下面一些问题或许是有助于提高通俗宣传的质量的。

第一，既然是通俗宣传，当然要采取群众喜闻乐见、易于接受的一切形式，百花齐放，生动活泼，不拘一格。但是无论采取什么形式，都必须把住一个"关"，就是不能牺牲马克思主义哲学的科学内容，损害它的严整性和精确性，不能为了追求易懂而把马克思主义哲学粗陋化、滑稽化。如果让读者或听众一入门就得到一些歪曲的概念，以后就很难纠正，那是很糟糕的。通俗宣传当然不可能也不必要像专著那样深入细致，涉及的问题也不能那样专深，但这同完整准确地讲清基本概念和基本原理并不是不能相容的。

第二，既然是通俗宣传，当然要让读者或听众理解和记住一些最基本的科学表述。笼统地反对"记"并不合适。但是学习马克思主义哲学的目的毕竟不是记住一些现成的"条条"，而是使它的科学原理变成自己的世界观和方法论，能够把这些原理作为有机的整体来运用。因此，在读物或讲演中选择适当的实例给以示范性的分析是非常重要的。特别是对群众十分关心而又苦于不会分析的现实问题，对有重大危害的错误思想，更要着力分析，使读者或听众感到马克思主义哲学确实是有力的精神武器，并学会正确地运用这种武器。要防止孤立地去"运用"某一条原理而不照应到整个理论体系做法，因为这会无形地教给群众一种简单化的思想方法。过去林彪搞的"活学活用"、"立竿见影"、"学一条语录，联系一个实际问题，批判一个反动观点"的那一套，只能使群众把马克思主义哲学理解为一堆孤立的"条条"的堆砌，以为随便抓出其中的一"条"就可以说明问题。这只能养成简单化的思想方法，甚至实用主义的坏作风，应当引以为戒。例如在讲到唯心主义的时候，当然首先要把它的谬误讲透。但如果只讲到这里为止，就有简单化的危险，群众就会产生一大堆的困惑。例如，那些唯心主义的哲学家许多都是很有学问的人，又不是傻子、疯子或骗子，怎么会有这么荒唐可笑的想法？既然唯心主义这么荒谬，马克思主义经典作家为什么又说黑格尔的唯心主义哲学有许多深刻的思想，而且这种唯心主义哲学还成了马克思主义哲学的来源之一？既然唯心主义这么荒谬，就应该连懂事的孩子也不会相信它了，可是它为什么居然到现在还能存在，为什么还需要同它作斗争？既然唯心主义这么荒谬，正常的人怎么可能相信这种胡说？我们自己头脑里又怎么还会有唯心主义？这就越讲越糊涂了。所以，在揭露唯心主义命题的荒谬性的时候，还必须对唯心主义的认识论根源、阶级根源、社会根源等等进行很细致的分析，还要把唯心主义的基本命题与唯心主义哲学体系中包含的具体论断加以区别，这样才能使群众以辩证唯物主义的态度来对待唯心主义。

第三，既然是通俗宣传，当然要借形象的帮助。形象性的说明往往能给群众以极大的启发。但是，不能过分地依赖形象。马克思主义哲学毕竟是以逻辑的形式反映一般规律的科学，学习哲学的人如果始终离不开形象的"拐杖"，不逐步锻炼运用概念的抽象思维能力，是学不好的。这同学习数学有类似之处。形象只能起启发诱导的作用，要真正讲清概念和原理，还得靠逻辑的论证。比喻、成语、格言等等运用得好也有很大的作用，但也一定要同理论的论证联系起来，交代它的涵义和界限，否则也会造成误解，引起副作用。

只要重视，只要努力，我们就能够做好马克思主义哲学通俗宣传的工作，在建设社会主义精神文明的基础工程中添砖增瓦。

改革需要哲学，哲学需要改革[①]

一、改革需要哲学

我们这个拥有十多亿人口的东方社会主义大国，正在进行一场举世瞩目的改革。在这场改革中，马克思主义哲学处在什么地位？能起什么作用？改革需要不需要马克思主义哲学？这个问题乍看起来似乎不成其问题。马克思主义哲学是我们党的世界观，是我们党制定纲领、路线、方针、政策的理论基础，而今天的改革是党领导的，谁会说改革不需要马克思主义哲学呢？但是，事情并不那么简单。如果我们不回避事实，就应该说这个问题在我们大多数干部和群众中并没有真正解决。在许多人心目中，改革需要自然科学、技术科学、管理科学，需要政法财经方面的社会科学，需要文学艺术等等，这都是没有问题的。但是是否需要哲学呢？人们就不一定从内心里承认了。哲学这门学科，连同搞哲学的人，似乎都有点受冷遇、受歧视的味道。有的人一提起哲学就往往把它同夸夸其谈的空洞说教、不着边际的高谈阔论联系起来，认为这是不能解决任何实际问题的无用之学。面对这种情况，我们这些搞哲学的人应该怎么看？怎么对待？我看第一是不要视而不见，采取不承认主义。第二是不要因为别人触

[①] 本文是作者1987年6月应河南省委理论工作领导小组之邀在郑州研修班作的学术报告，收录于《十一届三中全会以来对马克思主义的运用和发展》（河南大学出版社1988年10月出版）一书。

犯了我们的职业尊严而义愤填膺，给人家扣上"轻视党的理论基础"的帽子。第三是不要自惭形秽，也跟着说哲学确实不行。正确的态度应该是冷静地客观地分析一下为什么会出现这种情况，然后考虑怎样对待。

为什么会出现哲学受轻视的情况呢？原因当然很多，但我看最主要的原因有两条：一条是长时间的"左"的错误败坏了哲学的名声，另一条是很多干部群众对哲学的性质和功能缺乏正确的理解。

先说第一点。

我们党在十一届三中全会以前的一段相当长的时期里犯了错误，主要是"左"的错误，包括"文革"这样的长时间的全局性的错误。人民吃了苦，国家受了难。过去党犯错误的时候，哲学在干什么呢？不可否认，即使在那个年代，我们这些讲马克思主义哲学的人也还是宣传了许多正确的道理，决不能全盘否定。可是同样不可否认，在那种"大气候"下，马克思主义哲学工作者要出来坚持实事求是的思想路线，纠正党的指导思想上的错误，实在是太困难了。实际上我们做的工作有很大一部分是在为错误作辩护。比如1958年的"大跃进"明明违反了客观规律，破坏了生产力，有的哲学家还要出来论证这是"必然趋势"，还要为"人有多大胆，地有多高产"、"不怕做不到，只怕想不到"、"不怕想不到，只怕不敢想"这样的主观唯心主义、唯意志论唱赞歌；明明瞎指挥把大家害苦了，还要去写文章论证"外行领导内行"是"普遍规律"，似乎人民受够了苦难还得从"理论"上心悦诚服地认识到受苦受难的必要性和优越性。不仅如此，甚至两个完全相反的东西，哲学也都能出来提供"理论"依据，证明它们都是"马克思主义的"。我不是说所有的哲学工作者都是如此。确有一些水平很高又具有坚定立场的马克思主义哲学家是能够在惊涛骇浪中看准方向，坚持实事求是的原则，不随波逐流的。但这样的哲学家毕竟是凤毛麟角，而且几乎没有一个不受打击的，有的还献出了生命。至于大多数搞哲学的人就未必能做到了。这也有种种不同的情况。有的人是毫无原则，见风使舵，搞投机的。多数人是认识问题，这些同志长期在阶级斗争为纲和个人崇拜的熏陶下，分不清是非，以为这样做就是在为党工作，在尽理论工作的职责。有的同志也并不是完全没有觉察到这样做的不对，并不是没有怀疑，但是在那种"大气候"下面也只好说些违心的话，或者不说话。不管具体情况有什么差别，有一个事实大家是看得清清楚楚的：那些年来使许多人民吃了大苦，使民族遭了大难的错事、蠢事，有好多都是坏事，几乎全是在"马克思主义哲学"的名义发生的。人们讨厌那些使自己受苦受难的"左"的错误，也就讨厌为错误作辩护甚至推波助澜的所谓"马克思主义哲学"，这是很自然的。十一届三中全会以后情况基本改变了，哲学的作用也改变了。比如真理标准的讨论就为拨乱反正开了路，为人民立了大功。可是人们对哲学在过去"左"风盛行时的那段痛苦的历史记忆犹新，一时还改变不了老印象，这也是很自然的。我想，这是直到今天还有不少人讨厌哲学、鄙视哲学的一个重要原因。

当然，人们对哲学的这种看法毕竟是不对的，因为人民大众受难之日，也正是马克思哲学遭到歪曲、践踏之时。那个时期的重大方针政策的错误之所以发生，固然与我们缺乏社会主义建设的经验有关，但是更根本的原因还是我们在许多方面和许多问题上背离了以实事求是为核心的马克思主义的思想路线，说到底就是背离了马克思主义哲学的基本原理。我们回想一下，那个时期报刊上、讲台上、书本上宣传的"马克思主义哲学"，有多少是符合马克思主义哲学的原意的呢？比如神化领袖的作用，鼓吹质变在任何情况下都"优"于量变，鼓吹生产关系决定生产力、上层建筑决定经济基础，把精神的作用夸大到不受物质条件制约的程度，把哲学对具体科学（特别是自然科学）的指导作用歪曲成为替代作用，把辩证法的丰富内容简单化为一个"斗"字，如此等等，能说是马克思主义哲学吗？当年用来为错误的方针政策作论证的，不正是这样的所谓"马克思主义哲学"吗？所以，为错误的方针政策推波助澜、给人民带来灾难的决不是真正的马克思主义哲学，而是贴着"马克思主义哲学"的标签、冒充"马克思主义哲学"的反马克思主义观点，是一些与马克思主义南辕北辙的混乱荒谬的观点。如果我们今天把罪责归到马克思主义哲学头上，那就冤枉了马克思主义哲学了。我们不能因为上过假药的当，就连真药也不相信了。

再说第二点。

我们有相当多的干部和群众对哲学这门学问的性质和功能是不大清楚

的。哲学是一门什么性质的学科？它能起什么作用，不能起什么作用？在许多人的观念里还相当糊涂。这也与过去的某些错误的宣传有关。过去有些宣传把马克思主义哲学的"威力"说得神乎其神，似乎它既是囊括一切具体知识的超级知识库，又是能够直接解决一切具体问题的万能金钥匙，似乎一个人只要"精通"了马克思主义哲学，"掌握"了它的原理，不需要去学习和掌握专门的知识和技能，就可以直接解决任何具体问题。既会打仗，又会筑桥，既会修理电视机，又会搞成本会计。这当然是非常荒谬的理解。可是不少人实际上就是这样理解的，或者是接近于这种理解的。他们既然把哲学理解为"万能"的学问，也就要求它发挥"万能"的作用。可是很快他们就发现哲学并不"万能"。不仅不"万能"，而且似乎连"一能"也没有——它不能像具体的专门知识技能那样解决任何一个具体问题。比如说，一位写了很多书的哲学教授如果不去学习补鞋的专门技术，单凭他那一套哲学原理是连一双鞋也补不好的。这的确是事实。于是哲学在这些人的心目中就从九天之上一下子跌落到九地之下了："哲学有什么用？还不如补鞋的技术有用。讲得天花乱坠，落实起来一个问题也解决不了，空谈而已！""不能带来效益的学问有什么用？哲学能带来什么效益？一条对立统一规律能使我这个工厂的产值提高多少？"应该说，这种看法也是哲学受到轻视的一个原因。

对哲学的这种看法当然是一种极大的误解。

哲学这门学问在性质上是与分门别类的自然科学、社会科学、技术科学不同的。那些具体的科学揭示的是各个特殊领域里的特殊的规律，提供的是解决各个特殊领域中的具体问题的方法。所以你学会了某一门具体科学，你就能用它来解决那个特殊领域里的具体问题。这"用处"是非常显然的（其实这也是大大简化了的说法，实际上即使是具体科学，要成功地运用到实践中去解决具体问题，也还要通过若干中间环节。很难说是"直接"解决具体问题，不过需要经过的中间环节比哲学需要的少得多罢了）。哲学就不同，它揭示的是整个世界万事万物之间最普遍的关系，提供的是解决一切领域中一切具体问题的最一般的原则和方法，这就是我们通常讲的世界观、方法论。它不可能告诉你记账的技术、设计房子的技术或者别的什么技术。它的性质决定了它没有这种功能，我们也不应该要求它有这种功能。那么能不能因为它没有这种功能，就说它没有用处呢？不能这样说，要知道哲学虽然不能直接解决某个具体问题，但是解决任何具体问题都离不开它，只不过许多人没有意识到、没有理解到这一点就是了。一个没有学过哲学，自以为与哲学毫无关系的人，或者对哲学不屑一顾的人，其实都有自己的哲学观点，他的思想和行动都受着他自己的哲学观点的支配。如果一个人的哲学观点非常谬误或者非常混乱，那么他就很可能在观察问题处理问题的时候犯总体性的长期的错误。在小事上可能聪明绝顶，在大事上却往往糊涂不堪。个人如此，群体也如此。如果掌握了像马克思主义哲学这样科学的哲学，情况就会截然不同，由于它为你提供了一个科学的世界观和方法论，你就会在大的问题上有一个正确的方向，正确的路子，有了错误也容易纠正得多。这就是哲学的功能，哲学的用处。哲学的这种特有的功能和用处，是任何别的科学都代替不了的，我想只举两个大家熟知的例子就足够说明问题了。

第一个是我们国家民主革命时期的例子。我们党从成立一直到遵义会议这么多年，一方面领导全国人民进行艰苦卓绝的斗争，取得很大胜利；另一方面也接二连三地犯了一些路线性、政策性的错误，这其间有右的，也有"左"的，特别是"左"的危害性更大。王明的"左"倾错误使党在苏区的力量损失了百分之九十，白区的力量损失了百分之百，迫使党不得不进行战略性的大转移——长征。遵义会议结束了错误路线，革命才转危为安。为什么中国革命一再遭受挫折？当时全党都在思考这个问题，都在找原因，也采取了措施。比如说，大家认为某一次错误是某一领导人造成的，就把这个领导人撤换了。可是换上一个领导人之后还是犯错误。虽然错误的形式每次都有所不同，有"左"的，有右的，有这一方面的，有那一方面的，有表现在政治路线上的，有表现在组织路线上的，有表现在军事路线上的，等等，具体形态千差万别。领导人一再更换，错误的形态也一再改变，而错误本身仍然存在，革命仍然遭到挫折，可见并没有找到犯错误的真实原因。经过很长时间，以毛泽东同志为代表的一批同志才逐渐认识到这个问题枝枝节节的解决是解决不了的。毛泽东同志非常明确地指出，要看到这些不同形式的错误有一个共同的"根子"，那就是主观主义，就是主观和客观相分裂，认识和实践相脱离。而主观主义从哲学上说就是唯心主义和形而上学。要想从根本上解决党的路线问题，就必须把问题提到哲学的高度来观察，要看出这是一个辩证唯物主义与唯心主义形而上学的根本分歧问题。只有对全党进行马克思主义哲学的教育，使绝大多数同志分清辩证唯物主义与唯心主义、形而上学的界线，懂得我们制定和执行方针政策都只有遵循辩证唯物主义的立场、观点、方法才能取得成功，中国革命的航向才可能拨正，胜利才有希望。所以，毛主席在长征刚刚结束后就以极大的精力带头从事哲学研究工作。他在极困难的条件下想方设法搜集了一切可能搜集到的中外哲学书籍，在窑洞里、在油灯下刻苦钻研，作了大量的眉批和笔记，写出了《实践论》、《矛盾论》和其他重要的哲学著作，亲自给抗大的学生讲课，接着他又亲自领导了以清算主观主义为中心内容的整风运动。这样就大大提高了全党的马克思主义哲学水平，使大家从世界观和方法论的高度分清了什么是正确路线，什么是错误路线，这才有了全党的空前团结和统一，才有了党的"七大"，才有了抗日战争的胜利和解放战争的胜利，才有了新中国。如果没有这样一场哲学斗争，不用马克思主义哲学武装全党的思想，会是什么局面呢？那就会永远弄不清正确路线和错误路线的区别，永远重复过去的错误，中国革命就不知道要在黑暗中徘徊多少年，五星红旗也不可能是 1949 年在天安门升起。在这个意义上，我们可以说中国革命的胜利也就是马克思主义哲学的胜利。如果要讲效益，还有比这更大的效益吗？能说哲学是说空话的无用之物吗？

第二个例子是离我们今天的生活更近的，是 1978 年真理标准问题的讨论。真理标准本来是一个古老的哲学问题，而且是马克思主义在一百多年以前就已经解决了的问题。可是在当时的具体情况下，却成为关系到国家命运的尖锐而迫切的问题，非重新"解决"一次不可。为什么呢？因为在十年动乱中林彪、"四人帮"的破坏，马克思主义哲学的基本原理被歪曲得面目全非，成千成万的干部群众都不知道"实践是检验真理的唯一标准"是马克思主义哲学的一条基本原理，是马克思、恩格斯、列宁、毛泽东和其他马克思主义代表人物在他们的著作中反复论述过的原理。他们上了林彪、"四人帮"歪曲宣传的当,误认为毛泽东思想甚至毛主席的语录是检验真理的标准。所以当粉碎"四人帮"后不久有人提出两个"凡是"的时期,许多人还看不出有什么问题,还以为这是符合马克思主义的。相反,当时有位同志发表了一篇题为《实践是检验真理的唯一标准》的文章,却引起了许多人的抗议,说这是反毛泽东思想的大毒草,是妄图"砍旗"。那时人们的思想就混乱到了这种程度!可是,如果按照两个"凡是"的原则,凡是毛主席定下来的、讲过的,不管是对的还是错的都必须照办,凡是毛主席没有提过的、没有讲过的,哪怕是完全正确的也一点不能做,那我们的党和人民岂不是除了按照"无产阶级专政下继续革命的理论"每隔七八年来一次"文化大革命"之外,什么事也不能做了吗?我们的国家岂不是还要在"文革"的灾难中一直过下去,直到被"开除球籍"吗?所以,真理的标准这个哲学问题确实成了关系我们国家民族命运的大问题。当时,我国哲学界开展了真理标准问题的讨论。经过相当尖锐的争论,终于使理论工作者和广大干部群众从"凡是"的精神枷锁中解放了出来,这才有了十一届三中全会的胜利,才重新确立了实事求是的马克思主义思想路线,才有了既坚持四项基本原则又改革开放的国策,才有了今天这样举世瞩目的成就和无限光辉的前景。试想,如果我们当年不解决真理标准这个哲学问题,我们能在"文革"的框框里挪动一步吗?能有今天的一切吗?有些专讲"务实"的同志,讲起他们的经济工作的成绩来充满自豪感,可以用许多具体数字来说明他们的效益,这是完全应该的。但是他们当中有的人看不起哲学,以傲慢的口吻嘲笑哲学的"无用",这就不对了。我们不妨提醒这些同志:如果不能解决真理标准问题,还按"语录标准"衡量一切,你今天做的这些事就应该算是"资本主义复辟",你还没有迈出第一步就该被打倒了,你能有什么成绩可以自豪?当然,今天我们全国各条战线上取得的成绩,是各种各样的因素共同起作用的结果,决不能说都是哲学单独起作用的结果(如果这样说,那又是哲学"万能"论的翻版,又是荒谬的夸大)。但是哲学的作用不能低估,更不能抹杀。从根本上看,如果当年不解决真理标准这个哲学问题,就不可能有十一届三中全会以来的正确路线，就没有今天的一切。如果要讲效益，这个效益还不大吗？

以上两个例子还仅仅是指哲学功能的一个方面，还远不是它的全部。但仅仅两个例子就足以说明，那种认为哲学没有用、没有效益的观点是肤浅的、片面的、不正确的。问题不在于哲学有没有用，而在于我们今天在深化改革、建设有中国特色的社会主义这样一个历史时期中，究竟应该如何发挥马克思主义哲学的作用。现在强调务实的精神，这本身是完全正确的。我们再也不要重复过去那种空喊口号、不干实事的愚蠢做法。列宁在建设苏联的社会主义时一再强调，少发点政治的喧声，多做点实际的经济工作。这个观点对我们仍然适用。但务实仍然需要有一个正确的方向，而这个正确的方向，是由正确的世界观和方法论决定的，离开了马克思主义哲学的指导去片面地强调务实，就可能走偏方向，可能陷入爬行的经验主义，缺乏全局观点和战略眼光，在一些具体事务上我们可能干得不坏；但是从全局看，从长远看，从综合的效果看，可能就是在干糊涂事，这是不能忽视的。

马克思主义在当前和今后的改革中的作用具体地表现在哪些方面？或者说，改革需要哲学在哪些方面为它服务呢？这是一个不容易回答得很全面的问题，人们的回答也未必一致。我只能按自己的理解试着谈一些看法。

第一，哲学要通过更新人们的观念，为深化改革开路。历史上任何大的革命、大的社会变革，都是从观念的变革开始的。这是因为社会变革（无论是经济的还是政治的）总是通过人们的行动才能实现。如果人们不首先变革旧观念，树立新观念，就不可能觉悟到有进行社会变革的必要，就没有兴趣、没有勇气去行动。而观念的变革是要靠先进分子去论证、去宣传的，主要的武器就是哲学。恩格斯在谈到1848年德国资产阶级革命的时候说过："正象在十八世纪的法国一样，在十九世纪的德国，哲学革命也作了政治变革的导言。"[①] 不仅法国、德国的革命是这样，美国革命、

[①] 《马克思恩格斯选集》第4卷，人民出版社1995年版，第214页。

日本的明治维新、中国的戊戌变法和辛亥革命等等也都是这样。俄国十月革命和中国新民主主义革命也是从传播马克思主义，首先是从传播马克思主义哲学开始的。原因就在于任何时期人们的各种观念里最深层的东西是哲学观点，要变革人们的观念，就得抓住哲学这个最根本的东西。哲学对观念的更新起的作用是最深刻、最持久的。

我们今天进行的改革同上面说的那些革命改革在性质上当然很不相同，它不是改变我们的国体和根本的经济制度，而是社会主义制度的自我完善。但是，它也是一场非常深刻的革命。就一定的意义说，它甚至比过去的革命还要深刻。1949年取得胜利的那场革命是我们党领导人民奋斗了28年的结果，也是鸦片战争以来中国人民奋斗了109年的结果。它推翻了压在中华民族头上的三座大山，在中国历史上破天荒地建立了人民当家做主的中华人民共和国，建立了社会主义制度。这是中华民族历史转折点的极其伟大的革命的标志。随后进行的社会主义改造和社会主义建设，也使我们的社会发生了深刻的变革。这都是没有疑问的。但是也应当看到，在十一届三中全会以前的将近三十年里，我们并没有解决怎样建设有中国特色的社会主义这样一个大问题。我们走了不少弯路，犯了不少错误，付出了沉重的代价。这个问题如果不解决，就不可能把我国建设成为现代化的社会主义国家，不仅不能对人类作出大的贡献，而且有被"开除球籍"的危险。我们今天的改革就是为了解决这个大问题，所以完全可以说是更深刻的革命。

这场革命的广泛性和深刻程度都是空前的。要实现这样一场革命，没有十多亿人民的观念更新，是不可设想的。要实现这样的观念更新，没有哲学的参与也是不可设想的。现在我们头脑里不适应改革需要的观念多得很，有的是几千年积淀下来的封建观念和小生产观念，有的是多年来僵化的政治经济体制造成的僵化观念，有的是长期的错误宣传造成的"左"的观念，有的是从国内外各种渠道来的资产阶级思想中的腐朽观念，如此等等。这些陈旧的观念不改变，不树立与改革的需要相适应的新观念，我们的改革就将寸步难行。而要更新观念，枝枝节节就事论事是不能解决问题的，非从哲学上加以论证不可。

比如说，为什么我们搞了30年的社会主义建设还没有想到有必要进行今天这样的改革？原因就在于我们在相当长的时间里，对什么是社会主义有一套不切实际的固定观念。那时我们认为，社会主义就是一百多年前马克思设想的样子建立起来的制度，或者再加上按苏联的样子建立起来的制度。我们把这两者综合起来就规定了社会主义若干条"基本特征"，形成了一种固定的模式。这个模式包含着一系列僵化的观念。比如说，在所有制上，总认为越大越公越好，而且公有制越纯越好。在经营方式上，统得越多越好，管得越死越好，至于在政治体制和意识形态上的僵化观念就不去说它了。我们在许多年里吃这些僵化观念的亏太大了。现在我们破除了这些观念，事业就大踏步地前进了。这当然是我们民族的大幸！但是我们要深思一下：为什么在那么长的时间里吃了那么大的亏还没有想到要破除这些观念，而现在却想到了呢？这就应该从哲学上找原因。无可讳言，我们在很长的时期里实际上是不承认实践是检验真理的唯一标准这条最根本的马克思主义哲学原理的（到"文革"时期索性连字面上也不承认了），指导我们的是"语录标准"、"权力标准"。在这种观点方法的支配下，那一套对社会主义的僵化观念是不可避免的，把一切不符合这些僵化观念但是符合实际情况的观念视为"反马克思主义"的"修正主义"也是不可避免的。这种情况只是从1978年真理标准讨论以后才发生根本变化。如果没有这场讨论，不从哲学上解决问题，各个领域里的僵化观念的破除就根本不可能，甚至连这个问题都提不出来。从这里不是可以清楚地看到哲学在观念变革中的开路作用吗？

在改革过程中遇到的起阻碍作用的旧观念是非常多的，凡是与发展社会主义商品经济的要求不相适应的观念都是这种旧观念。假如开个清单，那恐怕是一个很长的单子。而且随着改革的深入还会有层出不穷的旧观念挡住去路，需要哲学不断地做清路工作。

我这里跟同志们拉拉家常。近两年国家教委组织了一个中国哲学家考察团到港澳、珠江三角洲、长江三角洲等地考察，目的是促进我们思考哲学为改革服务的问题。我作为代表团成员，感到在考察中学到很多东西，感受之一就是哲学在观念更新中的巨大作用。我只说在苏南（以及苏北的扬州）的考察。那里的变化是惊人的。首先是产业结构发生了重大变化。不少地方农业劳动人口的比例下降到了 10% 左右。常熟县有个元和村，全村搞农业的只有 18 员女将，平均一个农业劳动力养活 54 口人，还卖了大量余粮。美国在 70 年代①是一个农业劳动力养活 70 口人。元和村达到现在这样的水平当然是了不起的变化，把 80% 以上的人搞饭吃的旧局面改变过来了。他们靠什么？靠农业的机械化、电气化。资金从哪里来？靠大办乡镇企业、以工建农。其次，苏南人民的生活水平的提高也是惊人的。人均年收入在 7000 元以上的乡镇企业很普遍。他们的住房、道路、商店、医院、学校、托儿所、敬老院都很好。农民自办的宾馆、餐厅很漂亮，服务质量不亚于大城市的高级宾馆、高级餐厅。他们为什么在十一届三中全会以后的短短八年里就取得了过去几十年梦想不到的成就？根本的一条就靠更新观念，而更新观念就离不开哲学的作用。许多干部都深有体会地对我们说："十一届三中全会以前的几十年也干得够苦的，可是总富不起来，而且也不敢富起来，怕出修正主义。"十一届三中全会以后他们明确了两条道理：第一条是一个制度好不好，办法对不对，归根到底看它能不能促进生产力的发展。第二条是一个办法能不能促进生产力的发展，归根到底要看实践的结果。这两条是什么？不正是哲学吗？有了这两条，人还是那些人，条件还是那些条件，一系列新的观念就产生了，各种好的办法就出来了。我们接触的那些干部群众，他们的竞争观念、效率观念、质量观念、市场观念、服务观念都很强，他们的乡镇企业的口号是"以质量求生存，以信誉争市场"！这些新观念给苏南带来了蓬勃的发展。他们深深懂得这些变化是与哲学的开路作用分不开的，他们很重视哲学。有的干部很激动地对我们说：我们做的事情明明是符合马克思主义的，我们明明在干社会主义，可是有些人老是非难我们，说我们违背了这一条、那一条，路子不正。我们举出事实来反驳这些非难，可是人家还要引经据典地非难我们。我们再往深处讲也讲不出多少道理来了，憋了一肚皮气，你们哲学家能不能为我们说点公道话，为我们辩护辩护？还有的干部希望我们分一些

---

① 指 20 世纪 70 年代。——今注

学哲学的大学生到他们那里去工作，说他们不仅需要精通技术和管理的人才，还需要有历史眼光、有战略头脑、能从哲学上考虑问题和说明道理的人才。这些朴实、诚挚、强烈的呼声给了我们很大的触动。

第二，哲学要在塑造我们新时代的民族精神这项伟大工程中发挥特殊的作用。每一个民族都有自己特有的民族精神，这好比一个人的脊梁骨。没有脊梁骨的人是站不起来的，没有民族精神的民族决不能自立于世界民族之林。世界上许多伟大的民族都有自己长期形成的各具特色的伟大的民族精神。日本、美国、俄国、德国、法国都是这样。我们中华民族也有自己伟大的民族精神。我们几千年来不知经历了多少内忧外患，但是无论在什么惊涛骇浪面前我们都能顶住。现在有人把我们的民族精神说得一无是处，"丑陋"不堪，甚至说我们的人种都不行，我看这是无知的偏见。当然，我们应该清醒地看到自己的弱点（别的民族也都有各自的弱点）。鲁迅先生是最深沉地热爱我们的民族的，是最明确地指出我们民族有自己的脊梁的，是最坚决地痛斥民族虚无主义的；可是也正是他毫不留情地揭露和鞭笞我们民族精神的弱点。他这样做是为了"引起疗救的注意"，使我们民族精神中伟大的方面发扬光大。我们这个民族经历了几千年的奴隶社会和封建社会，近代又经历了半封建半殖民地社会，不能不在我们民族精神打上消极的烙印，有许多东西是同现代的要求相矛盾的。所以确实有一个在原有优良传统的基础上按照时代的要求重新塑造我们的民族精神的任务。搞社会主义精神文明建设说到底也就是为了实现这个任务。这当然要靠文化领域的一切部门协同努力，例如文学艺术就有巨大的作用。但是哲学的功能是任何别的部门不能代替的。它是民族精神的最集中的体现，同时又在最深的层次上左右着民族精神。马克思主义哲学产生在西方，但它是全人类文明的最高成果，代表着人类最高的哲学智慧，它传入中国以后与中国实际相结合，包括与中国传统文化的精华部分相结合，在中国土壤里生了根，就给中国固有的民族精神增添了新的活力。现在我们要进一步按照时代的需要塑造我们的民族精神，仍然离不开中国化的马克思主义哲学。

第三，哲学要为改造我们的思维模式发挥作用。什么叫思维模式？说得通俗些，就是人们看问题的一种习惯，一种思路，一种框架，这东西是实有的。鲁迅曾经说过"秀才虽出门，不知天下事"。因为"秀才"只有"秀才"的眼光。用我们的话来说，就是他有一套很落后的思维模式，他看什么事都往那个模式里面装，一装就走样了。据说康有为出洋考察，他"发现"欧洲国王的宫墙都很低矮，认为这就是欧洲经常发生革命或暴乱的原因；他反对废除跪拜，理由是一个人如果不行跪拜礼，生这个膝盖是干什么用的？这大概就是思维模式问题。一个时代、一个群体的思维模式是生活方式、知识结构、文化背景等等的产物。应该说，由于历史的原因，由于我们是在小生产占统治地位的土壤上生活过来的，是在比较封闭的文化环境中生活过来的，我们大多数人的思维模式比较落后。从20世纪初期到现在全世界自然科学和社会科学的巨大发展所引起的思维模式的巨大变化，我们吸收得不多，至少对我国大多数人来说是如此。这同我们肩负的任务很不相称。改造我们的思维模式可以通过许多途径，学习各门科学都可以改造思维模式，但是最根本的途径还是学习哲学，特别是学习马克思主义的认识论和方法论。

二、哲学需要改革

我这里说哲学需要改革，不是说需要把马克思主义哲学"改革"成非马克思主义哲学。我这里说的哲学，是指多年来我们在教科书里写的和课堂上讲的马克思主义哲学的内容。我们多年以来讲的马克思主义哲学，是以30年代[①]苏联教科书和我国马克思主义学者的著作为根据的，再加上1958年以后我们自己加进去的一些观点。毫无疑问，30年代的苏联和中国学者的著作教育了几代人，其历史功绩是不可磨灭的。决不能以非历史主义态度轻浮地否定这些著作的意义。但是有两点是不可否认的：第一，这些著作毕竟是第二手的东西，是按照作者本人的理解改造过了的东西

---

① 指20世纪。——今注

（而这种理解又不可能不受当时政治形势的影响），因此，有许多不符合马克思原意的成分，还有一些附加的东西。第二，这些著作的观点有许多已经陈旧了，不能反映近半个世纪以来世界科学技术飞速发展的状况，不能反映这段时间里社会生活、知识结构、思维方式的巨大变化。现在我们基本上还是讲的几十年前的老观点，没有做到面向改革、面向世界、面向未来，与当代实际有不少脱节的地方，这是带根本性的问题，大家都不满意，都认为必须改革。怎样改革？有的同志认为必须从体系入手。我对这一点有保留意见。什么是体系？我认为体系有两种不同涵义：一是马克思主义哲学内在的逻辑关系，即概念与概念之间、命题与命题之间在逻辑上的关系。这同理论的内容不可分离，这确实是需要下工夫研究的。一是表述、叙述的体系。一本教科书分几章，先讲什么，后讲什么，是先讲唯物论、辩证法，还是先讲认识论、历史唯物主义，如何安排，这是表述上的体系。我认为这种意义上的体系不是特别重要。爱因斯坦写的通俗小册子《广义相对论和狭义相对论》的前言里有这样的话："我很不注意表述体系的问题，我觉得这件事可以交给缝鞋匠去做。"我揣摩他这句俏皮话的意思并不是说明他认为一个人说话可以颠三倒四，杂乱无章。他的意思是强调理论的内容，而把表述方式大问题放在次要地位。打个比方，画家画一个人的头像，有的先画脸廓，然后五官；有的先画五官，后描脸廓；在画五官的时候有的先画眼睛，后画鼻子；有的则相反。这无关紧要。小说描写一个人，从头说到脚，从脚说到头，都无不可。这属于表述方式问题。鉴赏一张画，不会去考虑你先画的哪一笔，后画的哪一笔，而是看你画的好坏。所以，过分强调表述体系的重要是本末倒置。即使是内在的逻辑体系，虽然比表述体系重要得多，但同内容比起来也还是次要的，因为有什么样的内容，才会有什么样的逻辑结构。如果内容陈旧，只在逻辑结构上做文章，虽然不能说没有一点改进，但仍然不会有实质性的改进。现在的教科书和哲学教学不能适应形势的需要，根本的问题不在体系，而在内容。有一个问题不能不考虑，那就是从 30 年代[①]始形成了一整套带有方

[①] 指 20 世纪。——今注

法论意义的观点,这些观点实际上成了阻碍我们改革哲学教学内容的障碍。不破除这些不符合事实,不符合马克思主义的观点,无论花多大的气力也不可能有真正的改革。这里只举几个突出的例子。

1. 关于马克思主义哲学的性质与功能问题

多年来我们的教科书绪论都讲马克思主义哲学的产生是哲学史上一场伟大的革命变革,这种变革表现在哪些方面。这是完全必要的,现在也还是需要把这个问题讲透。但是其中有一点过去讲得很不够,那就是马克思主义哲学的生命力在于随着实践的发展而发展,马克思主义以前的哲学家总是把自己的哲学体系看成永恒的、终极的真理。这一点连辩证法大师黑格尔也不例外,只有马克思主义哲学彻底地否定了终极真理。恩格斯说,假若有终极真理,那么人们达到这一状态时除了摊开两手望着终极真理发呆以外,还有什么可干呢?马克思说,辩证法本质上是革命的、批判的,它不崇拜任何东西,它认为一切东西都只是对它赖以生存的条件有它存在的合理性。这个辩证法原理对马克思主义本身适用不适用?如果不适用,辩证法的普遍性就成了问题。马克思主义的经典作家毫不含糊地认为是适用的。他们从不认为自己的理论是一成不变的永恒真理,"至矣尽矣"的终极真理。毛泽东说马克思主义并没有结束真理,而是在实践中不断开辟认识真理的道路。这是把事情讲透了。马克思主义哲学为什么能够一直站在人类思维的制高点?就因为它不停顿地随着实践的发展而发展,用人类最新的认识成果来丰富自己,永远不把自己看成一成不变的教条。这些道理我们在教科书里、课堂上也不是完全没有讲,问题在于讲得不彻底,往往一落到实处就走样了。我们在具体论述马克思主义哲学的原理时,往往实际上还是把它当作永恒的、终极的真理来宣布,甚至连行文、讲话的口气和架势都表现了这一点。试问这符合马克思主义的固有精神吗?按照这种对马克思主义的僵硬的封闭的理解,我们能够不断地面向实践,吸收全人类创造的日新月异的认识成果,来丰富和深化马克思主义哲学,使它永远站在时代的前列吗?当然不可能。这是对马克思主义哲学性质的重大误解或曲解,是发展马克思主义哲学的极大障碍。与此相联系的是对马克思主义哲学功能的误解或曲解。马克思主义哲学既然是一门科学,它就有自己特定的研究对象，特定的功能。它的功能就是提供观察问题的世界观和方法论。它不能代替别的具体科学，不能包揽一切，不能对具体科学领域中的是非作判决。可是我们过去往往忘记了这一点。在这个问题上，苏联和中国都有沉痛的教训。在苏联，曾经掀起过一场由哲学来批判新兴自然科学的浪潮，涉及的面很广。相对论、量子力学、共振论、基因理论、数理逻辑、控制论等等都不能幸免，这些理论被扣上了"唯心主义"、"反动理论"、"法西斯理论"等等大帽子，结果使苏联的科学走了弯路。中国在"文革"中的情况就更不用说了。能不能说我们现在已经充分地吸取了这些教训呢？恐怕还不好这么说。对马克思主义哲学的性质和功能的这种长时间的误解几乎成了一种枷锁，使我们不愿也不敢去考虑马克思主义哲学原理的丰富、发展、更新的问题。所以一本教科书讲了几十年，翻来覆去还是那些内容，有的同志还以为这是在坚持马克思主义。这算不算坚持？我看不能算，因为连马克思主义必须随着实践的发展而发展、实践是检验真理的唯一标准这些马克思主义的最根本的原理都没有落实，怎么能算坚持了马克思主义呢？

2. 关于唯物主义和唯心主义两军对战的问题

现在有人完全否认唯物唯心的斗争，甚至连这种划分也不承认，说这也是"教条"。这种看法我认为是错误的，因为这不符合事实。但是在唯物唯心的问题上有没有教条呢？我认为还是有的，那就是把唯物唯心的斗争看成哲学发展的全部内容，认为一部哲学史仅仅是唯物唯心两军对战的历史，把一切具体的哲学争论、全部哲学发展的丰富内容都往这个框框里装。这个教条是从苏联来的。1947年6月苏共中央主持了一次盛大的哲学讨论会，日丹诺夫在会上有个长篇发言，严厉地批判了苏共中央宣传部长亚历山大洛夫著的《西欧哲学史》，指责这本书犯了客观主义的错误。这个发言提出了一个论断："哲学史也就是唯物主义与唯心主义斗争的历史。"① 按照这个论断，几千年的哲学史被描绘成了这样一幅图景：首先来

---

① 见［苏］日丹诺夫：《苏联哲学问题——在西欧哲学史讨论会上的发言》，李立三译，中原新华书店1949年3月出版。

个"阶级站队",唯物主义是专门搞建设的,站在一边;唯心主义是专门搞破坏的,站在另一边;然后这两军就打起仗来。每次战斗都是唯物主义获胜,唯心主义失败。唯心主义每次都不甘心失败,卷土重来,结果每次都被打得头破血流。这样打了两千多年。到了马克思主义出世,唯心主义就一败涂地,再也爬不起来了。日丹诺夫的这个观点影响很大,多年来我们在课堂上和讲义里也自觉不自觉地宣传了这个观点。这个观点当然并不完全错误,因为唯物主义与唯心主义的斗争确是客观存在的事实。但把全部哲学史都归结为唯物唯心的斗争史就非常片面了。我这里不打算详细分析这个问题,只想指出几点:第一,在历史上和现实中实际存在的哲学都是一个一个的各具特点的体系,每个体系都有很复杂的内容,决不是仅仅由"物质第一性"或"意识第一性"这样一两个命题组成的。唯物主义的体系中往往有唯心主义的内容,唯心主义的体系中也往往有唯物主义的内容。例如旧唯物主义的内容在社会历史领域中就陷入了唯心主义;列宁说过在黑格尔的《逻辑学》这本最唯心主义的著作中"唯心主义最少,唯物主义最多"。第二,从唯物主义前提出发的论断未必都比从唯心主义前提出发的论断更正确、更深刻。马克思、恩格斯多次说过,黑格尔比费尔巴哈深刻得多。列宁也说过,聪明的唯心主义(指辩证的唯心主义)比愚蠢的唯物主义(指形而上学的、机械的唯物主义)更接近于聪明的唯物主义(指辩证唯物主义)。第三,唯物主义和唯心主义之间的关系决不仅仅是"斗争",也还有互相借鉴、互相吸取的一面。第四,哲学上研究的问题,争论的问题极其丰富,而且不断变化,决不永远只限于"物质第一性还是意识第一性"。例如唯理论和经验论的争论就是哲学史上一个非常重要的问题,但是争论的焦点并不是物质和意识何者是第一性的问题,而是经验和理性的地位和关系问题。第五,有许多重要的斗争恰恰不是唯物主义和唯心主义的斗争,而是两种唯心主义的斗争,或两种唯物主义的斗争。如此等等。可见,如果用"两军对战"的模子去套,其结果只能是把一部内容极其丰富的哲学史极端地贫乏化、漫画化、滑稽化,给人们灌输一种虚假的歪曲的观念。再者,对唯心主义哲学的作用的估价也有不实事求是的毛病。所谓"作用"无非是指两个方面,一是指对社会进步的作用

（即对历史发展的作用），一是指对人类认识发展的作用。无论就哪一方面来看，都不能离开具体历史条件不加分析地断定"唯心主义必反动"。先说对社会进步的作用吧。一种理论的社会作用如何，是要与当时整个的历史条件、社会背景联系起来考察才可以判定的，错误的理论并不一定在任何情况下对社会的发展都起阻碍作用。这样的例子举不胜举。比如欧洲中世纪的宗教势力统治了上千年（代表束缚生产力发展的封建生产关系和上层建筑），这时候发生了文艺复兴运动，一大批人文主义者出来宣传人性论。他们讲的人性论是抽象的人性论，是唯心主义的东西。可是在当时的历史条件下却起了唤醒群众与黑暗的封建势力作斗争的伟大的进步作用。怎么能说"反动"呢？我们明朝有位哲学家李卓吾，他认为真理的标准是我自己的"心"，应该"以吾心之是非为是非"。这等于说"我认为对的就是对的"，唯心主义到家了。可是他这套理论是针对当时"以孔子之是非为是非"的教条而发的。他这种提倡独立思考、反对迷信圣人的思想就起了启蒙作用，不能说"反动"。洪秀全的哲学，谭嗣同的哲学，都是唯心主义，可是它们起的社会作用明明是进步的。再说对认识发展的作用，唯心主义也决不只是消极的、反动的。第一，唯心主义哲学并不是简单的"胡说"，它是由于把认识过程中的某些因素、方面、片段、环节夸大成了脱离物质的东西而犯的错误。如果除掉这种夸大，那么它对这些因素、方面、片段、环节的论述是有合理成分的。第二，唯心主义基本命题虽然是谬误的，但从这个基本命题出发推出的命题未必都是谬误。黑格尔的许多深刻的思想就是证明。第三，唯心主义哲学往往提出许多非常深刻的问题，也能抓住某些唯物主义哲学在某些问题上的弱点，这对于激发、促进唯物主义的深化和发展是非常有利的。像贝克莱、休谟、康德等人的历史作用就不能抹杀。第四，唯心主义与唯心主义之间的争论对唯物主义的发展也有好处。第五，研究每一种唯心主义失足的具体途径，可以从中总结理论思维的教训。如此等等，还可以讲很多条。总而言之，我们不能持这样一种粗陋的观点：唯心主义不过是人类认识史上的赘疣，是只起消极作用、破坏作用的多余之物，要承认唯心主义和唯物主义都是统一的人类认识这棵大树上必然生长出来的花朵，只不过唯心主义不能直接结出果实罢了。我不是为唯心主义唱什么赞歌，而是因为看到我们的教条太严重，不得不着重强调问题的这一方面。

3. 关于哲学的阶级性问题

有人完全否认哲学的阶级性，认为这是马克思主义者为了政治需要杜撰出来的。我不同意这种看法。如果读了哲学家的全部著作或主要代表作而看不出任何阶级倾向，那只能说没有眼光，或者不顾事实。但是我现在要着重说的不是问题的这一方面，而是另一方面，那就是我们很久以来把哲学的阶级性强调到了不适当的程度，说成了哲学的唯一的社会属性，似乎哲学就完全没有全人类共有的性质。这就成了一种教条。我们丝毫也不否认各种哲学在总体上为一定的阶级利益左右，并为之服务的事实。但是要注意几点：第一，哲学是距离经济基础较远的意识形态，它一般并不直接为某个阶级的利益辩护。第二，哲学家为一定的阶级利益辩护也是通过自己的研究与探索而得出的理论结论。不能认为哲学家是拿了某个老板的津贴在那里挖空心思编造一套辩护词。这样的人不能说没有，但这样的人很难说是哲学家，这样编出来的东西也很难说是哲学。第三，任何哲学既需要为阶级服务，它总得说服人，使人相信它。既然如此，它总不能不回答前人提出的问题，利用已有的思想资料，概括已有的科学成果和人类的实践经验。一句话，总不能不讲道理。第四，既然同是哲学，就不可能不研究共同的问题。即使是尖锐的斗争，也只能是对同一问题的不同回答，否则怎么"斗"得起来？第五，哲学为阶级服务是就其总体、总的倾向来说的，决不能认为一个哲学家的著作中的每一个论断、每一句话都只能为某一个阶级服务。所以，无论哲学的阶级性多么强烈，都不会丧失它们为人类认识之树的共性。如果以为不同阶级的哲学都是不同道上跑的车，互不相干，那又是在画漫画，而且是违反真实的漫画。按照这种教条，我们势必把人类认识史上大量的积极成果弃置不顾，使马克思主义哲学自我孤立，变成脱离世界文明发展大道的褊狭僵化的东西。

4. 关于对待现代西方哲学的问题

这个问题上我们也有僵化的观念，就是认为从马克思主义产生之日起，一切非马克思主义哲学就只是一堆垃圾，即使"花样翻新"也不过是

"老调重弹",没有值得一提的价值。这是很愚昧的看法,是造成我们贫乏落后的一个不可忽视的原因。由于篇幅所限,这个问题不多讲了。

我认为束缚我们的僵化观念还不止这些,上面只是举例而已。这些观念难道是马克思主义的基本原理吗?不是的。这些恰恰是违背马克思主义的东西,是同马克思主义的精神不相容的东西。如果继续把这些观念奉为神圣不可侵犯的金科玉律,不敢越雷池一步,只能在这个框子里"改造"我们的哲学体系,即使编一百本"新"教材也解决不了问题。但是,如果我们实事求是地破除这些不符合马克思主义的观念,真正用马克思主义哲学固有的批判的革命精神来对待一切,包括对待马克思主义哲学自身,我们就会立即感到耳目一新,仿佛置身于高山之巅,面对着浩瀚无垠的人类知识的大海,我们将从这个大海里汲取无穷无尽的智慧的珍宝,来充实我们的马克思主义哲学,使它真正成为时代的号角,人类的灯塔,成为推动我们的伟大改革的精神支柱和思想利器。我们有理由作这样的预期。

马克思主义中国化是哲学社会科学的重大课题[①]

《中共中央关于进一步繁荣和发展哲学社会科学的意见》对繁荣发展哲学社会科学的任务、方针、目标、措施等一系列重大问题作了明确的指示，必将对我国哲学社会科学事业的全面持续健康的发展起极大的推动作用。我仅就马克思主义中国化问题的研究谈一点认识。

马克思主义在中国由理论变成了现实，使一个占世界五分之一人口的东方大国由灾难深重的半封建半殖民地走上了社会主义的康庄大道，这是20世纪和21世纪伟大的历史事件。这个事件不仅带来了中国人民的解放和中华民族的复兴，而且为社会发展和人类进步昭示了光明的前景。马克思主义在中国的实现过程，就是马克思主义基本原理与中国具体实际相结合的过程，也就是马克思主义中国化的过程。它不仅创造了一个有自己特色的社会主义新中国，而且产生了有自己特色的三大理论成果——毛泽东思想、邓小平理论和"三个代表"重要思想，即中国化的马克思主义。这个过程是在世界格局多次发生巨大变化的背景下发生的，反过来又对世界格局产生了重大影响。我国的哲学社会科学对这个过程的研究已有许多重要成果，但从建设中国特色社会主义的需要来看，认识的深度和广度还有所不足，在一些并非细节的问题上还有不少分歧。把马克思主义中国化问题作为哲学社会科学的重大课题继续研究，从中挖掘出更丰富的思想财富，使我们达到与这个过程的实际意义相称的更深刻的认识，从而提高全

---

① 原载《光明日报》2004年4月13日"理论周刊"。

面建设小康社会的自觉性和规范性，是我们应当担当的重要任务之一。

我认为这一研究可以考虑分几个层次。

首先是对一些前提性问题的研究。例如马克思主义中国化的"合法性"问题就是其中之一。这个问题实际上包括了马克思主义中国化的可能性和必要性两大问题。这两大问题在许多人心目中并没有真正解决。否认马克思主义中国化的可能性的论点是存在的，否认马克思主义中国化的必要性的论点也是存在的。①不能认为这是"不成问题"的"当然"之理而不予理睬，而要认真地加以论证，从学理上作出令人信服的回答；否则其他问题的研究就没有牢固的基础。

其次是对马克思主义中国化的进程和规律问题的研究。要科学地回答这个问题，除了从实际材料出发总结经验，别无他途。总结经验就有方法问题。方法不同，结论就会有种种歧异，甚至相去万里。我以为以下几点是值得讨论的。

一、判定马克思主义中国化成功与否的标准

凡承认马克思主义中国化确有其事的研究者，都不否认在中国化的过程中既有成功的经验，也有失败的经验。但具体谈到何谓成功，何谓失败，看法就往往颇不相同。分歧的原因之一是判定成功和失败的标准不同。在这个问题上的标准比在真理问题上的标准复杂得多，因为这涉及价值问题，单说以实践为标准是解决不了问题的。现在人们实际上采用的标准归结起来似乎有两种：（1）看中国化的成果与马克思本人著作的文本是否符合，从反面说也就是看是否"走样"。比如，与斯大林和前苏联有瓜葛的，便是歪曲了马克思，算是失败；与中国传统文化有所结合的，就是"儒家化"、"封建化"，也算失败。我以为这种标准是不合理的。至于为

---

① 作者在《马克思主义哲学中国化研究的方法论问题》一文中对这些观点提出过自己的看法，该文载《学术月刊》2003 年第 11 期。

什么不合理，我在去年①《学术月刊》第11期的一篇文章②中陈述过我的观点，此处不赘。（2）看中国化的结果对中国革命建设事业是否有利。我以为这个标准总的说来是正确的。比如毛泽东思想与王明的理论、邓小平理论与"两个凡是"的思想何者是马克思主义中国化的成功范例？说到底就是用这个标准判定的。当然，仔细分析起来，情况也并不那么简单。主要的困难有二：第一，作为哲学社会科学的马克思主义理论与具体实践之间的关系并不像数学或自然科学的定理与工程设计之间的关系那样直接，那样单纯；它与具体实践之间往往隔着更复杂的中间环节，受到更多的外来因素的干扰，以致理论上并无错误的人可能办错事，理论上有错误人也可能在具体问题上取得一时的成功。所以，如果机械地从某一具体实践的成功与否来反推出理论思想的正确与否，又推出马克思主义理论中国化的成功与否，在学理上是站不住的。第二，对中国革命建设有利与否这件事本身也需要判定，这种判定也很复杂。对某方面有利可能对另一方面不利，一时有利可能长远不利，反之亦然。而且，马克思主义中国化的影响又是渗透到社会生活的各个领域的，在不同领域里衡量有利不利又有更具体的尺度，这就更为复杂。但是，这两重困难的存在只是告诉我们运用这个标准的时候要防止简单化、线性化，并不能得出结论说这个标准根本不合理或者不可操作。以宏大的视野看历史的长过程，把最广大人民的根本利益和人的全面发展作为追求的目标和最终的标准，马克思主义中国化的成功与否还是可以判定的。

二、总结经验的历史主义原则

任何经验总是一定具体条件下的经验。离开了当时当地的具体条件（即语境），经验便成为不可理解的东西，也无法从中提炼出具有规律性、普适性的认识，使今天在另一种具体条件下实践的人们得到教益。例如，

---

① 指2003年。——今注
② 指《马克思主义哲学中国化研究的方法论问题》一文。

在中国革命建设的实践中发生过许多错误。有些错误确实是理论上的错误造成的，或者至少与理论上的错误有关，对这些错误（特别是全局性的长时间的错误）就必须深入地揭示它的理论根源，作为马克思主义中国化的教训。有些错误则并不是由理论上的错误造成的，就不应往理论上"上纲"。即使是与理论错误有关的错误，也不能脱离当时当地的具体条件简单地看待。有些错误在当时就是可能避免、应该避免的，这就不能以"交学费"之类的托词来曲为之辩；有些错误则是在当时当地的主客观条件下不可能避免的，这就不能以今天的条件和今天的认识为尺度来苛责前人。当然，既同为错误，就都有教训可以吸取，但吸取的教训的内容是不同的。总之，不论对待何种错误，都需要遵循历史主义的原则，把它放在当时当地的历史环境中去剖析，这才有助于使错误成为正确的先导。

三、研究的视角和视野

对马克思主义中国化的研究，可以从不同的视角进行。比如从国际共产主义运动史、马克思主义发展史、近现代西方思想史、中国思想史、世界文化史或中国文化史等等的视角来做。只要不是违背事实的臆说，都有助于深化对问题的认识，都有价值。但是，单从上述某一视角考察这一问题，总难免受到视野上的局限。我个人的想法，觉得似以突破现行学科分类的限制，从更具综合性的广阔视野多侧面地考察这一问题为好。这里的关键是处理好世界化与本土化的关系。马克思主义产生的土壤虽然在西方，但它的理论内容本质上却是世界性的，是全世界的共同财富。但这种世界性的内容要为世界各国度、各民族、各地域的人民所理解、所接受，在现实上成为全世界的共同财富，又必须有一个世界化的过程。而这个世界化的过程与自然科学的世界化过程是不同的，它必须结合各国度、各民族、各地域的特殊实际，实现本土化。因此，马克思主义的世界化和本土化是同一个过程，本土化就是世界化的必由之路。马克思主义中国化同时也就是马克思主义世界化的一部分。马克思主义中国化历程中发生的一切问题，都与世界的全局有不可分离的关系。离开了对世界全局的总体把握，离开了对世界各种思潮的了解，离开了对中国传统文化的了解，不可能揭示马克思主义中国化的实质，探求到支配它的规律。在当前研究马克思主义中国化问题，首要的是有鲜明的当代意识，有鸟瞰世界全局的眼光，然后才能高屋建瓴，大处着眼。其次，还要避免把马克思主义中国化的过程简单化、线性化的毛病，要看到这个过程是马克思主义与各种其他外来思潮以及中国传统思想相互碰撞、相互激荡、相互斗争而又相互吸取的过程。再次，在考察马克思主义中国化的成就时，也要放宽视阈，不仅要看到体现在著作中的理论成果，还要看到中国化的马克思主义对整个民族的思维方式、价值观念、理想情操、行为方式等等的多方面多层次的实际影响，看到它对重铸中华民族精神的实际作用。此外，对马克思主义中国化研究史的研究，对其他国家马克思主义本土化问题的研究，也应该予以关注。

实现全面建设小康社会的过程，就是马克思主义中国化的事业继续向前推进的过程。深刻把握马克思主义中国化的规律，对建设实践的顺利进行至关重要。这一研究工作的意义是无可置疑的。

对马克思主义中国化研究中两个问题的理解[①]

近年来学术界对马克思主义中国化的研究出现了空前繁荣的局面，成果累累。有些见解上的差异也很自然，这对于通过切磋交流加深认识大有助益。我认为有些问题涉及马克思主义中国化的理论基础，是一些前提性的问题。本文试图对其中两个问题提出个人的一些商榷意见，请大家指正。这两个问题是：马克思主义中国化的可能性问题；检验马克思主义中国化成败得失的标准问题。

一、马克思主义中国化的可能性问题

马克思主义中国化是一个进行了八十多年还在继续进行的过程，是一个客观事实，现在提出马克思主义中国化的可能性问题是不是多余的呢？我认为并不多余，因为实际上有些论者并不承认马克思主义中国化的可能性，把这个问题明晰地提出来讨论还是必要的。

否定马克思主义中国化的可能性的论点可以大体归结为三种：一是认为中国人学到的"马克思主义"其实并不是"真正的"马克思主义；二

[①] 发表于《中国社会科学》2009年第1期首篇。《新华文摘》2009年第9期（5月5日出版）全文转载，并在封面列目。中国社会科学院《学习与参阅》2009年第5期全文刊登。中国人民大学书报资料中心《马克思列宁主义研究》2009年第4期首篇全文转载。《中国哲学年鉴》2010年卷介绍。2013年获教育部第六届人文社会科学优秀成果一等奖。

是认为中国人即使面对着马克思主义的文本也不可能读懂；三是认为即使中国人读懂了马克思主义的文本也不可能使马克思主义中国化。这三个论点是层层递进的。现在逐一辨析如下：

（一）中国人学到的马克思主义是不是真正的马克思主义？

对这个问题作否定回答的论者首先作了一个预设：只有马克思本人亲笔写的论著才是真正的马克思主义，其他统统不算。他们对文本做了精细的研究，其意图和着力点都在于找出马克思与恩格斯的"根本分歧"，证明恩格斯的理论与马克思的理论从来就不一致。例如，在哲学上马克思是"实践本体论"，恩格斯是"物质本体论"；马克思是"人本主义"，恩格斯是"物本主义"。不宁唯是，就连马克思本人的论著也有时段之分，只有早期和晚期的论著才是真正的马克思主义。至于其他的后继者，例如列宁和斯大林，更与马克思主义无缘。在作了这个预设之后，他们就来考证中国人的马克思主义是从何处学来的。他们发现，中国人的马克思主义是"十月革命一声炮响"从苏俄"送"来的，早期的中国共产党人读的书籍无非是从苏俄介绍来的论著，充其量也只读过恩格斯、列宁和斯大林的几本书，加上苏俄理论家编写的转述马克思主义的书，马克思本人的书读得很少，连马克思的《1844年经济学哲学手稿》都还不知道。他们头脑里的马克思主义不仅少得可怜，而且是变形走样的"马克思主义"，与"真正的"马克思主义相去甚远，实际上并不是马克思主义。他们不过是拿着被误解了的"马克思主义"来处理中国革命的一些实际问题，在这个过程中建立了一套自己的理论体系，然后把这个理论体系自称为马克思主义中国化的成果罢了。

我认为这些观点是不能成立的。

（1）把恩格斯的理论排除在马克思主义之外，我认为没有根据。马克思和恩格斯确实是通过不同的道路、经过不同的思想历程才成为合作者的；成为合作者以后他们也有各自的特点，各自的风格，研究的领域也各有侧重，任务也有必要的分工。他们的合作也是共同探索的过程，其中有理论内容上的切磋砥砺，有文字表述上的推敲润色，各人对自己的想法和表述也会经常有所变动。这些都是很自然的事。要从他们在不同情况下发表的论著中找出两人的差别，特别是从手稿文本中找出两人的差别，并不困难；甚至要找出马克思自己与自己的差别、恩格斯自己与自己的差别也不困难。我并不笼统地反对这种寻找差别的研究，因为这种研究对于更细致地了解马克思主义形成的思想历程是有价值的。但是，如果找出这种差别之后刻意做许多文章加以渲染，把这种差别说成马克思和恩格斯的"根本分歧"，否认恩格斯是马克思主义的创立者之一，断言恩格斯的理论不是马克思主义，只有马克思本人亲笔写的论著（而且又只限于早期和晚期）才是马克思主义，那就远离事实了。事实上，马克思和恩格斯自合作以来，在原则问题上是高度一致，没有分歧的。1844年9月至11月写的以批判鲍威尔兄弟为主题的《神圣家族》，1845年9月至1846年夏写的《德意志意识形态》，1848年写的《共产党宣言》，都是他们两人的合著。在这些著作的手稿上确能发现有增添删削之处，但这是在任何合作者的手稿上甚至在同一人的手稿上都常见的事，并不表明有什么"根本分歧"。说这样共同创作共同署名的著作不是两人共同思想的结晶，是说不过去的。1845年马克思写的《关于费尔巴哈的提纲》是由恩格斯在1888年首次发表的，并认为是"包含着新世界观的天才萌芽的第一个文件"，恩格斯在发表这篇手稿时确实做了几处改动，但这种改动并不表明恩格斯与马克思有什么"根本分歧"。有人把《反杜林论》和《自然辩证法》当成恩格斯与马克思"分歧"的"铁证"。然而《反杜林论》的全部原稿是念给马克思听过的，而且经济学那一篇的第十章（《〈批判史〉论述》）还是马克思亲自写的。①恩格斯指出，这部著作是**"我对马克思和我所主张的辩证方法和共产主义世界观的比较连贯的阐述"**②，这决不是恩格斯的自我标榜。马克思本人在1880年为《社会主义从空想到科学的发展》（即《反杜林论》的一部分）法文版写的前言中就高度赞扬了《反杜林论》**"在德国社会主义者中间获得了巨大的成功"**③。哪里有什么"物质本体论"与"实践本体论"的"分歧"，"物本主义"与"人本主义"的"分歧"？在

---

① 《马克思恩格斯选集》第3卷，人民出版社1995年版，第347页。
② 《马克思恩格斯选集》第3卷，人民出版社1995年版，第347页。
③ 《马克思恩格斯选集》第3卷，人民出版社1995年版，第689页。

事关人类命运的严肃斗争中,在如此重大的理论问题上,如果马克思竟然赞同恩格斯发表歪曲自己思想的论著,还亲自参加写作,还给予高度评价,那就不可思议了。至于《自然辩证法》的写作,是恩格斯为了"**确立辩证的同时又是唯物主义的自然观**"而刻苦研究自然科学的结晶,是马克思主义哲学的不可缺少的组成部分。①这部著作虽然在马克思和恩格斯生前没有发表,但恩格斯在1873年写信向马克思详细谈过它的计划和基本构思,马克思从未提出过不同意见。②在这里谈论恩格斯与马克思的"分歧"也没有根据。

(2)说列宁的理论不是马克思主义,这也是曲解。列宁在当时的新条件下提出的社会主义革命可以在一国首先胜利的理论,以及他在领导社会主义建设的几年中提出的许多设想都是马克思在世时没有提出过的新论断,这是事实。但这些新论断正是他运用马克思主义的根本原理(特别是哲学原理)分析现实的结果,也是无可否认的事实。这与他的具体论断是否全部正确是两回事。马克思本人也有许多具体论断并不正确,但并不能由此得出结论说他在这些问题上没有运用自己的理论,或者他的理论不是马克思主义。有人认为列宁的哲学不是马克思主义哲学,而是旧唯物主义,其主要根据就是《唯物主义与经验批判主义》一书中坚持了认识论上的反映论。我认为应当指出几点。第一,反映论是一切唯物主义(庸俗唯物主义除外)在认识论上的起码的、共同的原则,是唯物主义区别于唯心主义的标志。马克思的认识论与旧唯物主义的分歧不在于是否承认反映论,而在于承认什么样的反映论。马克思说:"**观念的东西不外是移入人的头脑并在人的头脑中改造过的物质的东西而已。**"③ "**经济范畴不过是生产的社会关系的理论表现,即其抽象。**"④ 这就是反映论,只不过马克思主义的反映论不是旧唯物主义的消极的、直观的、机械的反映论,而是以实

---

① 恩格斯:《反杜林论》三个版本的序言二,见《马克思恩格斯选集》第3卷,人民出版社1995年版,第349页。
② 《1873年恩格斯致马克思》,见《马克思恩格斯选集》第4卷,人民出版社1995年版,第614—616页。
③ 《马克思恩格斯选集》第2卷,人民出版社1995年版,第112页。
④ 《马克思恩格斯选集》第1卷,人民出版社1995年版,第141页。

践为基础的积极的、能动的、辩证的反映论而已。以为只要一讲反映论就是旧唯物主义，这恰恰是误解和曲解。第二，即使是旧唯物主义的反映论也不是一切皆错，它在坚持从物质到感觉到思维的认识路线这一根本出发点上毕竟比唯心主义的认识路线正确。列宁当时面对的是以对所谓"物理学的危机"的错误解释为借口的主观唯心主义思潮，是连"地球在人类出现以前就存在"和"人是用头脑思想的"都不承认的荒谬理论，这种理论动摇了一切唯物主义的起码的共同原则，在斯托雷平反动年代泛滥成灾，党内一些大知识分子也群起附和，危及党的生存。在那种情况下，列宁理所当然地要突出强调坚持唯物主义的基本路线，强调一切唯物主义的共同原则，有选择地借用一些旧唯物主义反对唯心主义的正确论断来驳斥唯心主义也是必要的。第三，就在这本书里，列宁也绝没有把马克思主义的反映论与旧唯物主义的反映论混为一谈，决没有轻视旧唯物主义的消极性、直观性、机械性的缺陷。恰恰相反，正是他突出地强调了辩证唯物主义与旧唯物主义的原则区别，划清了两者的界限，深刻地揭露了旧唯物主义由于不懂辩证法而在与唯心主义斗争中软弱无力，指出旧唯物主义的物质观必然无法抵挡唯心主义的进攻。也正是他强调了实践的观点是马克思主义认识论的首要的基本的观点，精辟地论述了绝对真理与相对真理的辩证关系、实践标准的绝对性与相对性的辩证关系等一系列的重大问题，与旧唯物主义根本不可同日而语。第四，列宁在1895—1916年写的《哲学笔记》中又发展了自己的思想，那些充满辩证法的精彩分析和论断，例如关于辩证法、认识论和逻辑三者同一的思想，关于辩证法诸要素的思想，关于人的意识不仅反映世界而且创造世界的思想，关于"聪明的唯心主义"（指辩证的唯心主义）比"愚蠢的唯物主义"（指旧唯物主义）更接近于"聪明的唯物主义"（指辩证唯物主义）的思想，关于黑格尔《逻辑学》这部最唯心的著作中"唯心主义最少，唯物主义最多"的思想等等，更是任何旧唯物主义不能望其项背的。这充分说明了列宁的哲学思想与马克思哲学思想一致而又有所发展，断言列宁的理论不是马克思主义是不能成立的。

（3）斯大林在理论上和实践上都有错误，对中国革命也作过某些不正确的干预，曾经助长过中共党内的"左"右倾错误，这是事实。但若以此为理由来证明中国人学不到真正的马克思主义，却不是公允之论。我这里只想指出两点：第一，无论列举斯大林多少错误，也说明不了他的理论根本不是马克思主义。人们指责最多的是他的《辩证唯物主义与历史唯物主义》一书（通常叫作斯大林的"小册子"），认为是马克思主义哲学的赝品，而且祸延中国达数十年之久，这不是事实。这本"小册子"是由12章组成的《苏联共产党（布）历史简明教程》的第四章的第二节，它的任务是向党员简要介绍辩证唯物主义和历史唯物主义的基本观点，而不是全面系统地论述马克思主义哲学，也不可能把马克思主义哲学的丰富思想发挥得很充分。作为这种性质的"小册子"，虽有缺点错误，但并非一无是处，更不能说是马克思主义的赝品。这本"小册子"的缺点错误主要是有不少简单化、绝对化的东西，辩证法的精神比较薄弱，其中也确有一些不符合马克思主义的东西。在斯大林个人崇拜时期，这本"小册子"在苏联确实被捧到了不适当的高度，被说成了马克思主义哲学的典范，对苏联哲学界产生了很大的束缚作用。但抓住这一点就断定斯大林的理论与马克思主义根本不相干，我认为并不符合实际。第二，更重要的是，中国人的马克思主义一开始就不是从斯大林那里学来的。李大钊、陈独秀等人早在斯大林的"小册子"发表前20年就学习马克思主义了。1921年9月中国共产党创办第一个人民出版社的时候，计划出版的书籍有《马克思全书》15种，《列宁全书》14种。一年之内实际出版了15种，包括《共产党宣言》、《哥达纲领批判》、《工钱劳动与资本》①、《国家与革命》等马克思列宁的原著和《〈资本论〉入门》等书，并无斯大林的著作。中国的唯物辩证法运动在20年代末30年代初②就已经开始了，那时也还没有斯大林的"小册子"。李达在1929—1932年翻译成中文出版的四本书③，其中有两本就并非来自苏联，来自苏联的两本的出版也早在斯大林的"小册子"

---

① 即《雇佣劳动与资本》。
② 指20世纪。——今注
③ 指德国塔尔海玛的《现代世界观》（1929年9月出版），日本河上肇的《马克思主义之哲学的基础》（这是《马克思主义经济理论》一书的上篇，全书1930年6月出版），苏联卢波尔的《理论与实践的社会科学理论》（1930年10月出版），苏联西洛可夫等的《辩证法唯物论教程》（1932年9月出版）。

之前，而且这些书都有各自的体系，与后来出版的斯大林的"小册子"的体系并不一样。至于这个时期中国人自己写的马克思主义哲学著作，如李达的《社会学大纲》①，艾思奇的《大众哲学》②，毛泽东的《辩证法唯物论提纲》——包括《实践论》和《矛盾论》③，也都发表在斯大林的"小册子"之前。以李达的《社会学大纲》为例，这本被毛泽东称为"中国人自己写的第一本马克思主义哲学教科书"的名著就反映了中国当时的马克思主义者对马克思恩格斯原著已有相当系统的独立研究。这本书在第一篇第一章第二节《唯物辩证法的生成及发展》中论述马克思主义哲学的创立过程时，不仅分析了《论犹太人问题》、《黑格尔法哲学批判》、《英国工人阶级状况》、《神圣家族》、《关于费尔巴哈的提纲》、《德意志意识形态》等马克思和恩格斯的原著，还分析了1932年才首次在苏联出版的《1844年经济学哲学手稿》。这本书在斯大林的"小册子"发表前五年就印行了。怎么能说中国人的马克思主义哲学都是从斯大林那里学来的呢？即使在斯大林的"小册子"1938年发表之后，它的体系对中国马克思主义哲学（包括教科书的编写）也没有特别重大的影响。事实上，除了20世纪50年代来中国的苏联专家在讲课时一度采用过这种体系外，中国学者写的马克思主义哲学教科书都没有按照这个体系。这是有书为证的。④还应该指出的是，对斯大林的这本"小册子"的缺点错误提出尖锐批评的正是中国的马克思主义者。毛泽东1957年1月27日的讲话中就曾尖锐地批评了"**斯大林有许多形而上学，并且教会许多人搞形而上学**"。他说斯大林在《苏联共产党（布）历史简明教程》中讲事物的"联系"时没有说明联系就是对立的两个侧面的联系；讲事物的内在矛盾又只讲对立面的斗争而不讲对立面的统一和在一定条件下的互相转化。他还批评了苏联的《简明哲学词典》第四版关于"同一性"的一条"就反映了斯大林的观点"，"是根本错误的"。"对立面的这种斗争和统一，斯大林就联系不起

---

① 1935年作为北平大学的讲义印行，1937年由笔耕堂书店正式出版。
② 原名《哲学讲话》，1936年出版。
③ 1937年发表。
④ 例如艾思奇主编的《辩证唯物主义与历史唯物主义》，李达主编的《唯物辩证法大纲》等。

来。苏联一些人的思想就是形而上学，就是那么硬化，要么这样，要么那样，不承认对立统一。因此，在政治上犯错误。"①那时中国的刊物还公开发表过普通青年学者批评斯大林哲学观点的文章②，可见中国理论界并没有把斯大林的观点奉为圭臬。说斯大林的理论对中国人掌握马克思主义有特别巨大而恶劣的影响，以致使中国人学不到真正的马克思主义，是并无事实根据的。

（二）中国人能不能读懂马克思主义的文本？

有的论者更进一步，认为中国人即使读了马克思的原著也很难理解马克思主义。理由是，要理解马克思主义，首先就得读懂整个马克思主义的基础——马克思主义哲学。而马克思主义哲学是产生于西方"语境"的学问，是整个西方文化传统发展的产物。西方的文化背景、思维方式、语言习惯都与中国迥然不同，这是一个难以逾越的鸿沟。古希腊哲学就与中国哲学没有共同语言。中国人如果不把自己的思维方式和语言习惯改变得与西方人一模一样，就读不懂古希腊哲学，因而也读不懂全部西方哲学，当然也读不懂马克思主义哲学。中国人要读懂马克思主义哲学，就得首先把自己的思维方式、语言习惯彻底西方化，跨过这个鸿沟，否则即使把马克思的文本摆在面前也读不懂，自以为读懂了其实也是歪曲的，与文本的原意相去甚远。中国人要想跨越这个鸿沟，至少也要在书斋里磨上几十年，直到把自己的思维方式彻底西方化了，才有资格谈论马克思主义。几个急于为中国的救亡图存的实务忙得不可开交的人怎么可能做这件事？不做这件事又怎么能掌握真正的马克思主义哲学？不掌握真正的马克思主义哲学又怎能掌握真正的马克思主义？不掌握真正的马克思主义又哪里谈得上使马克思主义中国化？由此可见，所谓马克思主义中国化，不过是中国共产党人拿着被误解了的"马克思主义"在那里解决一些实际问题，然后把这个过程叫作"马克思主义中国化"而已。于是结论不言而喻：马克思主义中国化其实是虚构的东西，至少到现在还没有这回事，将来即使可能，也

---

① 见毛泽东1957年1月27日在省市自治区党委书记会议上的讲话。
② 见陶德麟：《关于"矛盾同一性"的一点意见》，载《哲学研究》1956年第2期。

是难于上青天的事。

　　这是从西方解释学的角度更彻底地否定马克思主义中国化的可能性的观点，很容易给人以貌似合理的满足，但实际上是似是而非的。不错，哲学与文化传统的关系无可否认，中西思维方式和语言习惯的差别也是事实。但也不必把这一点夸大到神乎其神的程度。既为哲学，无论"形而上"到什么程度，所论的总还是宇宙人生的大事，概括的总还是有普适性的内容，而不可能是一个文化圈里的秘传暗语，更不可能是哲学家私人的自言自语，否则算什么哲学？那些哲学家的书又是写给谁看的？语言习惯和思维方式当然有民族特征，确实需要一个沟通理解的过程。但各民族之间的生存条件和实践方式也并非毫无共同之处，由此形成的思维方式也不会绝对地扞格不入，不可通约。假如有一天真有"外星人"同我们打交道，我相信他们的逻辑与我们还是相通的。同在一个地球上的人，彼此的思想何至于就不可以互相沟通、互相理解？那鸿沟就真的巨大到几乎不可逾越？倘真如此，现在大家提倡的文化交流和对话等等岂非痴人说梦？马克思主义哲学诚然是西方哲学传统的产物，它的思维方式和表述方式也确与中国传统哲学有许多歧异，但它的内容却是世界性的。它的基本原理和基本精神，它在哲学领域里取得的成果和造成的变革，是世界各民族有正常思维能力的人都可以理解的，并不因为中国人一解读就必然面目全非。印度与中国虽然都是东方国家，但文化的差异也并不小。然而产生于印度的佛教哲学从东汉传入中国以后至今将近两千年，在中国形成了许多有中国特色的流派，谁也不会说这些中国化了的佛教哲学就不成其为佛教哲学。佛教哲学如此，马克思主义哲学何独不然？不错，最早接受马克思主义哲学的一批中国人确实不是西方哲学的专家，他们的思维方式和语言习惯当然也与地道的西方人有所不同。但他们也决非对西方文化一无所知的冬烘先生，而是相当熟悉西方文化的先进知识分子。他们对马克思主义哲学的理解和论述，在今天看来虽然简单一些，肤浅一些，常常有不全面、不深刻、不准确的毛病，对文本也确有一些误读之处。但这是马克思主义中国化的历史过程中不可避免的现象，是符合认识规律的正常现象。这与中国人原则上不可能读懂马克思主义是完全不同性质的两回事。何况马克思主义中国化并不止于起点，它一直在不停顿地发展。在总结中国实践经验的过程中，在进一步研读马克思主义著作的过程中，中国人对整个马克思主义的理解，包括对马克思主义哲学的理解也在不断深化。说中国人从来没有读懂过马克思主义，并且不可能读懂马克思主义，是未免言之过甚了。

（三）中国人能不能使马克思主义中国化？

有的论者再进一步，认为中国人即使读懂了马克思主义，也不可能使马克思主义中国化。理由是，马克思主义本来就是西欧的社会条件和文化背景的产物，是离不开西方土壤的东西。一到中国就必定水土不服，变形走样，不成其为马克思主义了。如果一定要使马克思主义中国化，结果只能是"儒家化"、"封建化"，或者民粹主义化，实际上把马克思主义"化"为乌有，根本不是马克思主义了。

这种说法仍然是陈旧的"马克思主义不符合中国国情论"的另一种说法，在理论上站不住脚。马克思主义虽然产生于西欧，但它的视阈是整个人类历史和世界全局，而不仅是西欧。它不是地域性的理论，而是世界性的理论。马克思主义的根本原理并不只是西欧情况的概括，而是整个世界历史发展过程的概括。特别是它的世界观和方法论，是整个人类认识史的总计、总和与结论，对人类社会是有普适性的。中国的特殊性诚然在马克思主义的"元典"中找不到具体论述，正因为如此才需要中国化；但中国的特殊性并没有取消马克思主义原理的普适性，倒正是这种普适性的特殊表现和印证。正如桃、杏、梨、梅虽各有特殊性，但并没有取消水果的共同本质一样。我们并不否认克思主义中国化发生失误的可能，事实上也发生过许多失误，其中有些失误既违背了马克思主义的根本原理也违背了中国的具体实际，今后也不能排除这种可能，但不能由此推出马克思主义根本不可能中国化的结论。

那么，马克思主义中国化会不会使马克思主义走样呢？那要看对"走样"这个词怎么理解。如果认为只有与马克思本人的著作不爽毫厘才算不"走样"，那么"走样"的事实确实存在。但有两种不同性质的"走样"：一种是从根本上背离马克思主义的根本原理，首先是背离它的世界观和方法论，并且朝着倒退方向的"走样"。这是不可取的，因为它是思维水平的降低。一种是坚持马克思主义的根本原理而又有所前进的"走样"。这是极大的好事。不允许这种意义的"走样"，就等于禁止马克思主义随着实践的发展而发展，把马克思主义视为化石，变成教条。如果把这种"走样"也看成罪过，那么第一个难辞其咎的就是马克思本人。马克思的思想也是活的，也是随着实践的发展和他本人认识的发展而发展，决非一成不变。他的世界观和方法论本质上就是批判的、革命的，不仅批判别人，也经常自我批判，自己也常常"走样"。如果马克思今天还健在，他还会一字不差地复述一百多年前的每一句老话吗？马克思自己可以根据实践和认识的发展做一些"走样"的事情，为什么他的后继者就不可以这样做呢？

黑格尔是肯定理论民族化的可能性的，并且特别重视民族化的意义。他在给 J. H. 沃斯的一封信里说得很精彩："路德让圣经说德语，您让荷马说德语，这是对一个民族所作的最大贡献，因为，一个民族除非用自己的语言来习知那最优秀的东西，那么这东西就不会真正成为它的财富，它还将是野蛮的。""现在我想说，我也在力求教给哲学说德语。如果哲学一旦学会了说德语，那么那些平庸的思想就永远也难于在语言上貌似深奥了。"① 黑格尔说的"教给哲学说德语"，让哲学"学会说德语"，正是为了使那些并非产生于德国的哲学德国化，成为德国的财富。我想，黑格尔的这段话是很正确、很深刻的。它不仅适用于哲学，也适用于一切社会历史理论；不仅适用于德国，也适用于中国。马克思主义所以能成为中华民族的宝贵财富，正因为中国的马克思主义者"教给马克思主义说中国话"，"让马克思主义学会说中国话"，也就是做了马克思主义中国化的工作。如果"让马克思主义说中国话"是根本不可能的事，那么"让圣经说德语"、"让荷马说德语"也同样是徒劳之举，黑格尔就没有理由赞扬沃斯，黑格尔本人"教给哲学说德语"的全部工作也都毫无意义。这显然是非常荒谬的。

---

① ［德］黑格尔：《致 J. H. 沃斯的信》，见苗力田译编：《黑格尔通信百封》，上海人民出版社 1981 年版，第 202 页。着重号是引者加的。

二、检验马克思主义中国化成败得失的标准问题

马克思主义中国化的成败得失以什么为标准来检验，这也是一个前提性的问题。在这个问题上的不同意见，主要表现在文本标准和实践标准的区别上。其实，这一分歧并不是现在才发生的问题，而是一直贯穿于马克思主义中国化的各个历史阶段的一个重大的原则问题，它经历了非常复杂而曲折的过程，与中国的前途命运息息相关。

我认为，离开了对历史经验的回顾和分析，抽象地争论这个问题是不易说清的。

不妨先大略回顾一下中国民主革命阶段的情况。

1840年以后，中国在资本帝国主义的侵略宰割下面临着沦亡的惨祸，历史向中国人民提出了两大课题：一是救亡图存，二是民族复兴。先进的中国人以前赴后继可歌可泣的努力向西方寻找救国救民的方案，为的就是解决这两大课题。救亡图存是民族复兴的前提，尤其迫在眉睫。但是，80年奋斗牺牲的历史表明，在西方曾经行之有效的种种资产阶级学说和理论都不能帮助中国人认清自己的处境，提供解放的道路，一一归于失败；直到俄国十月革命的胜利之后，中国人才找到马克思主义这个改变国家命运的有效工具，使中国革命的面貌焕然一新，中国共产党应运而生。中国共产党不是一个学术研究团体，更不是一个专务清谈的沙龙，而是一个有明确纲领的政党，是一个领导实际斗争的司令部。党的使命就是以马克思主义的理论为武器，在中国实现救亡图存和民族复兴两大任务。但是，中国的社会性质和民族特点与产生马克思主义的西欧不同，与已经取得革命胜利的俄国也不同，在马克思主义的经典著作中找不到解决中国问题的方案，俄国的成功经验也不能照样移植。党要运用马克思主义解决中国问题，就只能在马克思主义的普遍原理指下考察中国的具体实际，把一般与特殊结合起来，创造出符合中国特点的理论和策略，以指导自己的行动，

别无他途。这不是任何人的主观意图,而是历史决定的客观需要。这一客观需要就蕴含着马克思主义中国化的指向和内容。

党从成立之日起实际上就在做着马克思主义中国化的工作。但这并不等于一开始就对马克思主义中国化有明晰而深刻的认识,甚至在很长的时间里也还没有"马克思主义中国化"这个语词。建党前后的三次大论战只是原则上解决了必须和可能用马克思主义改造中国的问题。1920年创办的《共产党月刊》号召"举行社会革命,建设劳工专政的国家",介绍十月革命的成就和经验,报道国际共产主义运动的消息,号召探讨中国革命的问题。1921年党的"一大"提出的纲领是"以无产阶级革命军队推翻资产阶级","采用无产阶级专政,以达到阶级斗争的目的——消灭阶级","废除资本私有制",但对中国的具体实际认识得很少。在列宁领导的共产国际帮助下,1922年党的"二大"正确认识了中国的社会性质,明确了中国革命要分两步走,第一次提出了反帝反封建的纲领。1923年党的"三大"决定全体共产党员以个人名义加入国民党,建立各民主阶级的统一战线。1925年党的"四大"进一步规定了国共合作和工农联盟的方针。这些都表明党在马克思主义中国化道路上正在逐步深化认识,提高水平。但是,当时的党毕竟还是幼年的党,对马克思主义与中国实际两个方面都还知之不多,知之不深,对如何把两方面结合起来更缺乏经验。所以当1927年蒋介石叛变革命,形势骤然逆转之际,党对如何在严峻局面下把革命坚持下去就缺乏统一的正确认识和有效的行动方针,还存在着诸多的分歧和争论。党的"五大"也没有解决这个问题。斯大林领导的共产国际极力主张的城市武装暴动的办法并不符合中国国情,在实践中一再碰壁。毛泽东首先提出并实行的建立农村革命根据地和工农武装割据的道路本来是符合中国国情并且行之有效的道路,却因为没有马克思主义经典著作和共产国际指示的"文本"依据,竟被视为离经叛道的错误,毛泽东还因此受到打击和排斥。1928年在莫斯科举行的党的"六大"基本正确地总结了大革命失败的教训,在中国社会性质和革命性质问题上又深化了一步,但对中国革命的具体特点、革命的中心问题、党的工作重心等关键问题仍然没有深刻的认识,并没有准确地掌握中国革命的规律;虽然由于事实的教训认可了毛泽东的做法，但也仅仅把它看作一时的策略，还是把依靠工人实行中心城市暴动作为夺取政权的最终方式。在这种思想的影响下，党的领导机关一再发生"左"倾错误，尤以共产国际支持的王明的错误为害最烈，使辛苦聚积起来的革命力量受到惨重的损失，几乎断送了中国革命。1935年红军长征途中举行的遵义会议确立了毛泽东的军事指挥权，毛泽东也实际上主导了全党的决策，因而挽救了中国革命，但在组织上还并没有确立毛泽东在全党的领导地位。1937年抗日战争爆发后党实行了联合国民党抗日的战略转变，开辟了新局面。1938年共产国际举行"七大"时，国际的领导才认识到"不要机械地把一国的经验搬到别国去，不要用呆板格式和笼统公式去代替具体的马克思主义的分析"。"在解决一切问题时要根据每个国家的具体情况和特点，一般不要直接干涉各国共产党内部组织上的事宜"①，并对中国共产党有了新的看法，承认了毛泽东在全党的应有地位。在1938年9月至11月党的六届六中全会上，确立了以毛泽东为首的政治局，由他代表中央作了《论新阶段》的报告。马克思主义中国化的概念，就是由毛泽东在这个报告中正式提出，并给予精辟阐释的。②他指出：

"共产党员是国际主义的马克思主义者，但是马克思主义必须和我国的具体特点相结合并通过一定的民族形式才能实现。马克思列宁主义的伟大力量，就在于它是和各个国家具体的革命实践相联系的。对于中国共产党说来，就是要学会把马克思列宁主义的理论应用于中国的具体的环境。成为伟大中华民族的一部分而和这个民族血肉相联的共产党员，离开中国特点来谈马克思主义，只是抽象的空洞的马克思主义。因此，使马克思主义在中国具体化，使之在其每一表现中带着必须有的中国的特性，即是

---

① 见《共产国际第七次代表大会决议》，莫斯科1939年版，第4—5页。
② 毛泽东在《解放》第57期发表《论新阶段》的报告时用的是"马克思主义中国化"的概念，这一概念得到了全党的认同，并出现在党的许多领导人的文章中。刘少奇在"七大"修改党章的报告中多次使用了这个概念，并把它解释为"马克思主义的普遍真理与中国革命的具体实践相结合"。但是，由于当时共产国际领导人仍然不认同这一概念，毛泽东在1938年出版《毛泽东选集》时把这一提法改成了"使马克思主义在中国具体化"。但实际上中国党对这一提法的理解与"马克思主义中国化"是没有区别的，与苏共和共产国际领导人的理解并不一样。

说，按照中国的特点去应用它，成为全党亟待了解并亟须解决的问题。洋八股必须废止，空洞抽象的调头必须少唱，教条主义必须休息，而代之以新鲜活泼的、为中国老百姓所喜闻乐见的中国作风和中国气派。把国际主义的内容和民族形式分离起来，是一点也不懂国际主义的人们的做法，我们则要把二者紧密地结合起来。在这个问题上，我们队伍中存在着的一些严重的错误，是应该认真地克服的。""当前的运动的特点是什么？它有什么规律性？如何指导这个运动？这些都是实际的问题。直到今天，我们还没有懂得日本帝国主义的全部，也还没有懂得中国的全部。运动在发展中，又有新的东西在前头，新东西是层出不穷的。研究这个运动的全面及其发展，是我们要时刻注意的大课题。如果有人拒绝对这些作认真的研究，那他就不是一个马克思主义者。"①

毛泽东对马克思主义中国化概念的科学涵义的揭示，凝聚着中国共产党人和中国人民用鲜血换来的宝贵经验。经过整风运动，转化成了全党高度统一的认识。党的"七大"确认了马克思主义中国化的成果——毛泽东思想为全党的指导思想，很快就赢得了中国民主革命的胜利和新中国的诞生，中国人民救亡图存的历史任务经过109年的奋斗终于胜利完成。毛泽东思想的产生，标志着马克思主义中国化历程中的一次飞跃。实践证明，毛泽东思想就是马克思主义中国化的理论成果，也就是中国化的马克思主义。

在回顾这段历史的时候，我想至少应该得到这样的启示。

（一）马克思主义中国化这个概念本来就不是从书本研究中产生，而是从中国人民的解放斗争的实践中产生的

这个概念提出的历史背景和条件就决定了它的性质和内容，决定了它是一个标志实践目的、实践过程和实践结果的概念，同时也就逻辑地蕴含了它的检验方式和检验标准。与版本学、校勘学、考据学、训诂学一类的问题不同，检验马克思主义中国化的成败得失不能用汉儒和清代朴学家注经的办法，以某个论断与某个文本是否符合为标准，而只能以实践的结果

---

① 《毛泽东选集》第2卷，人民出版社1991年版，第534页。着重点是本文作者加的。

与实践方案的预期目的是否符合为标准。一句话，应当是实践标准，而不是文本标准。教条主义者与马克思主义者的分歧不在于是否重视文本，而在于对文本的意义和作用如何理解。教条主义者之所以为教条主义者，就因为他们崇奉的是唯文本主义或文本至上主义，以为文本就是无条件的真理，就是检验认识真理性的标准。他们的根本谬误在于不了解一切文本都是思想的记录，都是由概念、判断、推理组成的认识成果，都是第二性的东西，它们只能是客观实际的反映，只能来源于实践，它们的真理性也只有实践才能确证。马克思主义的经典文本也不例外。这些文本也是马克思主义经典作家根据他们掌握的实际情况、针对一定的问题作出的论断；这些论断本身的真理性也要经过实践的检验；经过实践证实的论断也还要由不断发展着的实践继续检验，根据检验的结果保持那些符合新的实际情况的东西，修正和更新那些已经不再符合新的实际情况的东西；在此时此地是真理的论断，在彼时彼地就未必是真理。马克思和恩格斯本人毕生对自己的论断不知作过多少订正，连《共产党宣言》这样的著作都多次以序言的形式作过订正，对革命形势的估计更是作过多次订正。列宁的社会主义一国首先胜利的理论就没有照搬马克思恩格斯的文本，但实践证明了它是真理。如果以文本作为检验真理的标准，就是以尚待检验的认识为标准，等于没有标准。

（二）文本标准与实践标准之争不仅是一个学理问题，更重要的还是一个关系中国人民前途命运的实际问题

中国的教条主义者如果只是在书斋里坐而论道，不问实事，他们怎么看法倒也无关大局。问题在于他们恰恰是实践者，是从事中国革命活动并往往居于领导地位的指挥者，他们的错误就必定要造成灾难，这灾难又得由中国人民承担，这就关系到中国人民的前途和命运，非同小可了。马克思主义中国化的事业从起步到成熟，从历经挫折到终于成功，始终伴随着与教条主义的斗争，绝非偶然。中国的教条主义者奉为真理标准的文本有两种：一是马克思主义经典著作中的论断，二是共产国际的指示。在他们看来，一切都必须符合这两种文本才算正确，否则一概错误。毛泽东根据中国具体情况得出的结论即使明明在实践中达到了预期的目的，导致了胜

利，也是"山沟里的马克思主义"、"狭隘经验论"；而他们的一套尽管在实践中碰得头破血流，把革命搞得倾家荡产，也是"百分之百的马克思主义"。这就是他们的逻辑。毛泽东是最早清晰地意识到这个问题的严重意义的。他在1930年写的《反对本本主义》中就一针见血地指出："以为上了书的就是对的，文化落后的中国农民至今还存在着这种心理。不谓共产党党内讨论问题也还有人开口闭口'拿本本来'。""我们说马克思主义是对的，决不是因为马克思这个人是什么'先哲'，而是因为他的理论，在我们的实践中，在我们的斗争中，证明了是对的。""马克思主义的本本是要学习的，但是必须同我国的实际情况相结合。我们需要'本本'，但是一定要纠正脱离实际情况的本本主义。"①他尖锐地批评了那种以为"党的第六次全国代表大会的'本本'保障了永久的胜利"的"空洞乐观"的观念，认为这是"思想路线"问题，这种本本主义"如不根本丢掉，将会给革命造成很大损失，也会害了这些同志自己"②。毛泽东的洞见不幸而言中，民主革命阶段最严重的教条主义错误就发生在此后的几年中，使革命一度危如累卵，直到受到实践的残酷惩罚之后才被迫转变。这种付出了高昂代价的惨痛教训一次一次地表明，马克思主义只能是行动的指南，决不能当成教条，决不能把马克思主义的文本当成检验真理的标准。实践的结果最顽强，最无情，它决不迁就任何文本。文本标准必定导致主观与客观相分裂、认识与实践相脱离。"盲人骑瞎马，夜半临深池"，照此办理是必定要陷于灭顶之灾的。

再回顾一下中国社会主义建设阶段的情况。

中华人民共和国的成立标志着党的第一大历史任务——救亡图存的胜利完成，第二大任务——民族复兴即建设社会主义的任务迅速被提上了日程。这是一个伟大的历史转折。马克思主义中国化的内容完全不同了。毛泽东在中华人民共和国成立前夕和成立初期极其清醒睿智地指出了这一点。他在中华人民共和国成立前夕的七届二中全会的报告中，在《论人民民主专政》这篇著名论文中，都再三强调夺取全国胜利"只是万里长征走

---

① 《毛泽东选集》第1卷，人民出版社1991年版，第111—112页。
② 《毛泽东选集》第1卷，人民出版社1991年版，第115—116页。

完了第一步","只是一出长剧的一个短小的序幕","革命以后的路程更长,工作更伟大,更艰苦","务必使同志们继续地保持谦虚、谨慎、不骄、不躁的作风,务必使同志们继续地保持艰苦奋斗的作风","学会我们原来不懂的东西"。①"我们熟悉的东西有些快要闲起来了,我们不熟悉的东西正在强迫我们去做。这就是困难。""我们必须克服困难,我们必须学会自己不懂的东西。我们必须向一切内行的人(不管什么人)学经济工作,拜他们做老师,恭恭敬敬地学,老老实实地学。不懂就是不懂,不要装懂。"②这说明他看到了中国具体实际的内容与革命战争时期已经不同,要完成的任务也不同,马克思主义中国化的事业在社会主义建设的新阶段必须继续发展。他率领全党以万里长征的精神开始了新的探索。探索的头几年曾一度不得不移植苏联的经验,提出过"学习苏联"的口号,但很快就意识到苏联的做法有许多并不符合中国的实际情况,不能照搬。毛泽东领导党和人民走上了独立自主地探索中国社会主义建设规律的道路,也就是在社会主义建设阶段实现马克思主义中国化的道路,在这条道路上走了27年,其艰难曲折的程度至少不亚于民主革命阶段。一方面取得了伟大的成绩,积累了宝贵的经验,但也犯了长时间的全局性的错误,"文化大革命"标志着错误的顶端。党的十一届六中全会关于中华人民共和国成立以来若干历史问题的决议③对此作了全面的总结,这里无需详说了。

这些错误初看起来似乎与文本问题无关。谁都知道毛泽东历来最坚决地反对教条主义,最系统地倡导马克思主义的普遍真理与中国的具体实际相结合,最强调从实际出发。中国革命的胜利就是由此取得的。中华人民共和国成立以后他也一直强调这一原则,坚持独立自主地走自己的路。他是从来不搞文本崇拜,不把马克思主义的"本本"当作"圣经",也不把苏联的一套当作碑帖去临摹的。他的中国特色可谓举世无双,很难说有教条主义之嫌。难道他也会犯教条主义的错误吗?但是,如果仔细回顾一下

---

① 《毛泽东选集》第4卷,人民出版社1991年版,第1438—1439页。
② 《毛泽东选集》第4卷,人民出版社1991年版,第1480—1481页。
③ 《中国共产党中央委员会关于若干历史问题的决议(一九八一年六月二十七日中国共产党的十一届中央委员会第六次全体会议一致通过)》,见《三中全会以来重要文献选编》,人民出版社1982年出版,第788—849页。

就可以发现，这27年中的失误还是与教条主义有绝大的关系。

（一）中国的社会主义建设离不开马克思主义普遍真理的指导，这毋庸置疑

但是，什么是马克思主义的普遍真理？马克思主义的论著中的哪些论断是普遍真理？普遍到什么程度？是否符合中国的实际情况？离开了具体实践的检验，是判定不了的。例如在什么是社会主义的问题上，马克思主义经典作家也确有一些一般性的论断，但他们并没有在实际的社会主义社会里生活过，并没有从事过社会主义社会建设的实践，这些论断是从他们对资本主义的分析中推论出来的，带有设想的性质。这些论断是不是普遍真理？适用不适用于中国？这本来是一个需要实践检验才能判定的问题。但是，毛泽东却把这些论断当成了不容置疑的普遍真理，不自觉地奉为教条了。他心目中的社会主义就是从经典作家的论断推导出来的，其中就有不符合实际的成分，而他却把这一社会主义的概念当成了不可移易的模式，当然也当成了检验社会主义建设是否成功的标准。为了与这一概念相一致，他又在经典著作中引用了一些论断，还加上他自己的某些误读，一起作为"理论依据"，加以教条化。例如，认为商品交换中的等价交换原则应该作为"资产阶级权利"加以批判，甚至引申到八级工资制也应该批判；认为社会主义改造基本完成后小生产还会每日每时地大批地产生资本主义和资产阶级；认为党内的思想分歧都是阶级斗争的反映；夸大阶级斗争的范围、性质和作用，提出"年年讲，月月讲，天天讲"；把许多符合中国实际的意见都视为导致"资本主义复辟"的"修正主义"，等等。①这些错误的教条主义性质是很明显的。

（二）更严重的是新的教条主义的产生和泛滥

实事求是地看，毛泽东对社会主义建设问题的许多论断，大部分并不是来自马克思主义经典著作的文本，而是他的发挥和创造。其中有非常正确深刻的思想，也有非常严重的错误。由于多年形成的种种复杂原因，他的所有论断，包括错误的论断，也都逐步被视为无可怀疑的真理，并且是

---

① 参见《三中全会以来重要文献选编》，人民出版社1982年出版，第818页。

马克思主义在中国的新发展，在"文化大革命"中甚至被说成是"马克思主义的当代顶峰"，"最高最活的马克思主义"，"句句是真理"。这样，毛泽东的一切论断就都成了不容置喙的"最高指示"，成了新教条，凌驾于实践之上，成了检验真理的标准和判定方针政策是非得失的标准，而且是唯一标准。这种与最高权力相结合的新教条主义，彻底破坏了马克思主义的思想路线，切断了马克思主义与中国实际的应有的联系，堵塞了实事求是的大门，导致了主观与客观、认识与实践的分裂，造成了巨大的灾难。应该承认，即使在这种情况下，毛泽东也并没有公然在理论上提倡文本崇拜和教条主义，相反，他还一再强调人的正确思想只能从实践中来，思想的正确与否只能靠实践来检验；他仍然提倡实事求是、调查研究，严厉批评"形而上学猖獗，唯心主义横行"。他在具体问题的处理上也纠正过一些错误。他的悲剧就在于他没有意识到他自己的论断正在被人神化为教条，新的教条主义已经在全国造成了极其严重的恶果。他后来虽然有所觉察，批评过"顶峰论"和"一句顶一万句"的荒谬，但他并没有从根本上纠正新教条主义，反而在实际上容许了甚至助长了它的泛滥。这种错误使马克思主义中国化的事业受到了严重阻碍，陷入了背道而驰的险境。当然，邓小平说得很公允，造成这些错误的原因极其复杂，不能简单地把这些错误归结到毛泽东一个人身上。①这个问题与本文要论述的问题无关，为避免枝蔓，此处不加分析。

粉碎"四人帮"以后一段时间，拨乱反正的主要障碍是"两个凡是"。邓小平一语中的："'**两个凡是**'**的观点就是想原封不动地把毛泽东同志晚年的错误坚持下去。**"②"两个凡是"就是"句句是真理"的翻版，就是新教条主义的继续，要害还是文本标准，也就是以毛泽东的论断为检验真理和判定是非得失的标准。只要还坚持这个标准，真理和谬误就无法区分，"文化大革命"的错误就无法纠正，拨乱反正就寸步难行，社会主

---

① 邓小平：《对起草〈〈关于建国以来若干历史问题的决议〉的意见》，见《邓小平文选（一九七五——一九八二年）》，人民出版社1983年版，第260页。
② 邓小平：《对起草〈〈关于建国以来若干历史问题的决议〉的意见》，见《邓小平文选（一九七五——一九八二年）》，人民出版社1983年版，第262页。

义现代化的事业就无从迈步，马克思主义中国化就无从谈起。1978年的真理标准讨论之所以值得载入史册，就因为它摧毁了新教条主义的依据，恢复了党的实事求是的思想路线，从根本上为马克思主义中国化的事业扫除了障碍，重新开辟了道路。党的十一届三中全会以来的中国社会主义建设的空前伟大的成就，从邓小平理论、"三个代表"重要思想到科学发展观的中国特色社会主义理论体系的形成，就是发端于此。我们清晰地看到，在摆脱了文本标准的束缚之后，党中央是怎样用马克思主义的立场、观点、方法艰苦地探求中国的实际情况，在马克思主义中国化的道路上胜利前进的。邓小平的历史性的卓越贡献首先就在于他既坚持马克思主义的立场观点方法的指导而又不搞文本崇拜和文本标准，在新的条件下恢复和发扬了从实际出发的传统。他说："**什么叫社会主义、什么叫马克思主义？我们过去对这个问题的认识不是完全清醒的。**"[①]他反复强调："**问题是要把什么叫社会主义搞清楚，把怎么样建设和发展社会主义搞清楚**"[②]。他指出："**贫穷不是社会主义，更不是共产主义。**"[③] "社会主义的本质，是解放生产力，发展生产力，消灭剥削，消除两极分化，最终达到共同富裕。"[④] 他并不提出束缚人们手脚的具体模式。邓小平说的"摸着石头过河"，有人说是经验主义，其实正好是马克思主义的一种通俗形象的说法。"石头"就是指中国的实际情况，"摸"就是在实践中去探索研究，"过河"就是实现社会主义现代化建设的目标。这与民主革命时期毛泽东坚持的实事求是、有的放矢是一个意思，就是要以马克思主义的立场、观点、方法为指导去弄清中国的实际情况（包括中国所处的时代条件和国际环境），弄清中国社会主义建设必须遵循的规律，从而开辟中国特色社会主义的道路。像当年民主革命时期开辟农村包围城市的革命道路一样，这也就是在社会主义建设时期把马克思主义中国化的事业推向前进的工作。这30年的探索就是在做这件工作。回顾30年的历程，我们可以清楚地看到

[①]《邓小平文选》第3卷，人民出版社1993年版，第63页。
[②]《邓小平文选》第3卷，人民出版社1993年版，第369页。
[③]《邓小平文选》第3卷，人民出版社1993年版，第369页。
[④]《邓小平文选》第3卷，人民出版社1993年版，第373页。

探索道路的崎岖，几乎每走一步都有艰难的认识过程，都有"左"的和右的干扰，而这些干扰又都与实践标准和文本标准的分歧有关。有人指责新的方针政策和具体措施违背了马克思主义文本的这一说法、那一说法，有人又鼓吹抛弃马克思主义而照搬西方资本主义理论，把这些理论的文本奉为教条。30年来的探索实践的过程就是不断地排除各种干扰的过程，其中排除文本主义的干扰就占了很大的比重。邓小平提出的"三个有利于"标准，就是针对文本主义的实践标准，就是针对中国的实际情况具体化了的实践标准。如果不按这个标准去检验方针政策和具体措施的是非得失，而按马克思主义论著的文本或者西方资本主义理论的文本去检验一切，我们就会重犯民主革命时期教条主义的错误，中国的社会主义现代化就将不知如何进行，中国特色社会主义理论体系就将永远无法产生，中国今天的大好局面就不可能出现，全面建设小康社会的宏伟目标就将成为泡影，马克思主义中国化也将成为纸上谈兵。我们说从邓小平理论到"三个代表"重要思想再到科学发展观的中国特色社会主义理论体系是马克思主义中国化历程中的又一次飞跃，是马克思主义中国化的新成果，并不是根据文本作出的判断，而是根据30年来实践的结果作出的判断。

实践的发展过程无止境，马克思主义中国化的过程无止境，实践的检验过程也无止境。中国特色社会主义理论体系是诸多命题组成的系统，命题的层次不一，实践检验的结果又有直接与间接、目前与长远、对这一方面的作用和对那一方面的作用之分，检验必然是非常复杂的动态过程，而不可能毕其功于一役。因此，这个理论体系必然是开放的而不是封闭的，必然会在不断发展的实践中与时俱进，日新又新。这是可以预期的。

本文提出异议的只是以文本为标准来检验马克思主义中国化的成败得失，而绝不是轻视文本研究意义和作用。文本研究不仅有其自身的学术意义，而且也是马克思主义中国化的不可缺少的组成部分。这至少有两方面的理由：第一，要做好马克思主义中国化的工作，就需要准确地把握马克思主义创始人和其他代表人物思想形成和发展的历程，把握马克思主义理论在全世界的发展历程，正确地总结马克思主义与各国实际结合的经验教训，作为在中国如何运用马克思主义的借鉴。中国是世界的一部分，马克思主义中国化是马克思主义在世界实践和发展的一部分。不了解这些涉及世界全局的问题也就不可能深刻地了解中国实际，而要如实地了解这些情况就有赖于对文本的正确把握。第二，要做好马克思主义中国化的工作，就需要准确地把握马克思主义经典作家在何时何地针对何种情况作出过何种论断，防止和避免对马克思主义著作的误读和误解。如我们在前面指出过的，在马克思主义中国化的历史过程中，由于对马克思主义著作的误解误读而导致的错误也屡见不鲜，造成的危害也不容轻视，这个教训也必须记取。因此，马克思主义著作文本的精确翻译和系统研究是一件必不可少的基础性的工作，今后还需要下大气力解读马克思主义的文本，以求尽可能全面准确地理解和把握原意。现在也比以往任何时候更有条件做好这件工作。马克思主义的文本从来不是教条，只有在被人们当作教条对待的时候才会变成教条。文本研究并不必然导致教条主义。教条主义的产生不是文本研究之过，而是教条主义者对待文本的错误态度之过。在警惕和克服教条主义的前提下，对文本研究无论下多少工夫也只会有益而不会有害，一部分学者专做皓首穷经的工作也是巨大的功绩。这与把文本当作检验马克思主义中国化的是非得失的标准是截然不同的两回事。我们只是反对以文本为标准来检验认识，剪裁实践，反对以文本为理由限制我们在实践中运用和发展马克思主义，而不是反对文本研究。

关于马克思主义大众化问题[①]

胡锦涛总书记在党的十七大报告中号召"建设学习型政党","大力推进理论创新，不断赋予当代中国马克思主义鲜明的实践特色、民族特色、时代特色。开展中国特色社会主义理论体系宣传普及活动，推动当代中国马克思主义大众化"。党的十七届四中全会决议在谈到执政党建设基本经验时，又指出要"坚持把思想理论建设放在首位，提高全党马克思主义水平，不断推进马克思主义中国化、时代化、大众化"。这是一项关系高举中国特色社会主义旗帜的战略任务。我仅就马克思主义大众化的两个问题谈几点认识。

一、大众化与中国化和时代化的关系问题

首先我想谈谈我对大众化这个概念的理解。大众化与大众性是有区别的。大众性是理论本身的一种属性，是标识理论所涉及、维护或关注的群众的范围的概念。大众化是使理论为尽可能多的群众所理解和认同的一种工作。[②]

这个意义上，可以说任何理论都有一定程度的大众性，只不过"大众"的成分和范围有所不同而已。奴隶主阶级、地主阶级和资产阶级的理

[①] 载《求是》杂志社《红旗文稿》2010年1月7日，并重点推荐。
[②] "群众"和"大众"都是"mass"的汉译，可以视为同一概念。在中国作者的著述中常常通用，本文也未作区分。

论也都反映了本阶级的诉求,还在不同程度上反映了相关阶级在一定历史条件下的共同诉求,也有自己的群众,也有一定的大众性。完全没有大众性的理论是不存在的。同时,任何理论也都需要大众化。这是因为理论都不是大众自发活动的产物,而是少数理论家精神劳作的产品。如果不经过一番大众化的工作,即使客观上反映了大众的利益和诉求,也未必能为大众所理解。任何阶级的理论家创造理论都不是为了自娱自乐,而是为了按照他们所维护的阶级的利益改变世界。他们绝不满足于把自己的理论变成藏之名山的秘密文献,而总是要努力在大众中传播宣扬,让大众理解理论、信服理论,从而征服人心,赢得大众。这种工作就是大众化。历代的统治阶级没有不高度重视理论的大众化的。他们积累了很丰富的经验,并且做得很成功,这是他们在一定时期能够维持统治地位的重要原因之一。他们的经验至今对我们还有借鉴的价值。

马克思主义与其他一切理论的根本区别不在于有没有大众性,也不在于需要不需要大众化,而在于大众性和大众化的内容和范围与别的理论根本不同。马克思主义理论代表的是有史以来最进步的阶级即无产阶级的根本利益,同时也代表了有史以来最广大的人民群众的根本利益。它的根本任务不是以一种剥削制度代替另一种剥削制度,以一个剥削阶级的统治代替另一个剥削阶级的统治,而是经过一系列的历史发展阶段,最终达到彻底消灭阶级差别,解放全人类。因此它的大众性具有史无前例的深刻内容和广阔空间,与其他理论的大众性有原则的不同。另一方面,马克思主义理论也不是工人运动自发的产物,而是马克思和恩格斯这样的知识分子总结社会发展史,批判地吸收人类文明发展大道上一切优秀成果而创造出来的科学体系,所以也必须经过艰苦的大众化的工作才能为大众所理解,实现它的大众性,这也就是"理论掌握群众"的过程。离开了大众化的工作,马克思主义理论就不可能转化为摧毁剥削制度的物质力量,也不可能在千百万群众的实践中接受考验,总结经验,得到丰富和发展。对马克思主义来说,大众化不是可有可无的附加物,而是由马克思主义的本性和使命决定的题中应有之义,是马克思主义的不可或缺的基本要求。只停留在书斋里和理论家头脑里而不为群众理解和运用的马克思主义,最多也只是不能实现也不能发展的学理,而不是真正意义上的马克思主义。

但是,如果离开了中国化和时代化孤立地谈论马克思主义的大众化,那就会使大众化成为抽象的口号。这是因为:

第一,从横向来看,马克思主义是世界性的理论而不是地域性的理论,它的基本原理的普适性是涵盖整个世界的。但是,马克思主义反映的普遍规律就寓于各个国度、民族、地域的特殊发展规律之中,只有把普遍原理与具体情况正确地结合起来,实现了一般和特殊的统一,这些普遍原理才能实际上得到体现,在生活中得到实现。马克思主义的世界化和本土化是统一过程的两个方面。马克思主义如果没有世界性的本质,就不可能在各个国度、民族或地区实现本土化;同样,没有成功的本土化,马克思主义的世界性也只能是高悬在空中的一般道理,不能解决各个国度、地区和民族千差万别的特殊问题,不能实际地实现世界化。就中国而言,马克思主义的本土化就是中国化,就是马克思主义普遍原理与中国实际相结合,解决中国的实际问题。马克思主义在中国大众化的过程,就是使中国的大众掌握和运用马克思主义的过程,同时也必然是马克思主义中国化的过程。事实已经证明,这是中国革命建设取得胜利的必由之路。在民主革命时期,如果没有中国化的马克思主义毛泽东思想,如果毛泽东思想没有通过大众化而掌握千百万群众,就不可能设想能推翻"三座大山",把半封建半殖民地的旧中国变成社会主义的新中国。在社会主义建设时期,如果没有中国化的马克思主义中国特色社会主义理论体系,如果这个理论体系没有通过大众化而掌握十几亿群众,就不可能指引一个经济文化落后的东方大国在极短的时间里取得奇迹般的举世瞩目的成就。

第二,从纵向来看,马克思主义理论反映了历史发展的规律,特别是反映了资本主义产生以来直到现在社会发展的特征。他虽然产生于一百五十多年以前,但它的基本观点不仅没有过时,而且仍然高于后出的其他理论。它是现代性的理论。但现代也是一个动态的过程,现代的具体情况也在不断地发展变化。马克思主义理论并不因为它是现代性的理论就可以停滞不前。马克思主义之所以不会过时,正因为它与时俱进,随着时代的发展变化而发展,在坚持自己的根本立场观点方法的同时使自己与当下面临的具体情况相适应。就中国而言，我们决不能抛弃马克思主义的根本立场观点方法，决不能抛弃仍然符合当前实际情况的根本原理，又不能停留在马克思主义经典作家已有的一切具体论述上，也不能停留在我们自己已有的理论上，而必须把马克思主义的普遍原理与现代世界不断变化的实际结合起来，与我们国家当前正在进行的社会主义建设事业结合起来，持续地推进马克思主义在中国的现代化。这与大众化是同步的工作，因为我们面对的大众是生活在现时代的中国的大众。离开了现代的特征，离开了大众当前的实际生活和需要，大众化就没有找到对象，大众也不会关心这种理论，大众化就是一句空口号。中国特色社会主义理论体系也是一个开放的系统，它也在不停顿地随着社会主义建设的发展而发展，推进着现代化的过程。这正是这一理论体系的生机和力量所在。

中国化、现代化、大众化是相互联系的统一整体，离开了哪一条都行不通。而它们的地位又不是平列的。中国化是统领一切的总问题，它逻辑地蕴含着其他两个方面。但这不是说其他两个方面没有相对独立的意义，不需要作为问题来探讨。大众化就是需要专门探讨的问题。

二、推进大众化的途径与方法

在现代中国如何做好马克思主义大众化的工作，我以为有几个问题值得探讨。

（一）大众化的内容问题

一般说来，大众性既然是马克思主义的本质属性，大众化又是实现马克思主义大众性的无可代替的方法，那么马克思主义大众化的内容就应当涵盖马克思主义创立以来的全部成果，不能说马克思主义只有一部分需要大众化。但是，就当前我国的具体情况来说，大众化的重点应当是当代中国的马克思主义，也就是中国特色社会主义理论体系，因为这是马克思主义中国化最新成果，是党的方针路线的理论基础，是当前中国人民最迫切需要掌握的思想武器。这个理论也是最贴近中国人民大众的需要、最为人民大众密切关注的。毫无疑问，马克思主义的经典文本，世界各国马克思主义的发展史等等，都应当深入研究，不研究这些也不可能深刻理解当代中国马克思主义的来龙去脉，甚至对马克思主义的原理原则产生误解和曲解。但我们的侧重点应当是当代中国的马克思主义，也就是中国特色社会主义理论体系。

（二）大众化的对象问题

"大众"这个概念的内涵和外延不是一成不变，而是历史地发展着的。在今天社会结构多元化的情况下，对不同的社会阶层、不同的社会群体的要求应当有所区别；对同一阶层、同一群体的成员还需要根据不同的文化水平、职业特点等等具体情况有所区别，不能一刀切。对共产党员特别是党的各级领导干部的要求应当是成为马克思主义的坚定的信仰者和实践者，尽可能系统准确地掌握中国特色社会主义理论体系，了解这一理论的源头和形成过程，能运用这一理论分析和解决工作中的新问题，能鉴别和抵制违背这一理论的各种错误思想，有条件的还应当能概括新的实践经验，作出理论创新。对广大群众则应当按照具体情况作出不同的要求，尽可能地使他们懂得这一理论的基本内容和科学根据，懂得只有以这一理论为指导才能实现社会主义理想，实现国家富强和民族振兴。我们不能要求所有的人都成为马克思主义者，但我们可以和应当使最广大的群众理解党的方针政策的理论依据，拥护党的方针政策，齐心协力地共同为社会主义建设事业努力奋斗，把社会的凝聚力发挥到最大限度。

（三）大众化与通俗化的关系问题

通俗化与大众化都可以用"popularize"来表达，在许多场合作为同一概念也未尝不可。但我以为仍以适当区别为好。大众化是马克思主义理论的基本要求，离开了大众化就丧失了马克思主义的根本，会使马克思主义不起作用。而通俗化则可以理解为大众化的形式之一，是特指马克思主义理论的普及工作。当年毛泽东《在延安文艺座谈会上的讲话》中讲到文艺的提高与普及的关系的基本论点，也适用于马克思主义理论，那就是在普及基础上的提高，在提高指导下的普及。在这个问题上，我以为有几点值得注意。

（1）无论是提高或普及，都离不开大众化。即使是艰深复杂的、需要具有专门的知识准备才能领悟的理论问题，也不在大众化的范围之外，对这些问题的研究和宣传也应当联系实际，有的放矢，力求大众化，而不能脱离实际，闭门造车。对文本的翻译也要力求"信、达、雅"，避免因语言的失当而妨碍人们对原意的理解，产生误导。

（2）普及的对象毕竟人数最多，普及工作做不好，马克思主义就会在最广大的群众中失去阵地。因此通俗化的工作至关重要。胡锦涛同志在十七大报告中强调"开展中国特色社会主义理论体系宣传普及活动，推动当代中国马克思主义大众化"，是有很强的针对性的。

（3）有的同志或多或少地认为通俗化是比较低级的、容易的工作，其实不然。把深刻的道理讲得通俗易懂，没有深厚的理论素养、扎实的专门知识、丰富的实践经验和老练的语言文字功夫是不易做好的。高水平的理论家应当多做一些"以通俗的言语，讲亲切的经验"的工作，当年的李达、艾思奇、杨献珍、冯定等前辈都为此作出了贡献。现在中宣部理论局组编的《理论热点面对面》也很受欢迎。要提倡名家做马克思主义的"科普"工作，"'大家'写，大家看"。

（4）要划清通俗化与庸俗化的界限。通俗化（popularize）与庸俗化（vulgarize）是根本不同的概念。通俗化的要求是使理论的表述显豁易懂（easy to understand）而又不损原意。而庸俗化则只能使理论变成粗鄙低劣的东西，变成马克思主义的赝品。庸俗化的东西尽管也可能"易懂"，甚至"有趣"，但它歪曲了马克思主义，根本不能算是马克思主义的作品。当然，为了通俗化，往往需要借助一些形象、比喻、成语、故事甚至俚语等等作为辅助，也难免在一定程度上降低论证的严密性，但"底线"是决不能牺牲理论的准确性，不能因为追求易懂而造成"失真"，尤其不能陷入庸俗化。

（5）通俗化也有不同的层次、不同的形式。要根据不同对象的特点有所区别。而且，提高和普及的界限也不是固定不变的，随着大众水平的提高和需要的变化，普及的对象、范围和内容也要与时俱进。艾思奇同志的《大众哲学》当年发挥了巨大作用，今天我们还要学习这本书的优点和精神,但也不能照搬它的一切,因为时代变化了,大众的构成和需要也变化了。我们需要精心编著一些不同形式、不同风格的通俗读物,以满足不同时期、不同对象的要求。

(四) 大众化与语言文字问题

语言文字是理论的载体,理论只有通过语言文字才能表达和传播。在中国要实现马克思主义的大众化,就得下功夫用中国人喜闻乐见的语言文字说话,说中国话(Chinese language)。有的同志认为马克思主义是西方文化的产物,而西方的思维方式和语言习惯与中国的根本不同,用中国语言表述马克思主义必定变形走样。我认为这种说法是似是而非的。西方的历史背景和文化传统与中国的不同,思维方式和语言习惯也确有差别,这是事实。有不少专家在这方面的研究成果很有价值。但由此推出不可能用中国语言讲马克思主义,那就远离事实了。如果一种理论只能用一种语言表达,那么不同民族之间的文化交流和对话就根本不可能了,要交流对话也只能是一连串的互相误解。这显然不符合已经存在了几千年的事实。更重要的是,用中国语言讲马克思主义不仅可能,而且必要,非如此不能使马克思主义在中国生根。我在这里要借重一位外国人的言论,这个人就是黑格尔。黑格尔在给 J. H. 沃斯的一封信里说得非常精彩:"**路德让圣经说德语,您让荷马说德语,这是对一个民族所作的最大贡献,因为,一个民族除非用自己的语言来习知那最优秀的东西,那么这东西就不会真正成为它的财富,它还将是野蛮的。**""**现在我想说,我也在力求教给哲学说德语。如果哲学一旦学会了说德语,那么那些平庸的思想就永远也难于在语言上貌似深奥了。**"①黑格尔说得多么深刻,多么尖锐!他毫不含糊地宣布他要"教给哲学说德语",正是为了使那些并非产生于德国的哲学德国化,在德国大众化。他认为只有这样才可能使那些"最优秀的东西"成为德国的财富;否则不仅不能成为德国的财富,还会是"野蛮"的东西。我想,黑格尔的这段话不仅适用于哲学,也适用于一切社会历史理论,包括马克

---

① 苗力田译编:《黑格尔通信百封》,上海人民出版社 1981 年版,第 202 页。着重号是本文作者加的。

思主义理论。黑格尔可以"教哲学说德语",为什么我们就不可以教马克思主义说中国话(Chinese language)呢?佛教从东汉传入中国以后形成了那么多流派,不都是说的中国话吗?难道因为它们说中国话就不是佛教了吗?佛教可以说中国话,为什么马克思主义就不可以说中国话呢?事实上,马克思主义之所以能成为中华民族的宝贵财富,正因为中国的马克思主义者一直在"教给马克思主义说中国话","让马克思主义说中国话",也就是做了马克思主义中国化(Sinonization of Marxism)的工作,同时也就是做了马克思主义大众化和现代化的工作。这正是中国的马克思主义者的责任,也只有中国的马克思主义者才可能担当起这个责任。

当然,中国话也不是一成不变的,同为中国语言,现代的中国语言就不仅和古代的文言文不同,而且与五四时期的白话文、与我们中国早期马克思主义者作品的表述方式也有所不同。这是正常现象。此外,在语言发展过程中吸收某些外来的词汇和表述方式也是很正常的。不仅不可避免,而且是丰富和发展中国语言的重要的途径之一。事实上我们已经做了很多,而且成绩斐然。但是,任何一种语言都有它长期形成的相对恒定的要素,是不能随便改变的。如果弄得面目全非,就不成其为这种语言,本民族的人也看不懂、听不懂了。以汉语为例,恕我直言,现在有的博士生写的论文可以说是用汉字写的洋文,用汉语说的洋话,比古文和外文都难懂,不仅我看得非常吃力,他们彼此之间也常常因为看不懂对方的文章而叫苦不迭,要中国老百姓喜闻乐见恐怕更是难上加难了。至于生造词句、故弄玄虚的毛病,也颇为常见。我认为这是一种病态,而且有蔓延之势。多年前我就曾为此呼吁过[①],后来又不避絮聒之讥,多次发文进言;但应者寥寥,收效甚微。看来这种毛病也是古已有之的。苏轼给谢民师写过一封信,其中批评扬雄"好为艰深之词,以文其浅陋"。在他看来,扬雄讲的那点道理并没有那么玄乎,"若正言之,则人人知之矣"。扬雄是不是确有这个毛病,姑且不论,但苏轼讲的这个道理是很对的。他还引用孔子的话:"辞,达而已矣。"并说:"辞而至于能达,则文不可胜用矣。""文不

[①] 1984年1月拙文《谈谈马克思主义哲学的通俗化——读毛泽东之李达同志的三封信》,见《陶德麟文集》,武汉大学出版社2007年版,第270页。

可胜用",这是何等难能可贵的境界!有人似乎以为话越说得艰深晦涩,佶屈聱牙,让人不知所云,学问就越大。这是极大的误解。其实恰恰相反,"以艰深文浅陋"最不费力,而用准确明快生动活泼的语言讲清深刻复杂的道理才是最难的。最近读了报道台湾的余光中先生在一次讲演中批评"西化汉语"的文章,颇有同感。他举例说,"他是他父亲和母亲的唯一的儿子"这句话就是一句西化汉语,虽然不能说语法不通,但总不如说"他是独子"来得顺当。说"他的思维很有前瞻性",就不如说"他很有远见"更像汉语。毛泽东一贯重视文风问题,当年他把文风与学风、党风一起列为整风的内容,反对党八股和洋八股,尖锐地揭露了文风不正的危害性,我以为至今还有现实意义。

做好马克思主义中国化、时代化、大众化这篇大文章①

记者：我们了解到，1961年毛泽东主席请李达同志编著马克思主义哲学教科书时，李达同志指定您为主要执笔人。您作为资深教授，一生在学术上为马克思主义中国化研究作出了重大贡献，在您八十华诞之际，我代表《中国社会科学报》和广大读者向您表示深深的敬意。首先请您就近六十年的学术生涯谈谈您的体悟和为学之道。

陶德麟：我深感自己是一个平庸的探索者，在浩瀚无际波涛汹涌的哲学大海里乘桴而行，无异以蠡测海，所见之微自不待言。而今垂垂老矣，还常常自觉如童稚之无知。然而我并不怨悔。我感受较深的有如下几点。

（1）哲学的高度抽象性容易使人觉得它远离实际生活。中国传统哲学还因为"过分"关注人事而为某些西方哲学家所诟病。其实，哲学的根源还是实际生活。哲学家谈论的问题尽可以上干云霄，但还是摆不脱尘世的土壤。正是实际生活的需要推动着哲学问题的提出和解决。马克思在《〈黑格尔法哲学批判〉导言》中说过："理论在一个国家实现的程度，总是决定于理论满足这个国家的需要的程度。"这句话千真万确。几十年的经历使我坚信，哲学其实是被某些哲学家从"地上"搬到"天上"的，我们应当让哲学从"天上"回到"地上"来。哲学不是自我封闭的精神

---

① 载《中国社会科学报》2010年7月2日《中国社会科学》创刊30周年、《中国社会科学报》创刊1周年纪念特刊，副标题为"访问马克思主义哲学家陶德麟教授"，署名"本报记者 李潇潇"。

运动，不是理性神坛的供品，而是源于生活而又高于生活的智慧，是人对自身处境的思索、理解和追求，是高耸云霄而又普照现实的阳光。哲学与人类的命运、民族的兴衰和人民的祸福息息相关。哲学对一个民族尤其重要，它既是民族精神的升华物，又是民族精神的铸造者。没有哲学思想的民族是没有灵魂、没有脊梁的民族，是不能在文明史上留下伟大足迹的民族。"为天地立心，为生民立命，为往圣继绝学，为万世开太平"正是中国哲学的优秀传统。尽管任何哲学都不可能一劳永逸地"为万世开太平"，但哲学家不可无此情怀。有了这种情怀，才可能以"虽九死其犹未悔"的精神去"爱智"。爱智求真与忧国忧民的统一，才是哲学家应有的境界。

（2）哲学是人类的共同的思想财富，没有国界；然而哲学又不能没有民族特点。不与民族特点融会契合的哲学不可能在这个民族生根。马克思主义哲学也必须与中国的民族特点相结合，也就是实现中国化，才能成为中华民族自己的哲学。我们必须"教给哲学说中国话"。正因为八十多年来我们致力于教给马克思主义哲学说中国话，以新的内容丰富和发展了马克思主义哲学，形成了中国化的马克思主义哲学，它才成为中国人自己的哲学，才在中国的救亡图存和民族复兴的伟大事业中发挥了如此巨大的作用。

（3）学风和文风至关重要。学风上要力求创新与求是的统一。哲学不是实证科学，最易流于空泛，然而也最忌空泛。在哲学领域里，要分析清楚一个问题，把理论向前推进哪怕是一小步，都是非常艰难的精神劳作。许多大哲学家用了毕生的精力也只回答了几个哲学问题。大言空论则非常容易。故弄玄虚，故作高深，用一大堆抄来的或生造的语词来"讲"自己也没有弄清楚的问题，把症结蒙混过去，尽快地构成体系，我以为不可取。文风上也要力求精密显豁。个人当然应该有各自的风格，不能强求一律；何况语言本身也在发展，并无一成不变的定格。但中国语言毕竟有自己独特的传统，不能置之不顾。用中国的语言写文章还是应该说中国人喜闻乐见的话。

（4）马克思主义哲学能站在思维的制高点，正因为它吸纳和消化了人类文明的一切优秀成果而又有所超越。今后要发展，仍需如此。要有自己的鲜明立场，但却不可褊狭。马克思主义哲学绝不是离开世界文明发展大道的东西，而是人类认识大树上的花朵和果实。海纳百川，有容乃大。对中国传统哲学和古往今来的外国哲学，都要善于有分析地消化吸纳，不可盲目拒斥。

（5）哲学和任何其他学问是互相贯通的，但又不能互相代替，而且也都不是万能的。哲学要做自己应该做和做得到的事情，不可越俎代庖，不可自以为至高无上，也不必因为受到某种冷遇而愤愤不平。哲学的性质注定了它难免做黄昏起飞的枭鸟，也就是"事后诸葛亮"；但它一旦产生又可以成为社会变革的先导，做高鸣报晓的雄鸡，做"事前诸葛亮"。要做好"事前诸葛亮"，先得老老实实地做好"事后诸葛亮"，否则就不免流于空谈，热闹一阵也就烟消云散了。

记者：您讲的这五点都是至理名言，需要我们后学们认真学习和思考。现在我们重点请您谈谈马克思主义大众化的问题。党的十七大报告要求"开展中国特色社会主义理论体系宣传普及活动，推动当代中国马克思主义大众化"。党的十七届四中全会决议又强调要"坚持把思想理论建设放在首位，提高全党马克思主义水平，不断推进马克思主义中国化、时代化、大众化"。很显然，这是一项关系坚持中国特色社会主义道路的战略任务。可否请您谈谈自己的认识？

陶德麟：首先我想谈谈我对大众化这个概念的理解。我个人觉得大众化与大众性这两个概念是有区别的。大众性是理论本身的一种属性，是标识理论所涉及或关注的群体的范围的概念。大众化则是使理论为尽可能多的受众理解和认同的一种工作。可以说任何理论都有一定程度的大众性，只不过"大众"的构成和范围不同而已。完全没有大众性的理论就是不代表任何人群的利益和要求，也不以任何他人为宣传对象的理论，就是自言自语的理论，这种理论实际上是不存在的。同时，任何理论也都需要大众化。这是因为理论都是少数理论家精神劳作的产品，并不都是一般大众自然地能够理解的。任何理论要想扩大自己的影响力，就得让尽可能多的人懂得并接受，这就离不开大众化的工作。古今中外各家各派的理论家在大众化方面都做了很多工作，而且很有成效，这也是他们的理论能够流传的主要原因之一。他们的经验到现在也还值得我们借鉴。

马克思主义与其他理论的区别不在于有没有大众性，也不在于需要不需要大众化，而在于大众性和大众化的使命、内容、对象和范围与别的理论不同。马克思主义反映的是历史上最先进的阶级即无产阶级的根本利益，同时也反映了有史以来最广大的人民群众的根本利益。它不是去论证某种剥削制度和阶级统治的永恒合理性，而是以严密的科学道理揭示历史发展的规律，既说明剥削制度在一定历史发展阶段的必然性，又说明它们的暂时性。它向人们展示的远景是经过一系列的历史发展阶段，最终实现彻底消灭阶级差别，解放全人类。因此它的大众性具有史无前例的广阔内容，为任何其他理论不可比拟。另一方面，它的大众化也与其他的理论的大众化有原则的不同。由于马克思主义代表的是无产阶级和最广大人民群众的根本利益，它不仅不需要掩盖事物的真相和本质，而且恰好需要彻底揭露事物的真相和本质。但要使群众理解它所揭露的真相和本质也绝非易事。马克思主义不是工人运动自发的产物，而是马克思和恩格斯这样的知识分子总结了人类文明发展大道上一切优秀成果而又研究了历史和现实而创造出来的严整的科学理论，所以也必须经过艰苦的大众化的工作才能为大众所理解，实现它的大众性。离开了大众化的工作，马克思主义理论就不可能掌握群众，转化为的物质力量，也不可能在千百万群众的实践中接受考验，总结经验，得到丰富和发展。因此，对马克思主义来说，大众化不是可有可无的附加物，而是由马克思主义的本性和使命决定的题中应有之义，是马克思主义的不可或缺的基本要求。只停留在书斋里和理论家头脑里而不为群众理解和运用的马克思主义，最多也只是不能实现也不能发展的学理，而不是真正意义上的马克思主义。

记者："不断推进马克思主义中国化、时代化、大众化"这个提法本身应该是有具体内容的。

陶德麟：不错。马克思主义的大众化与中国化和时代化是统一的整体，离开了中国化和时代化去孤立地谈论大众化，就会成为抽象的口号。

第一，大众化不能离开中国化。马克思主义不是地域性的理论而是世界性的理论，它揭示的是整个世界的普遍发展规律。但是，这些普遍规律就寓于各个国度、民族、地域的特殊发展规律之中。离开了特殊规律，普遍规律也就无所寄寓而成为空中楼阁。只有把马克思主义的基本原理与各个国度、民族、地域的特殊情况正确地结合起来，实现了普遍和特殊的统一，这些基本原理才能在实际生活中得到实现。马克思主义的世界化和本土化是统一过程的两个方面。如果没有世界化，就不可能在各个国度、民族或地区实现本土化；同样，没有本土化，世界化也只能是悬在空中的一般道理，不能解决各个国度、地区和民族千差万别的特殊问题，不能实际地实现世界化。就中国而言，马克思主义的本土化就是中国化，就是把马克思主义基本原理与中国实际结合起来，解决中国的实际问题，又从而以新的经验丰富和发展马克思主义的基本原理。马克思主义在中国大众化的过程，也必然是马克思主义中国化的过程。事实已经证明，这是中国革命建设取得胜利的必由之路。在民主革命时期，如果没有中国化的马克思主义毛泽东思想，如果毛泽东思想没有通过大众化而掌握千百万群众，就不可能设想能推翻"三座大山"，把半封建半殖民地的旧中国变成社会主义的新中国。在社会主义建设时期，如果没有中国化的马克思主义即中国特色社会主义理论体系，如果这个理论体系没有通过大众化而掌握十几亿群众，就不可能指引一个经济文化落后的东方大国取得奇迹般的举世瞩目的成就。

第二，大众化不能离开时代化。马克思主义理论反映了历史发展的规律，特别是反映了资本主义产生以来社会发展的规律。它虽然产生于一百五十多年以前，但它的基本观点不仅没有过时，而且仍然高于其他理论，包括后出的种种理论。它是最深刻地反映了时代特征和时代需要的理论，是真正的现代性的理论。但现代也是一个动态过程，现代的具体情况也在不断地发展变化。马克思主义理论并不因为它是现代性的理论就可以停滞不前。马克思主义之所以不会过时，之所以能一直站在人类思维的制高点，正因为它与时俱进，随着时代的发展变化而发展，在坚持自己的根本立场观点方法的同时使自己与当前的具体情况相适应。就中国而言，我们决不能抛弃马克思主义的根本立场观点方法，决不能抛弃仍然符合当前实际情况的基本原理，同时又决不能停留在马克思主义经典作家已有的一切具体论述上，也不能停留在我们自己已有的理论上，而必须把马克思主义的基本原理与现代世界不断变化的实际结合起来，与我们中国当前正在进行的社会主义建设事业结合起来，持续地推进马克思主义在中国的发展。这就是马克思主义时代化的工作。我们要做好马克思主义大众化的工作，就要清醒地认识到我们面对的大众是生活在现时代的中国大众。离开了时代的特征，离开了中国大众在现时代的需要，大众化就没有目标，也没有对象，大众也不会关心这种理论，大众化就将成为一句空口号。

中国化、现代化、大众化是相互联系的统一整体，离开了哪一条都行不通。但三者的地位又不是平列的。中国化是统领一切的总问题，它逻辑地蕴涵着其他两个方面。

记者：现在有的学者写文章越来越难懂，甚至制造一些令人费解的新名词，艰深晦涩和故弄玄虚，似乎在追求学术的高深莫测。大众化是否也有个语言文字问题。

陶德麟：语言文字是理论的载体，理论只有通过语言文字才能表达和传播。在中国要实现马克思主义的大众化，就得下功夫用中国人喜闻乐见的语言文字说话，说中国话。有人认为马克思主义是西方文化的产物，西方的思维方式和语言习惯与中国的根本不同，用中国话讲马克思主义就会变形走样。这种说法是似是而非的。如果一种理论只能用一种语言表达，那么不同民族之间的文化交流和对话就只能是一连串的互相误解了。这显然不符合已经存在了上千年的事实。更重要的是，用中国语言讲马克思主义不仅可能，而且必要，非如此不能使马克思主义在中国生根。我在这里要借重一位外国人的言论，这个人就是黑格尔。黑格尔说："我也在力求教给哲学说德语。如果哲学一旦学会了说德语，那么那些平庸的思想就永远也难于在语言上貌似深奥了。"黑格尔说得多么深刻,多么尖锐!他毫不含糊地宣布他要"教给哲学说德语",正是为了使那些并非产生于德国的哲学德国化,在德国大众化。他认为只有这样才可能使那些"最优秀的东西"成为德国的财富;否则不仅不能成为德国的财富,还会是"野蛮"的东西。我想,黑格尔的这段话不仅适用于哲学,也适用于一切社会历史理论,包括马克思主义理论。事实上,马克思主义所以能成为中华民族的宝贵财富,正因为中国的马克思主义者一直在"教给马克思主义说中国话","让马克思主义说中国话"。这正是中国马克思主义者的责任,也只有中国马克思主义者才可能担当起这个责任。

当然,中国话也不是一成不变的,也在发展变化。同为中国语言,现代的中国语言就不仅和古代的文言文不同,而且与五四时期的白话文、与我们中国早期马克思主义者的作品的表述方式也有所不同。这是正常现象。此外,在语言发展过程中吸收某些外来的词汇和表述方式也是很正常的。不仅不可避免,而且是丰富和发展中国语言的重要的途径之一。事实上我们已经做了很多,而且成绩斐然。但是,任何一种语言都有它长期形成的相对恒定的要素,是不能随便改变的。如果弄得面目全非,就不成其为这种语言,本民族的人也看不懂、听不懂了。以汉语为例,恕我直言,现在有的博士生写的论文可以说是用汉字写的洋文,用汉语说的洋话,比古文和外文都难懂,不仅像我这样的人看得非常吃力,他们彼此之间也常常因为看不懂对方的文章而叫苦不迭,要中国老百姓喜闻乐见恐怕更是难上加难了。至于生造词句,故弄玄虚的毛病,也颇为常见。我认为这是一种病态。多年前我就曾为此呼吁过,后来又不避絮聒之讥,多次发文进言,认为此风不可长。看来这种毛病也是古已有之的。苏轼给谢民师写过一封信,其中批评扬雄"好为艰深之词,以文其浅陋"。在他看来,扬雄讲的那点道理并没有那么玄乎,"若正言之,则人人知之矣"。扬雄是不是确有这个毛病,姑且不论,但苏轼讲的这个道理是很对的。他还引用孔子的话:"辞,达而已矣。"并说:"辞而至于能达,则文不可胜用矣。""文不可胜用",这是何等难能可贵的境界!有人似乎以为话越说得艰深晦涩,佶屈聱牙,让人不知所云,学问就越大。这是极大的误解。其实恰恰相反,"以艰深文浅陋"最不费力,而用准确明快生动活泼的语言讲清深刻复杂的道理才是最难的。最近读了报道台湾的余光中先生在一次讲演中批评"西化汉语"的文章,颇有同感。他举例说,"他是他父亲和母亲的唯一的儿子"这句话就是一句西化汉语,虽然不能说语法不通,但总不如说"他是独子"来得顺当。说"他的思维很有前瞻性",就不如说"他很有远见"更像汉语。毛泽东一贯重视文风问题,当年他把文风与学风、党风一起列为整风的内容,反对党八股和洋八股,尖锐地揭露了文风不正的危害性,我以为至今还有现实意义。

记者:您在2009年第1期《中国社会科学》上发表的《对马克思主义中国化研究中两个问题的理解》一文产生了很大影响,最后请您对中国的马克思主义研究谈谈您的看法。

陶德麟:精神世界是辽阔无边的大海,科学研究是个人纵横驰骋的天地。理论家对马克思主义的研究也必定各有侧重,各有特长,各有风格,这些都应当按照"双百方针"得到尊重,不能人为地规定一个死板的模式。但如果问我个人的看法,我觉得最重要的还是应该共同努力,做好马克思主义中国化、时代化、大众化这篇大文章,因为这是中国人民的需要,中华民族的需要。要把这篇大文章做好,我个人有这样几点看法。

(1)判断这篇大文章做得好不好,以什么为标准?我认为只能以实践为标准。这就是说,要看我们的研究成果是否符合发展着的中国实际,是否正确地揭示了我国社会主义建设的客观规律,是否对我们正在进行的事业有正确的指导作用。以其他的东西为标准,例如以是否符合马克思主义经典论著的文本为标准,以某个权威的论断为标准,以外国人的评价为标准,甚至以外国刊物的引用率为标准,都是靠不住的。现在我们常常喜欢讲与国际接轨,但我们是不是也应该想一想我们拿什么东西与国际接轨?如果我们只是"照着"或者"接着"外国人讲过的东西讲,还自以为是在"走向世界",那就是丧失自我,不仅对中国无所贡献,对世界也无所贡献了。我们真正能对世界的马克思主义宝库有所贡献的东西,恰恰是有中国特色的东西，是别人做不出来的东西。在这个意义上，愈有民族性的东西才愈有世界性。只要路子正确，我们中国的理论界是完全有能力作出这种别人不能代替的独特贡献的。

（2）要做好这篇大文章，毫无疑问要有世界眼光，要以极宽广的胸怀吸纳和借鉴古今中外一切有价值的思想成果，哪怕只有颗粒的合理成分也不忽视。但我们理论创造的"源头活水"还是我们正在进行的中国特色社会主义建设的实践。对理论研究来说，十几亿人的史无前例的伟大实践是一个取之不尽用之不竭的源头活水。不断地探索、提炼、概括和总结这一伟大实践的经验，是理论创造的必由之路。忽视或轻视了这个源泉，即使成果如山，也都难免是舍本逐末，不可能在马克思主义发展史上留下前进的足迹。

（3）文本研究是极为重要的一项工作。马克思主义传入中国就是从先辈们译介马克思主义著作开始的。几十年来我国的翻译工作为马克思主义中国化的事业留下了辉煌的一章。中央编译局的群体为这一事业奉献了毕生的精力，应当功垂史册。过去因误读马克思主义的文本而产生错误的事实确实发生过，这从反面证明了文本译介的重要性。但是，文本研究的目的是正确掌握马克思主义的立场观点方法，作为行动的指南，只有纳入马克思主义中国化、时代化、大众化这篇大文章之中才有意义。如果把文本研究的意义与马克思主义理论创造对立起来，不问经典作家是在何种情况下针对什么问题作出的论断，一概视为不可移易的真理，以致用文本中的某些词句来限制或非难基于实践的理论创造，那就是文本崇拜，就是教条主义了。教条主义在中国革命史和建设史上造成的危害巨大，损失惨重，永远不能忘记。当然，教条主义不是文本研究之过，而是教条主义者把文本当作教条之过。我们要警惕和防止的正是这种教条主义的态度，而绝不是轻视马克思主义文本研究本身的价值和意义，这是不言而喻的。

（4）我们在谈到教条主义时，往往仅指对马克思主义经典文本的教条主义态度。其实这并不全面。从目前的实际情况看，我以为对非马克思主义论著的教条主义态度也确实存在。在一些人当中，把非马克思主义甚至反马克思主义的理论当作典范崇拜，当作规范全盘照搬或者变相照搬，以这些理论为尺度轻率地指责马克思主义的这种"缺点"那种"错误",似乎成了一种时髦。这是一种不可轻视的现象,是应该通过说理的方法予以澄清的。

(5) 理论刊物是旗帜,是园地,也是阵地。刊物对理论发展的导向作用至关重要。像《中国社会科学》和《中国社会科学报》就是旗帜、园地和阵地。刊物能够引导作者和读者,也需要作者和读者的支持。我希望广大的作者和读者热忱支持这样的优秀刊物。

略论文化建设中的传承与借鉴[①]

文化建设是"五位一体"的中国特色社会主义事业的总体布局中的一个方面,关系弘扬中国精神,铸造凝心聚力的兴国之魂和强国之魄,至关重要。文化建设中的传承与借鉴,又是这一工作中必须正确认识和处理的一大问题。本文试图就这一问题提出个人的理解,就正于学术界同仁。

为避免枝蔓,我想先说明两点。

(1) 中外学术界对"文化"这一概念的理解多种多样,定义纷繁。外延可以宽到囊括人类创造的一切物质成果和精神成果,包括器物、制度、知识、信仰、风俗、习惯等等;也可以窄到专指精神过程及其成果。我以为不必去评论这些定义的是非,只要作者在论述中首尾一贯地坚持自己的定义,不自相矛盾,让人们懂得他说的是什么,有可能去评论他的思想,这就行了。不过,这些定义虽然歧异很多,还是至少有三点是共同的:第一,都把文化理解为人类活动的产物,而不是与人的活动无关的自然物。即使有时也指似乎与人类无关的自然物,实际上也是指经过人类的观察、体验并赋予了意义的自然物。说文化的内容是"人化",文化的作用是"化人",大体上还是有共识的。第二,即使是指物质的东西,无论是人造的还是自然的,人们关注的也不是这些物质事物的物理的化学的属性,而是体现在其中的精神内容。[②]第三,尽管都把文化理解为与经济、

[①] 原载《哲学研究》2013 年第 6 期首篇。《新华文摘》2013 年第 21 期全文转载。中国人民大学书报资料中心《哲学原理》2013 年第 8 期全文转载。
[②] 联合国教科文组织《保护非物质文化遗产公约》规定的非物质文化遗产(intangible cultural heritage)都有物质载体,如工具、实物、工艺品和文化场所等等。

政治、社会、生态不同的概念,但都没有把它们看成互斥的关系,更没有理解为逻辑上的上位概念与下位概念的关系。这就使得对文化概念持不同定义的学者和学派之间还是可能有实质性的讨论和交流。本文论及的文化是"小文化",是专指精神生活过程及其成果。

(2) 本文探讨的仅仅是文化的共同性的问题,对不同文化门类的特殊规律没有分别论列。

一、传承与借鉴的重要性

文化是人们在改造世界的实践过程中,首先是在谋取物质生活资料的实践过程中产生的,是人们生活条件的产物。其所以有这种产物,一是由于人类生活本身的需要。人类生活不是免于冻馁、吃饱穿暖就完事,也不只是追求物质享受的提高,还需要有精神生活,从原始人群到现代社会莫不如此。这是人类区别于其他动物的特征之一。二是由于文化对物质生活和经济政治活动等等有巨大的交互作用。没有文化,社会成员就无法交流和共处,就不能延续和发展。没有人类社会固然不可能有文化,但没有文化也就没有人类社会。一句话,没有文化,人就不成其为人。

文化乍看起来似乎最"软",其实最"硬"。这不是指钢铁或钻石的那种硬,而是指坚韧的生命力、广泛的覆盖力和强劲的渗透力。文化是维系人类共同体(包括民族和国家)的精神支柱,也就是人们通常说的灵魂。任何共同体的文化都会随着生活环境和社会制度的发展变化而发展变化,但总有大量的东西会积淀下来而形成相对稳定的特色。一个民族在世界上能不能留下足迹和留下什么样的足迹,能不能对人类有所贡献和有什么样的贡献,归根到底要看它的文化成就和文化特色。我们中华民族几千年来不知经历过多少艰难困苦和惊涛骇浪,然而我们的文化一直没有中断,而且还承先启后,发扬光大,历久弥新,在历史上留下了光辉的足迹,这有力地显示了文化的伟力。

文化是千姿百态的精神花朵,但归根到底都是人们生活条件和生活式样的创造性的反映。多种多样的文化实际上是两个过程共同作用的结果：一个是人们在既定的物质生活条件的基础上自发地生成的过程；另一个则是社会的强势群体（在阶级社会里就是统治阶级）为了维护自身利益而自觉地建构的过程。这两个过程虽然最终都受物质生活条件的制约，不能随心所欲地"创造"，但后一过程往往更具有影响力，更能在整个社会中起引导作用。历代的统治阶级都把建构主流文化作为维系统治、凝聚人心的生死攸关的大事，为的是使人们认同对他们有利的制度的合法性和合理性，安于和乐于在这种环境中生活。借用葛兰西的话来说，就是建立"文化霸权"（cultural hegemony，"霸权"也可以译为"领导权"）。他们有许多成功的经验。西方资产阶级就是以普遍性的形式建立自己的文化霸权的，到现在也还在全世界扩张这种霸权。这些历史的和现实的情况告诉我们，我们要建设中国特色社会主义，维护中国各族人民的利益，增进各族人民的福祉，也必须强调民族文化的自觉建设。

我们现在要建设的是当代中国需要的文化，是与世界潮流一致而又符合中国国情的文化，也就是中国特色社会主义的文化。建设这样的文化当然必须从中国实际出发，但对"实际"不应作狭隘的理解。要看到不仅现存的物质生活条件以及经济政治状况等等是实际，现存的文化本身也是实际，造成现存文化的历史也是实际。任何文化都不可能在"空地"上另起炉灶，而只能在已有文化的基地上建立。当年列宁在与"无产阶级文化派"争论时已经把道理说清楚了。文化传统并不是"明日黄花"，而是现实存在，它就是在我们民族的血管里流淌着的血液，就是每天在我们生活中起作用的实际。想绕过它、不理睬它，是不可能的。离开传承和借鉴而白手起家，文化建设就无异于空中楼阁。问题不在于文化建设要不要传承与借鉴，而在于传承什么与借鉴什么，怎样传承与借鉴。

二、关于中国传统文化

中国传统文化是人类文明史上的奇葩，源远流长，博大精深，具有极伟大的凝聚力和极持久的生命力。先秦的夏商周和春秋战国时期的文化与古希腊的文化东西辉映。秦代以后乃至在汉武帝"罢黜百家，独尊儒术"以后，中华文化也仍然灿烂辉煌。在欧洲长达近千年经济文化相对停滞，以致被某些史学家称为"黑暗时期"的中世纪，中国却处在从南北朝到明朝中叶（中经隋、唐、宋、元各代）的社会高度繁荣时期（唐代的首都长安曾是全世界最大的城市）。即使在原来被视为夷狄的民族靠武力"入主中原"的时候，他们的文化也融入了原有的中华文化并为它增添了新的成分，这些民族本身也成了中华民族大家庭的成员。中国传统文化不仅没有中断或消亡，而且越来越繁荣丰富，深入人心，始终是中华民族的精神家园。这不能不说是奇迹。这个奇迹有力地表明了中国传统文化确实是中华民族的母体。中华民族脱离不了这个母体。外来文化要在中国立足，也必须尊重、适应乃至融入中国传统文化，否则不能得到中华民族的认同。以佛教为例，佛教自东汉传入中国后经历了漫长的中国化的过程。我国的许多学者都论述过这个过程。佛教要在中国生根落脚，争取地位，扩大影响，当然不能不与原有的中国传统文化竞争，首先是与儒家和道家竞争；但正因为要竞争，就不能不适应中国的土壤，改造自身，转换理论内容和社会功能，既保持自身独有的特点，又与中国传统文化的共同精神不相抵触，与儒、道互补。佛教在中国也曾多次遇到过"辟佛"的危机。辟佛者最"过硬"的理由就是指责它与中国传统文化特别是儒家文化的根本宗旨不相容。而佛教为自身辩护的理由则是极力证明它不仅不违背中国传统文化，而且还能与中国传统文化互相发明，相得益彰。东晋的佛教领袖慧远给朝廷写的《沙门不敬王者论》就极力论证儒以治世、佛以治心的道理，他说："道法之与名教，如来之与尧孔，发致虽殊，潜相影响；出处诚异，终期则同。"即所谓"内外之道可合而明"，"虽不处王侯之位，固已协契皇极，在宥生民矣。是故内乖天属之重而不违其孝，外阙奉主之恭而不失其敬也"。中国的许多皇帝很尊重佛教，许多高僧，例如北齐的法常，陈隋之际的智𫖮，唐代的玄奘、神秀、慧忠、知玄，五代时后蜀的光业，吴越的德韶，南唐的文遂等，都曾时号"国师"，或者被敕封为"国师"；许多大儒也推崇佛学，出入佛老，就是由于这个原因。再以基督教为例，明朝万历年间意大利的耶稣会传教士利玛窦来中国传播基督教取得很大的成功，除了依靠近代科学技术知识博得人们的信任之外，还与他特别注意与中国传统文化的协调有关。他推崇中国文化，赞扬"中国的伟大乃是举世无双的"，"中国不仅是一个王国，中国其实就是一个世界"。他花费了大量精力学习汉语和中国的礼节习俗，不仅身穿中国儒士的服装，而且运用五经四书来解释基督教的教义，以中文写成了《二十五言》这样的著作。甚至连一些似乎无关紧要的细节他都非常注意，包括回避一些与儒家传统明显抵触的教义，把拉丁文"Deus"（英文 God）这个最关键的名词翻译成中国的《尚书》和《诗经》中就出现过的"上帝"。这是他至关重要的策略，也是他得到许多儒士公卿（如徐光启这样的翰林）的支持和皇帝的信任的原因。

但是，新的资本主义生产方式从欧洲开始发展起来并扩展到全世界之后，中国传统文化确实遇到了残酷的挑战。中国几千年的封建社会①抵挡不住资本帝国主义列强的血与火的冲击，接二连三地挨打，沦为半封建半殖民地。深重的灾难迫使中国人不得不前仆后继地救亡图存。当时先进的中国人千辛万苦地寻找中国落后挨打的根源，由西方的"船坚炮利"想到他们科学技术的先进，再想到他们经济政治制度的先进，再想到他们文化的先进，终于把中国落后挨打的根本原因归结到了中国传统文化的落后。"国粹不能保国"似乎已是不争的事实。五四运动的实质是新文化运动。这场新文化运动是不可避免的，而且对中国确实起了起死回生的伟大作用。道理很明显：中国传统文化无论怎样博大精深，无论有多么灿烂辉煌的历史，毕竟是中国前资本主义社会的上层建筑，它的核心观念在新的历史条件下无法充当观察世界形势和中国命运的思想武器。现在有些人指责五四运动造成了中国文化"断裂"，遗祸至今，那是忘记了历史，或者曲解了历史。但是，那时的先进分子对旧文化的批判也不是没有缺点。毛泽

---

① 有的学者认为"封建"一词的内涵在中国典籍中历来指周代封土建国、封爵建藩的制度，这种制度在秦始皇废封建、置郡县以后即已消失，秦汉以后至明清的地主社会并非本来意义的封建社会，也不同于欧洲中世纪的封土封臣、采邑领主制度的封建社会。此说见冯天瑜教授的《"封建"考论》（武汉大学出版社 2005 年第一版）。为行文方便，本文仍采取现在通行的涵义。

东在充分肯定五四运动的伟大功绩的同时，也指出过"五四运动本身也是有缺点的"。他批评当时的许多领导人物使用的方法一般地还是形式主义的方法，没有历史唯物主义的评判精神，"所谓坏就是绝对的坏，一切皆坏；所谓好就是绝对的好，一切皆好"①。他们往往把中国传统文化中的最明显的糟粕集中起来加以突出渲染，证明中国传统文化只是我们祖宗留下的"罪孽"，几乎一无是处。例如胡适就曾把"八股，小脚，太监，姨太太，五世同居的大家庭，贞节牌坊，地狱活现的监狱，廷杖，板子夹棍的法庭"等等挖苦为"我们所独有的宝贝"，甚至还殃及骈文、律诗，主张我们要"认错"，"知耻"，承认"百事不如人"。还有人对中医、中国戏曲，乃至汉字也大张挞伐，全盘否定。鲁迅对"国民性"的针砭是有很多非常深刻独到之处，但现在看来也不是很全面。对这种现象我们现在也要历史地看。他们是从中国传统文化里走过来并且深知传统文化的，他们有资格批评中国传统文化。他们的这些说法在当时甚至是故意矫枉过正的，有片面性也可以理解，我们不必苛求先贤。何况他们事实上也并未全盘抛弃中国传统文化。胡适写过中国第一部哲学史（虽然没有写完），他主张"研究问题，输入学理，整理国故，再造文明"②。鲁迅写过《中国小说史略》，他写的诗是完全合乎格律的旧体诗，有的还是标准的律诗。他们当时的一些极端的说法后来也逐步改变了。胡适在 1935 年也表示他 1929 年发表的《中国今日的文化冲突》一文中全盘西化的说法不妥，应当改为"充分世界化"。③ 鲁迅则指出："我们从古以来，就有埋头苦干的人，有拼命硬干的人，有为民请命的人，有舍身求法的人……虽是等于为帝王将相作家谱的所谓'正史'，也往往掩不住他们的光耀，这就是中国的脊梁。这一类的人们，就是现在也何尝少呢？他们有确信，不自欺；他们在前仆后继的战斗，不过一面总在被摧残，被抹杀，消灭于黑暗中，不能为大家

---

① 毛泽东：《反对党八股》，见《毛泽东选集》第 3 卷，人民出版社 1991 年 6 月版，第 831—832 页。
② 见胡适：《新思潮的意义》，见《胡适文选》，亚东图书馆 1947 年版（第 8 版），第 55 页。
③ 见胡适：《充分世界化与全盘西化》，见《胡适论学近著》第 1 集，山东人民出版社 1998 年版，第 437 页。

所知道罢了。"① 至于毛泽东，则更明确地指出："今天的中国是历史的中国的一个发展；我们是马克思主义的历史主义者，我们不应当割断历史。从孔夫子到孙中山，我们应当给以总结，承继这一份珍贵的遗产。"② 这是大家都很熟悉的。切断了自己的传统文化的民族不可能创造属于自己的新文化，只能是无家可归的流浪儿。

我们说中国传统文化是中华民族的母体，与张之洞主张的"中学为体"的意思是不一样的。张之洞和当时的一批官员对"西学"的长处是有认识的，他们学习西方资本主义世界的科学技术、教育制度乃至政治制度中的某些实施方法可谓不遗余力，力图"为我所用"。但他们认为中国的封建制度及其意识形态这个"体"是万万不能动的。我们则清晰地意识到，几千年的中国传统文化毕竟是前资本主义社会的产物，其中有不少还是统治阶级有意识地精心建构的产物，有精华也有糟粕，并不全是优秀的成果。即使在当时是符合需要的东西，原封不动地搬到现在也未必仍然符合需要。世界上任何民族的文化其实也都如此，并非只有中国传统文化为然。承认这个事实丝毫无损于中国传统文化的光辉。正如我们热爱养育自己的母亲，并不需要把母亲看成毫无缺点的完人，连她实有的缺点也一起学来；也不会因为母亲有缺点就不承认与母亲的血缘关系；更不会因为我们没有继承母亲的缺点就成了数典忘祖的不肖之子。对中国传统文化的正确态度只能是根据现代世界的全局和中国的实际情况和需要，采取分析的态度，取其精华而去其糟粕，弘扬优秀的成分，摒弃腐朽的成分，也就是批判地继承。这丝毫没有"贬低"中国传统文化的价值，恰恰是充分发挥它的真价值的必由之路。

批判地继承为什么可能，需要从学理上澄清。一切文化现象，无论是以学理的形态或形象的形态出现的东西，无论是哲学、宗教、科学、文学艺术乃至风俗习惯等等，都是具体的。而具体的东西都是一般（普遍）与

---

① 鲁迅：《中国人失掉自信力了吗？》，载《太白》（半月刊）1934年10月20日，后收入《且介亭杂文》。
② 毛泽东：《中国共产党在民族革命战争中的地位》，见《毛泽东选集》第2卷，人民出版社1991年版，第534页。

特殊的统一。因此是可能用抽象和舍象的方法把普遍的东西与特殊的东西从具体的东西中区别开来，剥离出来，分别加以处理的。这是思想史、文化史上常见的事实，正因为如此，人类思想史、文化史才可能既有变革性又有连续性，才可能形成文明发展的大道。如果不承认这一点，那就连马克思对黑格尔的批判继承也是不合理的了。否认批判地继承中国传统文化的可能性和必要性，必然导致全盘肯定或全盘否定的错误结论。

这种情况在学术界是存在的。我以为有两种看法失之偏颇：（一）认为中国传统文化几乎囊括了人类一切最优秀的东西，天下之美无不在我，西方近代和现代的哪怕是最先进的思想，中国也早在古代就一应俱全了；一部《周易》就可以解释一切，中国古代的辩证法比马克思的唯物辩证法高明得多。有的人甚至认为峨冠博带和三跪九叩也是必须复兴的国粹，吸收外域文化一概是数典忘祖，捧着金饭碗讨饭。这是遗老心态。这种心态既不能促进中国文化本身的繁荣，更不能使中国文化在人类文明发展大道上产生影响，只能使中国文化在故步自封甚至抱残守缺中走向萎缩。这其实是比"中学为体"还要落后的国粹主义的中国现代版，或者叫新国粹主义。（二）认为中国传统文化全是过了时的老古董，而这个古董又是一个整体，不可能像用刀子分割物体那样区分"精华"和"糟粕"。脱离了整体的所谓"精华"其实已不是中国传统文化，至多不过是借用它的一些语词而已；现在还谈论弘扬中国传统文化的优秀成分有害无益，应该干脆抛弃这个口号。这种人对中国传统文化视同敝屣，毫无自信，骨子里有一种民族自卑感，在西方文化面前自惭形秽，总觉得自己皮色欠白，鼻梁欠高，头发欠黄，觉得过"洋节"也比过"土节""先进"，是国产货也要取个洋名字才显得"时髦"。这是"西崽"心态，其实是文化虚无主义的中国现代版，或者叫作新全盘西化主义。我认为这两种看法仍然是持续多年的对中国传统文化全盘肯定和全盘否定的两种倾向的重现。这两种看似截然相反的观点其实是两极相通的，都否定了批判继承的可能性和必要性，都是不可取的。

但是，批判继承的工作确实非常艰难。一是因为精华与糟粕的区分虽然可能，但实际做起来并不容易，从具体的命题中抽象出普遍的东西与特殊的东西确实不像以刀切物那样简单。例如中国的"民本"思想、"大同"思想、"和合"思想、"天人合一"思想、"中庸"思想、"和为贵"思想、"大丈夫"精神、"自强不息"精神、"己立立人己达达人"精神、"己所不欲勿施于人"精神、"修己以安百姓"精神、"杀身成仁舍生取义"精神等等，都是有特殊的阶级内容和时代内容的。如何保证剥离出来的东西确是在今天还有积极意义的真正的精华，就会遇到许多困难。何况对什么是精华和糟粕还有见仁见智的问题。例如"三纲五常"一般认为是糟粕，但仔细琢磨一下，"仁义礼智信"能说是糟粕吗？我们今天就不要讲"仁义礼智信"了吗？二是即使把精华与糟粕区分清楚了，也还有如何作出现代诠释的问题。既不能照搬原意，把古人的思想重复一遍，又不能过度诠释，把古人没有的东西硬安在古人身上，让古人穿上现代服装。克服这种艰难，正是我们的任务。

三、关于外域文化

吸收和借鉴外域文化是已经存在了几千年的事实。除了极端的国粹主义，在理论上也几乎没有不主张吸收和借鉴外域文化的。我国学者多年来对外域文化的研究和介绍也做了大量有成效的工作。但对如何吸收，如何借鉴，仍有不同的看法和做法。这正是需要探讨的问题。

（一）对吸收借鉴外域文化的重要性需要做更充分的估计，不必顾虑多端，缩手缩脚

中国是世界的一部分，吸收外域文化对建设中国特色社会主义文化来说不是可有可无的条件，而是必不可少的条件。从历史上看，中华文化本来就是现在中国境内多民族文化长期交融的产物，在以汉族文化为主体的很长的时期里，现在的许多少数民族地区也是当时的"外域"，然而这些文化与汉族文化在当时就有不断的交融，而且在历史的长河中与汉族的原有文化逐渐汇成了异彩纷呈而又有共同精神的中华文化。不仅如此，远在中国人还不知道什么是地球，还没有准确的世界地图的时候就有了与外国

的文化交流。我们的汉唐盛世就是典型。这是中华文化繁荣发展的一个不可缺少的重要条件。凡是中国强盛的年代,就有魄力和眼光敢于和善于吸收和借鉴外域文化,不怕被别人"吃掉"。越是这样做,中国也越是强盛,中华文化也越是繁荣。与此相反,凡是国力比较衰弱的年代,就相对封闭,害怕外域文化的进入会"用夷变夏",丧失了自己的传统。这时候的中华文化也就相对地停滞落后。近代资本主义发展起来以后,中国的统治者还基本上固守着闭关锁国的国策,愚昧地以"天朝"自居,结果是被列强的炮火打得国破家亡,危如累卵。这时先进的中国人才痛切地体悟到不吸取世界的先进文化就不能自立于世界民族之林,是要亡国的。也就是在这种觉醒的推动下中国人学习了西方文化中许多先进的东西,最后经过千辛万苦才"找"来了马克思主义这个救国救民的真理。现在的时代已经进入《共产党宣言》中所说的"世界史"的时代,世界已经是一个"地球村",一切国家、地区、民族在政治上经济上文化上都不可能孤立地存在和发展,而只能在这个大潮中竞长争高。在文化领域也是如此。文化上的冲突固然客观存在而且往往非常激烈,但文化上的国际交流、民族交流、地区交流也同时客观存在,甚至冲突本身也蕴含着交流。看不到这种趋势,逆潮流而动,将不仅不能繁荣和发展自己的文化,而且还必然不能自保。任何文化都有民族性,同时也必然都有世界性,既不能脱离本民族的土壤,也不能自外于世界文明发展大道。我们的文化建设离不开中国化的马克思主义的指导,离不开中国传统文化的继承,同时也离不开对外域文化的吸收和借鉴。以拒斥外域的文化为"爱国",恰恰不是爱国而是误国。历史的经验教训不可忘记。

(二)与对待中国传统文化一样,对外域文化的吸收借鉴必须有科学的分析,有我们自己的"坐标"

即使是西方发达国家的文化,无论它显得多么先进,在世界上有多么强势,也是在一定的具体条件下的产物,也有局限性,也是精华与糟粕并存,绝不是人人必须无条件地一体遵奉和全盘照搬的模范。即使在彼时彼地是好的东西,原封不动地搬到中国也未必就好,因为各国的具体情况有所不同。春秋时期的晏婴说:"橘生淮南则为橘,生于淮北则为枳。叶徒相似，其实（指果实）味不同。所以然者何？水土异也。"[①] 他的话是有道理的。有人以为鲁迅主张的"拿来主义"就是不分青红皂白地把外国的东西都照搬过来，其实这是极大的误解。鲁迅的《拿来主义》这篇短文是1934年6月写的，那时他已学会了马克思主义的辩证法，对问题的分析是很精彩的。他以一个穷青年得了一所大宅子为譬喻，形象地说明了应该怎样"拿来"的道理。首先是要大胆地把宅子拿来，不要因为害怕它"染污了"自己而不敢进门（那是孱头）；也不要为了表示自己的清白而勃然大怒地放火把宅子烧掉（那是昏蛋）；更不能接受一切，欣欣然蹩进卧室大吸剩下的鸦片（那是废物）。正确的做法是分别处理：把鱼翅当萝卜白菜吃掉，把鸦片送到药房去治病，把烟枪和烟灯送一点进博物馆，其余的毁掉；让姨太太们各自走散。总之是要"运用脑髓，放出眼光，自己来拿"，要"占有，挑选"，"或使用，或存放，或毁灭"。这样，"主人是新主人，宅子也就会成为新宅子"。这才是鲁迅主张的"拿来主义"。我们现在对外域文化的"拿来"，也应该遵循这种以我为主、取我所需、为我所用的辩证分析的态度。对自然科学和技术的东西，可以见先进的就学。没有人会为了表示"爱国"，就用子丑寅卯和甲乙丙丁代替世界通行的数学符号，用油灯而不用电灯。但是学来之后也还要在此基础上自主创新，赶超别人。艺术的东西如音乐、舞蹈、绘画、建筑等等当然也可以与中国原有的好东西或并行不悖，或融汇交流。对具有强烈的意识形态性质的东西也不必望而生畏或望而生厌，要看到其中也有值得借鉴的成分，但是更应当细致地予以鉴别，站在我们的立场予以评论和取舍，而不能盲目崇拜，奉为圭臬，随声附和，唯马首是瞻。若以这种自卑心态对待外域文化，去"与国际接轨"，其结果就将如邯郸学步，丧失自我，不是把别人的好东西"拿来"，而是连自己的根基也被别人"拿去"了。

（三）在对待各种外域文化的问题中，对当代西方文化的态度应当着重关注

这是因为它是在资本主义充分发展、现代化已经实现了多年的发达国

[①] 见《晏子春秋·内篇杂下》。

家产生的东西,是经过"转型"而具有"后现代"特征的东西,比古典的和近代的西方文化更具有时代内容,更能反映当前世界的文化动向和当代西方人的精神和情趣,而且其中也确有合理的成分,有可以启发我们思考的东西,有特别值得研究的价值。但也正因为它们五光十色的新奇,就更容易引起人们无分析的崇拜。我认为应当看到两点:第一,晚出的东西是不是必定比早出的东西先进,对先行的东西的"颠覆"、"超越"是不是必定有更多的真善美?这本身就是一个需要具体分析的问题,没有根据做当然肯定的答案。第二,即使这些东西确比原有的东西先进,对中国来说也毕竟是外域的东西,它们产生于与中国不同的土壤,不同的"语境",它们遇到的问题和对问题的回应与我们的也大有差别,是否适宜于为我所用,如何为我所用,都还大成问题。正因为如此,我们就不能因为它们显得特别新奇而把它们视为当然先进、处处先进,而应当以当代中国人的立场来解读它们,以我们正在进行的中国特色社会主义实践来检验和评判它们,由中华民族的亿万群众来鉴别它们。在西方资本主义发达国家极力扩张他们的文化霸权的今天,我们还要有文化安全的意识,警惕在眼花缭乱中丧失了"自我"。我并不反对原汁原味地介绍现代西方文化。但对中国的文化人来说,仅仅这样做是不够的。更重要的工作是创造自己的文化,传承与借鉴都是为了创造。这种文化是我们民族特有的,又是世界共有的。如果只是拾人牙慧,食而不化,当运输员,办进口商品展销会,不能算有出息,对世界、对人类也没有什么贡献,人家也有理由看不起我们。中国人要对世界说中国话,要提供外国没有的东西,拿这样的东西去与国际"接轨",为世界文化的总宝库增添新的财富。

四、关于马克思主义的指导

以千百万先烈的生命换来的斗争经验证明,正是马克思主义与中国实际相结合的道路把中国从灾难深重的半封建半殖民地变成了屹立于世界东方的伟大社会主义国家。马克思主义在中国这么"灵验",就因为它完成了思想史上最伟大的革命,第一次找到了人类社会历史这个"千古之谜"的"谜底",为人们提供了正确的世界观和方法论,给了在暗夜中苦求出路的中国人民一盏指路明灯。今天中国的文化建设是中国特色社会主义建设的有机部分,必须坚持马克思主义的指导。离开了马克思主义的指导,中国的文化建设将如无舵之舟,不可能扬帆济海,实现我们的目的。如何坚持马克思主义的指导,我有几点看法。

(一)坚持马克思主义在文化领域的指导,与承认中国传统文化是中国文化的母体是统一的

这里的关键是马克思主义的中国化。马克思主义原本是产生于西方的理论,但它不是地域性的理论而是世界性的理论,它揭示的普遍真理也适用于中国。当然,这些普遍真理不可能对如何解决中国问题提供现成的具体答案,必须与中国实际正确地结合起来才能解决中国的问题。第一代中国的马克思主义者就懂得这个道理,所以他们确定了马克思主义的普遍真理与中国具体实际相结合的方针,开始了马克思主义中国化的事业。这个极其艰苦的事业一直进行了九十多年,在这个过程中也发生过很多失误,走过许多弯路,付出过许多代价,但毕竟取得了伟大的成功,"走"出了一条中国道路。这个过程恰恰没有离开中国文化的母体,而是在这个母体中进行的。在这个过程中锤炼出来的中国化的马克思主义也已经不是外来的东西,而是中国人在自己的土壤里创造的东西,它本身就是中国文化母体的新的有机部分,而且是最先进的部分。以与时俱进的中国化的马克思主义为指导思想,才能使这个母体在世界文化的百花园里更能展示健美的姿容,为人类文化的宝库增添异彩。

(二)坚持马克思主义在文化领域的指导,与肯定中国文化的多样性也是统一的

任何民族的文化都有处于指导地位的主流文化,同时也有多样的色彩。没有多样性也就无所谓指导地位。中国也不例外。现在的中国是由56个民族组成的大家庭,是有13亿人口的大国,各个民族、地区、社会群体乃至个人的文化背景、文化要求、文化情趣等等都各有特点,又处在改

革开放的新时期，文化产品和文化生活的内容和形式都必然有如百花园里的花朵，五彩缤纷，各具风格。这不仅是事实，而且正是文化繁荣的表现。单调的"清一色"则不仅不可能，而且不是好事。马克思主义的指导只能是在方向上引领，而决不能是包办代替。为文化的多样性提供广阔的空间，创造优良的条件，正是坚持马克思主义指导的题中应有之义，这与指导思想的多元化是截然不同的两回事，不能混为一谈。

（三）坚持马克思主义在文化领域的指导，要遵循文化发展的规律

文化发展的规律说到底就是精神生产的规律，精神世界的规律。文化的不同领域、不同门类有各自的特殊规律，不能混同；但也有共同的普遍规律，不能违背。这种普遍规律不止一条（例如精神生产与物质生产发展不平衡的规律等等），但我以为最应当注意的是不能以强制的办法解决精神世界的问题。人们对某种东西相信不相信，认可不认可，喜欢不喜欢，都只能通过自己的思考和体验，自己做主，别人不可能代庖。正如外力的强制可能造成婚姻，但不可能造成爱情一样。真善美的东西也只能靠说服、示范和引导，使人们自觉自愿地接受，而不能靠强制。靠强制来解决精神世界的问题，结果只能是适得其反，或者引起逆反心理，或者迫使人们说假话。

（四）坚持马克思主义在文化领域的指导，要加强和改善马克思主义的宣传教育

作为指导思想的马克思主义不能"边缘化"，不能被"架空"，而必须通过有成效的宣传教育落实到得到尽可能多的群众的心灵之中。不能把这与强制混为一谈。这里有必要对"灌输"的涵义做些澄清。有人不加分析地把"灌输"完全当成了贬义词，我认为这是误解。灌输是把人们未知的东西教给人们的必要手段之一。实际上我们从呱呱坠地的时候起就在接受灌输。没有灌输，孩子们怎么会说话识字？怎么会懂得加减乘除？不看书，不听老师讲课，不接受"传道授业解惑"，怎么能在脑子里自发地产生历史学、物理学和化学的起码知识？怎么能掌握音乐绘画舞蹈的技术？"举一反三"、"闻一知十"也要教者有所"举"、受教者有所"闻"才有

可能。马克思主义是精湛的科学理论，不经过灌输是不可能"掌握群众"的。列宁对此作过精辟的论证。① 反对灌输的人们的一个误区，就是把符合认识规律的灌输与那种不讲道理的硬灌（indoctrination）划了等号，又把灌输与启发看成只有排斥没有统一的两极。有人把教学上的"启发式"与"灌输式"看成互不相容的"模式"，似乎只能两者择一，也是由于这种误解。为什么不可以有富于启发性的灌输和以灌输为基础的启发呢？硬灌当然必须坚决反对，因为这是变相的强制和压服。但不应当连正确的灌输也反对。当然，即使是正确的灌输也要讲究方法。关键的一条是坚持马克思主义的中国化、时代化、大众化。那种脱离实践照本宣科的空话套话，艰深晦涩故作高深的洋腔洋调，只有论断没有论证的枯燥说教，是不可能为人们喜闻乐见，使人们信服的。只有下功夫探索并解决了这个问题，才能使马克思主义掌握群众，深入人心，得到越来越多的社会成员的认同。营造一种"随风潜入夜，润物细无声"的环境，发挥潜移默化的功效，也是必不可少的。

（五）坚持马克思主义在文化领域的指导，要对人们的文化要求把握合理的幅度

我们不能要求13亿人都是马克思主义者，也不能要求每个文化产品的内容都体现马克思主义。如果这样要求，反倒违背了实事求是的原则，违背马克思主义了。凡是有利于社会主义建设事业的繁荣发展、有利于国家富强民族振兴和人民幸福、有利于社会和谐的营造和个人素质的提升的作品和言行，无论其世界观是马克思主义还是非马克思主义、唯物主义还是唯心主义、世俗观念还是宗教信仰，都应当得到包容。以马克思主义为指导的社会主义核心价值体系是中国社会主义文化的灵魂，它应当既具有先进性，又具有广泛的包容性，让社会成员都能遵循，都能做到。只有这样，它才可能实际上成为凝心聚力的向导。我们当然应当力求文化作品的高雅，但也不必要求一切文化产品都十分高雅。通俗不等于低俗、庸俗和

---

① 1902年3月，列宁在《怎么办？》一书中说："工人本来也不可能有社会民主主义的意识。这种意识只能从外面灌输进去。各国的历史都证明：工人阶级单靠自己的力量，只能形成工联主义的意识。"

恶俗。人们的生活环境不同,文化水平不同,趣味爱好不同,文化需要也不同。我们要有"阳阿薤露"和"阳春白雪",也要有"下里巴人"。① 我们的文化产品和文化活动应当各有个性,色彩斑斓,姿态横生,生机盎然,这才叫"百花齐放,百家争鸣"。但是,真善美与假恶丑的区别是不能抹杀、不能颠倒的,弘扬真善美、抵制假恶丑的原则是不能放弃的。这是"底线"。现在有人鼓吹"反叛主流","消解崇高",把崇高的东西一概说成假大空,说毫不利己专门利人是虚假的口号,而自私自利损人利己才是人的真实本性。这些人动辄"恶搞",把是非、善恶、美丑故意颠倒过来,歪曲历史,歪曲现实,把本应作为楷模的历史和现实中的优秀人物拿来"解构"、"颠覆"、糟蹋、丑化,作为侮辱嘲弄的对象,甚至自我作践,不以为耻,反以为荣,美其名曰这种文化那种文化。有的人把宝贵的优秀作品改编成恶俗的文化垃圾,或者从中"解读"出鄙俗不堪的"深意"。这种"创作"还居然上网、出版,成了一种时髦。这种烂泥污水毒化了人们的心灵,玷污了我们的精神家园,超越了"底线"。当然,13亿人口的大国,有一些"嗜痂成癖"的人和"逐臭之夫"也不足为怪。但对这种现象不能熟视无睹,听其泛滥。这不是说要用行政命令的方法予以禁止,而是说要用批评的方法予以揭露。在文化问题上讲宽容是必要的。文化建设是精神世界的建设,要让专家和群众、创造者和享受者都有纵横驰骋的广阔空间,所以要讲宽容。但宽容不等于无原则的放纵,不等于不能批评。不许批评倒是对真善美的不宽容,也是对批评本身的不宽容了。只要通过准确细致的批评,让人们认识了这些东西的假丑恶,对它们掩鼻而过,它们也就成不了气候,造成不了多大的危害了。

(六)文化的繁荣发展离不开创新,但对创新要有正确的理解

第一,不是弄出一种前所未见的东西就一定是创新。不能让假恶丑的东西打着"创新"的旗号招摇过市,也不能鼓励那种并无实质内容的廉价的"创新"(例如把生造一个稀奇古怪的名词、弄出一个耸人听闻的说法

---

① "下里"和"巴人"是战国时期楚国多数人喜欢的歌曲。虽不很高雅,但并不是恶俗的东西。见《楚辞·宋玉对楚王问》。

叫作"创新"之类）。第二，不一定要把已有的东西"颠覆"了才是创新。根本性的变革和一点一滴的改进如果确有高明之处，都可以是创新。第三，不同领域（科学、文艺等等）的创新有各自的特点和规律，不要一锅煮，一刀切。

（七）在我国社会主义市场经济条件下，文化产品的生产和传播越来越离不开市场，市场越来越成为扩大文化消费、满足文化需求的重要途径

当前正在进行的文化体制改革是完全必要的。但是，把这种体制改革简单地理解为产业化、市场化却是误解或曲解。市场对文化的发展有巨大的作用，但发展文化不能完全依靠市场，更不能被市场牵着鼻子走，而必须始终把社会效益放在首位，促进社会效益和经济效益有机统一，努力做到两个效益双丰收。① 文化产品是"体"和"魂"的统一，不可能"魂不附体"，也不可能"有体无魂"，问题在于以什么样的"体"附什么样的"魂"。现在已经出现了所谓文化搭台、经济唱戏的说法和做法，实际上把赚钱放在高于一切的地位，而不顾文化产品的精神内容和社会影响。有的地方甚至耗费巨资把低俗的东西、伪造的"古迹"也冠以"文化"的美名招徕生意，谋取利润，还自诩为"创新"。这种不良的现象应该制止。

---

① 见云杉：《文化自觉　文化自信　文化自强——对繁荣发展中国特色社会主义文化的思考》，载《红旗文稿》2010 年第 17 期。

《李达全集》总序[①]

李达（1890—1966）是我国传播马克思主义的先驱之一，中国共产党的创始人之一和中国最有影响的马克思主义理论家之一。他毕生从事马克思主义的研究、著述和宣传，在哲学、经济学、科学社会主义、法学理论等诸多领域都有开拓性的贡献。习近平同志最近指出，"当代中国哲学社会科学是以马克思主义进入我国为起点的，是在马克思主义指导下逐步发展起来的"，并将李达列为"名家大师"。[②]

以汪信砚教授为首席专家的国家社会科学基金重大招标项目"李达全集整理与研究"课题组，经过五年多时间的持续不断的努力，终于完成了《李达全集》的编纂工作。[③]《李达全集》的编纂和出版，对于全面展示李达一生的丰硕成果和重大理论贡献，对于推动学术界深化对李达学术思想的研究、对马克思主义中国化的进一步探索，无疑具有极其重要的意义。

李达的一生特别是他的理论生涯，大体上可分为以下几个阶段。

一、从爱国主义到马克思主义（1913—1919）

李达字永锡，号鹤鸣，1890年10月2日出生于湖南零陵。父亲李辅

[①] 《李达全集》共20卷，武汉大学汪信砚教授主编，人民出版社2016年12月出版。编纂委员会主任为陶德麟、顾海良。本文是该全集的总序，写于2016年6月12日。
[②] 见习近平2016年5月17日在哲学社会科学工作座谈会上的讲话。
[③] 在此之前，人民出版社曾出版了四卷本的《李达文集》。各卷出版是时间为：第一卷1980年7月，第二卷1981年2月，第三卷1984年9月，第四卷1988年8月。全文2107000字。编辑组成员为李其驹、陶德麟、熊崇善、段启咸、曾勉之。

仁生于前清咸丰七年，在伯父李光明的资助下读过私塾，教过蒙馆，当过银匠，后来成为佃农。李辅仁有五子一女，李达排行第四。李达的两兄一姐一弟都因家贫终身务农，只有他一人上学。他七岁入私塾跟前清秀才胡燮卿读古书。15岁考入公费的永州中学（即由零陵的"蘋洲书院"改成的"蘋洲中学"），开始接触新知识，知道了列强的侵略、清廷的腐败。有一次，学生们接到"徐特立断指血书，号召人民起来做反日救国运动"的通知，群情激昂，集会决定抵制日货和练军事操。以后每逢列强向清廷提出亡国条件时，学生就举行集会，呼口号，发宣言，但每次都以被压制告终。少年李达参加了这些活动，产生了强烈的爱国思想。

1909年秋，李达考进了京师优级师范学堂（北京师范大学前身）。在道经汉口、上海、天津时，目睹到处是外国商船、租界和军警，悲愤满腔，决心学习科学知识、复兴祖国。辛亥革命后北洋军阀统治取代了清王朝，京师优级师范学堂因经费紧缺停办，李达回到湖南。1912年到祁阳中学教书半年，又去长沙读湖南工业专门学校两个月，因无力缴纳食宿费，转入公费的湖南优级师范。这时他接受了孙中山"大办实业，以利国富民强"的主张，决定改学理工科。

1913年，李达以第二名的成绩考取了湖南留日官费生，入东京第一师范数理科学习。他发愤学习了日文、英文和德文。但因中国政府取消了留日学生的官费，他又染上了肺病，不得不于1914年辍学回国。1917年再赴日本，入第一高等学校学习理科。日本政府向袁世凯提出"二十一条"时，留日中国学生义愤填膺，集会抗议，被警察驱散。李达感到"科学救国"、"实业救国"的梦想破灭，找不到出路。1917年俄国十月革命成功，使苦闷中的李达看到了希望，初步产生了对十月革命和马克思主义的向往。

1918年4月，留日中国学生得知段祺瑞政府与日本秘密签订了卖国反苏的《中日共同防敌协定》后怒不可遏，5月7日在东京开会抗议，被军警拘捕多人，于是决定组织留日学生救国团回国请愿。李达是救国团的主要首领。他5月中旬赴北京大学与学生领袖许德珩等联络，在5月21日发动了向政府示威请愿的运动。这是中国学生第一次示威运动，影响遍及京津沪宁，成了次年五四运动的预演和先导。但这次运动很快失败。他回忆说，这次失败"使我们深切地觉悟到：要想救国，单靠游行请愿是没有用的；在反动统治下，'实业救国'的道路也是一种行不通的幻想。只有由人民起来推翻反动政府，像俄国那样走革命的道路。而要走这条道路，就要加紧学习马克思列宁主义的理论，学习俄国人的革命经验"①。这样，他当年毅然再赴日本，放弃了理科的学习，全力研读马克思主义。

1918年秋至1920年夏，李达发愤学习了《共产党宣言》、《资本论》第一卷和《国家与革命》等马列原著和许多介绍马克思主义的书籍，成了马克思主义的笃信者。他掌握了多种外文，翻译了马克思《资本论》日文译者高畠素之的《社会问题总览》、荷兰社会民主党左派领袖赫尔曼·郭泰的《唯物史观解说》等书，1921年4、5月先后由中华书局出版。他在日本热烈支持国内的五四运动，1919年发表了《什么叫社会主义？》、《社会主义的目的》、《战前欧洲社会党运动的情况》等文章，热烈宣传科学社会主义。②陈独秀被捕时，他立即写了《陈独秀与新思想》一文③，热烈赞扬陈独秀，断言"顽固守旧思想的政府能捕得有'新思想'、'鼓吹新思想'的陈先生一个人，不能捕得许多有'新思想'、'鼓吹新思想'的人，纵使许多人都给政府捕去，那许多人的'精神'还是无恙的"。这时，青年李达在时代潮流的激荡下实现了由爱国主义到马克思主义的转变，走进了中国第一批共产主义者的行列。

1920年春，李达回到上海与陈独秀会晤，思想完全一致。5月，第三国际的维经斯基经李大钊介绍来上海与陈独秀见面，建议组织中国共产党。8月，陈独秀、李达、李汉俊、陈望道、俞秀松、沈玄庐、施存统等发起建立中国共产党，决定创办秘密党刊《共产党》月刊，由李达任主编。李达在自己寓所一个不到六平米的亭子间里设立"编辑部"，一人担负起从写稿、组稿到发行的全部工作。《共产党》月刊在十月革命三周年纪念日1920年11月7日首次发行，到1921年7月7日停刊，共出版6

---

① 李达：《沿着革命的道路前进》，载《中国青年》1961年第13、14期合刊。
② 见1919年6月20日至7月3日上海《民国日报》副刊《觉悟》，署名鹤。
③ 载1919年6月24日上海《民国日报》副刊《觉悟》，署名鹤。

期，中共上海发起组的许多成员都曾为该刊撰稿。《共产党》月刊在中国第一次喊出了"共产党万岁"的口号，号召"举行社会革命，建设劳工专政的国家"。它宣传列宁的无产阶级革命理论和建党学说，介绍十月革命的成就和经验，报道国际共产主义运动的消息，探讨中国革命的问题，最高发行量达到过 5000 份，实际上成了半公开刊物（《新青年》从 1920 年 9 月 1 日第 8 卷第 1 号起也成为上海共产主义小组的公开刊物）。毛泽东曾高度赞扬《共产党》月刊"颇不愧'旗帜鲜明'四字"①。

二、建党前后的理论探索（1919—1922）

为了建立马克思列宁主义的中国共产党，首要的任务是思想理论上的准备。一批共产主义知识分子与各种反马克思列宁主义思潮展开了论战。李达是论战的主将之一。

（一）批判研究系

1920 年 11 月 6 日和 7 日张东荪在《时事新报》发表《由内地旅行而得之教训》和《由内地旅行而得之又一教训》两文，主张"开发实业"，反对"空谈主义"。李达当天就写了《张东荪现原形》②的短文予以驳斥，当天见报。接着又发表了《社会革命的商榷》③的长文，批驳中国"无地主资本家"、"无劳动阶级"的理论。1920 年 12 月 15 日，张东荪在《改造》第 3 卷第 4 号发表《现在与将来》一文，两个月后梁启超也在《改造》第 3 卷第 6 号发表《复张东荪书论社会主义运动》的长文，断言中国"实业不发达"，"劳动阶级不存在"，社会主义只能是"毁灭社会"的"游民运动"，"欲社会主义之实现，其道无由"。李达在 1921 年 4 月 8 日写了《讨论社会主义并质梁任公》④一文，鲜明地指出这场争论是"社会

---

① 毛泽东 1921 年 1 月 21 日给蔡和森同志的信，载《新民学会会员通信集》第 3 集。
② 载 1920 年 11 月 7 日《民国日报》副刊《觉悟》，署名江春。
③ 载《共产党》月刊 1921 年 12 月 7 日第 2 号，署名江春。
④ 载《新青年》1921 年第 9 卷第 1 号。

主义与反社会主义"之争,"认定梁任公这篇文字是最有力的论敌"。李达就一系列根本问题批驳了梁文,指出梁文"主张贫人丐富人以谋生的运动,只可说是乞丐的社会主义运动",认为中国革命"只有采取直接行动之一法","结合共产主义信仰者,组织巩固之团体,无论受国际的或国内的恶势力的压迫,始终为支持共产主义而战"。这篇文章是当时最有分量的论战作品。

(二) 批判无政府主义

1919年2月黄凌霜著文宣称他"极端反对马克思的集产社会主义"[①],同年5月又发表《马克思学说的批评》一文[②]。当时还远在日本的李达就写了《什么叫社会主义?》的短文[③]在国内发表,初步批判了无政府主义。1920年,无政府主义的刊物和小团体增多。这年2月易家钺发表《我们反对"布尔札维克"》[④]一文,攻击马克思列宁主义。《共产党》月刊从第1期至第5期的《短言》都重点批判了无政府主义。李达撰写的《社会革命底商榷》[⑤]和《无政府主义之解剖》[⑥]两文抓住无政府主义的鼻祖施蒂纳和蒲鲁东以及影响最大的代表人物巴枯宁和克鲁泡特金的理论进行了逐点批判,证明"社会主义和无政府主义本来有不能相合的历史",着重揭露了各派无政府主义共同的世界观基础是"极端的个人主义","是没有科学的体系和哲学的基础的",是"迷想"和"空中楼阁"。两文批判了无政府主义主张立即废除一切国家、鼓吹绝对自由的论点,明确指出"资本主义机关的国家政治法律,本是劳动阶级所痛恨的;若是社会主义的国家政治法律,劳动者就会欢迎之不暇了"。两文还批判了无政府主义在社会生产和分配上的论点,指出应当"借助货币的形式分配生产物"。两文还注意把无政府主义理论与无政府主义者区别开来,指出无政府主义者"是我们的朋友,不是我们的同志","希望我们的朋友们不要向着那不可

---

① 见《评〈新潮杂志〉所谓今日世界之新潮》,载《进化》1919年第2号。
② 载《新青年》1919年第6卷第5号。
③ 载1919年6月18日《民国日报》副刊《觉悟》,署名鹤。
④ 载《奋斗》1920年第2号。"布尔札维克"即"布尔什维克"。
⑤ 载《共产党》月刊1920年12月7日第2号,署名江春。
⑥ 载《共产党》月刊1921年5月7日第4号,署名江春。

通行的道路上前进，免得耗费有用的精神干那于革命无益的事"。①

（三）批判第二国际

1920年11月7日，李达在《共产党》创刊号上发表《第三国际党（即国际共产党）大会的缘起》②一文，概述了第二国际"堕落的历史"，介绍了第三国际成立的经过，得出结论："国际共产党联盟的主旨，就是实行马克思的共产主义，即革命的社会主义，由公然的群众运动，断行革命；至于实现的手段，就是采用无产阶级专政。现在代表国际社会主义的权威，就是这个国际共产党。"他在同年12月26发表的《马克思还原》③一文中，把马克思的社会主义集中地概述为七点，指出马克思的社会主义是革命的而非妥协的，是国际的，是主张劳动专政的。④他指出："马克思的社会主义经过德国社会民主党的蹂躏，精彩完全消失，由国际主义堕落到国家主义，由社会主义堕落到自由主义，由革命主义堕落到改良主义，由阶级斗争堕落到阶级调和，由直接行动堕落到议会主义。"然后说明劳农俄国实行的"都是数十年前马克思所倡导，所主张的，用不着大惊小怪"。被第二国际"弄堕落了的马克思社会主义，到今日却能因列宁等的发扬光大，恢复了马克思的真面目了，这是一件很重要的事实。所以我要大声疾呼地说：'马克思还原！'"中共"一大"召开前不久，他又发表了《马克思派社会主义》⑤一文，对考茨基的"正统派社会主义"、伯恩施坦的"修正主义"以及工团主义、组合社会主义逐一进行了分析批判，着重论证了"多数主义（即布尔什维主义）的设施完全遵奉马克思主义"。此文阐明了资产阶级民主和无产阶级民主的对立，无产阶级专政和无产阶级民主的统一，武装夺取政权，无产阶级专政国家的职能、组织形式和历史使命等一系列重大问题，指出"劳动阶级专政的目的在征服资本阶级，根本铲除资本主义的一切思想、风俗习惯和制度，确立社会主义的根基；一

---

① 有些论著叙述这次论战时认为当时所有的共产主义者都只就无政府主义者提出的具体问题进行了批评和讨论，未能对无政府主义的世界观加以本质的揭露，这并不符合历史事实。
② 署名胡炎。
③ 载《新青年》1921年第8卷第5号。
④ "劳动专政"、"劳动阶级专政"、"劳工专政"与"无产阶级专政"在当时是同义的。
⑤ 载《新青年》1921年第9卷第2号。

方面用强制的权力破坏资本阶级压迫劳动阶级的机关,从资本阶级夺取武装,把劳动阶级组织起来,制服一切反革命的反动力,因此徐徐的经过这政治的过渡时期,巩固新社会的基础"。他认为劳动专政的典型形式是"劳动阶级和下等农民永久专政的劳农会共和制度"①。

（四）批判第四国际

中共"一大"召开不久,国际共产主义运动中的极"左"派于1921年10月在柏林成立了"第四国际",反对列宁主义。② 李达在第四国际出现仅仅半年时就写了《评第四国际》③ 一文,批评了他们的理论和策略:（1）第四国际鼓吹"全体"无产者都做革命的"指导人"。李达批评说:"无产阶级要实行革命,必有一个共产党从中指导,才有胜利之可言。""阶级争斗④就是战争。一切作战计划全靠参谋部筹划出来,方可以操胜算。这参谋部就是共产党。""共产党是无产阶级的柱石,是无产阶级的头脑","共产党不仅在革命以前是重要,即在革命时也是重要,革命之后又须监督劳农会尤其重要。除非到了共产主义完全实现的时代,共产党不可一日不存在。"（2）第四国际主张退出黄色工会,组织"共产主义工会"。李达指出这是"部落式的共产主义"。他认为:"共产党的天职,以组织训练无产阶级为己任的,所以一面要组织劳动组合以外的劳动者而加以训练,一面要唤醒劳动组合员而引为同志。这样,共产主义军队的势力才能雄厚起来,方有胜利的希望。"第四国际的主张只会使工人"永远脱离不了那班黄色领袖的支配,永远受不到共产主义的洗礼,这简直是放弃有组织的无产阶级了,这简直是替那班黄色领袖譬如雷金、孔巴斯、亨德逊一

---

① 过去有的中共党史教材在叙述党的"一大"时,说"一大"进行了"两条路线的斗争",批判了以张国焘为代表的"左"倾机会主义路线和以李达、李汉俊为代表的右倾机会主义路线,并说李达主张"合法马克思主义",认为党只应该是一个研究马克思主义的学术团体,不必强调组织纪律,不必从事工人运动和实际斗争,不要建立无产阶级专政,主张只到资产阶级议会去作宣传,等等。这与事实完全不符。
② 第四国际是1921年10月由英、德、荷、葡等国的共产主义极"左"派团体在柏林成立的组织,存在的时间不长。这与1938年9月由托洛茨基及其支持者建立的第四国际不是同一组织。
③ 载《新青年》1922年第9卷第6号。
④ "阶级争斗"与"阶级斗争"在当时是同义的。

流人淘汰他们组合中的共产主义分子"。（3）第四国际鼓吹与资产阶级议会"绝缘"。李达批评说："共产党对于革命运动，凡在可能的范围内，没有不利用。共产党人若是抱定革命的目的跑进议会去，利用议会而不为议会所利用，定可以得到很好的成绩。"他举出卡尔·李卜克内西和俄国布尔什维克利用议会的范例，说明共产党人应当利用议会讲坛和资产阶级报纸的必要。（4）第四国际反对联合农村无产阶级的策略。李达指出："社会革命，工业劳动者固然是主力军，而非与农村无产阶级结合，就不易成就。"李达一方面警告第四国际不要"帮助敌人攻击第三国际"，否则"便是故意分裂无产阶级，等于放弃世界革命"；另一方面仍希望他们放弃错误，同第三国际合以完成世界革命。

此外，李达根据自己翻译的大量材料，写成了《劳农俄国研究》[①]这部长达377页的著作（包括俄国革命小史、劳农政治的特质——无产阶级专政与民主主义、劳农制度研究、劳农组合之组织与职分、农民与革命、劳农俄国的劳动者、农业的社会主义化、劳农俄国的教育制度、文化的设施、妇女之解放等十章），对苏俄作了详尽系统的介绍，帮助党内外群众了解十月革命的成就，坚定"走俄国人的路"的信心。

李达还参加了大量的实际工作。除主编《共产党》月刊外，主要有几个方面：（1）筹备和组织党的"一大"。1920年11月，陈独秀应孙中山的邀请赴广东任教育厅长，由李汉俊代理书记。1921年2月李汉俊辞去书记职务，由李达代理书记，全面主持党的"一大"的准备工作。他代表党的发起组通知北京、济南、长沙、广州、武汉、东京的小组各派两名代表来上海开会（他和李汉俊是上海代表），负责安排一切会务，参加起草文件。当会议在李书城[②]家举行险遭法国巡捕房搜捕时，他和夫人王会悟设法把代表们转移到嘉兴南湖一条画舫上继续开会，直到闭幕。大会决议成立中央工作部，推选陈独秀为书记，张国焘为组织主任，李达为宣传主任。各地小组都改成了支部。中国共产党正式诞生。（2）主持人民出版社。1921年9月陈独秀回上海专任党的书记后，决定成立地下的人民出版

[①] 1922年8月由商务印书馆出版。
[②] 李汉俊的胞兄。

社，由李达任社长。人民出版社计划出版《马克思全书》15 种，《列宁全书》14 种，《共产主义者（康民尼斯特）丛书》11 种，其他 9 种。在一年之内就实际出版了 15 种，包括《共产党宣言》、《哥达纲领批判》、《工钱劳动与资本》、《国家与革命》等马列著作以及《资本论入门》、《第三国际决议案及宣言》、《李卜克内西纪念》等。李达亲自担任组稿、编辑、校对和发行工作，并亲自译稿撰稿。（3）主持平民女学，领导《妇女声》杂志。1921 年 10 月，陈独秀与李达商定开办上海平民女学，李达兼任校务主任。学校实行工读。李达为她们讲授马列主义理论，请陈独秀、陈望道、沈雁冰、沈泽民等为她们讲课。丁玲、王一知、王剑虹等当时都是该校学生。学生们常到工厂做宣传鼓动工作。李达还领导《妇女声》杂志。他发表了《平民女学是到新社会的第一步》、《说明本校工作部之内容》、《告诋毁男女社交的新乡愿》、《介绍几个女革命家》、《女权运动史》等文；翻译了《社会主义的妇女观》、《列宁的妇人解放论》、《劳农俄国的妇女解放》、《绅士阀与妇女解放》[①]等，宣传马克思主义的妇女解放理论。（4）向工人作宣传鼓动。党的发起组成立后，李达在《劳动者与社会主义》[②]一文中刻画了工人备受压迫剥削的状况后指出："这里有一个最大的根本解决的方法，就是社会主义。"他在《新青年》上发表的《劳工神圣颂》[③]一文中指出剥夺剥夺者是必然的、合理的。1922 年"五一"节中国劳动组合书记部在广州召开全国劳动大会时，李达发表了《对于全国劳动大会的希望》[④]一文，热情歌颂大会的召开"是中国劳动界破天荒的举动，与一千八百六十四年万国劳动者的大会[⑤]有同样重要的意义"。他简明通俗地宣传了《共产党宣言》和第一国际宣言的基本思想。会后又发表《劳动立法运动》[⑥]一文，揭露赵恒惕、肖耀南等军阀压迫屠杀工人的罪行，指出"中华民国"的"约法"只是"限制人民自由的工具"、"压迫

[①] 均见《李达文集》第 1 卷，人民出版社 1980 年版。
[②] 载《劳动界》1920 年第 16 号，署名立达。
[③] 载《新青年》1920 年第 8 卷第 4 号，署名 H. M.。
[④] 载《先驱》1922 年"五一"纪念号。
[⑤] 指第一国际成立大会。
[⑥] 载上海《民国日报》副刊《觉悟》，1922 年 9 月 10 日。

人民的武器",号召全国劳动者把劳动立法作为斗争的"第一步",然后发展成"政治运动","一致起来打破这种法律,或者是推倒这种政府"。"若是劳动者一味哀求特权阶级赐给恩惠,这种恩惠是不可靠的。"

这时的李达也带有中国早期共产主义者不成熟的痕迹,对中国的历史特点和社会性质还缺乏具体的分析,还没有认识到中国的民族资产阶级和买办资产阶级的区别,还不了解中国革命必须分两步走的道理。但他的论著在当时是最系统最准确地符合马克思列宁主义的普遍原理的。他在短短的三年里为奠定建党的理论基础作出了卓越贡献。

三、大革命时期的理论探索(1922—1927)

1922年7月李达出席中共"二大",辞去了党中央宣传主任的职务。11月应毛泽东邀请,到湖南任自修大学学长。自修大学是党培养干部的学校,采取书院与现代学校相结合的形式。李达亲自制订教学计划,讲授唯物史观、剩余价值理论、科学社会主义和社会发展史。一批党的骨干如夏明翰、萧劲光、夏曦等都是学员。自修大学还创办了《新时代》月刊,李达任主编。该刊刊载了李达撰写的《何谓帝国主义》、《为收回旅大敬告国人》、《马克思学说与中国》、《旧国会不死大盗不止》、《中国商工阶级应有资觉悟》①和马克思《哥达纲领批判》②的译文,刊载了毛泽东、李维汉、罗学瓒等的论文。1923年7月,湖南军阀赵恒惕以"纠正本省青年对于社会主义的谬误观念"③为名请江亢虎讲演"社会主义概论",李达立即发表《社会主义与江亢虎》的长文予以揭露,指出江亢虎的"社会主义"是"官僚的社会主义"。④ 1923年11月,《新时代》与自修大学一起被赵恒惕封闭。

---

① 见《李达文集》第1卷,人民出版社1978年版。
② 当时译名为《德国劳动党纲领栏外批评》。
③ 见《李达文集》第1卷,人民出版社1980年版。
④ 见《李达文集》第1卷,人民出版社1980年版。

李达对1922年7月党的"二大"通过的《关于民主的联合战线的决议案》是拥护的，他赞成与国民党实行党外合作。但他对同年中央特别会议决定与国民党实行党内合作的方针抵触很大，担心共产党丧失独立性，他本人更不愿加入国民党。他在1923年5月15日《新时代》第一卷第二号上发表的《马克思学说与中国》一文中表达了这种担心。他说："中国共产党联合国民党推倒军阀政治的主张，在马克思学说上也是有基础的。只是我在这里要促中国共产党注意的地方，约有下列二项：一，中国国民党似乎是一个社会民主的党派，有资本家、知识分子和劳动者三种党员，共产党至好是影响他们向左倾。将来民主革命成熟时，共产党至好引导到无产阶级革命去。不然，共产党应该单独的严整无产阶级的阵。二，共产党应注重'组织无产者成为一阶级'的工作，时时要保持独立的存在，免受他党所影响。"① 同年暑假，他到上海面见陈独秀陈述自己的看法，与陈独秀发生激烈争吵，陈独秀甚至要开除他的党籍。李达未能正确处理这一争执，回长沙后就愤而中断了与中央的联系，离开了党的组织。他在1949年重新入党时写的自传中承认这是"生平所犯的最严重的、最不能饶恕的错误"②。李达离开党的组织后，坚持马克思主义的立场始终没有改变，在艰苦危险的条件下继续从事马克思主义理论的研究和宣传。湖南自修大学被查封后，李达应聘到湖南公立政法学校、湖南大学、湖南第一师范学校任教，讲授唯物史观，对许多青年进行马克思主义教育。例如后来成为著名马克思主义历史学大师的吕振羽当时就是经夏明翰介绍去听李达的讲课，开始接受马克思主义的。③

1926年至1927年，李达到武汉任国民革命军中央军事政治学校代理政治总教官，在该校和农民运动讲习所讲授唯物史观。这一时期的代表性著作是1926年6月出版的专著《现代社会学》。

该书的内容即是马克思的唯物史观。李达在序言中说："马克思固未

---

① 见《李达文集》第1卷，人民出版社1980年版。
② 见《李达自传》。
③ 见江明：《展读遗篇泪满襟——记李达和吕振羽的交往》，载《文献》1981年第4期。见邓初民：《忆老友李达先生》，载《人物》1964年第9期。

尝著社会学，亦未尝以社会学者自称，然其所创之唯物史观学说，其在社会学上之价值，实可谓空前绝后。"因此，他"特采唯物史观学说为根据，编著此书"。该书虽不是中国最早阐述唯物史观的论著①，但却是"中国人自己写的最早的一部联系中国革命实际系统论述唯物史观的专著"②，具有严密的理论体系和鲜明的中国特色。第一，所论问题系统深刻。该书论及了社会的本质、构造、起源、发展、变革、社会意识、阶级与国家等一系列基本理论问题，以及帝国主义、世界革命、国际社会主义运动、中国社会的性质和中国革命的任务和前途等重大现实问题。对科学社会主义的内容和实现共产主义的步骤也有专章加以阐述，还批判了"契约的社会说"、"生物的社会说"、"心理的社会说"等资产阶级学说，初步形成了一个有中国特色的唯物史观理论表述体系。第二，密切联系中国实际。作者以《帝国主义与中国》一节专论中国革命问题，指出由于国际帝国主义的侵略，中国已沦为"国际的半殖民地"。"帝国主义者对于中国之侵略可分为政治的经济的两种：经济的侵略，即在于利用金融资本支配中国，使成为彼等之商品市场、原料产地与投资处所；政治的侵略，即在于利用武力或政治的优越势力控制中国以予取予求。政治的侵略，目的也；经济的侵略，手段也。海通以来，中国所受帝国主义之压迫日甚一日，至今日而尤亟。"作者根据实际材料的分析后说："帝国主义之为祸于中国，至今日而极矣。金钱奴我以物质，宗教奴我以文明，教育奴我以服从，勾结我国贼，制造我内乱，涂炭我人民，迹其用意，直欲永远陷中国于分崩离析万劫不复之境，以继续其掠夺宰割之政策而已。帝国主义不死，大盗不止。中国年来之革命运动，其殆为帝国主义侵略之反响也欤！"该书在《世界革命与国民革命》一节论证了中国革命的动力、对象、领导权和归趋等重大问题，得出了正确结论。第三，语言表述通俗易懂。全书用浅近的文言文写成，对经典作家的思想也用中国人喜闻乐见的语言表述，有鲜明的中国气派。

李达自称该书是"摸索写成的不成熟的著作"，"颇有缺点"。但它的

---

① 在李达的《现代社会学》之前出版的有瞿秋白1924年出版的《现代社会学》。
② 见江明：《展读遗篇泪满襟——记李达和吕振羽的交往》，载《文献》1981年第4期。

出版轰动了思想界。著名社会科学家邓初民回忆,当时革命者"差不多人手一册"①。吕振羽认为:"李达老师是我国有系统地传播唯物史观的第一人。《现代社会学》一书(就是我听他课的讲义)是中国人自己写的最早的一部联系中国革命实际系统论述唯物史观的专著。这部著作在当时影响之大,凡是亲身经历过那些岁月的老同志一定都不会忘却的。"② 大革命失败后,李达被通缉的"犯罪事实"是"著名共首,曾充大学教授,著有《现代社会学》,宣传赤化甚力"。即使在这种情况下,该书仍然再版达14次之多,时间长达六年之久,其影响之大可以想见。

四、从大革命失败到中华人民共和国成立前夕的理论探索(1927—1948)

(一)上海时期(1927—1932)

1927年冬李达潜往上海,在文化"围剿"的险恶环境中与邓初民等在租界里创办昆仑书店,大量出版马克思主义的书籍。他本人也在著述和翻译方面进行了大量工作。

李达在1929年发表了《中国产业革命概观》、《社会之基础知识》、《民族问题》三本专著,在革命低潮中回答了中国向何处去的问题。《中国产业革命概观》是中国人用马克思主义观点系统分析中国近代经济的第一本著作。李达开宗明义指出:"就中国经济发展的倾向作正确的分析,才能了解革命的理论,树立建设的计划。这是我所以要编这本小册子的动机。"他根据国内外有关统计材料,系统地剖析了中国近代经济演变的三个互相交错过程,即帝国主义的侵略过程、封建农业的瓦解和挣扎过程以及民族资本主义的形成和萎缩过程,论证中国自帝国主义侵入后开始了殖民地的资本主义化,认为:"中国社会的新生产力,早已受着国际资本主

---

① 见邓初民:《忆老友李达先生》,载《人物》1964年第9期。
② 见江明:《展读遗篇泪满襟——记李达和吕振羽的交往》,载《文献》1981年第4期。

义生产关系所限制,而绝少发展余地,何况还有封建势力和封建制度来障碍它的发展呢。"他得出结论:"要发展中国产业,必须打倒帝国主义的侵略,廓清封建势力和封建制度,树立民众政权,发展国家资本,解决土地问题。"关于中国革命的动力,该书指出:中国产业工人"确是中国革命的急先锋";农民的绝大部分则"失地的失地,失业的失业,生活的困难已是达于极点。就近年来全国农民运动的形势说,有组织的农民曾发展到数千万之多,尤其是粤湘鄂赣等省的农民,已经表现着反抗帝国主义和封建势力的大力量,表现着为革命而奋斗的大功绩"。《社会之基础知识》在阐述了马克思主义的社会发展原理后专门分析了中国革命,全书结尾明晰地指出"中国的出路":"中国一面是半殖民地的民族,同时又是半封建的社会。所以为求中国的生存而实行的中国革命,一面要打倒帝国主义,一面要铲除封建遗物,前者是民族革命的性质,后者是民主革命的性质,其必然的归趋,必到达于社会革命,而与世界社会进化的潮流相汇合。"《民族问题》一书在论述研究民族问题的目的时指出:"民族问题,是世界革命的根本问题之一,也是中国革命的根本问题之一。"这三本著作以科学论证澄清了许多人在革命低潮中的迷茫和困惑,在国内外影响巨大。其中《中国产业革命概观》一书出版后很快就被译成俄、日等国文字。

辩证唯物论的研究和宣传在当时还是薄弱环节。大革命以前马克思主义在中国的传播基本上还限于社会革命论和唯物史观。中国马克思主义者(包括李达)虽然在论著中运用了辩证唯物论,但并未把它作为整个马克思主义的哲学基础来理解、研究和宣传。除了瞿秋白在1924年出版的《社会哲学概论》中有简略的介绍,1926年又翻译了郭列夫的《无产阶级的哲学——唯物论》以外,几乎没有这方面的论著。李达清醒地意识到国内还处在"开始研究辩证唯物论的时候",最需要的是"很好的入门书"。他的第一步工作是翻译介绍。他在五年中翻译了7本名著,其中有4本是辩证唯物论的著作:德国塔尔海玛的《现代世界观》(1929年9月出版),日本河上肇的《马克思主义之哲学的基础》(《马克思主义经济理论》一书的上篇,李达与王静、张栗原合译,全书1930年6月出版),苏联卢波尔的《理论与实践的社会科学理论》（1930年10月出版），苏联西洛可夫等的《辩证法唯物论教程》（与雷仲坚合译并校改全文，1932年9月出版）。有人认为："中国研究马克思及辩证唯物论，要以陈独秀、李大钊、李达为最早，最有贡献。至于今日，一死，一囚；所以只有李达了，在今日介绍成绩最佳、影响最大，当然是李氏。""今日辩证唯物论之所以澎湃于中国社会，固因时代潮流之所趋，非人力之所能左右，然李先生一番介绍翻译的工作，在近五十年思想史之功绩不可忘记。"[1] 仅就《辩证法唯物论教程》一书而言，出版后立即受到广泛重视。毛泽东在1936年11月到1937年4月阅读了该书的第三、四版，作了摘要和批注。[2] 这本书也是许多革命者的精神食粮，有的革命者在监狱里、战场上还带着它。魏文伯在他珍藏的该书扉页上写下了一段感人的经历，说明该书是三十年代在国民党监狱里由郭洪涛送给他的，出狱后他在抗日战场上一直带在身边，后来"在日寇扫荡中被剔抉以去"，然后又在反击时夺回；"文化大革命"中被没收，粉碎"四人帮"以后才物归原主。

1930年李达经左翼社会科学家联盟书记、中共地下党员张庆孚介绍先后到暨南大学和上海法政学院任教，利用大学讲坛传播马克思主义，他曾被特务打折了右臂，也不屈服。听过他讲课的学生几十年后回忆起从他身上受到的教益和感染，还禁不住流下热泪。1932年5月当局剥夺了李达讲课的权利，他不得不离开上海，在党组织的安排下到泰山为冯玉祥先生讲授马克思主义哲学三个月。[3]

（二）北平时期（1932—1937）

"九一八"事变的次年，1932年8月，李达转移到了北平，在北平大学法商学院、中国大学、朝阳大学任教授。在民族灾难中渴求出路的青年学生热烈欢迎这位享有盛誉的红色教授的到来。李达与侯外庐、吕振羽、张友渔、黄松龄等学者一道，形成了影响很大的红色教授集团，共同研究和宣传马克思主义。吕振羽回忆说："李达老师是学校进步师生和反动派

---

[1] 郭湛波：《近五十年中国思想史》，人文书店1935年版，第384、238—239页。
[2] 见《毛泽东哲学批注集》，中央文献出版社1988年版，第165—166页。
[3] 1933年8月冯玉祥请李达第二次到泰山讲学，这时李达刚到北平大学法商学院任教。

作斗争的一面旗帜。"① 侯外庐说："抗战前，在北平敢于宣讲马克思主义学说的学者，党内外都有，大家都是很冒风险的。但是，就达到的水平而言，无一人出李达之右。"② 张友渔说："我年纪虽然与李达差不了几岁，但是，在政治上他是先驱，在理论上他是导师。我们30年代在北平相识，同在北平法商学院任教，他是当时最杰出的一个。"③ 杨易辰、段君毅、任仲夷、陈沂、史立德、陈星野、彭德纯、陆斐文等一批青年都是李达的学生，都是在他的影响下投入党领导的"一二·九"运动，成为共产党员的。

在北平的五年是李达在理论上硕果累累的时期。除继续译介马克思主义名著外，他撰写了《社会学大纲》、《经济学大纲》、《社会进化史》、《货币学概论》四部专著，还撰写了《中国现代经济史之序幕》、《中国现代经济史概观》、《辩证逻辑与形式逻辑》等论文。这两百万言的论著范围广阔，内容宏富。把这些著作放在中国革命的大背景下考察，意义就更加重大。

这里只谈谈《社会学大纲》和《经济学大纲》两部著作。

《社会学大纲》是一部47万字的马克思主义哲学专著，第一篇是唯物辩证法，第二篇至第五篇是历史唯物论。1935年北平大学法商学院作为讲义首次印行，补充修改后1937年5月由上海笔耕堂书店出版。作者在扉页上满怀激情地题了"献给英勇的抗日战士"九个大字，又在四版序言中说明了撰写该书的目的："中国社会已经踏进了伟大的飞跃的时代，我无数同胞都正在壮烈的牺牲着，英勇的斗争着，用自己的血肉，推动着这个大飞跃的实现，创造着这个大时代的历史。这真是有史以来空前的大奇迹！可是，战士们为要有效的进行斗争的工作，完成民族解放的大业，就必须用科学的宇宙观和历史观把精神武装起来，用科学的方法去认识新生的社会现象，去解决实践中所遭遇的新问题，借以指导我们的实践。这一部《社会学大纲》是确能帮助我们建立科学的宇宙观和历史观，并锻炼知

---

① 见江明：《展读遗篇泪满襟——记李达和吕振羽的交往》，载《文献》1981年第4期。
② 见侯外庐：《韧的追求》，三联书店1985年版，第36页。
③ 张友渔：《在纪念李达诞辰一百周年座谈会上的讲话》。

识和行动的方法的。因此，我特把这书推荐于战士们之前。"

该书一出版就在全国广泛流传，三年中再版了三次。毛泽东在延安收到李达寄来的该书后非常重视，认真阅读，作了详细的摘要和批注①，并在日记中记载了此事②。据当时在毛泽东身边工作的郭化若回忆，毛泽东当时高兴地说："李达同志寄给我一本《社会学大纲》，我读了十遍。我劝你们也读十遍。"毛泽东向延安哲学研究会和抗日军政大学推荐了该书，指出这是"中国人自己写的第一本马列主义的哲学教科书"，并写信给李达高度评价他的功绩，称赞他是"真正的人"，请他再寄几十本到延安。③1948年，中原新华书店根据毛泽东的意见重版了该书，作为干部学习的教材。

《社会学大纲》所以产生如此巨大的影响，是因为它出现在中国人民迫切需要马克思主义哲学武装自己的历史时刻。第一，该书对马克思主义哲学的阐述在当时是最系统最准确的。从涉及的问题和引证的材料看，他已精研了当时已出版的马列的全部哲学著作，包括马恩早期著作和列宁晚期著作，加上他对历史的丰富知识，对古今哲学流派的深刻了解，对各国马克思主义优秀著作的认真吸取，对国内外哲学斗争经验教训的及时总结，使他能比较全面准确地把握马克思哲学的实质，没有苏联哲学教科书那些片面性的毛病。例如，他始终把马克思主义哲学当作统一的哲学科学来论述，反复强调马克思主义哲学既是世界观又是方法论，既是认识方法又是实践方法；作为人类认识史的综合的唯物辩证法和认识论、论理学（逻辑）是同一的东西；实践的观点是马克思主义哲学的根本观点；对立统一法则是唯物辩证法的实质和核心；认识是以实践为基础的圆圈式上升运动；生产力是社会发展的最终决定力量和上层建筑的反作用；科学技术的重大作用；等等。第二，该书不是马列著作的一般复述，更不是外国研究成果的照搬，而是独立完成的作品，有自己的严密体系。虽然由于恶劣政治环境的限制，不可能直接援引中国革命的具体经验，原定以中国社会

---

① 见《毛泽东哲学批注集》，中央文献出版社1988年版，第209—276页。
② 见《毛泽东哲学批注集》，中央文献出版社1988年版，第279页。
③ 见郭化若：《在毛主席身边工作的片断——纪念毛主席八十五诞辰》。

研究为内容的第六篇也未能问世，然而全书的论述都是估计到并针对着中国国情的。第三，该书以教科书的形式写成，分篇章节目，层次显豁；论述问题条分缕析，说理透辟。虽然并非普及性读物，但对有志钻研理论而又有相当知识准备的人来说，并无艰深晦涩之弊。该书当然也有不足之处。例如对当时为世界公认的重大自然科学成果（相对论、量子力学等）没有反映；对形式逻辑和形而上学没有加以区别等等。但该书无疑是我国唯物辩证法运动达到成熟阶段的一个重要标志。①

《经济学大纲》是中国人自己写的第一本马克思主义经济学教科书和专著②，1935年由北平法商学院印行，40万字。毛泽东向延安理论界推荐《社会学大纲》的同时也推荐了该书，说"李达还寄给我一本《经济学大纲》，我现在已读了三遍半，也准备读它十遍"③。1948年三联书店出版了该书的《先资本主义的经济形态》部分。《经济学大纲》的突出特点是：第一，坚持为中国革命实践服务的方向。该书指出："现在的中国经济，是处于帝国主义宰割之下的、工农业陷于破产状态的经济。这种经济，可以说是国际资本主义殖民地化的经济。在这种特殊的经济状况下挣扎着的中国国民，究竟应怎样寻求自己的生路呢？这不仅是一个经济问题，而是整个中国自求生存、自求解放的问题。要解决这个问题，必须有正确的客观的理论做实践的指导，才能成立民族解放的战线，才能进行民族解放的工作，才能提起中国经济改造的问题。但要获得那种客观的正确的指导的理论，就必须把捉住一般根本路程上的经济的进化之客观的法则，同时具

---

① 有一种流行的观点认为中国的马克思主义哲学著作都是在1938年斯大林的《辩证唯物主义和历史唯物主义》的影响下写成的。这不符合事实。李达的《社会学大纲》的问世早在斯大林此著之前。参见陶德麟：《对马克思主义中国化研究中两个问题的理解》，载《中国社会科学》2009年第1期首篇［《新华文摘》2009年第9期全文转载，中国社会科学院内部学习刊物《学习与参阅》2009年第5期（总第270期）全文刊登，中国人民大学书报资料中心《马克思列宁主义研究》2009年第4期首篇全文转载。2013年获教育部第六届人文社会科学优秀成果一等奖］。
② 陈豹隐发表的《经济学讲话》是由陈豹隐口述、马玉璞等五人记录的。陈豹隐在"自序"中说明："这本讲话是根据听讲者的笔记（除第二篇第二章第四节是我自己写的外），由我亲自动笔，大加补削而成的，所以严格的说当然算不得是一种著述。"此书也只讲了资本主义经济，没有涉及其他经济形态。
③ 见郭化若：《在毛主席身边工作的片断——纪念毛主席八十五诞辰》。

体的考察中国经济的特殊的发展法则,以期建立普遍与特殊之统一的理论。"第二,强调研究中国经济特殊规律的重要性。该书绪论明确指出:"研究经济学的我们,是现代的中国人。我们不仅生活于现代的资本主义世界,并且生活于资本主义世界中的现代的中国。我们研究经济学,能够只知道注意于世界经济,反而忽视了中国的经济么?"作者尖锐地批评说:"从来的中国的经济学,或者只是研究资本主义经济,或者并行的研究资本主义经济和社会主义经济,但对于中国经济却从不曾加以研究。这些经济学专门研究外国经济,却把中国经济忽略了。我认为这是一个严重的错误,是极大的缺点。""我们不是为理论而理论,为科学而科学,而是为了经济上的实践才研究经济学。"他认为必须研究原始社会以来所有社会形态的规律和诸社会形态转变的规律,更要着重研究殖民化的中国经济的规律。该书把先资本主义社会形态作为独立部分,以三章的篇幅对原始社会、古代社会(即奴隶社会)、封建社会的经济形态作了系统扼要的探讨,然后以十三章的篇幅重点论述资本主义的经济形态。这是极有特色的首创。虽然由于环境恶劣,预定的社会主义经济和中国经济两部分未能完成,但该书指出的正确方向仍然极为宝贵,而且其基本思想已早在其他著作(如《中国产业革命概观》、《中国现代经济史之序幕》、《中国现代经济史概观》等)中即已有所阐发,可以视为对这一缺陷的弥补。

(三)两广和湖南时期(1937—1948)

1937年"七七事变"爆发,李达被迫离开北平,应聘任广西大学教授,还未到职就被解聘。次年进步人士白鹏飞任广西大学校长,他才重新就聘,但不到一年又随着白鹏飞被解职而失去教席。1939年他应冯玉祥先生的邀请到重庆讲学九个月(并代邀邓初民和黄松龄同往),把冯先生的研究室变成了以学习马克思主义和研究中国革命问题为中心的集体。冯玉祥先生带头听课,认真笔记,参加讨论。这九个月的工作以及此前1932年和1933年在泰山为冯先生讲学的工作对冯先生晚年政治立场的转变起了重要作用。[①] 1940年他应聘到广东坪石中山大学任教,不到一年又被教

---

① 见赖亚力1978年为《李达文集》编辑组写的回忆材料。

育部电令解聘，困居家乡。1944年零陵沦陷，他逃往徭山避难。直到1947年春，经中共地下组织的协助和友人李祖荫的介绍，他才就聘于湖南大学。但在湖南大学，李达受到当局的严密监视。当局不让他讲授他造诣很深的哲学和经济学，而要他担任"法理学"的课程。李达不仅没有被难倒，反而借此机会开拓了一个新领域。他以辩证唯物论和历史唯物论为武器，把卷帙浩繁的各派法学著作整理成一个秩序井然的系统，对各派法学观点给予切中肯綮的批评，对历史和现实的法律现象给予科学的解释，对玩弄"制宪"的当局给予巧妙的揭露。他在酷热的夏天带病开始写作，一年多就完成了《法理学大纲》，湖南大学只作为讲义石印了上册（约占全文的一半）。中华人民共和国成立后李达也没有将手稿交付出版，"文化大革命"中手稿被抄走遗失。党的十一届三中全会后，我国法学界研究了石印本讲义，才发现这是一部有开拓意义的重要著作。著名法学家韩德培教授撰文指出："从这部讲义中，可以看出他（按：指李达）为我国法学研究开辟了一条新的路子。我们不妨说，他是我国最早运用马克思主义研究法学的一位拓荒者和带路人。他的这部讲义是我国法学研究中的重要文献，也是他对我国法学的重大贡献。"[①] 1983年11月法律出版社出版了该书上册，韩德培作序，陆定一题写书名。

这一时期李达为湖南和平解放做了大量工作，在中共地下组织的策划下动员程潜将军起义，取得了极大的成功。

五、中华人民共和国成立后的理论探索（1949—1966）

1949年年初，毛泽东邀请李达赴北京。同年4月李达在地下党的安排下由长沙经香港来到北京。毛泽东与他彻夜长谈，对他在艰苦条件下长期坚持马克思主义的精神和建树作了高度评价。由毛泽东、李维汉、张庆孚

---

① 韩德培：《一位少有的马克思主义法学家》，载《武汉大学学报》（哲学社会科学版）1981年第1期。

作历史证明人，刘少奇为介绍人，李达在同年12月重新入党，无候补期。李达表示他希望继续在高校从事理论工作。

中华人民共和国成立后李达先后担任中央政法干部学校副校长、湖南大学校长、武汉大学校长，当选为第一、二、三届全国人民代表大会代表和第三届全国人民代表大会常务委员会委员，中共第八次全国代表大会代表，被推选为中国科学院哲学社会科学部委员，中国哲学会会长。这时他已患有胃溃疡、高血压和冠心病，繁重的行政工作和社会活动已使他常感不支，但他仍以理论战线上的"老兵"自任，把研究和宣传马克思主义哲学特别是毛泽东哲学思想作为职责，为此奋斗到最后一息。

李达中华人民共和国初期的重要哲学著作是《〈实践论〉解说》和《〈矛盾论〉解说》。

1950年和1951年毛泽东的《实践论》和《矛盾论》相继重新发表时，李达抱病撰写了两本《解说》。为力求精粹准确，写完一部分就寄请毛泽东本人审阅。在看完《〈实践论〉解说》第一、二部分后，毛泽东于1951年3月17日写信给李达说："这个解说极好，对于以通俗的言语宣传唯物论有很大的作用。"并说："关于辩证唯物论的通俗宣传，过去做得太少，而这是广大工作干部和青年学生的迫切需要，希望你多多写些文章。"①

两本《解说》不是注释性的读物，而是独立研究的成果，准确深刻而又通俗易懂。作者反复强调毛泽东的哲学著作是"辩证唯物论的基本原理与中国革命的具体实践的结合"，反复强调"只有实践才是认识的真理性的唯一标准，除此以外再没有别的标准"，"我们是为实践而学习《实践论》，不是为学习而学习《实践论》"。两本《解说》为马克思主义哲学中国化、时代化、大众化做出了榜样。

此后，李达还发表了大量阐发马克思列宁主义、毛泽东思想的论著和讲演。他十分注重用马克思主义哲学武装群众，教育青年。1954年他在武汉大学创办教职员工马列主义夜大学，创办马列主义教研室，亲自制订

---

① 影印件载《哲学研究》1978年第12期。

教学计划，亲自讲课并带领教员备课。1956年他重新创办武汉大学哲学系①，亲自兼任系主任，带头讲课，多方延揽人才，尊重教师，团结群众，奖掖后学，爱护青年，鼓励学术研究，不遗余力。

李达主编的《唯物辩证法大纲》是他生平最后一部专著。

1961年8月，毛泽东在庐山约见李达，畅谈理论问题。毛泽东对苏联哲学教科书的内容和体系有很多不满之处，说不能让它"一统天下"，中国人要有自己的哲学教科书。他又一次谈到李达的《社会学大纲》就是中国人自己写的第一本马列主义的哲学教科书，现在还有意义，要李达修改出版。李达在给武汉大学哲学系副系主任余志宏的信中说："日前见到毛主席，在谈话中，主席嘱咐我把社会学大纲修改出版。我说，现在的精力不济，他说可找几个得力的助手帮忙。我表示照做。因此，我想回校后即开始这一项工作。"他谈到自己"旧病未去，新病续增"，"不能不作思想上的准备"。但他还是立即停止休养，回校开始工作。这时他的想法有所发展，认为《社会学大纲》毕竟是二十多年前的旧著，没有反映中国革命建设的丰富经验和毛泽东思想对马克思主义哲学的新贡献，于是决心重新主编一部《马克思主义哲学大纲》，分《唯物辩证法大纲》和《唯物史观大纲》两大部分。他指定陶德麟为此书的主要执笔人，并抽调了几位武大哲学系的应届毕业生协助。次年冬天他患脑出血和心力衰竭，经救治缓解后不得不遵医嘱到外地休养。但他仍然不顾医生的警告，不肯休息，经常从病榻上爬起来阅读材料、思考问题，以颤抖的字迹亲笔写信对编书提出许多具体意见。②并要陶德麟用初稿的内容给学生讲课，听取意见，还征求哲学系教师们的意见。对书稿他亲自过目并提出意见。"1965年，李达主编的《唯物辩证法大纲》（上册）在陶德麟的辅助下完成，概括地论述了马克思主义哲学的产生、发展和辩证唯物主义的基本原理及毛泽东对它的主要贡献，紧密联系当时思想战线的实际，批判了各种错误思潮，同时

---

① 武汉大学哲学系在1952年全国高校院系调整时撤销，并入北京大学哲学系。1956年李达同志重新创办。

② 李达在1962—1965年为编书问题给陶德麟的14封信，见《陶德麟文集》，武汉大学出版社2007年版，第822—835页。

结合我国社会主义革命和建设的实际，从方法论上论述了学习和运用马克思主义哲学的重要意义，是一部优秀的马克思主义哲学专著。"① 李达把已完成的书稿寄请毛泽东等有关领导人审阅，并广泛听取学术界的意见，同时开始指导编写下册唯物史观。他感慨地说："人生七十古来稀，我已经快八十岁了，要赶快做！"这时，一场奇灾大祸从天而降，"文化大革命"突然到来，李达被诬陷为"武汉大学三家村黑帮头目"而惨遭迫害，他的学术助手陶德麟也被打成"黑帮"，书稿成了"反毛泽东思想"的"毒草"，当时不仅不可能出版，连保存送审稿都成了"罪行"。但李达在身处绝境时仍然不忘这部专著。他当时虽然已不可能与陶德麟见面，但他在1966年8月24日含冤去世前却仍然叮嘱夫人石曼华同志设法转告陶德麟将来为他完成毛主席交给他的编书任务。

1974年1月，中共中央为李达平反昭雪，恢复名誉。但当时还在"文革"期间，此书的出版还提不上日程。1977年，人民出版社找到陶德麟，委托他将此书修订出版。陶德麟根据李达生前的遗愿和嘱托，按李达的思路对1965年的送审稿做了修订，1978年6月由人民出版社以《唯物辩证法大纲》的书名出版。这时离李达同志去世已经12年了。② 该书在保持《社会学大纲》优点的基础上着重总结了当代自然科学的成就，概括了中国革命的丰富经验，系统阐发了毛泽东哲学思想对马克思主义哲学的发展。此书出版后受到理论界的高度重视。评论者认为："李达一生留下了近千万字的著译"，"他的《现代社会学》、《社会学大纲》、《唯物辩证法大纲》三部论著是我国三个不同时期马克思主义哲学的代表作。在中国现代哲学史上，除了革命家兼哲学家的毛泽东之外，在专门的马克思主义哲学理论工作者中无人能高出李达者。李达是名副其实的中国马克思主义哲学界的泰斗。"③

---

① 《20世纪中国哲学学科发展史》，见汝信主编（总主编钱伟长）：《20世纪知名科学家学术成就概览·哲学卷》第一分册，科学出版社2014年版，第11页。
② 原定《马克思主义哲学大纲》的下册《唯物史观》部分本已有少量提纲和初稿，因"文革"中被抄家者损毁，片纸无存，故未能修订出版。
③ 许全兴：《中国马克思主义哲学界泰斗》，见《纪念李达诞辰一百周年》，湖南人民出版社1991年版，第49—50页。

李达是一位探索者，他的认识也有一个发展过程。现在看来，他在20世纪50年代写的某些批判性的论著中有些也受到当时形势的影响，认识上有一定的局限性。但这些论著在当时仍然是比较最实事求是的，因而多次被当时的某些人们认为"火气不足"。他的难能可贵之处是他始终唯真理是从，决不支持或附和那些明知其为错误的东西。当错误的潮流席卷而来的时候，他不顾个人的得失安危，勇于旗帜鲜明地反对。1958年浮夸风盛行的时候，他写了《共产主义社会的两个阶段》的论文，并在1959年1月武汉大学党员代表大会上作了专题发言，尖锐地指出："我国目前的生产力发展水平毕竟还是相当低的，社会消费品的分配还不得不适应按劳分配的原则。""要保持冷静的头脑，区别事物的真象和假象，区别有根据的要求和没有根据的要求"，反对"降低共产主义的标准"。1959年庐山会议刚结束，他闻讯后就明确表示现在应该反"左"，不应该反右，把彭德怀等定为"反党集团"是"党内出了怪事"。1961年8月，他在庐山向毛泽东痛陈"大跃进"和"教育革命"中违背客观规律的危害。1962年，他抱病到零陵作农村调查，再一次明确表示"彭德怀同志的意见是正确的"，并写了详细书面意见交给零陵县委和湖南省委转中央。全国展开对杨献珍和冯定的"批判斗争"时，他保持沉默，不随声附和。1966年3月某些报刊发表文章鼓吹"顶峰"论时，他愤怒地指出这"不科学"、"不合乎辩证法"。有人提醒他说这是林副主席讲的，他坚定地说："违反科学的东西不管是哪个讲的都不能同意！"这些在"文化大革命"中都成了他的"罪行"，他以身殉道，无怨无悔。这是他留给我们的最宝贵的遗产。

1990年经党中央批准，纪念李达同志诞辰一百周年座谈会在北京人民大会堂举行。胡乔木、胡绳、张友渔、任继愈、邢贲思、汝信和李达30年代的学生段君毅、任仲夷、陈沂等发言高度评价了他的功绩。胡乔木指出："李达同志是我们党的发起人之一，是我们党杰出的马克思主义理论家、宣传家和教育家，是最早在中国传播马克思主义的先驱，也是我们党的早期领导人之一。""我们党完全有理由为有李达同志这样杰出的理论战士而自豪。"胡乔木为李达百年诞辰的题词是："坚持真理，不屈不挠，身体力行，万世师表。"

马克思主义中国化的必要性问题[1]

有的人并不直接谈论马克思主义中国化是否可能和何以可能的问题，而是否认马克思主义中国化的必要性。他们也不否认近代中国落后于西方国家的局面需要改变，中国需要赶上现代化的步伐，但认为要解决中国的问题不能靠马克思主义指导，而要靠别的理论指导，主要是靠搬用西方资产阶级的理论或中国儒家理论。这种观点在几十年前曾以马克思主义不适合中国国情的理由出现，现在又以时代特征和中国国情起了变化为理由再度出现。这些论者一再强调时代和国情，可是他们的谬误恰恰在于无视或曲解了时代和国情，也无视或曲解了近代以来中国人民为救亡图存而浴血奋斗的历史，无视或曲解了中华人民共和国成立以来中国人民为祖国的繁荣富强和民族复兴而艰辛探索的历史。

一、只有马克思主义的指导才能保证中国革命的胜利

中国是世界的一部分。离开了世界历史发展的具体条件，离开了中国在近现代世界全局中所处的地位，就必定会曲解时代，曲解国情，从这样的观点出发是根本不可能理解中国问题的症结，找到中国的生存和发展的出路的。

---

[1] 选自陶德麟、何萍、李维武、颜鹏飞、丁俊萍著《马克思主义中国化研究》一书的《导言》部分，陶德麟执笔。此书由北京师范大学出版社2017年9月出版。

15世纪中叶以来，由于西欧的具体条件，资本主义取代封建主义已经成为不可逆转的历史潮流。18世纪工业革命后，资本主义的迅猛发展形成了世界市场，把整个世界连成了整体，一切国家和地区都不可能不卷入资本扩张的狂飙之中。落后国家只能成为资本主义列强的市场和原料供应地，成为它们掠夺瓜分、互相争夺的对象。像中国这样有三千年左右封建社会的历史、自给自足的自然经济占主要地位的东方大国，成为资本帝国主义列强的侵略对象是不可避免的。自1840年鸦片战争以来，资本主义列强用军事的、政治的、经济的、文化的手段对中国进行了残酷的侵略、掠夺和瓜分，目的就是把中国变成它们的殖民地或半殖民地。它们迫使中国的封建统治者割地赔款，签订种种不平等条约，已经把中国变成了它们控制的半封建半殖民地。经济文化科学技术落后的中国无法抵挡船坚炮利的列强，灾难深重的中华民族到了生死关头，救亡图存成了全民族的无法回避的历史任务。中国人民前仆后继的反抗斗争是可歌可泣的，为寻求救国救民的真理而上下求索的努力也是史无前例的。那时先进的中国人认为西方的强大是由于它们有先进的科学技术、先进的社会制度和先进的文化，以为努力学习西方，以西方为师，走西方的道路，就可以救中国。于是他们千辛万苦地从西方搬来各种各样的理论和学说，作为效法的典范。但是，从19世纪40年代到20世纪初期的长时间里，他们学到的一切道理都是西方资产阶级民主主义的文化，都是西方资产阶级以建立和巩固自己的统治为目的的理论。这些理论在西方资产阶级革命时期确实曾经行之有效，起过历史的进步作用。它们帮助新兴的资产阶级成功地推翻了腐朽的封建统治，建立了远比封建制度先进得多的资本主义制度，促进了生产力的迅猛发展。但是这些理论在中国却完全行不通。一切学习西方的努力，包括清末统治者开展的洋务运动、辛亥革命这样推翻了千年帝制的全国规模的运动，都不能使中国改变半封建半殖民地的社会性质，也不能使中国改变受帝国主义侵略宰割的命运，使中国变成独立的资本主义国家。"先生侵略学生"的辛辣的讽刺剧一再上演。步西方资本主义的后尘、走西方资本主义老路的幻想完全归于破产。这究竟是为什么呢？其根本的原因就是资本帝国主义列强的目的是要使中国成为它们的殖民地或半殖民地，它们决不允许中国成为独立的资本主义国家。所以，它们必然会与中国的封建势力勾结起来，使中华民族救亡图存的斗争一次一次地归于失败。中国已经沦为半封建半殖民地的国家，到了无法生存的地步。这就是当时中国的国情。

这时，1917俄国十月革命的爆发和成功产生了世界上第一个社会主义国家，震动了全世界。俄国也曾经是饱受封建主义压迫、经济文化落后的国家，俄国人也曾经在几十年的时间里寻找救国的理论而解决不了问题，最后才找到了马克思主义。十月革命就是在马克思主义指导下取得胜利的。这一开天辟地的伟大事件给陷于苦闷失望的中国先进分子以极大的鼓舞，使他们在漫漫长夜里发现了指路明灯。马克思主义虽然也产生于西方，但它不是以资产阶级的狭隘眼光观察世界的理论，不是为资本主义制度的合理性和永恒性辩护的理论，而是站在最先进的无产阶级立场科学地揭示资本主义发生发展和必然走向灭亡的客观规律的理论。用这种崭新的科学的世界观和社会发展理论观察世界，一切似乎无法解答的难题就豁然开朗，使革命者如拨云雾而见青天。在十月革命的启发和鼓舞下，中国先进分子如饥似渴地通过各种渠道奋力学习马克思主义，以马克思主义为思想武器观察中国的命运，使他们对救国救民的问题有了全新的理解，找到了出路。他们从1918年起就在中国大力宣传马克思主义，并在1921年成立了以马克思列宁主义为指导思想的中国共产党，领导中国人民进行以马克思主义为指导的革命斗争，在斗争中学会了把马克思主义的普遍原理与中国实际结合起来的本领，创造了中国化的马克思主义，对中国社会的性质和中国革命的对象、动力、步骤、方法、战略、策略等等有了日益深刻的认识。经过28年的曲折斗争，终于推翻了压在中国人民头上的"三座大山"——帝国主义及其走狗封建主义和官僚资本主义的统治，建立了社会主义的新中国，使中国人民从此站立起来，接着又经过几十年的探索，开辟了建设中国特色社会主义的道路。这就是中国人民选择马克思主义的历史过程。这个过程无可辩驳地表明，只有马克思主义才能救中国，只有马克思主义才能振兴中国。这是中国人民经过几十年的艰苦摸索和流血牺牲得来的真理，是已经被实践证明了的真理。

但是，有人并不承认这一明白如昼的真理。我们认为，有些错误看法必须澄清。

1. 有人认为，马克思主义在中国成为指导思想，是因为五四运动造成了中国传统文化的断裂，才使马克思主义这种"外来思想"得以乘虚而入。这是不顾事实的无稽之谈。

（1）五四新文化运动就是在中国已经饱受了70年资本帝国主义的侵略、已经沦为半封建半殖民地的情况下发生的，是因为事实已经证明以中国传统文化为指导解决不了救亡图存的问题（即"国粹不能保国"）才发生的。它的锋芒既指向帝国主义，又指向封建主义。它对以儒家为主流的中国传统文化展开猛烈的抨击是势所必然的。正如毛泽东后来分析的，当时的先进分子因为还未能熟练地运用马克思主义的辩证方法，在抨击中确有一些片面性，后来才逐步得到了纠正。但即使在当时，五四运动也只是要打倒两千多年来封建思想的统治地位，并没有全盘否定中国传统文化的价值。这在李大钊、陈独秀等代表人物的言论中表现得很清楚。陈独秀在1921年写的《新教育是什么？》一文中说："经史子集和科学都是一种教材，我们若用科学的方法研究经史子集，我们便不能说经史子集这种教材绝对的无价值。""讲哲学可以取材于经书及诸子，讲文学可以取材于《诗经》以下古代诗文，讲历史学及社会学，更是离不开古书底考证。"后来毛泽东更明确地指出："从孔夫子到孙中山，我们应当给以总结，承继这一份珍贵的遗产。"① 说中国传统文化因为五四运动就"断裂"了，这是夸大其词。持这种论点的人所谓的"断裂"，实际上是指以儒家为主体的封建主义"道统"的统治地位的丧失。这种丧失是历史发展的必然，是时代变迁的必然，是任何人也无力回天的。实际上，早在五四运动以前半个多世纪，中国人的先进分子就已经很清楚地知道靠五经四书救不了中国，国粹不能保国，否则他们何必千辛万苦地向西方寻找救国救民的真理呢？像张之洞这样固守"中学为体"的人，也不能不主张"西学为用"，何况他人？要说"乘虚而入"，早在五四运动以前多年各种外来思想就早

---

① 毛泽东：《唯心历史观的破产》，见《毛泽东选集》第4卷，人民出版社1991年版，第1514页。

已"乘虚而入"了，何待五四运动造成中国传统文化的"断裂"然后才使马克思主义得以"乘虚而入"？

（2）实际上，在马克思主义进入中国之前，许多西方理论都早已"乘虚而入"，涌进中国来了，马克思主义进入中国之后也还有许多西方理论陆续进入，例如杜威和罗素就在 1919—1922 年到中国来宣传过他们的学说。可是为什么中国人学了这些理论都不起作用，唯独马克思主义"一学就灵"，在中国站稳了脚跟呢？这原因不是别的，就是别的理论都不能帮助中国人民正确认识中国社会的性质和中国在世界的处境，不能正确地认识中国应当依靠的力量和应当革除的对象，不能正确地规定中国解放的道路，只会把中国人民引入歧途，导致碰壁和失败，因而也就不能成为中国人民争取解放的思想武器。而马克思主义与此根本不同。马克思主义是以科学的世界观和方法论为基础的严整的科学体系，它的基本原理是放之四海而皆准的普遍真理，它是观察和分析包括中国问题在内的一切问题的锐利武器。正因为中国共产党人把这个普遍真理运用于中国，与中国实际结合起来，才正确地认识了中国社会的性质，认识了中国革命的对象、任务、动力、性质、步骤和前途，形成了正确的路线、方针、战略和策略，引导中国人民沿着正确的道路前进。以马克思主义为指导思想的中国共产党领导中国人民只花了 28 年就搬走了压在中国人民头上的帝国主义、封建主义（后来还加上官僚资本主义）的大山，实现了无数志士仁人梦寐以求、经历了 81 年的艰苦斗争都无法实现的救亡图存的理想，并为中华民族的伟大复兴开辟了无限广阔的前途。这是"乘虚而入"的侥幸成功吗？事实证明，马克思主义对中国来说不是"乘虚而入"，而是乘"需"而入。正因为马克思主义这种科学的理论是唯一切合中国人民需要的科学理论，它才可能在中国人民的解放斗争中产生如此辉煌的明效大验，理所当然地在中国生根开花结果，通过理论与实际的正确结合形成中国化的马克思主义，成为中国人民的指导思想。这是一切尊重起码事实的人都不应当视而不见的。

2. 有人认为，中国革命的胜利只是靠武力，靠军队，靠"枪杆子"，与马克思主义的指导无关。我们认为这也是歪曲事实的谬论。

中国革命的胜利最终是通过武装斗争，以共产党领导的人民军队打败国民党的反动军队，推翻反动的国民党政权而取得的。"枪杆子里面出政权"确是事实。但这恰恰是马克思主义指导的结果，是马克思主义的普遍真理与中国实际相结合的结果。把中国共产党通过武装斗争取得政权说成与马克思主义的指导无关的事件，就是用曲解现象的伎俩来掩盖事物的本质。

（1）如果没有马克思主义的指导，中国共产党人不可能认识到武装斗争对中国革命的极端重要性，不可能认识到建立共产党领导的人民军队是保证中国革命胜利的关键。革命必须通过武装斗争即革命战争的手段才能成功，共产党必须组织自己领导的人民军队，这正是马克思主义的普遍真理与中国实际相结合的科学结论。"**革命的中心任务是武装夺取政权，是战争解决问题。这个马克思列宁主义的革命原则是普遍地对的，不论在中国在外国，一概都是对的。但是在同一个原则下，就无产阶级党在各种条件下执行的表现说来，则基于条件的不同而不一致。**"① 在没有内部封建制度和外部民族压迫的资本主义国家中，资产阶级的政治统治采取的是资产阶级民主制度的形式（法西斯统治的特殊情况除外），无产阶级政党在这些国家的任务是经过长期的合法斗争，包括利用议会讲坛和举行罢工等等，教育工人，生息力量，等到条件成熟时再以武装起义或其他强力手段夺取政权；在条件尚未成熟的时候则只能采取不流血的即非战争的斗争形式，不顾条件立即举行武装夺取政权是不可行的，组织军队则既无可能也无必要。旧中国的情况与此不同，不是资本主义社会而是半封建半殖民地社会。民国成立以前是清王朝的专制统治，自然没有什么资产阶级民主。即使在民国成立以后，也是帝国主义支持的封建军阀割据的局面，后来则是国民党反动派独裁统治的局面，还是没有资产阶级民主。在资产阶级民主制度下的合法的斗争形式，在中国都是非法的，都要遭到血腥的镇压。而这些封建军阀都拥有自己的军队，自己的"枪杆子"，有军则有权，谁的枪多谁的势力就大，地盘就广。在这种情况下要用合法的手段达到革命

---

① 毛泽东：《战争和战略问题》，见《毛泽东选集》第2卷，人民出版社1991年版，第541页。

的目的，无异乎与虎谋皮，缘木求鱼。革命人民如果没有自己的军队，不用武力打倒拥有重兵的新旧军阀，就不可能触动他们一根毫毛，中国的半封建半殖民地的性质就不会有丝毫的改变。因此，中国革命除了以武装的革命反对武装的反革命之外，别无选择。孙中山在这个问题上是有过经验教训的。他领导的资产阶级民主革命（国民革命）就因为军阀武力的阻挠而未能成功。他在中国共产党和苏联帮助下于1924年创办黄埔军校①，就是为了建立一支革命军队，举行北伐。孙中山去世后这支军队的领导权被叛变革命的蒋介石篡夺，他成了取代旧军阀的新军阀，这支军队也就变质成了镇压革命力量和维护反动统治的工具。他依靠这支军队建立了大地主大资产阶级专政的政权，残酷地屠杀共产党人和革命群众，使中国的革命事业完全失去了以和平手段实现的可能。千百万革命者的鲜血证明了一条真理：中国共产党只有建立和发展自己领导的人民军队，通过武装斗争消灭国民党反动派的军队，才能夺取政权，实现革命的任务。

中国共产党对这个问题的认识也经历了一个过程。党成立的时候没有自己的军队，没有一枪一弹、一兵一卒。而敌人却拥有强大的军队。正如毛泽东总结的："我们党从一九二一年成立到一九二六年参加北伐战争的五六年内，是认识不足的。那时不懂得武装斗争在中国的极端重要性，不去认真地准备战争和组织军队，不去注重军事的战略和战术的研究。在北伐过程中，忽视了军队的争取，片面地着重于民众运动，其结果，国民党一旦反动，一切民众运动都塌台了。"② 党在1927年大革命失败的紧急关头，周恩来等领导了南昌起义，打响了武装反抗国民党反动派的第一枪，"八七会议"确定了土地革命和武装起义的方针，会后举行了秋收起义、广州起义和许多其他地方的起义，特别是毛泽东领导的秋收起义创建了工农革命军并与朱德领导的起义部队在井冈山会合，这才有了中国共产党领导的军队。正是依靠这支军队，党才可能通过工农武装割据、农村包围城市的特殊道路，一步一步地战胜武装到牙齿的敌人，终于夺得了中国革命的伟大胜利。没有马克思主义的指导，不运用马克思主义的普遍真理考察

---

① 即陆军军官学校，1926年改组为中央军事政治学校。
② 毛泽东：《战争和战略问题》，见《毛泽东选集》第2卷，人民出版社1991年版，第544页。

中国的特殊实际，怎么可能凭空地达到这样的科学认识，又怎么可能建立自己领导的军队呢？

（2）如果没有马克思主义的指导，中国共产党即使建立了自己领导的军队，也不可能战胜强大的敌人而取得革命的胜利。众所周知，共产党开始没有军队，后来有了军队也比敌人的军队弱小得多。敌人的军队无论从军费、人数、武器、装备等等方面都比共产党领导的军队强大若干倍；而且他们还有帝国主义多种方式的支持。可是为什么共产党领导的这支军队不仅没有被敌人吃掉，还能靠"小米加步枪"在敌人的残酷"围剿"中成长壮大，由弱变强，最后消灭了数百万美式装备的国民党军队，夺得革命战争的胜利呢？中国革命的敌人拥有比中国共产党多得多的"枪杆子"，他们还拥有一大批精通军事技术、富于作战经验的将领，为什么他们的"枪杆子"终究被共产党的"枪杆子"打败了呢？为什么会发生这样的"奇迹"呢？这"奇迹"的奥秘不在别处，恰恰就在中国共产党有马克思主义的指导。

第一，马克思主义的指导决定了中国共产党领导的革命军队的性质。正因为这支军队是以马克思主义的科学的革命理论武装起来的，就不仅与为剥削阶级服务的旧军队的性质根本相反，而且与历史上的农民起义军队也有原则的不同。这是一支中国历史上从未有过的无产阶级的军队。这支军队代表着无产阶级和最广大人民的根本利益，完全彻底地为人民服务，执行着党赋予的革命任务，因而得到了任何其他军队不可能得到的人民群众的竭诚支持，被人民视为自己的子弟兵。这支军队的组成人员，从战斗员到指挥员，都在党的绝对领导下受到了马克思主义的教育，懂得自己肩负的神圣使命和战斗的意义，因而有最高的自觉性和坚定性，能够战胜一切艰难困苦，舍生忘死地为党和人民的崇高理想奋斗牺牲，不会被任何强大的敌人所屈服。这就是这支军队坚不可摧的力量之源。如果没有中国共产党的绝对领导，没有马克思主义的指导，这支军队至多也只能是相当于历史上农民起义军那样的军队，不可能创造史无前例的奇迹。

第二，马克思主义的指导决定了中国革命战争的战略战术。要在中国的特殊环境里战胜强大的敌人，没有正确反映中国革命战争特殊规律的战略战术是不可设想的。这样的战略战术，古往今来的任何军事书籍都没有论述过，马克思主义的经典著作也不可能有直接的论述，别国的经验也不能照搬，只有靠中国共产党人总结中国革命战争的经验，自己独立创造。而这种创造，必须立足于对中国国情的科学认识，各派政治力量的深刻剖析，从错综复杂变化多端的具体情况中探索出中国革命战争的规律。这就离不开马克思主义的指导。毛泽东的军事思想，从井冈山时期的"十六字诀"到解放战争时期的"十大军事原则"，毛泽东的一系列杰出的军事著作《中国革命战争的战略问题》、《抗日游击战争的战略问题》、《论持久战》、《战争和战略问题》、《集中优势兵力各个歼灭敌人》等等，都是创造性地运用马克思主义的唯物辩证法，从中国革命战争的极端丰富的实践经验中科学地总结出来的，本身就是对唯物辩证法的新贡献，就是中国化的马克思主义的成果。没有马克思主义的指导，即使仗打得再多，也不可能对中国革命战争的规律有如此深刻的认识，不可能赢得中国革命战争的最后胜利。

第三，在马克思主义的指导下形成的整个中国革命的正确路线和方针政策为中国革命战争的胜利提供了保证。武装斗争是夺取政权的中心问题和决定手段，但武装斗争是不能脱离党的整个路线孤立地进行的，单靠武装斗争也不可能取得革命的胜利。要使武装斗争取得胜利，特别是在敌我军事力量悬殊的困难环境中取得胜利，没有整个党的正确的思想路线、政治路线、政治路线的统率，没有经济的、政治的、文化的其他各种斗争方式的支持和配合，是不可能的。而党的正确路线只有把马克思主义的普遍真理与中国具体实际正确地结合起来才可能形成和坚持，其他形式的斗争方式也只有以马克思主义为指导才可能得当和奏效。这是中国革命的历史经验（包括成功的经验和挫折的经验）反复证明了的事实。

由此可见，那种断言中国革命的胜利只是靠"枪杆子"而与马克思主义的指导无关的说法，是完全不能成立的。

二、只有马克思主义的指导才能
保证中国建设的成功

有人认为,马克思主义是主张阶级斗争和武装夺取政权的学说,是革命的学说而不是建设的学说,是阶级斗争的学说而不是以社会和谐为目的的学说。过去革命战争时期靠马克思主义指导是可以的,现在就不行了。现在世界已进入了以和平和发展为主题的时代,我国又进入了建设时期,马克思主义就应当让位于别的理论了。这是老旧的马克思主义不符合中国国情论在新形势下的翻版,有一定的蛊惑作用,但同样是没有根据的谬说。

(一)把马克思主义说成只管通过革命夺取政权而不管建设的学说,把马克思主义归结为阶级斗争的学说甚至等同于阶级斗争的学说,这本身就是极大的曲解。马克思主义是科学地揭示无产阶级和全人类彻底解放的规律和途径的学说,是以阶级的消灭和人类的彻底解放为最终目的学说。马克思本人讲得很清楚:"至于讲到我,无论是发现现代社会中有阶级存在或发现各阶级间的斗争,都不是我的功劳。在我以前很久,资产阶级历史编纂学家就已经叙述过阶级斗争的历史发展,资产阶级的经济学家也已经对各个阶级作过经济上的分析。我所加上的新内容就是证明了下列几点:(1)阶级的存在仅仅同生产发展的一定历史发展阶段相联系;(2)阶级斗争必然导致无产阶级专政;(3)这个专政不过是达到消灭一切阶级和进入无阶级社会的过渡……"① 在阶级斗争还客观存在的情况下,马克思主义确实重视阶级斗争的作用,这不是因为马克思主义对阶级斗争有什么特殊的爱好,而是因为剥削阶级为了自己狭隘的利益要拼命维护剥削制度,阻碍生产力的解放,无产阶级和人民大众不通过阶级斗争取得政权就不能消灭阶级对立和阶级差别,解放生产力,为无产阶级和全人类的

---

① 马克思:《致约·魏德迈》,见《马克思恩格斯选集》第4卷,人民出版社1995年版,第547页。

最终解放创设条件。阶级斗争和夺取政权只是为发展生产力、最终实现人类解放的一个必要的步骤，而不是目的。列宁在十月革命建立了无产阶级专政的政权以后立即指出："无产阶级专政不只是对剥削者使用的暴力，甚至主要的不是暴力。这种革命暴力的经济基础，它富有生命力和必获胜利的保证，在于无产阶级代表着并实现着比资本主义更高的劳动组织。实质就在这里。共产主义力量的源泉和必获全胜的保证就在这里。""劳动生产率，归根到底是保证新社会制度胜利的最重要最主要的东西。"[1]毛泽东早在中华人民共和国成立前就说得很明确："中国一切政党的政策及其实践在中国人民中所表现的作用的好坏、大小，归根到底，看它对中国人民的生产力的发展是否有帮助及帮助之大小，看它是束缚生产力的，还是解放生产力的。"[2]由此可见，马克思主义的落脚点并不是阶级斗争，而是发展生产力和最终解放全人类。它怎么可能只管革命而不管革命成功以后的建设呢？马克思和恩格斯没有活到社会主义国家诞生的时候，他们没有亲身参加和领导社会主义建设的实践，不可能未卜先知地提出社会主义建设的具体方案。但这不等于他们的理论就与社会主义建设无关。他们根据对资本主义时候发展的科学分析，对未来的社会主义建设的许多预见还是极有价值的。列宁与马克思恩格斯不同之处是他亲身领导过十月革命胜利后的社会主义建设，虽然时间只有八年，但他对社会主义建设的探索留下了许多宝贵的思想，至今仍是我们借鉴的资源。毛泽东早在中华人民共和国成立的前夕就清醒地预见到："夺取全国胜利，这只是万里长征走完了第一步"，"革命以后的路程更长，工作更伟大，更艰苦。"[3]中华人民共和国之后，他立即领导全党对社会主义建设作了艰辛的探索，运用马克思主义的基本原理考察中国的实际，不断地总结经验。党在1952年提出了"一化三改"的过渡时期总路线[4]，1956年党的"八大"明确指出的主要

---

[1] 列宁：《伟大的创举》，见《列宁选集》第4卷，人民出版社1960年版，第16页。
[2] 毛泽东：《论联合政府》，见《毛泽东选集》第3卷，人民出版社1991年版，第1079页。
[3] 毛泽东：《在中国共产党第七届中央委员会第二次全体会议上的报告》，见《毛泽东选集》第4卷，人民出版社1991年版，第1428页。
[4] 指在一个相当长的时期内逐步实现国家的社会主义工业化，逐步实现国家对农业、手工业和资本主义工商业的社会主义改造。

矛盾已经不再是工人阶级和资产阶级的矛盾,而是人民对于经济文化迅速发展的需要与当前经济文化不能满足人们需要的状况之间的矛盾,党的根本任务已经是在新的生产关系下保护和发展生产力。随后毛泽东发表了《论十大关系》和《关于正确处理人民内部矛盾的问题》这样全面论述社会主义建设的奠基之作,并相应地提出了"统筹兼顾,适当安排"、"百花齐放,百家争鸣"、"长期共存,互相监督"以及"中国工业化的道路"等一系列重大战略思想和方针。正是这些正确方针的执行使中国建立了社会主义基本制度,为当代中国一切发展进步奠定了根本政治前提和制度基础,并初步建立了工业体系,为社会主义建设的进一步发展奠定了物质基础。所有这些,都是马克思主义指导的结果,也就是马克思主义普遍原理与中国社会主义建设的实际相结合的结果,是社会主义建设时期马克思主义中国化的结果。至于1957年以后发生的反右扩大化、"大跃进"和"共产风"、"反右倾机会主义"以及后来爆发的"文化大革命"的错误,则恰恰是偏离了马克思主义指导的结果。在阶级斗争已经不是国内主要矛盾的情况下提出并实行以阶级斗争为纲,离开了"八大"提出的以发展生产力为根本任的正确方针,这就脱离了中国实际,也违反了马克思主义的根本要求。这些教训从反面证明了,在社会主义建设时期同民主革命时期一样,离开了马克思主义的指导是不行的。

党的十一届三中全会纠正了"左"的错误,恢复了以实事求是为特征的马克思主义的思想路线,随后又确立了"一个中心、两个基本点"的基本路线,社会主义建设回到了马克思主义指导之下,开始了伟大的历史转折,开辟了前所未有的新局面。针对20世纪50年代中期以后一度发生的背离马克思主义的错误,邓小平重新反复强调生产力标准,指出:"马克思主义归根到底是要发展生产力";"马克思主义最注重发展生产力";"马克思主义的基本原则就是要发展生产力"。他在1992年的"南方谈话"中又深刻回答了与此相关的一系列重大问题,提出了"三个有利于"的标准,把"是否有利于发展社会主义社会的生产力,是否有利于增强社会主义国家的综合国力,是否有利于提高人民的生活水平"作为衡量社会主义建设是非得失的标准。① 指出："社会主义的本质，是解放生产力，发展生产力，消灭剥削，消除两极分化，最终达到共同富裕。"② 正因为党坚持了马克思主义的指导，解放思想，实事求是，与时俱进，不停顿地探索和总结，才形成了包括邓小平理论、"三个代表"重要思想和科学发展观的中国特色社会主义理论体系，使中国的社会主义建设取得了令全世界震惊的成就，显示出"中国模式"的强大生命力，同时也创造性地丰富和发展了马克思主义。

60年的实践证明，在社会主义建设时期如同在革命时期一样，凡是坚持了马克思主义的指导，正确地实现了马克思主义的普遍真理与中国实际相结合的时候，我们的事业就取得胜利；凡是偏离了马克思主义的指导，偏离了马克思主义普遍真理与中国实际相结合的原则的时候，我们的事业就遭到挫折。不要忘记，中国的社会主义建设是在旧中国遗留下来的基地上开始的。那时的中国没有先进的现代工业，分散落后的个体农业和手工业经济占百分之九十以上；没有先进的科学技术，文盲占全国人口的大多数；国际帝国主义不甘心于在中国的失败，虎视眈眈地千方百计地破坏和阻挠中国的建设。如果没有用马克思主义武装起来的中国共产党的坚强领导，没有马克思主义与中国实际的正确结合，没有探索到一条建设中国特色社会主义的正确道路，怎么可能在短短的历史时期内把"一穷二白"的中国变成今天这样强大的中国呢？

（二）有人主张以现代西方资产阶级理论取代马克思主义作为中国建设的指导思想。他们并不以民主革命时期的所谓"第三条道路"的破产为鉴，在新的时期又重新鼓吹西方资本主义的经济、政治、文化的"优越"和资产阶级理论的"高明"。这些鼓吹者的具体说法虽然形形色色，但共同点十分鲜明，就是在经济上主张全盘私有化，反对以社会主义公有制为主体、多种经济共同发展的基本经济制度；在政治上主张"三权分立"和

---

① 邓小平：《在武昌、深圳、珠海上海等地的谈话要点》，见《邓小平文选》第3卷，人民出版社1993年版，第372页。
② 邓小平：《在武昌、深圳、珠海上海等地的谈话要点》，见《邓小平文选》第3卷，人民出版社1993年版，第373页。

多党制，反对共产党领导下的多党合作和人民代表大会的基本政治制度；在思想文化上主张资产阶级自由化，反对马克思主义的指导地位。他们所持的共同理由就是当今世界已经全球化、一体化了，自由、平等、人权已经是"普世价值"了，中国如果不与国际接轨，不融入国际社会，就自外于现代化的潮流了。

对这种理论，我们要指出几点：

1. 当今世界的全局确实发生了巨大的变化。和平和发展已成为世界人民要求的主题。但这两大主题实际上一个也没有解决。虽然由于世界人民持续不懈的斗争，发达国家资本统治的形式虽然不得不有所改变，但它为追求最大利润而掠夺全世界的本质不仅没有改变，反而变本加厉了。经济全球化实际上就是资本主义发达国家的垄断资本向全世界扩张的狂潮。为了巩固和扩大资本统治的权力，它们采取了政治的、经济的、文化的、军事的手段，不遗余力。它们对中国的崛起是不甘心的。它们的根本图谋是迫使中国既为它们提供巨额利润的来源，又支持和配合它们的全球战略，关键的一条就是要中国放弃马克思主义的指导，放弃社会主义道路，成为它们的附庸和跟班。它们对社会主义中国实行"西化"、"分化"的策略，并不是希望中国变成另一个资本主义发达国家，增加一个掠夺世界财富的竞争对手，而是要中国在它们设定的全球化格局中为它们的战略目标服务。一百年多年来它们把中国变成殖民地半殖民地的企图被中国人民粉碎了之后，它们并没有改弦更张，只不过手段和方式不得不改变而已。在今天的中国，如果屈从或迎合它们的要求，放弃马克思主义的指导和社会主义道路，一百多年来中国人民流血牺牲艰苦奋斗的成果就会付诸东流，就会回到"国将不国"的局面。我们当然要与国际接轨，也当然要融入国际社会，但拿什么东西去接轨，以什么角色融入国际社会，却必须以马克思主义的观点作出科学的分析，独立自主地决定我们的战略和对策，而不能听任国际资本的摆布，充当它们的配角，去维护它们所需要的"一体化"。

2. 现今资本主义发达国家的经济制度、政治制度和占统治地位的意识形态，都是从资产阶级取得战胜封建阶级的历史性胜利的时候就建立起来并延续至今的,是资本的本性的产物,是以维护资产阶级的根本利益为内容的。几百年来资产阶级虽然为了缓和国内的阶级矛盾和其他矛盾以维护它们的统治,确实作了许多改变和调整,各国的具体情况也有差异,但资本的共同的本质没有改变也不可能改变。发达资本主义国家以各种手段向全世界不遗余力地推广的价值观念决无"普世"的性质,只不过以普遍性的形式把资本的要求说成"全人类"的要求而已。说到底,它们鼓吹的自由,不过是资本运作的自由和劳动者出卖劳动力的自由;平等,不过是是资产阶级与劳动者在劳动力买卖时的等价交换;民主,不过是资本财团挑选代理人的权利和人民在大财团选中的若干代理人中选择统治者的权利;人权,则是所有这些的总称。何况即使如此,它们也没有完全兑现。在资本利益需要的场合,它们还可以随意违背自己鼓吹的原则,以"双重标准"评价同样的事件。它们可以按照自己的利益需要任意侵犯别人的国家主权,颠覆别人的政府,掠夺别人的财富和资源,用最先进的武器肆意屠杀别国的人民,这些每天都在我们眼前发生的事实,充分显示了它们宣扬的"普世价值"的虚伪性和欺骗性。我们共产党人是坚定不移地为名副其实的自由、平等、民主、人权的充分实现而努力奋斗的,但是决不能把垄断资产阶级的观念当作"普世价值"盲目遵循。我们当然也决不能盲目拒斥发达资本主义国家的先进的东西。我们必须看到它们有先进的科学技术,有强大的市场运作经验,在文化教育方面也有不少先进的东西,对所有这些东西我们都必须以博大的胸怀和开放的眼光加以吸纳和借鉴。但是所有这些吸纳和借鉴都必须用马克思主义的方法加以分析,都必须纳入社会主义基本制度的轨道,使它们变成社会主义建设方法的有机成分,为我所用,而决不能一概照搬。

(三)有人主张以中国儒家思想取代马克思主义作为中国建设的指导思想,提出"以儒学取代马克思主义"、"儒化共产党"、"儒化中国"的口号。他们认为马克思主义是"非我族类"的外来文化,后来"入主中国"是"鹊巢鸠占","窃据"了国家意识形态的地位。他们扬言"要马统则不能有儒统,要儒统则不能有马统,两者不可得兼",要恢复儒学在古代的那种"王官学"的地位,重新回到"独尊儒术"的时代。极少数人还设计了"通儒院"、"庶民院"、"国体院"三院制的"王道政治"方案,并主张重建以儒教为国教的"政教合一"国家。有的人则把马克思主义中国化曲解为"儒家化",把中国特色社会主义曲解为"儒家社会主义",提出要"儒化共产党","儒化中国",走"儒家社会主义"的道路。这种"新儒家"在不同的时期、不同的形势下有不同的表现,具体说法也是形形色色,并不完全一致,有的也表示愿意与马克思主义"对话",甚至承认马克思主义也有合理的成分可以吸收到儒家思想的体系中来;但有一点是共同的,就是他们都坚持儒家的思想体系的根基是不能动摇的,儒家的"正统"地位是不能更改的,他们都反对马克思主义,都主张以儒家思想取代马克思主义的指导地位。看一看"新儒家"的发展史,就知道现代新儒家在中国一开始就是作为西化派和马克思主义派的对立面而出现的,他们不能容忍中国共产党人运用马克思主义的节节胜利把中国引上了社会主义的道路,在每一个发展阶段都大唱反调,在学理上和政治上公开攻击马克思主义,企图扭转这一历史进程。崇儒反马是几代新儒家的共性和本质特征。目前他们宣扬的理论不过是同一个基调在不同条件下的不同表现而已。①

  中国传统文化,包括长期占主导地位的儒家思想在内,源远流长,博大精深,是中华民族对世界文明宝库的卓越贡献。这是没有疑问的。马克思主义要中国化,决不能离开对中国传统文化包括儒家思想的继承。这也是没有疑问的。没有人比中国共产党更深刻地理解这一点。毛泽东说得极其清楚:"学习我们的历史遗产,用马克思主义的方法给以批判的总结,是我们学习的另一任务。我们这个民族有数千年的历史,有它的特点,有它的许多珍贵品。""今天的中国是历史的中国的一个发展;我们是马克思主义的历史主义者,我们不应当割断历史。从孔夫子到孙中山,我们应当给以总结,承继这一份珍贵的遗产。"②但是,儒家思想是中国封建社会统

---

① 参见方克立:《关于马克思主义与儒学关系的三点看法》,载《高校理论战线》2008年第11期。
② 毛泽东:《中国共产党在民族革命战争中的地位》,见《毛泽东选集》第2卷,人民出版社1991年版,第541页。

治阶级的意识形态，是中国封建社会的统治思想。它的核心是维护中国封建社会的秩序。儒家思想中既有精华也有糟粕，精华的部分也有时代特征的局限和阶级属性的局限，与马克思主义的科学理论不可同日而语。马克思主义中国化当然离不开弘扬中国传统文化的优秀成分，包括儒家思想的优秀成分，但什么是优秀成分，如何弘扬，只有"用马克思主义的方法给以批判的总结"才能弄清，才能做好。我们决不能不加分析地颂古非今，把儒家思想抬高到至高无上的地位，以至于要取代马克思主义的指导地位。在中华民族饱受列强宰割的生死关头，儒家思想已经捉襟见肘，无能为力了，是马克思主义救了中国。这不是事实吗？今天的现代化建设任务比革命时期更复杂、更艰巨，当中国正在中国化的马克思主义指导下取得举世瞩目的建设成就并在中国特色社会主义的道路上阔步前进的时候，反而要取消马克思主义的指导而以儒家思想为指导，这不是异想天开，在历史的大道上开倒车吗？

让我们以和谐思想和民本思想为例，来分析一下问题的实质。

有人认为中国儒家的和谐思想比马克思主义的唯物辩证法高明。他们把儒家的和谐思想叫作"和谐哲学"，而把马克思主义的唯物辩证法叫作"矛盾哲学"，而又把"矛盾哲学"定义为"斗争哲学"。按照他们的解释，唯物辩证法的"矛盾哲学"是只讲斗争不讲同一的哲学，是只讲矛盾的"一方消灭一方"而不承认矛盾双方可能融合的哲学，是主张"仇必仇到底"的哲学，因而与建立和谐社会的乃至和谐世界的要求背道而驰，必须彻底抛弃，而代之以"和谐哲学"。这种理论是不能成立的。

首先，把唯物辩证法说成"斗争哲学"，这就是极大的曲解。不错，在"文化大革命"中确曾一度流行过把唯物辩证法叫作"斗争哲学"的说法。但那是对唯物辩证法的曲解，而且在实践中造成了严重的危害，这是众所周知的。但"斗争哲学"究竟错在何处？是不能不辨析的。"斗争哲学"的错误并不在于承认矛盾，也不在于承认矛盾的斗争性，而在于以下三点：第一，对辩证法的理论内容作了片面的解释，肢解了辩证法的整体性，违背了辩证法的根本精神。辩证法本来是以对立统一规律为核心的没有片面性的发展学说。这种学说反映了一个事实：万事万物内部都具有互相对立、互相排斥的倾向或方面，而这两个方面又是互相依赖、互相联系的。"矛盾"这个名词所指称的就是事物内部的这种关系。"斗争"就是对立或排斥的同义词，同一（或统一）就是依赖或联系的同义词。古代和现代的辩证法思想有精粗深浅的区别，西方和东方的辩证法思想有表述形式的差异，但只要称得上是辩证法的思想，都承认矛盾双方的斗争性和同一性是不可分离的，否则不成其为辩证法。在这个意义上把辩证法叫作"矛盾哲学"是合理的。"斗争哲学"与此不同，它把"斗争"说成矛盾双方关系的唯一内容，抹杀了或取消了矛盾双方的同一性。这就改变了"矛盾"概念的本来涵义，无异于取消了辩证法。第二，对"斗争"概念的内涵也作了狭隘的解释。"斗争"（struggle）在辩证法中是一个有严格涵义的哲学概念，指的是矛盾双方互相对立或排斥的性质，不能按照日常生活中不严格的理解望文生义地滥用。在哲学意义上，矛盾双方的"斗争"即互相对立或排斥的形式和内容都是无限多样的。而"斗争哲学"却把"斗争"等同于"对抗"（antagonism），甚至进一步曲解为"你死我活"的暴力对抗，抹杀了"斗争"形式和内容的丰富性和多样性。第三，对"斗争"的结果也作了片面的解释。斗争与同一共同发挥作用的最终结果是矛盾的解决（至于又产生新的矛盾那是另一回事）。但矛盾的解决方式及其结果也是无限多样的，可能是"一方消灭一方"，也可能是"双方同归于尽"，也可能是"融合"，还可能是其他。这要依矛盾的性质和矛盾所处的外部条件而定。而"斗争哲学"把"斗争"的结果仅仅归结为一方"消灭"一方，一方"吃掉"一方，这明显地与事实不符。"斗争哲学"不是唯物辩证法的矛盾哲学，而是对矛盾哲学的错误理解。把"斗争哲学"的帽子强加于唯物辩证法，那是张冠李戴，指鹿为马。

马克思主义的唯物辩证法决不排斥和谐的存在，决不反对追求和谐。作为我们奋斗目标的未来共产主义就是充分实现了的和谐社会，怎么会反对追求和谐呢？但是，唯物辩证法认为，和谐不是没有矛盾，也不是所有的矛盾都和谐。和谐这个词是专门用来指称矛盾双方相互关系的一种特殊状态的，这种状态的特点就在于矛盾双方的发展不仅不互相损害，而且还互相促进，即人们通常用"相辅相成"、"共生共荣"、"和实生物"、"互利双赢"之类的语词描绘的状态。这种状态是可能出现的,事实上无论在自然界和社会生活中都已经出现过。以社会现象为例,在利益有共同点的基础上也可以出现局部的暂时的和谐状态,更不用说在人民利益根本一致的社会主义社会了。正因为如此,我们今天构建社会主义和谐社会才不是空想。①但是也要看到,这种状态并不是在任何情况下都可以出现的:(一)这要看矛盾双方关系的内部性质如何。有些矛盾有达到和谐的客观可能性,但另一些矛盾的本性却决定了双方不可能和谐,对后一类矛盾讲和谐就没有意义。(二)还要看矛盾所处的外部条件如何。同样性质的矛盾,在某种外部条件下可以由不和谐转化为和谐,也可以由和谐转化为不和谐。(三)还要看处理矛盾的方法如何。同样性质的矛盾,处在同样外部条件下的矛盾,由于处理方法的不同,能否达到和谐的结果也会不同。不加分析地泛谈和谐,在理论上是混乱的,在实践上也是无益的。

鼓吹以儒家的"和谐哲学"取代唯物辩证法的矛盾哲学的人们,在逻辑上是一片混乱的。第一,他们把"斗争"这个词窄化了哲学概念的外延,把斗争仅仅理解为对抗,用"你死我活"、"斩尽杀绝"、"消灭对方"、"两败俱伤"之类的语词加以描绘,这就犯了与"斗争哲学"同样的错误。作为哲学概念的"斗争"当然包括对抗,但决不限于对抗。不仅战争、杀戮、打击、灭绝一类的激烈对抗现象是斗争,争议、讨论、谈判、协商、沟通、说服、劝谏、化解、妥协、让步乃至求同存异等等从哲学意义上看也是不同形式的斗争。第二,他们泛化了"和谐"概念,似乎不管什么性质的事物之间都可以和谐。这也不符合事实。试问,当年我们进行反法西斯战争的时候,能同希特勒、墨索里尼、东条英机"共生共荣"吗?今天我们进行社会主义建设的时候,能同图谋颠覆社会主义、图

---

① 最高典型的和谐社会的应该是"每个人的自由发展是一切人的自由发展的条件"共产主义社会,现在离这种和谐社会的实现还非常遥远。我们现在还处在社会主义初级阶段,要求构建的社会主义和谐社会还只能是相对意义上的和谐社会,即和谐状态占主导地位而且和谐的范围和程度逐步扩大和提升的社会。但社会主义制度毕竟开始为逐步消除人际利益根本冲突的根源、形成社会成员根本利益的一致提供了客观基础,从而使构建社会主义和谐社会成为必要和可能。千里之行始于足下,我们现在把构建和谐社会的任务提上日程并付诸实践是完全必要的。

谋分裂祖国敌对势力"互利双赢"吗？能同腐败分子和其他犯罪分子"相辅相成"吗？第三，他们把促进和谐的动力片面化了，只看到同一性的积极作用，而否认了斗争性的积极作用。似乎同一性与斗争性是两个各司其职的"部门"，同一性是专管"建设"、促进和谐的，斗争性是专管"破坏"、妨碍和谐的。要和谐就必须抛弃斗争，一斗争就必定破坏和谐。现在既然要搞建设、讲和谐，斗争性这个"部门"就应该"撤销"了。这也是不实之论。矛盾的同一性和斗争性本来就不可分离，没有无同一的斗争，也没有无斗争的同一。和谐的实现是同一和斗争共同起作用的结果。抽掉了斗争怎么可能实现和谐？我们现在要构建社会主义和谐社会，能不与阻碍和谐、破坏和谐的因素作斗争吗？仅仅近年来我们在天灾人祸面前就作了多少艰苦卓绝感天动地的斗争，没有这些斗争我们能有现在的局面吗？

其实，把儒家的和谐思想归结为"和谐哲学"，似乎儒家对无论什么互相矛盾的事物都一概讲"和为贵"，都主张"融合"，这也是不符合实际的片面之词。儒家虽然标榜"道并行而不悖"，其实对他们认定的"异端邪说"是从不允许"并行不悖"的。以儒家道统的传承人自居的韩愈力辟佛老，甚至主张"不塞不流，不止不行"，对佛教要"人其人，火其书"，何尝真的实行了"道并行而不悖"？至于"乱臣贼子人人得而诛之"，"闻诛一夫纣矣，未闻弑君也"，就更没有"和为贵"的意思了。张载说的"有象斯有对，对必反其为，有反斯有仇"，是明确地承认矛盾的客观存在的。只不过他接着说"仇必和而解"就很不全面罢了。现在主张以"和谐哲学"代替唯物辩证法的人们在否认矛盾这一点上比儒家的本来思想还要过分，如果竟然把这种连矛盾也不承认的"和谐哲学"作为建设社会主义的指导思想，我们就会就连一个现实的矛盾也不能解决，"和谐社会"就成为空中楼阁了。

有人认为中国儒家的"民本思想"比马克思主义的解放全人类的思想还高明，我们认为这是不能成立的。毫无疑问，儒家的"民本思想"确是值得批判继承的宝贵思想遗产。从《尚书》的"天视自我民视，天听自我民听"到《管子》的"政之所兴在顺民心，政之所废在逆民心"，从孔子的"仁者爱人"、"泛爱众"、"修己以安百姓"到孟子的"民为贵,社稷次之,君为轻",都大力宣扬了"民为邦本,本固邦宁"的基本思想。许多伟大的思想家和诗人以"穷年忧黎元,叹息肠内热"的情怀真诚地关心人民疾苦,揭露贫富悬殊,谴责残民虐民,留下了大量撼人心魄的篇章。这种民本思想在数千年的封建社会中对抑制过度的剥削压迫,调节社会矛盾,促进生产力和文化的发展都有重要意义,这是不能否认的。但是我们又不能不看到,儒家的民本思想的理论基础是离开人的社会性和历史发展的抽象人性论。无论是性善论、性恶论或其他理论,都不能科学地解释社会历史和人的本质。在不改变阶级社会结构、不消灭阶级剥削和阶级压迫的情况下,这种民本思想所宣扬的"泛爱众"和"民为贵"是不可能真正实现的。在"庖有肥肉厩有肥马,民有饥色野有饿莩","富者田连阡陌,贫者无立锥之地","朱门酒肉臭,路有冻死骨"的状况下,"己所不欲,勿施于人"、"己欲立而立人,己欲达而达人"至多也只是一种崇高的空想,统治阶级是决不会付诸实行的。何况儒家宣扬的民本思想毕竟还是统治阶级"御民"、"牧民"、"使民"、"用民"、"治民"的方略,是所谓"仁政"和"王道"的依据,根本前提还是维护和改善封建地主阶级的统治。管仲说的"凡治国之道必先富民,民富则易治也,民贫则难治也",孔子说的"百姓足,君孰与不足?""君子学道则爱人,小人学道则易使",都极其清楚地表明了儒家的民本思想归根到底是从统治阶级的根本利益着眼的。即使是极有远见极有作为的明君贤相,也只能把"民"看成既能载舟也能覆舟之"水",也就是支撑这个统治的基础,而不可能把人民看成历史的主人,让人民当家做主。韩愈说得直截了当:"民者,出粟米丝麻作器皿通货财以事其上者也","民不出粟米丝麻作器皿通货财以事其上,则诛"。孟子说的"劳心者治人,劳力者治于人"还是"天下之通义"。这与我们今天以马克思主义为指导的以民为本的内涵是根本不同的。

我们反对以儒家思想取代马克思主义的指导地位,绝不是否认儒家思想的历史地位和当代价值,更不是全盘抛弃儒家思想的积极成分。恰恰相反,我们必须用马克思主义的立场观点方法对它给以批判的总结,把其中的"珍贵品"从原来的思想体系和阶级属性中剥离出来,重新予以诠释、熔铸和改造,赋予新的涵义,为我所用。这对增强马克思主义的中国作风和中国气派,增强中国化的马克思主义的民族性、时代性、群众性和实效性都是必不可少的工作。我们今天正在构建的社会主义核心价值体系中的以爱国主义为核心的民族精神和以改革创新为核心的时代精神,社会主义荣辱观,都与包括儒家思想在内的中国传统文化有辩证的继承关系,这是很显然的。这与以儒家思想取代马克思主义的主导地位是截然不同的两回事。

真理标准、生产力标准

评实用主义的真理论[1]

实用主义（pragmatism）是现代资产阶级哲学中一个有很大影响的主观唯心主义流派。它的基本原则是由美国人皮尔士（Charles Peirce）在19世纪70年代首先提出的；另一个美国人詹姆斯（William James）在19世纪末重新提出实用主义的原则，并在20世纪初发表了《实用主义》一书（1907年），系统地阐发了实用主义理论，正式形成了实用主义流派。美国人杜威（John Dewey）、英国人席勒（Ferdinand Canning Scott Schiller）等是实用主义的发挥者。现在还活跃于美国哲学界的胡克（Sidney Hook）等人仍在继续宣扬实用主义。这种哲学是现代的垄断资产阶级的地位、利益及其政治倾向的一种理论表现。实用主义通过胡适的大力介绍和鼓吹，在中国也有相当的影响。

实用主义哲学的核心是真理论（theory of truth），即关于真理的理论。本文拟就这个问题对实用主义作一个初步的解剖和评论。

实用主义真理论的实质在于否认客观真理，而以"有用即真理"为基本信条。我认为这个理论有三个主要的方面：（1）在真理的定义问题上，以"工具主义"来反对唯物主义的反映论；（2）在绝对真理和相对真理的关系问题上，以相对主义来反对唯物辩证法；（3）在检验真理的标准问题上，标榜所谓"实践标准"来偷运主观唯心主义。这三个方面是一个整体，其中第一个方面是基本的东西，后两个方面是第一个方面的逻辑继续和补充。

---

[1] 原载《江汉学报》1964年第3期。

一、在真理的定义问题上,以"工具主义"来反对唯物主义的反映论

什么是真理?这是任何一种真理论首先必须回答的问题,也是真理论的基础和核心。

各派唯物主义对真理定义的表述可以有这样那样的差别,但有一点是共同的,就是都认为真理是表征认识与客观对象之间的符合关系的概念,这种客观现象不以人的意识为转移。因此,真理是不以人们的意识为转移的客观对象在人们头脑中的正确反映。这种反映论的真理观是从唯物主义的基本前提出发的,那就是承认物质世界的客观存在,人们的认识能够反映客观物质世界。实用主义以"有用即真理"的定义来反对唯物主义反映论的真理定义,它的这种"工具主义"的真理观是从主观唯心主义的基本前提出发的,那就是否认不以人们的意识为转移的客观物质世界的存在,否认人们的认识是客观物质世界的反映。为了弄清这种真理观的主观唯心主义性质,我们不得不花一点篇幅来分析一下它的出发点,看看它是怎样否认客观物质世界的存在,怎样否认人们的认识是客观物质世界的反映的。

在实用主义者的言论中,经常可以看到"实在"、"事实"、"客观"、"世界"、"对象"等等的名词,詹姆斯经常说他总是从"客观的事实出发",他"始终是一个认识论上的实在论者"[①];杜威也宣称"在任何实际研究中我们从来不怀疑世界的存在"[②];胡适则更是一贯地标榜要"注重事实,尊崇证验"。如果只从字面上看,真好像他们是承认客观物质世界的了。可是,如果分析一下这些名词实际上指的是什么,就可以知道根本不是那么回事。

詹姆斯说:"如果我们开始就假定世界上只有一种原始的素材或质料,

---

① [美] 詹姆斯:《真理的意义》(*The Meaning of Truth*, 1909),第 195 页。
② [美] 杜威:《实验逻辑论文集》(*Essays in Experimental Logic*, 1916),第 302 页。

一切东西都由这种素材构成，而且如果叫那素材为'纯粹经验'，则认识可以容易地解释为纯粹经验的各部分所会进入的相互间的一种特殊关系了。这关系本身也是纯粹经验的一部分；其中一端成为主体或知识的承担者、认识者，另一端成为被认知的客体。"① 他还说："老实说，什么东西在我们的意识之内而什么东西在我们的意识之外呢？如果我说某种东西在我的意识之外，它却已经在我的意识之内了。"② 清楚极了：世界上除了"经验"就没有别的东西，被认知的客体也是"经验"；"意识之外"的东西是没有的，一切都在我的"意识之内"。试问：这不就是贝克莱的"物是观念的集合"和"存在就是被感知"的重复吗？

席勒也说："我们知道这个实在，因为当我知道它时它存在着，离开了那个过程以外到底有什么东西，我是一点也不知道的。"③ 这也是"存在就是被感知"的复述。

杜威的说法比詹姆斯和席勒的说法要隐晦曲折得多。他说："被认识的对象是作为有指导作用的后果而存在的。"④ 又说："研究产生它所应付的存在上的变化和改造；变化的结果……是把一个不确定的有问题的情境转变为一个确定的、决定的情境。"⑤ 这些晦涩的话无非是说，物质世界的"存在"只不过是一种"不确定的、有问题的""存在"，它并不是我们认识的对象，作为我们认识对象的那个"存在"是我们"研究"的结果、"有指导的作用"的结果。那么，当我们不去"研究"它或"作用"于它的时候，它是否存在呢？按照杜威的说法，那就只能是一种"不确定的、有问题的""存在"了。我们都知道，世界是运动着的物质，而运动着的物质的种种形态都有确定的质的规定性。杜威的"不确定的、有问题的存在"究竟是一种什么怪物呢？实际上，这个"存在"就是"不存在"的别名。杜威绕了一个大弯子，归根到底还是要否认意识以外的物质世界的存在。

---

① ［美］詹姆斯：《彻底经验文集》（*Essays in Radical Empiricism*，1912），第 4 集。
② ［美］詹姆斯：《多元论的宇宙观》（*A Pluralistic Universe*，1909），第 159 页。
③ ［德］席勒：《人本主义》（*Humanism*，1903），第 124 页。
④ ［美］杜威：《确实性的寻求》（*The Quest for Certainty*，1929），第 138 页。
⑤ ［美］杜威：《实验逻辑论文集》（*Essays in Experimental Logic*，1916），第 159 页。

杜威的中国弟子胡适说得最直率。他说:"总而言之,实在是我们自己改造过的实在。这个实在里面含有无数人造的分子。实在是一个很服从的女孩子,他(她)百依百顺地由我们替他(她)涂抹起来,装扮起来……宇宙是经过我们自己的创造工夫的。"① 原来实用主义者心目中的"实在",就是被我们"创造"出来的!

由此可见,实用主义在本体论的问题上是坚持意识第一性、物质第二性的,它所谓的"存在"、"实在"、"客观事实"等等名词,指的就是感觉、经验等等,根本不承认意识以外的客观物质世界。这是实用主义真理论的一个基本出发点。

实用主义既然在本体论方面否认了意识以外的客观物质世界,那么在认识论方面就必然要否认人们的认识是客观物质世界的反映,即反对反映论。这只要看一看实用主义者对于什么是观念、什么是思维的问题的论述就昭然若揭了。

詹姆斯宣称,过去的唯心主义哲学家(休谟、康德等人)把"人心"看作一种以认识为任务的"独立的存在"是错误的,他认为"没有一种心理的变迁同时不发生身体上的变迁的",因此应该用生理现象去解释心理现象,应该承认脑部是一切心理现象的总机关。胡适对这一点赞扬得不得了,说这是"心理学史上一大革命",又是"哲学史上一大革命"②。有些天真的读者也许觉得詹姆斯的这种说法同唯物主义主张的"思维是人脑的机能"是一样的,因而无可非议。其实这是极大的误解。唯物主义说的"思维是人脑的机能"不是指的随便一种机能(例如消化机能、生殖机能等),而是指的反映客观世界的机能。假如詹姆斯也是这样主张的话,那当然无可非议。但是,假如真是这样,那又算得什么"革命"呢?思维是人脑的机能这个原理,早就被以往的唯物主义哲学和心理学指出来了,这个"命"早就"革"过了,用不着詹姆斯再来"革"了。可见,其所以被胡适叫作"革命"而且是"大革命",其奥妙并不在这里。奥妙之处在于:詹姆斯在承认思维是人脑的机能的同时,却否认了思维是客观世界的

---

① 《胡适文存》卷2,亚东图书馆1921年版,第106页。
② 《胡适文存》卷2,亚东图书馆1921年版,第90页。

反映。他"革"了思维的客观内容的"命","革"了反映论的"命"。请看他是怎样嘲笑反映论的吧:

> 譬如墙上的钟,我们闭了眼睛可以想象钟的模样,那还可以说是一种摹本。但是我们心里起的钟的用处的观念,也是摹本吗?摹的是什么呢?又如我们说钟的发条有弹性,这个观念摹的又是什么呢?这就可见一切不能有摹本的意象,那"和实在相符合"一句话又怎么解说呢?①

这个反驳我们留待后面再去评论。我们引这段话的目的只在于证明,如果詹姆斯也主张思维是人脑的机能的话,那么在他看来,这种机能绝不是反映客观世界的机能,人们的思维绝不是客观世界的"摹本"。那么思维究竟是什么呢?他认为只能是一个"工作计划",一个如何改变现实的途径的"指示",一个"工具";这个计划、指示或工具的全部意义就在于它能带来"实际效果"或"兑现价值"②。这就是詹姆斯的认识论的"精华"所在。

杜威把实用主义的认识论发挥得更加细致。他把他对思维的看法叫作"自然主义的思维观"。这种思维观是建筑在两个基本命题上的:(1)思维是作为有机体的人对特定刺激的反应;(2)思维是应付环境的工具。

什么叫作"对特定刺激的反应"呢?按照他的解释,就是:在平常的情况下,人们虽然也接受某些刺激,但并不引起思维;可是,当"经验内部出现冲突的因素",使人陷入了"疑难境地"的时候,人对刺激的反应就"延迟"了;"延迟"了一会儿之后,就产生了一种"更适当的反应",这种"延迟的但是更适当的反应"就是思维。例如一个人在沿着大路顺利前进的时候,并不产生思维;可是碰到岔路,就陷入"疑难境地"了:走哪一条路好呢?于是反应就"延迟"了;可是经过一番"延迟"之后,终于产生了"更适当的反应":决定走右边的一条路。这种由陷入"疑难

---

① [美] 詹姆斯:《实用主义》(*Pragmatism*, 1907),第109页。
② [美] 詹姆斯:《实用主义》*Pragmatism*, 1907),第45、53页。

境地"到脱出"疑难境地"的过程,在杜威看来就是思维。

杜威的这种思维观是同反映论特别是辩证唯物主义的反映论针锋相对的。因为:第一,杜威的所谓"特定的刺激",绝不是我们唯物主义通常所说的"外部刺激"(即意识以外的客观对象对我们的感觉器官的作用),而是指的"经验内部出现"的"冲突因素",即纯粹是意识范围以内的东西。第二,杜威所说的"反应",也绝不是指的客观世界在人们头脑中的反映,而仅仅是指的有机体在回答特定刺激时所产生的一切生理变化和行为的总和(他明确地承认他认为思维不仅是"皮质的",即不仅是人脑的机能,而且"双手双足,各种用具器材,与脑中的变化一样,都是思维的一部分")。① 第三,杜威的说法完全抹杀了思维的本质。我们知道,任何动物,甚至单细胞动物,都有对特定刺激作出反应的能力,难道它们都有思维吗?至于"延迟的但是更适当的反应",那也至少是一切具有中枢神经系统的动物都具有的能力(例如狗在碰到两块骨头的时候就陷入"疑难境地":先吃哪一块好呢?经过一番"延迟",它也会作出"更适当的反应":先吃大的!),难道它们都有思维吗?辩证唯物主义指出,思维是在劳动过程中同语言一起产生的,是在人超出于动物的区别点上产生的。由此可见,杜威对思维的说明,完全是违反科学的谬见。

杜威的思维观的另一个出发点,就是把思维看作应付环境的工具。在他看来,人的生活就像蛆虫在粪窖里滚去滚来,蜜蜂在玻璃窗上爬上爬下一样,都是"应付环境"。不过动物的"应付环境"同人的"应付环境"有"高下的不同",这种不同就在于"智识程度的不同"。人的"应付环境"比动物高明的地方,就在于人能够思维。所以说,思维乃是人在"应付环境"中"日用必不可少的工具"②。

杜威的这种论点是不能成立的。第一,把人的生活说成同蛆虫和蜜蜂一样是"应付环境",这是把人降低到动物(甚至低等动物)的水平。事实上,如果说动物只能消极地适应自然的话,那么,人和动物的根本区别恰恰在于人不是消极地适应自然,而是积极地改造自然,而杜威正好把这

---

① [美]杜威:《逻辑经验论文集》(*Essays in Experimental Logic*, 1916),第14页。
② 参看《胡适文存》卷2,亚东图书馆1921年版,第117—118页。

一点抹杀了。第二，把思维看成"工具"，这就抹杀了思维作为客观世界的反映的本质。固然，思维是指导人们进行实践活动的巨大力量，但它之所以具有这样的力量，正因为它是客观世界的反映。而工具之所以成为工具，却并不一定需要这个特点：菜刀是切菜的工具，茶杯是饮水的工具，它们都不是客观世界的反映。杜威所以要把思维说成应付环境的工具，其目的就在于使人们把思维看成同菜刀、茶杯一样的物品，忘记反映论。无怪乎他在《逻辑》一书中干脆否认了命题的真假之分。他竟然说："既然工具本身不是真的也不是假的，真假就不是命题的特性了。工具只是有效的或无效的，恰当的或不恰当的，经济的或浪费的……"①

由此可见，实用主义在认识论的问题上是反对唯物主义的反映论的。在他们看来，"思维"、"观念"、"认识"等等，根本不是客观世界在人们头脑中的反映，而仅仅是一种应付环境的工具。这是实用主义真理观的又一个基本出发点。

抓住了实用主义在本体论和认识方面的基本出发点，再来透视它的真理观，就比较容易看清楚了。

实用主义既然认为一切思维、观念、认识都是应付环境的工具，那末②在它看来，真理当然也是一种应付环境的工具——一种"好的"或"有效的"工具。为了弄清楚这种工具主义真理观的基本内容，我们不得不把实用主义的典型言论摘引几段。

詹姆斯是这样说的：

> 我们可以说："它是有用的，因为它是合乎真理的"，或者"它是合乎真理的，因为它是有用的"③。
>
> 事实上，真理大半存在于一种信托制度上。我们的思想和信念不拒绝使用它们，就通行无阻，好像银行钞票只要没有人拒绝使用，就总可以流通一样。

---

① ［美］杜威:《逻辑》(*Ethics*, 1908, revised ed. 1932)，第287页。
② 今写作"么"。——今注
③ ［美］詹姆斯:《实用主义》(*Pragmatism*, 1907)，第125页。

我们彼此在真理问题上互相做买卖。①

一个观念能把我们一部分的经验引渡到别一部分的经验，连贯的满意，办理的妥帖，把复杂的变简单了，把繁难的变容易了，——如果这个观念能做到这步田地，便真到这步田地，便含有那么多的真理。②

詹姆斯的这些理论在胡适的笔下发挥得更加淋漓尽致：

詹姆斯常说一个新的观念就是一个媒婆，他的用处就在能把本来有的旧思想和新发现的事实拉拢来做夫妻，使他们不吵闹，使他们和睦过日子……观念成为真理，全靠他有这做媒的本事。一切科学的定理，一切真理，新的旧的，都是会做媒的，或是现任的媒婆，或是已往退职的媒婆。纯粹客观的真理，不曾替人做过媒，不曾帮人摆过渡，这种真理是从来没有的。③

真理原来是人造的，是为了人造的，是人造出来供人用的，是因为他们大有用处所以才给他们"真理"的美名的。我们所谓真理，原不过是人的一种工具，真理和我手里的这张纸，这条粉笔，这块黑松，这把茶壶，是一样的东西；都是我们的工具。④

真理所以成为公认的真理，正因为他们替我们摆过渡，做过媒。摆渡的船破了，再造一个。帆船太慢了，换上一只汽船。这个媒婆不行，打他一顿媒拳，赶他出去，另外请一位靠得住的朋友做大媒。⑤

由此可见，"工具主义"的真理观可以归结为如下几个要点：（一）真理是人造出来的供人使用的一种工具；（二）一个观念是不是真理，要看它是不是给人带来"福利"，是不是"大有用处"；（三）一个观念是不是真

---

① ［美］詹姆斯：《实用主义》（*Pragmatism*，1907），第267页。
② ［美］詹姆斯：《实用主义》（*Pragmatism*，1907），第58页。
③ 《胡适文存》卷2，亚东图书馆1921年版，第100页。
④ 《胡适文存》卷2，亚东图书馆1921年版，第101页。
⑤ 《胡适文存》卷2，亚东图书馆1921年版，第102页。

理，要看它能不能把我们各部分的经验连贯得使人"满意";(四)一个观念是不是真理,要看它是不是"通行无阻",为大家所接受。

让我们来逐点地加以分析吧。

实用主义者把真理说成是人造出来供人使用的工具,这是哲学史上空前未有的最庸俗的真理观。首先,把真理看成工具,看成同纸张、粉笔、黑板、茶壶一样的物品,这是由他们把观念、思维等等认识形成统统看成工具或物品的观点中直接引申出来的。这种观点的荒谬性,我们在前面批判"自然主义"的思维观的时候已经分析过了,这里无需重复。这里需要指出的是,实用主义者所以要把真理说成是工具,其目的在于否认真理的客观内容,因为很显然,如果真理真是像纸张、粉笔、黑板、茶壶一样的人造出来供人用的工具,那么它就是完全以人的意志为转移的了。一把茶壶,我可以用磁造、铜造、玉造、塑料造,也可以造成圆柱形、六边体形、葫芦形,完全看我的高兴。如果真理也是这样的东西,那就是说,人人都可以"造"出他自己喜爱的、他自己认为合用的"真理"来,就像他可以造出随便一种花色品种的茶壶来一样。试问:这样一来真理还有什么不以人们的意志为转移的内容呢?还有什么客观真理呢?辩证唯物主义依据科学和实践和结果指出,真理是客观世界的主观映像(而且是正确的映像)。真理的形式固然是主观的(因为它是客观世界的映像,不是客观世界本身),然而真理的内容完全是客观的(因为它是客观世界的映像,而不是主观自生的东西)。所以列宁说:"有没有客观真理?就是说,在人的表象中能否有不依赖于主体、不依赖人类的内容?"① 真理的内容是不依赖于人的,只有正确地反映了客观世界的认识,才是真理;否则是谬误。实用主义者硬说真理可以根据人的意志随便"造"出来,这是荒谬绝伦的。我们在前面提到过,詹姆斯曾经极力嘲笑了把真理看作"和实在相符合的意象"的说法,并举例说,关于钟的用处的观念,关于发条有弹性的观念,都不是"摹本"。他自以为这是很厉害的一击。其实,对唯物主义真理观的这种嘲笑倒是十分可笑的。钟的用处是计时,钟的发条有弹性,

---

① 列宁:《唯物主义与经验批判主义》,见《列宁全集》第18卷,人民出版社1988年版,第122页。

这是事物的不依人的意志为转移的客观属性。如果你要获得真理，你就只能老老实实地使你的认识成为这种客观事物的客观属性的"摹本"，即如实地反映它。假如你不是这样做，而是按照自己的意志去"造"出一个"真理"来，比如说，硬说钟的用处不是计时而是充饥，硬说发条没有弹性，那么实践就会狠狠地教训你！

（二）实用主义者认为"大有用处"的就真理，这是垄断资产阶级唯利是图的本质在哲学上的表现。按照这种谬论，即使是荒诞、迷信、骗人的东西，只要对我"有利"、"有用"，都可以称为真理。我是强盗，我用掠夺的办法取得了一批财物，我"成功"了，这办法就是真理；我是骗子，我想个主意骗到了一笔钱，我"成功"了，这主意就是真理。这真是"盗亦有道"的"理论"！我们都知道，在阶级社会里，人们的利益往往是对立的。对一部分人"大有用处"的东西，对另一部分人往往大有害处。实用主义者所说的"大有用处"的就是真理，究竟是指的对谁"大有用处"呢？显然，他们实际上指的是对垄断资产阶级"大有用处"。帝国主义的侵略政策和战争政策对资产阶级"大有用处"，所以它就是真理。马克思列宁主义对资产阶级不但没有"用处"，而且"大有害处"，所以它就不是真理。詹姆斯明确地承认："如果上帝这一个假设在最广泛的意义上圆满地有效，这个假设就是真理。"[①] 在这里，关于哪一种认识符合客观实际的问题被抛到九霄云外去了，真理同资产阶级的利益完全等同起来了；资产阶级需要什么，什么就是真理。

也许有些天真的人认为，如果不说对资产阶级"大有用处"的就是真理，而说对无产阶级和广大人民"大有用处"的就是真理，也许不算错误吧？我们说，即使这样"修改"一下，也还是错误的。固然，凡属真理，因为它正确地反映了客观世界的规律性，能够帮助人民正确地认识世界和有效地改造世界，因而它归根到底总是对人民有利。但是，某一个认识之所以叫作真理，却并不是因为它对无产阶级和广大人民有利，而是因为它正确地反映了客观世界的规律性。换句话说，一个认识不是因为对人民有

---

① ［美］詹姆斯：《实用主义》（*Pragmatism*，1907），第299页。

利才成为真理,而是因为它是真理才对人民有利。

(三)实用主义者认为凡属能把人们的各部分经验连贯得使人"满意"的就是真理。这也不能成立。实用主义者所谓的"满意",主要是所谓"把复杂的变简单了,把繁难的变容易了"。换句话说,什么说法对我"方便"些,"省事"些,什么说法就是真理,而根本不管哪种说法更符合客观实际些。这是十足的主观唯心主义。列宁在揭露"思维经济原则"的时候一针见血地问道:"'设想'原子是不可分割的'经济些'呢,还是'设想'原子是由正电子和负电子构成的'经济些'?……只要这样提出问题,就可以看出**在这里**使用'思维经济'这个范畴是荒谬的、主观主义的。"①他指出:"如果真的把思维经济原则当作'认识论的基础',那么这个原则只能导致主观唯心主义,不能导致其他任何东西。只要我们把这样荒谬的概念搬入认识论,那么不用说,'设想'只有我和我的感觉存在着,是最'经济'不过的了。"②列宁的这些话对实用主义也完全适用。我们知道,根据唯物主义的原理,真理只能是客观对象的如实的反映。客观对象有多么复杂,就应当承认它有多么复杂,有多么繁难,就应当承认它有多么繁难。如果只图解释的"方便"和"满意",随心所欲地把复杂的"变"成简单的,繁难的"变"成容易的,那还有什么真理可言呢?《圣经》上关于地球上的生物都是上帝创造的说法,比达尔文的进化论要"简单"得多,"容易"得多,按照实用主义的原则,就应该认为上帝造物说是真理,而进化论倒是谬误了。

其实,实用主义者的这种谬说,是同他们的"有用即真理"的基本命题分不开的。他们的所谓把复杂"变"简单,把繁难"变"容易,归根到底,还是要"变"出一套对资产阶级"大有用处"的说法来。所谓"满意",说穿了,就是使资产阶级因为得到"福利"而感到"满意"。一切触犯了资产阶级的利益的思想、理论、学说等等,尽管正确地反映客观

---

① 列宁:《唯物主义与经验批判主义》,见《列宁全集》第18卷,人民出版社1988年版,第173页。
② 列宁:《唯物主义与经验批判主义》,见《列宁全集》第18卷,人民出版社1988年版,第173页。

实际，资产阶级总是不"满意"的，而按照实用主义的原则，既然资产阶级不"满意"，那当然就不是真理了。问题的实质就在这里。

（四）实用主义者认为凡属能够通行无阻、不为别人所拒绝的，就是真理，就像钞票只要可以流通，就是真钞票一样。这仍然是谬说。一个认识是不是真理，根本不在于人们对它是接受还是拒绝，而在于它是不是反映了客观实际。以人们的接受或拒绝作为真理的标志，这就完全取消了真理的客观性。谁人不知，许多反映客观实际的真理性的认识，因为触犯了剥削阶级的利益，就要被他们所拒绝，就不能通行无阻，难道这些认识就不是真理吗？有些真理性的认识，在开始被发现的一段时间里，由于群众的经验不足，也可能暂时不为多数群众所接受，也不能通行无阻，难道这样的认识就不是真理吗？历史和现实生活千万次地证明，无数的科学真理，首先总是被少数先进人物所发现、所掌握（当然，他们之所以能够做到这一点，是因为他们集中了群众的经验），而多数人则暂时处于不自觉的状态。在这种情况下，真理就不能"通行无阻"。不错，只要是真理，归根到底总是会为多数群众所接受，但这是长期艰苦斗争的结果，决不像钞票的流通那样简单。而且，一个认识也并不是因为被大多数群众接受才成为真理，而是因为它是真理才终于为大多数人所接受。这是一方面。另一方面，许多歪曲了客观实际的谬说，不但一直在反动统治阶级中"通行无阻"，而且也可能在一段时间内迷惑相当多的群众，在这些群众中暂时地"通行无阻"，难道因此就可以说这些谬说是真理吗？只要这样提出问题，就很容易看出实用主义的这种说法是何等荒谬了。

实用主义者的这种谬论，也是同他们的"有用即真理"的信条分不开的。他们的真正用意是说，只要是对资产阶级"有用"的东西，尽管它完全歪曲了客观实际，资产阶级也应当接受它（就像我们承认一张钞票是法定的钞票一样），而资产阶级一接受它，它就是真理。反之，只要是对资产阶级无用而且有害的东西，尽管它正确地反映了客观实际，资产阶级也应当拒绝它（就像拒绝使用一张不合法的钞票一样），而一拒绝它，它就不是真理了。这是多么得心应手的工具！

二、在绝对真理和相对真理的关系问题上，以相对主义来反对唯物辩证法

实用主义者用工具主义的真理定义来反对反映论的（即唯物主义的）真理定义，其逻辑的结果，就是要把相对主义作为认识论的基础，否认绝对真理。而对绝对真理的否认，反过来又补充了他们以否认客观真理为特征的工具主义的真理观。

实用主义者极力歪曲 19 世纪以来自然科学上的革命变革。他们把这次变革中表现出来的人类认识的相对性的因素绝对化，作为否定绝对真理的借口。

按照胡适的说法，实用主义这种"新哲学""完全是近代科学发达的结果"。他说，19 世纪的科学的基本观念有一番根本的大变迁，其中有两个重要的变迁同实用主义"有绝大的关系"。一是科学家对科学律例（即科学规律）的态度的变迁，一是达尔文的进化论。据说，这两大变迁都证明了世界上只有相对真理，而绝对真理是没有的。[①]

让我们来看看究竟是怎么一回事吧。

首先，我们来看看胡适所说的第一个大变迁，即科学家对科学律例的态度的变迁。

胡适说，从前崇拜科学的人，总以为科学的律例是"一定不变的天经地义"，现在觉悟了，懂得了科学律例并不是什么天经地义，而是"人造的假设"。何以见得呢？胡适举了两个例子。第一个例子是关于天文学的。他说，从前王充认为太阳是挂在天上并跟着天旋转的，这是一种假设；后来有人（按：他实际上指的是托勒密）说地是宇宙的中心，日月星辰绕地运行，这又是一种假设；这两种假设"在当时都推为科学的律例"。可是后来哥白尼提出太阳宇宙（实际指太阳系）中心说，又是第三个假设。这

[①] 见《胡适文存》卷 2，亚东图书馆 1921 年版，第 76—83 页。

个假设后来被开普勒、牛顿进一步解释得"格外周密",把行星的运行说得"最圆满",没有别的假设比得上它,因此它就成了科学的律例了。"即此一条律例看来,便可见这种律例原不过是人造的假设,用来解释事物的现象,解释得满意,就是真的;解释得不满人意,便不是真的,便该寻别种假设来代它了。"第二个例子是关于数学的。他说,平常的几何学(指欧几里得几何学)认为三角形三内角之和等于二直角,从直线外一点只能作一直线与该直线平行。可是洛巴切夫斯基的几何学说三角形三内角之和小于二直角,从直线外一点可以作无数直线与该直线平行;黎曼的几何学则认为三角形三内角之和大于二直角,从直线外一点不能作出任何与该直线平行的线。"这两派新几何学……都不是疯子说疯话,都有可成立的理由。于是平常人和古代哲学家所同声尊为天经地义的几何学定理,也不能不看作一些人造的最方便的假设了。"①胡适在引证了这套"科学根据"之后总结道:"从前认作天经地义的科学律例如今都变成了人造的最方便最适用的假设。""这种对于科学律例的新态度,是实验主义的一个最重要的根本学理,实验主义绝不承认我们所谓'真理'就是永久不变的天理;他只承认一切'真理'都是应用的假设,假设的真不真,全靠他能不能发生他应该发生的效果。这就是'科学实验室的态度'。"②

胡适的这些辩护站得住脚吗?

拿他的第一个例子来看吧。王充的说法,托勒密的说法,都是从来没有被实践证明其为正确的东西,在当时确实只能说是一种假设,而且这种假设在后来又被实践所推翻了,证明了它们从来就不是真理,从来就不是什么科学的律例。至于它们"在当时都(被)推为科学律例",那只能说明当时的人们"推"错了,并不能说明这两个假设在当时曾经是科学的律例,曾经是真理。哥白尼的太阳宇宙(实际上指太阳系)中心说同以上两种说法是有原则区别的。这种学说起初虽然也是一种假设,但是后来的实践反复证明了它是符合于天体运行的客观规律的真正的科学律例。哥白尼的学说之所以叫作科学律例,并不是因为它比王充、托勒密的学说"周

---

① 见《胡适文存》卷2,亚东图书馆1921年版,第79页。
② 见《胡适文存》卷2,亚东图书馆1921年版,第79—80页。

密"些,"圆满"些,而是因为它符合于天体运行的客观规律(一切理论都是摹写。如果要说"周密""圆满"的话,那就只能说,对客观对象摹写得愈精确,就愈"周密",愈"圆满"。离开了这个前提谈什么"周密"和"圆满",就是与真理无关的议论了)。怎么能把经过实践证明了符合天体运行规律的哥白尼学说同经过实践驳倒了的不符合天体运行规律的另外两种学说等量齐观,一股脑儿叫作"人造的假设",又一股脑儿叫作"科学的律例"呢?用王充和托勒密的说法曾经被推翻为理由,来证明科学律例也都免不了被推翻,这是站不住脚的。辩证唯物主义告诉我们,凡属真正经过实践检验过并且证明了与一定的客观规律性相符合的科学律例,是不会被推翻的。当然,它的内容必然要继续深化,它的表述形式会进一步精确化,它们适用界限也往往需要重新规定。但无论将来科学如何进步,总不会"证明"太阳不是太阳系的中心,九大行星不是绕太阳而旋转。这一点,确实就是胡适最讨厌的"一定不变的天经地义"。用我们的科学术语来表述,就叫作绝对真理(确切些说,是绝对真理的成分)。胡适想从这个例子中得出否定绝对真理的结论,是达不到目的的。

再看他的第二个例子。胡适的意思是说,欧几里得几何学的说法,洛巴切夫斯基几何学的说法和黎曼几何学的说法既然互相矛盾,而又"都有可以成立的理由",那就可见它们都是"人造的最方便的假设",因而也就都是真理。其实,这个论据与前一个论据一样站不住脚。以上三种几何学分别反映了不同的空间的客观特性。它们之所以"都有可以成立的理由",不是因为它们各有各的"方便"之处,而仅仅是因为它们各自符合于它们所摹写的客观对象。它们都是实践所证明了的科学真理,并不是什么"人造的最方便的假设"。

其次,我们再来看看胡适所说的第二个大变迁,即达尔文的进化论的发表。胡适说,达尔文证明了物种是变化的,"种类的变化是适应环境的结果,真理不过是对付环境的一种工具,环境变了,真理也随时改变。宣统年间的忠君观念已不是雍正乾隆年间的忠君观念了;民国成立以来,这个观念竟完全丢了,用不着了。知道天下没有永久不变的真理,没有绝对的真理,方才可以起一种知识上的责任心:我们人类所要的知识,并不是那绝对存在的'道'哪，'理'哪，乃是这个时间，这个境地，这个我的这个真理。"①"我们现在且莫问那绝对究竟的真理，只须问我们在这个时候，遇着这个境地，应该怎样对付他：这种对付这个境地的方法，便是'这个真理'"②，"这种历史的态度，便是实验主义的一个重要的元素"③。

物种要适应环境而变化，真理也要适应环境而变化。进化论同实用主义的"绝大的关系"原来就在这里！其实，这两件事有什么逻辑联系呢？你既然已经把真理看作"对付环境的工具"了，那么，即使没有进化论又有什么关系呢？难道在进化论出世以前，人们就不知道工具要随着环境的变化而变化吗？直截了当地从工具要随着环境的变化而变化推出真理也要随着环境的变化而变化，不是更"简单"得多，更"容易"得多吗？进化论在这里完全是一个赘物。胡适所以郑重其事把这个赘物硬贴上去，无非是要借重进化论这块金字招牌来抬高实用主义的身价，把实用主义装扮成似乎是以进化论为依据的样子。其次，用"忠君"观念的变化来证明真理的变化也文不对题。"忠君"是伦理学的范畴，不是认识论的范畴。再次，说"天下没有永久不变的真理，没有绝对的真理"，这是不顾事实的说法。凡属经过实践证明了的真理，在同它所反映的那个客观对象的符合这一点上就是绝对的，就这一点来说就是永久不变的。再次，说否认了绝对真理，"方才可以起一种知识上的责任心"，这也是无稽之谈。否认了绝对真理，也就是认为人的认识中没有任何客观的、可靠的东西，这只能鼓励人们胡吹瞎说，怎么反而可以引起什么"责任心"呢？其实，胡适说了这么多，无非是要宣扬他的所谓"这个时间，这个境地，这个我的这个真理"，仍然是"有用即真理"的谬说的发挥而已。

必须指出，我们同实用主义的分歧，不在于承认或否认人类认识的相对性，而在于对人类认识的相对性作何解释。我们是辨证论者，我们承认真理的相对性。但是我们认为，相对之中有绝对，绝对真理就寓于相对真

---

① 《胡适文存》卷2，亚东图书馆1921年版，第81页。
② 《胡适文存》卷2，亚东图书馆1921年版，第82页。
③ 《胡适文存》卷2，亚东图书馆1921年版，第83页。

理之中。我们决不因为承认认识的相对性而否认绝对真理。实用主义者则恰恰相反，他们认为承认真理的相对性就必然否认绝对真理。这就是我们同他们的根本分歧所在。实用主义者否定绝对真理意味着什么呢？正如列宁在《唯物主义与经验批判主义》中反复分析的，否定绝对真理而不否定客观真理的存在是不可能的。实用主义者否定绝对真理的要害正在于否认客观真理。

实用主义者为什么不仅直接地否认客观真理，而且还要通过否认绝对真理来否认客观真理呢？因为这样做有一种特别的"方便"。资产阶级总是要把对他们"有用"的即他们所需要的一切都说成是"真理"；可是在复杂的阶级斗争中，他们的需要也经常变化（当然根本的需要是不变的）：他们时而需要这样，时而又需要那样，因此他们也就必须一忽儿把这说成是"真理"，一忽儿又把那说成是"真理"，这样，各种"真理"就不免互相矛盾了。那么，这不怕人家说逻辑混乱吗？不怕的。他们只要抬出一条实用主义的"学理"来就可以"圆满"地"解释"这一切了，那就是：真理本来就是随着环境的变化而变化的工具，本来就没有永久不变的天经地义，因此，我早上说的话晚上不算数，也是完全合理的。对于这样一个妙用无穷的法宝，实用主义者能不"满意"吗？

三、在检验真理的标准问题上，标榜"实践标准"来偷运主观唯心主义

实用主义者宣称他们主张以实践为检验真理的标准。这一点在语词上与辩证唯物主义很容易混淆，应当特别加以分析。

杜威有一个著名的说法，就是真理是"一个计划与其实施之间的符合"，或者"期待与结果之间的符合"。怎么解释呢？例如一个人出去探险，走进一个大树林，迷了路，走不出来了。这时他坐下来仔细考虑怎样才能走出去。忽然他听到远处有流水的声音，他想流水必定出山，人跟着水走必定可以走出去。于是他打定主意先寻到水边，再跟着水走。这就是

他的一个"计划",他"期待"着按照这个"计划"能够走出去。他按照这个"计划"去"实施","结果"是走出去了。这就叫作"计划与实施之间的符合"或"期待与结果之间的符合",这样的符合就证明了他原来的"计划"或"期待"是真理。

也许有些不了解真相的读者听了这段话会想:我们辩证唯物主义者不是也说实践是检验真理的标准吗?我们不是也说"在实践中达到思想中预想的结果"就是认识的真理性的证实吗?这样看来,实用主义在这个问题上是不是同辩证唯物主义还有某种接近呢?

如果我们这样去看问题,那就恰恰被实用主义者的障眼法迷住了眼睛,上了当了。这里可以借用列宁在批判马赫主义时说的一句话,即实用主义在这里之"接近"辩证唯物主义,"正同俾斯麦接近工人运动或叶夫洛吉主教接近民主主义一样"①。

列宁在批判马赫主义的时候指出,在考察一个哲学派别对于检验真理的标准问题的论述时,决不可以离开这个哲学派别对哲学根本问题的回答。检验真理的标准问题是一个从属的问题。只有首先回答了什么是真理(即有没有客观真理)的问题,才谈得到进一步回答如何检验真理的问题。这是逻辑的必然要求。因此,在估计任何哲学派别对于检验真理的标准问题的论述具有何种意义时,首先就要审查它对于"有没有客观真理"这个问题是怎样回答的。根据这个指导思想,我们可以把辩证唯物主义同实用主义作一番比较:辩证唯物主义首先是肯定地回答有没有客观真理的问题的,我们认为真理就是正确地反映了客观对象的认识。然后我们才提出,要检验我们的认识是不是正确地反映了客观对象,就得靠实践,即看在实践中能不能达到思想中预想的结果。因此,对我们说来,所谓实践证明了某一认识是真理,其唯一涵义,就是指实践证明了这一认识符合于客观对象,是客观真理。这就是辩证唯物主义对真理标准问题的完整的见解。可是实用主义的见解又是怎样的呢?它首先不是承认客观真理,而是否认客观真理,在它看来真理仅仅是一种应付环境的工具,而不是客观对象的反

---

① 列宁:《唯物主义与经验批判主义》,见《列宁全集》第18卷,人民出版社1988年版,第141页。

映。然后它才指出,"期待与结果之间的符合"是真理的证明。因此,对实用主义说来,所谓实践证明了某一认识是真理,其唯一的涵义,就是指实践证明了这一认识是一个"大有用处"的东西,是一个能够给我带来"福利"的东西,是一个有"效用"的"工具",而根本不是指证明了这一认识是客观对象的正确反映即客观真理。这就是实用主义关于真理标准问题的完整的见解。只要这样一比较,就很容易看出,在真理标准的问题上也同在其他问题上一样,实用主义同辩证唯物主义不仅没有丝毫的接近,而且是南辕北辙的。

当然,实用主义者们决不会按照正常逻辑顺序来论述这个问题,因为假如这样做的话,他们的障眼法就无所施其技了。所以他们要千方百计地把水搅浑,掩盖问题的症结。他们的做法就是故意把"什么是真理"的问题同"如何检验真理"的问题混淆起来,用后一问题去顶替前一个问题,从而偷运主观唯心主义。在我们看来,实践是证明的手段,认识与客观对象的符合才是这个手段所要证明的东西。实用主义者一方面侈谈实践证明了某种认识是真理,一方面却闭口不谈他们所说的被实践证明了的"真理"究竟是什么东西。(是客观对象的正确反映呢?还是别的什么呢?)于是在他们那里就出了这样的同语反复:你问他们:"期待同结果之间的符合"证明了什么?他们就回答说:证明了某一认识是真理。你再问他们:什么是真理?他们又回答说:真理就"期待同结果之间的符合"。结论:"期待同结果之间的符合"证明了"期待同结果之间的符合"!这就是实用主义者在真理标准问题上玩弄的游戏。像这样高谈实践是检验真理的标准,不但损伤不了主观唯心主义的一根毫毛,而且还可以给他们披上一件"注重事实,尊崇证验"的科学外衣,使他们在宣扬"有用即真理"的主观唯心主义谬论时更加"方便",他们又何乐而不为呢?

在玩弄实践标准方面,杜威还有一个著名的说法,即真理就是"以有足够的证据而被接受的东西"[①],如此重视"证据",真好像是坚持"科学试验室的态度"了。可是,首先,他根本没有说明这个"被接受的东西"

[①] 见〔美〕杜威:《实验逻辑论文集》(*Essays in Experimental Logic*,1916),第63页。

究竟是什么"东西"：是同客观实在的对象相符合的认识呢，还是人造出来供人用的"工具"呢？他故意避开这个问题。实际上，他指的是后者而不是前者，他的意思无非是说，真理就是以有足够的证据而被接受的一种合用的工具，正像一把茶壶如果能盛茶，不漏水，不割嘴，就有足够的证据认为它是一把合用的茶壶一样，如此而已。这仍然是"有用即真理"的另一种表述方式。其次，即令退一步说，姑且假定所谓"以有足够的证据而接受的东西"就是客观对象相符合的认识，就是客观真理，那么把真理说成是"以有足够的证据而被接受的东西"是不是正确呢？我们说，仍然是错误的。为什么？因为按照这种说法，一个认识只有当实践提供了足够的证据，证明了它符合于客观对象，因而被人们接受了以后，才是真理；而在这以前，它就不是真理了。这是符合事实的吗？我们都知道，许多科学的假说，科学的预见，早在它被实践证明以前就已经是真理，并不是在它被证明以后才是真理的。发表于1543年的哥白尼的日心说是在以后经第谷、开普勒、牛顿等人的大量工作才得到证明的（包括纠正其中不准确的成分），难道可以说它只是从被证明的时候起才是真理，而在这以前都一直不是真理吗？何况有些真理尽管已有足够的证据，已被实践证实，仍然不被某些人所"接受"，难道因此就不是真理吗？只要这样提出问题，就可以看出上述的说法是极其荒谬的，一个认识是不是真理，这是一回事；这个认识是否已经被实践证实为真理，这是另一回事；这个认识是不是被人"接受"，更是另一回事。怎么能把这样三件不同的事混为一谈呢？

玩弄实践标准，在实践标准的旗号下偷运主观唯心主义的真理观，这是现代资产阶级哲学中相当流行的手法。如果一看到谁主张实践是检验真理的标准，就断定他是辩证唯物主义者，那就上当了。在这里，重温一下列宁的论述是很有教益的。列宁在批判马赫所谓"认识是生物学上有用的心理体验"和"只有成功才能把认识和谬误区别开来"这样一些蛊惑人心的提法时指出："在马赫那里，这些论点**是**和他的唯心主义的认识论**并列在一起的**，但是它们并不决定在认识论上选择哪一条确定的路线。认识只有在它反映不以人为转移的客观真理时，才能成为生物学上有用的认识，成为对人的实践、生命的保存、种的保存有用的认识。在唯物主义者看来，人类实践的'成功'证明着我们的表象和我们所感知的事物的客观本性的符合。在唯我论者看来，'成功'是**我在实践中**所需要的一切，而实践是可以同认识论分开考察的。"①这段话对于实用主义也完全适用。此外，列宁在批判主观唯心主义者彭加勒和勒卢阿的时候写道："昂·彭加勒援用了实践标准。但是他只是用来转移问题，而不是用来解决问题，因为这个标准可以作主观的解释，也可以作客观的解释。勒鲁瓦也承认这个标准适用于科学和工业；他只是否认这个标准证明**客观**真理，因为这样一否认，他就可以在承认科学的主观（离开人类就不存在的）真理的同时承认宗教的主观真理。"②实用主义者也正是这样"承认"实践标准的。他们要否认的只有一点，那就是这个标准能够证明客观真理。只要否认了这一点，他们就可以大胆地高谈"实践标准"，并用这个标准来为主观唯心主义的真理观服务了。

---

① 列宁：《唯物主义与经验批判主义》，见《列宁全集》第18卷，人民出版社1988年版，第141页。
② 列宁：《唯物主义与经验批判主义》，见《列宁全集》第18卷，人民出版社1988年版，第305页。

关于真理标准的几个问题[①]

"实践是检验真理的唯一标准"是马克思主义哲学最根本的原理,也是整个马克思主义的基石。这是学习过马克思主义的人都熟知的道理。但是经过十年"文化大革命",这个命题在广大干部群众中却成了陌生的命题,甚至被视为反毛泽东思想的言论。语录标准和权力标准取代了实践标准,至今也还没有纠正过来。这个问题如不解决,纠正"文革"的错误就将无从起步。这是祖国前途命运攸关的问题。既然还有如此重大的分歧,当然不能不通过讨论正本清源,分清是非,求得共识。本文仅就几个问题谈谈个人的看法。

一、在实践标准之外另立真理标准是理论上的倒退

真理问题是最古老的哲学问题之一。古今中外各派哲学都有关于真理的学说,可谓千姿百态。但有两大问题是各派哲学都不能回避的:真理的定义问题和判定(即检验)真理的标准问题。前者是后者的前提。只有弄清了某派哲学对真理所下的定义,才可能懂得它讲的真理标准的涵义。各派哲学的真理定义各持其说,如符合说、融贯说、效用说等等。与此相

[①] 本文是作者1978年7月23日在中国社会科学院召开的全国真理标准问题讨论会上的大会发言。由于当时的特殊情况,1978年《哲学研究》第10期只发表了此文的第三部分,题为《关于真理标准的几个问题》。此次收入本书时恢复了全文。

应，检验真理的标准也有多种说法，例如以圣人之言为标准，以大多数人的同意为标准，以已有的理论为标准，还有根本否认任何标准的，这里无须一一列举。各派唯物主义都把真理定义为认识与客观对象的符合，在真理定义问题上没有分歧。我们现在的分歧也不在真理的定义问题上而在检验真理的标准问题上。以什么为标准来判定认识与客观对象的符合，这就是我们今天讨论的中心。

马克思主义产生以前，虽然有的唯物主义者也接触到以实践为检验真理的标准的思想，但那只是偶然的、带有猜测性质的思想火花，并没有上升为哲学的基本命题。其根本原因是旧唯物主义者根本没有科学的实践观，对实践本身的理解是就是片面的、狭隘的，甚至也不理解检验真理是一种什么过程。他们离开了人的社会性和历史性来理解实践，无法了解认识对实践的依赖关系，不了解实践在整个认识过程中的作用，当然也包括实践作为检验认识真理性的标准的作用。他们甚至还没有意识到真理标准问题的理论症结和真正困难。因此，他们在精巧的唯心主义面前软弱无力，留下了可乘之隙。马克思主义哲学提出了科学的实践观，把科学地界定了的实践作为全部人类生活的基础，才第一次彻底解决了真理标准问题。马克思1845年在《关于费尔巴哈的提纲》中说得极其明确：

人的思维是否具有客观的［gegenstandliche］真理性，这不是一个理论的问题，而是一个**实践**的问题。人应该在实践中证明自己思维的真理性，即自己思维的现实性和力量，自己思维的此岸性。关于思维——离开实践的思维——的现实性或非现实性的争论，是一个纯粹**经院哲学**的问题。①

经过了47年之后，恩格斯对马克思的上述观点不仅没有作任何"修正"，而且作了更详细的发挥。他指出：

我们的不可知论者也承认，我们的全部知识是以我们的感官向我们提供的报告为基础的。可是他又说：我们怎么知道我们的感官所给予我们的是感官所感知的事物的正确反映呢？然后他告诉我们：当他讲到事物或事物的特性时，他实际上所指的并不是这些他也不能确实知道的事物及其特

---

① 马克思：《关于费尔巴哈的提纲》，见《马克思恩格斯选集》第1卷，人民出版社1995年版，第55页。

性，而是它们对他的感官所产生的印象而已。这种论点，看来的确很难只凭论证予以驳倒。但是人们在论证之前，已经先有了行动。'起初是行动'。在人类的才智虚构出这个难题以前，人类的行动早就解决了这个难题。布丁的滋味一尝便知。当我们按照我们所感知的事物的特性来利用这些事物的时候，我们的感性知觉是否正确便受到准确无误的检验。如果这些知觉是错误的，我们关于能否利用这个事物的判断必然也是错误的，要想利用也决不会成功。可是，如果我们达到了我们的目的，发现事物符合我们关于该事物的观念，并产生我们所预期的效果，这就肯定地证明，到此时为止，我们对事物及其特性的知觉符合存在于我们之外的现实。我们一旦发现失误，总是不需要很久就能找出失误的原因；我们会发现，我们的行动所依据的知觉，或者本身就是不完全的、肤浅的，或者是与其他知觉的结果不合理地混在一起——我们把这叫作有缺陷的推理。只要我们正确地训练和运用我们的感官，使我们的行动只限于正确地形成的和正确运用的知觉所规定的范围，我们就会发现，我们行动的结果证明我们的知觉符合所感知的事物的客观本性。到目前为止，还没有一个例子迫使我们作出这样的结论：我们的经过科学检验的感性知觉，会在我们的头脑中造成一些在本性上违背现实的关于外部世界的观念；或者，在外部世界和我们关于外部世界的感性知觉之间，存在着天生的不一致。"①

恩格斯在这里告诉了我们为什么离开实践来谈论如何判定认识的真理性行不通，驳不倒唯心主义和不可知论；也告诉了我们实践确能检验认识的真理性的道理。

马克思、恩格斯的这些思想，列宁和毛泽东又在不同的时期、不同的著作中作了反复的阐发。毛泽东说得极其明确："马克思主义者认为，只有人们的社会实践，才是人们对于外界认识的真理性的标准。"②他还说：

---

① 恩格斯：《社会主义从空想到科学的发展》，见《马克思恩格斯选集》第3卷，人民出版社1995年版，第702—703页。着重点是引者加的。
② 毛泽东：《实践论》，见《毛泽东选集》第1卷，人民出版社1991年版，第284页。着重点是引者加的。

"只有千百万人民的革命实践,才是检验真理的尺度。"① "真理的标准只能是社会的实践。"②

这些论述充分地表明,以实践为检验认识真理性的唯一标准,是对真理标准问题的最科学的结论。如果抛开这个科学结论而另立标准,只能是重复以往各派哲学的错误,在理论上不是前进,而是倒退。

二、理论不是检验真理的标准

有的同志并不否认实践是检验真理的标准,但认为经过实践检验并证明为正确的理论也是检验真理的标准。我认为这是似是而非的。这里仅从普遍与特殊的关系的角度作一点分析。

客观规律有普遍与特殊之分(当然是相对的),作为客观规律的反映的理论也有普遍与特殊之分。以理论为标准来检验认识,不外三种情况:一是以普遍检验特殊;一是以特殊检验普遍;一是同等普遍程度的理论互相检验。这三者都是行不通的。

(一)以普遍检验特殊

普遍只能大致地包括特殊,特殊不可能完全进入普遍。一种认识即使并不违反普遍规律,也未必符合它所反映的特殊对象的实际。如果把反映普遍规律的理论当作"标准",就可能把错误当成真理。

以唯物辩证法为例。它是最普遍的规律的反映,而且是经过全人类亿万次的实践检验证实了的正确理论。但是仍然不能说它是检验真理的标准,因为并非凡符合辩证法的认识都一定符合这一认识所反映的具体对象。

---

① 毛泽东:《新民主主义论》,见《毛泽东选集》第 2 卷,人民出版社 1991 年版,第 663 页。着重点是引者加的。
② 毛泽东:《实践论》,见《毛泽东选集》第 1 卷,人民出版社 1991 年版,第 284 页。着重点是引者加的。

先看自然科学。康德的星云说无疑符合辩证法,所以恩格斯才赞扬它把当时占统治地位的形而上学自然观"打开了第一个缺口"①。但是,作为一种自然科学理论是不是符合天体演化的实际情况,恩格斯对这一点的评价是很慎重的。他明确地指出:"当然,严格地说,康德的学说直到现在还只是一个假说。"② 这就是说它的真理性还有待天文学实践的检验。事实上,后来的天文学实践就暴露了星云说的许多错误。例如星云说认为距太阳越远的行星密度越小,这是符合当时已发现的六大行星的情况的。可是1781年、1846年、1930年先后发现天王星、海王星、冥王星,它们的密度都比距太阳更近的木星和土星大,而且这三颗星距太阳越远的密度越大。这样康德的星云说就不能成立了。如果以辩证法为标准,能检验出什么结果来呢?难道能说康德的星云说违反了辩证法吗?康德以后的两百多年里,又出现了许多天体演化学说,可以说无一不是符合辩证法的。可是究竟哪一种符合天体演化的实际,还是只有由天文学的实践才能判定。又例如,在光的波动说出现后的一段时间里,科学家们认为光波与弹性波相仿,也需要媒质才能传播,于是假定了"以太"的存在,并认为"以太"是充满宇宙、渗透一切的特殊物质。这个假定是真理还是谬误,以辩证法为标准也是无法判定的,因为无论"以太"是否存在都不违反辩证法。正因为如此,恩格斯在《自然辩证法》中提到"以太"时也是很慎重的,他只说"如果我们承认以太粒子存在的话"③。事实上,最后"以太"的假设被否定了,而否定它的并不是辩证法理论或别的理论,而是实践,即1887年迈克尔逊—莫雷的著名实验。

再看社会科学。正确反映社会历史过程的认识只能建立在实际材料的基础之上,它的真理性也只有在相应的具体社会实践中才能得到检验。以普遍性更高的理论为标准是不可能检验的。杜林在1875年、米海洛夫斯基在1894年以同样的调子攻击马克思,硬说马克思的经济理论是靠否定

---

① 恩格斯:《反杜林论》,见《马克思恩格斯选集》第3卷,人民出版社1991年版,第397页。
② 恩格斯:《自然辩证法》,见《马克思恩格斯选集》第4卷,人民出版社1991年版,第397页。
③ 恩格斯:《自然辩证法》,见《马克思恩格斯选集》第4卷,人民出版社1995年版,第347页。

之否定这个"助产婆"产生的,是靠辩证法证明的。恩格斯和列宁驳斥这种诬蔑时指出,马克思只是探究了现实过程,每一步都用巨量的实际材料来检验,只是在揭露了客观规律之后才"顺便指出"这个历史过程也是辩证法的过程,何尝用辩证法来"证明"过自己的经济理论?另一方面,符合辩证法的社会历史理论也未必就是真理性的理论。恩格斯在驳斥杜林时曾举卢梭的社会历史理论为例,说"我们在卢梭那里可以看到那种和马克思在《资本论》中所遵循的完全相同的思想进程,而且还在他的详细叙述中可以看到和马克思所使用的完全相同的整整一系列辩证的说法"①。但这并不表明卢梭的理论是符合社会发展实际情况的真理。

凡是以普遍程度更高的理论为标准来检验某种理论的做法,都会遇到不可克服的困难,而且会导致荒谬的结论。例如,有人以为只要懂得了比较普遍的理论,就可以直接在一切具体领域里充当裁判,而无需以具体领域中的实践去检验某一具体认识的真理性。按照这种理解,只要不违背马克思主义的普遍原理,就不管与具体对象是否符合,都是正确的理论了。果真如此,那么教条主义就非常正确,而马克思主义的普遍真理与各国的具体实际相结合倒是多余的了。

(二) 以特殊检验普遍

这种检验也不可行。因为这种"检验"实际上并不是本来意义上的检验,而是由个别的特殊命题的真"推出"普遍命题的真,这是过度概括,是不可靠的。普遍命题本来是从大量的经过实践检验的特殊命题中抽象得来的,这种抽象是否正确本身就是一大问题,就需要回到实践中去才能得到检验。如果竟把进行抽象的来源当成了检验的"标准",岂不等于肯定了只要来源正确,抽象就一定正确,这岂不等于不要检验了吗?

多年来在这个问题上的教训是很多的。某一局部(地区、部门、行业、战线等等)的具体经验都是特殊的。如果是成功的经验,当然包括着普遍的内容,这些普遍的东西对全局也有指导意义。但是,哪些是普遍的东西,哪些是仅仅适用于局部的东西,并不容易区分,在概括的时候是

---

① 恩格斯:《反杜林论》,见《马克思恩格斯选集》第3卷,人民出版社1995年版,第483页。

可能出错的。把仅仅适用于某一局部的东西误认为普遍的东西，加以"推广"，那就非犯错误不可。以特殊"检验"普遍，就是认可把仅仅适用于局部的东西误认为适用于全局的东西，这在理论上不通，在实际上也有害。再加上如果这个局部的特殊经验本来就并非正确的东西，其危害性就更大，林彪、"四人帮"树立的许多"样板"就是后一种情况的实例。我们如果也相信局部的特殊的经验就可以作为检验更普遍的理论的标准，也会犯以偏概全的错误。

（三）同等普遍程度的理论互相检验

如果说的是关于不同对象的两种理论的互相检验，例如用力学理论去检验遗传学理论，用俄国革命的理论去检验中国革命的理论，显然不可能。如果说的是关于同一对象的两种理论互相检验，又等于自己检验自己，等于没有检验。这是非常简单的道理。

总之，以理论为检验真理的标准是行不通的。

有的同志认为，肯定了实践是检验真理的唯一标准，就会否认或者贬低理论的指导作用，包括马克思主义、毛泽东思想的指导作用。这是极大的误解。误解的原因是把指导作用和检验真理的标准混为一谈了。理论本身的真理性是靠实践来证明的。我们之所以有根据认为马克思主义、毛泽东思想是真理，正因为也仅因为它是经过实践的反复检验并证明为符合客观实际的理论。毫无疑问，这样的理论对我们的指导作用是极为重要的。然而指导作用的涵义是指以这种理论所提供的普遍的原理原则为向导，去研究那些尚未研究或者尚未深入研究过的新事物、新现象，去发现那些事物或现象的特殊的性质和规律，而不是把这些普遍的原理原则往新的事物或现象上硬搬硬套，去剪裁新的研究对象。在马克思主义、毛泽东思想指导下研究新对象所得出的结论是否具有真理性，也还要经过实践的检验才能判定。如果把马克思主义、毛泽东思想本身当成了检验真理的标准，那就必然误认为只要符合马克思主义、毛泽东思想的普遍原理的就是真理，哪里还有研究新事物的任务，又怎么能丰富和发展马克思主义、毛泽东思想呢？至于把马克思主义经典著作中针对某时某地的特殊情况作出的个别论断作为检验真理的标准，甚至把革命领袖的语录作为检验真理的标准，后果就更为严重了。这种理论上的错误，我们党在历史上有过惨痛的教训；"文化大革命"中的灾难也与这种理论上的谬误有极密切的关系。现在是彻底澄清的时候了。只有确立了实践是检验真理的唯一标准，才能把理论的指导作用放在坚实可靠的基础之上，得到符合客观实际的真理性的认识。

三、回答几个诘难

有的同志说：在实际生活中我们用来鉴别是非的标准很多，例如我们多年非常熟悉的区分香花毒草的标准、区分革命反革命的标准、无产阶级革命事业接班人的标准，等等，这些标准虽然是从实践中总结出来的，但本身并不是实践，而是主观范围的东西，它们不是在实际上起着检验真理标准的作用吗？

我认为，这是把用同一语词表达的不同概念混淆起来了。

"标准"这个词可以在不同的意义上使用。比如说可以有政治标准、道德标准、艺术标准，还可以有物体的重量标准、长度标准，有商品的价格标准、职工的工资标准，有产品的质量标准、成本标准，等等。这些都不是认识论的范畴。我们讨论的不是任何别的标准，而仅仅是检验真理的标准，这个标准的唯一作用，就是能够根据它来判定认识同对象是否符合。这是一个认识论的范畴。一切其他涵义的"标准"，都不是我们在这里讨论的论题。列宁曾经指出过，像"利己主义"这样的范畴就"根本不是认识论的范畴"，在讨论认识论的问题时说到"利己主义"是"牛头不对马嘴"①。把检验真理的标准和其他意义上的标准混为一谈，也同样是离开了论题。这是一。

其次，上面列举的那些标准，是不是能起检验真理的作用呢？不能。那些标准无非是区别事物性质的标志。它只是说明，如果某物具有如此这

---

① 列宁：《唯物主义与经验批判主义》，见《列宁全集》第18卷，人民出版社1988年版，第141页。

般的特征或属性，它就是某物而不是别物，如此而已。至于某物是否具有这些属性或特征，我们关于某物是什么的判断是否真理，并不能靠它来回答，而只能靠实践来回答。例如，尽管我们知道凡由两个氢原子和一个氧原子构成一个分子的东西就是水（这是鉴别水之所以为水的"标准"），仍然不能判定摆在我们面前的这杯无色无味无臭的液体究竟是不是水，也不能检验"这杯液体是水"的判断是不是真理。要检验这个认识是不是真理，还是只有通过物理或化学的实验（比如把这杯液体电解一下），才能得到可靠的答案。检验真理的标准只能是实践。

有的同志说，有些论断只要违反了正确理论，我们就可以直接断定它是错误的，用不着经过实践检验。例如有人"设计"永动机，我们就可以根据他违反了热力学第二定律而断定这种"设计"的错误。这种情况难道不是表明正确理论可以作为检验真理的标准吗？

这里显然存在着对真理标准的误解。

排除谬误和确定真理并不是一回事。当然，确定了一个命题为真，同时也就确定了它的矛盾命题和反对命题为假。就这个意义说，确定了真理同时也就排除了无数的谬误；但是排除了谬误并不一定就能确定真理。从两个否定性的前提得不出肯定性的结论。应当承认，排除谬误在认识史上的意义不可低估，它可以使人们在认识的长途中减少弯路。但是，作为认识的目的和成果的东西主要地毕竟不是否定性的认识而是肯定性的认识。为了在改造世界的斗争中实现预期的目的，我们的任务毕竟是获得真理，而不能只限于排除谬误。例如，医生给病人看病的时候，即使他确有根据地断言这位病人患的不是疟疾，不是伤寒，不是霍乱，不是其他疾病，他还是拿不出治疗方案的。只有他正确地判定了病人患的是什么病，他才能开出有效的处方。因此，作为检验真理的标准的东西，必须具有双重的功能：一方面要能够根据它排除谬误，另一方面要能够根据它确定真理。如果一种方法或手段只能排除谬误而不能确定真理，就不能作为检验真理的标准。违反了正确的理论就是错误的，这只能说明它能帮助我们排除谬误，并不能说明它同时也能确定真理。违反热力学第二定律去"设计"永动机当然是错误的，但是能不能断言凡是不违反热力学第二定律的设计一定是正确的呢？显然不能。因为这种设计仍然可能同它所反映的具体对象并不符合。究竟是否符合，还得由实践来判定。因此，像热力学第二定律这样的正确理论也还是不能作为检验真理的标准。

何况，"凡是违反正确理论的论断就是错误的"这句话本身的真理性也是有条件的，它只有在这个理论的适用范围内才是对的，超出这个范围就不对了。就拿热力学第二定律来说吧，它也只适用于热力学中所说的"孤立系统"（即外界对它影响较弱的有限系统），而不适用于无限的宇宙。因此，只有在"孤立系统"这个范围内我们才可以说，凡是违反了热力学第二定律的论断都是错误的。如果在讨论整个宇宙的问题时仍然坚持这句话，岂不是要断言辩证唯物主义关于物质运动不灭的原理是错误的，而"宇宙热寂说"倒是正确的吗？可见，正确理论即使只作为排除谬误的手段，它的作用也是有限度的，更不用说用它来确定真理了。

有的同志说：要量物体的长度，可以拿尺子作标准，也可以拿一根用尺子量过的绳子作标准。经过实践检验的正确理论就好比用尺子量过的绳子，为什么不能代替实践作为检验真理的标准呢？

首先，这里无非是把检验认识的真理性比作衡量物体的长度。但这是一个不恰当的类比。认识是客观对象在人脑中的反映，检验认识的真理性就是检验认识同它所反映的对象是否符合，而不是检验任何别的东西，这同检验照片同对象是否符合是相似的过程，把这两者加以类比倒是合理的。可是物体的长度却并不是什么"对象"的"反映"，不存在它同什么"对象"符合不符合的问题；我们去量物体的长度也并不是去检验它的长度同什么"对象"是否符合。这同检验认识的真理性是完全不同性质的两回事，没有可以类比的共同点。

其次，即使把这个类比的不恰当略而不论，也还有第二个问题：尺子和绳子两者都是客观的东西，用绳子或尺子去量物体的长度，都是用客观的东西做标准，并没有原则的区别。正因为这一点，绳子才能代替尺子。如果不是用一根实实在在的绳子来代替尺子，而是用尺子的观念来代替绳子作为"标准"，那么，即使这个观念再精确些，能够用它来量物体的长度吗？理论即使再正确些，也还是主观的东西，它之所以不能代替实践

（严格地说，是实践的结果）作为检验真理的标准，也正如尺子的观念不能代替现实的尺子作为测量物体长度的标准一样。可见，这个类比不但没有说明理论可以成为检验真理的标准，而且恰好说明了相反的东西。

逻辑证明与真理标准[1]

两年前开始的真理标准问题的讨论，对于破除反马克思主义的现代迷信、冲决思想网罗，起了振聋发聩的作用。但是，对"实践是检验真理的唯一标准"这个命题的理解，在学术界至今还并不一致，甚至有不小的分歧。例如：有的同志认为经实践检验过的正确理论也可以是检验真理的标准；有的同志认为逻辑证明也可以是检验真理的标准；有的同志认为检验真理的标准不是实践而是客观对象。总之，在这些同志看来，"唯一"标准的说法至少是绝对化、简单化了，不能成立。我个人是同意"唯一"论的。本文只先就"逻辑标准"问题谈一点粗浅的看法。[2]

为了避免"假争论"，需要先明确语词的涵义和论题的意义。第一，这里说的"真理"（truth）是指认识与客观对象的符合，"检验真理的标准"（准确些说，是检验认识的真理性的标准）是指判定认识与客观对象是否符合的标准。第二，这里说的"逻辑"是专指传统的和现代的演绎逻辑。因为归纳推理的结论并没有必然性，辩证逻辑则还没有形成一套严密的推理规则，它们之不能作为检验真理的标准现在并无争议，没有特别讨论的必要。第三，这里不是一般地讨论逻辑在认识过程中的作用问题，而是仅仅涉及逻辑的证明作用问题（后者比前者的范围狭窄得多）。一句话，我们要讨论的问题是：作为演绎推理的逻辑证明是不是判定认识与对象符

---

[1] 原载《哲学研究》1981年第1期。《中国哲学年鉴》1982年专文介绍。1995年获国家教育委员会首届人文社会科学优秀成果一等奖。
[2] 关于认识能否成为真理标准的问题，作者在《认识的对象是检验真理的标准吗？》一文中论证了自己的观点（《江汉论坛》1981年第1期）。

合的标准?

一

除了非理性主义者,谁也不会公然否认逻辑有证明的作用。在现代逻辑的研究和应用取得了巨大成就的今天,否认逻辑的证明作用更是荒谬的。问题不在于逻辑有没有证明的作用,而在于它证明的是什么,能不能由它的证明作用得出它是检验真理的标准的结论。而这就需要对逻辑证明的实质和功能作一点考察。

逻辑证明是以确定论题的真实性为目的的演绎推理(反驳是证明的特殊情况,不另讨论)。无论多么复杂冗长的证明,总是由论据、推论和论题组成的演绎推理。论题是待证的命题,是推理的结论,这里无需分析。论据是推理的前提,论证则是按照逻辑规则(即普遍有效的推理形式)由前提过渡到结论的思维活动,这两者是需要分析的。

先看论据。论据可以是一个命题,也可以是若干命题。要使演绎推理成为逻辑证明(逻辑证明是演绎推理,但并非一切演绎推理都是逻辑证明),第一个必要条件就是论据全部是真命题,即作为论据的每一命题都与它所反映的对象符合。如果论据全部假、部分假或真假不定,即使推理形式是普遍有效的,结论在事实上也是真的,仍然不成其为逻辑证明。

那么,论据的真能不能由逻辑证明来确定呢?回答是否定的。

作为论据的命题不外以下几类:

(一) 陈述经验事实的命题,亦称经验命题或知觉命题

这类命题反映的是可感知的事实,其真假取决于命题的陈述与事实是否符合。要判定这一点,逻辑显然无能为力。符合逻辑和符合事实并不是一回事。说"猫是吃老鼠的"固然符合逻辑,说"老鼠是吃猫的"也决不违反逻辑。我们设想一个逻辑推理能力很强但对地球上的事物(包括猫鼠的生活习性)毫无所知的"外星人"忽然来到我们这里,我们请他用逻辑的方法来判定这两个命题的真假,事情会怎样呢?他一定会束手无策。

因为在他看来，这两个命题在形式上是完全一样的，他怎么能根据"逻辑"来判定孰真孰假？这类命题的真假是只有实践（包括观察和调查）才能作出"裁决"的。

或曰不然。有些命题也是陈述经验事实的，我们却可以从逻辑上判定其真假。例如"这个老年人是人"必真，"这个等边三角形是六边形"必假，又当作何解释？其实，这样的命题并不是陈述经验事实的命题。前者是分析命题，谓词包含在主词之中，相当于说"A 集的某一元素属于 A 集"，其逻辑形式是永真；后者是矛盾命题，谓词与主词互相排斥，相当于说"A 集的某一元素属于 A 集的补集"，其逻辑形式是永假。这两种命题的真假与它们的经验内容无关，而只取决于它们的逻辑形式，当然可以依据逻辑公理来判定。就是说，只要肯定了公理，它们的真假就是必然的了，无需援引具体经验。至于公理的真实性靠什么来证明，正是下面要讨论的。

（二）公理

像逻辑和数学这样的纯演绎科学是以公理为原始论据的。这类科学是公理系统。公理的真实性能不能靠逻辑来证明？不能。有人想去证明欧氏几何第五公设，结果只是徒劳。这是为什么呢？因为任何演绎系统的基本要求就是自洽，也就是不允许自相矛盾；而要不自相矛盾，就会至少有一个命题在本系统中得不到证明（也得不到否证）。假如我们在某一演绎系统中用 A_0 证明 A_1，用 A_1 证明 A_2，用 A_2 证明用 A_3……一直到用 A_{n-1} 证明 A_n，那么用什么来证明 A_0 呢？用从 A_0 到 A_n 的任何命题来证明，都陷入了循环证明，等于不证明。可见像 A_0 这样的命题在本系统中是不可能被证明的，它只能作为不证自明的公理。

那么，在本系统中得不到证明的命题不能在别的系统中得到证明吗？那要看两个系统的关系怎样。（1）如果 A 系统与 B 系统的命题不相干，显然不能证明。（2）如果 A 系统与 B 系统的命题互相矛盾，也不能证明。例如"平行线不相交"在欧氏几何里是真命题，在非欧几何里却是假命题；"全体大于部分"在有穷集合里是真命题，在无穷集合里却是假命题；这样矛盾的系统当然不可能互相证明。（3）如果 A 系统与 B 系统不相矛盾并且有某种关系，那么在 A 系统中得不到证明的命题在 B 系统中是可能得到证明的，但 B 系统又会有命题在本系统中得不到证明，又得求助于别的系统。这样一直推下去，公理的证明问题还是不能在逻辑的范围内解决。

这并不是说公理是不反映客观实际的人为约定和任意假设，无所谓真实性，而是说它们的真实性不能由逻辑来判定。欧氏几何和非欧几何的公理当然都是一定的现实空间的特性的正确反映，有客观的真实性，是真理。但逻辑是无法证明这一点的。只有当由这些公理推导出来的结论被应用于特定领域的实践并得到了预期的结果时，公理的真实性才得到了证实。

（三）定理

在纯演绎科学中，定理是以公理为原始论据推论出来的，定理的真实性靠公理的真实性来保证。既然公理的真实性就不能由逻辑证明来检验，定理的真实性当然也不能由逻辑证明来检验。定理是否与客观现实符合，与什么客观现实符合，只有实践才能判定。

至于在经验科学中，定理（或原理）一般说来并不是从公理演绎出来的，而是从经验事实中概括出来的普遍命题。这些经验事实是从实践中得到的（通过观察、实验、调查等等），因而普遍命题是否真实也只有由实践来确定。这是显然的。不错，现代的经验科学有许多部门采用的已经不是早期实验科学所采用的纯粹经验的方法，"而是研究人员受到经验数据的启发而建立起一个思想体系；一般来说，这个思想体系在逻辑上是用少数的基本假定，即所谓公理，建立起来的"①。例如爱因斯坦的狭义相对论就是从两个被视为公理的命题出发的（光在真空中速度不变，与光源的运动无关；在相对作匀速而无转动的直线运动的诸坐标系中一切物理定律等效）。但是，第一，这些公理之所以能被提出，首先还是由于研究人员"受到经验数据的启发"，并不是离开经验凭空构想出来的。第二，这些公理的真实性要在实践中受到检验。例如相对论的第一个公理就是在迈克尔

---

① ［美］爱因斯坦：《狭义与广义相对论浅说》，杨润殷译，上海科技出版社 1964 年版，第 102 页。

逊—莫雷的著名实验中得到证实的。第三，这样建立起来的理论体系（它由一系列相互联系的命题组成）究竟是否符合实际，是否真实，逻辑并不能回答，只有实践才能回答。例如广义相对论是得到了水星近日点的移动、光线在引力场中的偏转、光谱线的红向移动的观测证实的。在得到证实以前，爱因斯坦本人也并不认为他的理论就一定符合实际。他在1916年还写道："无论如何在未来的几年中将会得出一个确定的结论。如果引力势导致的光谱线红向移动并不存在，那么广义相对论就不能成立。另一方面，如果光谱线的位移确实是引力势引起的，那么对于此种位移的研究将会为我们提供关于天体的质量的重要情报。"[①] 亚当斯（Adams）通过对天狼星的伴星的观测证实了谱线红移，这才使广义相对论的真实性得到了一个实践上的验证。爱因斯坦完全理解，"理论有存在的必要的理由乃在于它能把大量的个别观察联系起来，而理论的'真实性'也正在于此"[②]。至于在化学、生物学、人类学等等经验自然科学和各门社会科学中的定理和原理的真实性只有实践才能判定，就无需一一说到了。

（四）定义

以定义为论据是常见的。定义有语词定义和实质定义的区别。

语词定义是对语言符号的意义的规定，被定义的东西不是客观对象而是语词。它无非是说明我们用某一语词去指称某一对象，以便使人们了解我们的陈述，相当于给一个对象取名字。这种定义是约定的，无所谓真假，至多不过要求下定义的时候遵守日常用语或科学用语的习惯而已。我们把"圆"定义为与平面上一定点等距离的点的轨迹，就等于给具有如此这般特性的几何图形命名为"圆"，这就无所谓与客观对象是否符合，无所谓真假。如果有人不愿遵守这个约定，偏要把"圆"定义为别的什么，那么，只要他交代清楚，也不能说他的定义是假的；至于他在此后的议论中是否首尾一贯，不自相矛盾，那是另一个问题，与定义的真假无关。语

---

① ［美］爱因斯坦：《狭义与广义相对论浅说》，杨润殷译，上海科技出版社1964年版，第102页。

② ［美］爱因斯坦：《狭义与广义相对论浅说》，杨润殷译，上海科技出版社1964年版，第102页。

词定义既然无所谓真假,当然也就无所谓以什么为标准来检验其真假的问题。

实质定义与此不同,被定义的东西是客观对象。实质定义是对事物的本质或本质属性的断定和陈述,是有真假之分的。与事物的本质或本质属性相符合的断定和陈述是真的,反之就是假的。那么,逻辑能否判定一个实质定义与它所反映的对象是否符合呢?不能,道理同前述的公理或定理的真假不能由逻辑判定一样。例如"国家是全民利益的代表"和"国家是阶级矛盾不可调和的产物"这两个定义哪一个符合国家这个客观事物的本质,从逻辑上是不能判定的,因为两者都符合逻辑;只有阶级社会中的实践才能回答这个问题。

可见,无论哪一类论据的真实性都不能由逻辑证明来确定。逻辑证明的第一个必要条件,它自身就不能保证,它怎么能成为检验真理的标准?

二

再看论证。

逻辑证明的另一个必要条件,是论证的每一个步骤都合乎演绎推理的规则,即遵守正确的推理形式。那么,正确的推理形式能不能成为检验真理的标准呢?回答也是否定的。

推理的形式本身正确与否靠什么来检验?这就是一大问题。为什么我们恰恰把如此这般的推理形式看作"正确"的,而把另一些推理形式看作"不正确"的呢?推理形式的正确性靠什么来证明呢?如果用逻辑来证明,那么在一动手证明的时候就不可能不运用这些推理形式本身,就等于把待证明的东西当成已证明的东西,这就违反了逻辑。当然,在证明某种特定推理形式时可以设法避免运用它自身,而只用别的推理形式,但这时别的推理形式是否正确又还是没有证明。就推理形式的总体看,谁要想从逻辑上去证明推理形式,就无法避免由推理形式自己证明自己,而这也就等于什么也没有证明。可见,推理形式的正确性是不可能由逻辑来证明的,它只能被当作"当然如此"和"无需证明"的规则来采用。这种"当然如此"和"无需证明",正是因为它已被亿万次的实践证明过了的缘故。例如,为什么我们在推论时都得遵守同一律呢?因为人类亿万次的实践证明了它。原始人在追捕一条野牛的时候,他们将发现这条野牛在整个追捕过程中始终是一条野牛,具有野牛的一切属性;他们只有始终认定它是一条野牛,采取捕野牛的特殊办法追捕它,才可能达到预期的目的。假如他们一方面认定那是一条野牛,另一方面又认定那不是一条野牛,而是一块石头或一棵树,试问他们将如何行动,他们的狩猎还要不要进行呢?可见,若不遵守"如果 X 是 A,那么 X 是 A"这样的推理形式,人们就无法行动,无法生活。这种推理形式的"正确性"就是这样经过无数次的实践反映到人的头脑中来、被无数次的实践所证明,而不是被推理形式自己证明的。列宁说得很精辟:"人的实践经过亿万次的重复,在人的意识中以逻辑的式固定下来。这些式正是(而且只是)由于亿万次的重复才有着先入之见的巩固性和公理的性质。"① "人的实践活动必须亿万次地使人的意识去重复不同的逻辑的式,以便这些式能够获得公理的意义。"②

即使把正确推理形式本身如何形成,如何证明的问题存而不论,仅就它形成以后的作用来说,它能不能充当检验真理的标准呢?也不能。正确的推理形式无非是指这样的推理形式:它可以被归结为一个蕴涵式,而这个蕴涵式又是一个重言式,即永真式。检查一种推理形式是否正确,就是看它的相当的蕴涵式是不是永真式。如果把前提和结论的关系归结为 $A \rightarrow B$ 的命题形式,而 $A \rightarrow B$ 又是永真式,则推理形式是正确的,否则是不正确的。永真式是什么意思呢?它是指这样的命题形式:无论把具有什么具体内容的名词(或命题)代入它的变项,也无论被代入的命题(如果不是名词而是命题的话)是真是假,得到的命题总是真的。例如"如果 P,那么 P"($P \equiv P$),"不可能 P 并且非 P"($\neg[P \wedge \neg P]$),"P 或者非 P"($P \vee \neg P$)

---

① 列宁:《黑格尔〈逻辑学〉一书摘要》,见《列宁全集》第55卷,人民出版社1990年版,第186页。

② 列宁:《黑格尔〈逻辑学〉一书摘要》,见《列宁全集》第55卷,人民出版社1990年版,第160页。

等等，就是常见的永真式。一个揭示了前提和结论的关系的蕴涵式是永真式，这表明了什么呢？表明了前提和结论的必然关系是不以前提和结论的具体内容及其真假为转移的。可见，正确的推理形式的实质和功能正在于也仅在于撇开了前提和结论的具体内容，不管前提和结论在事实上真不真，而单从思维的形式结构方面揭示命题间的必然关系。换句话说，推理形式所涉及的只是思维本身的形式结构问题，而不是前提或结论与客观对象是否符合即是否真理的问题。如果问：正确的推理形式能证明什么？回答只能是：能证明前提和结论在命题形式方面的关系，再没有别的。至于前提和结论是不是正确地反映了客观实际，是不是真理，它是不去"管"也管不了的。

正确的推理形式所能证明的仅仅是逻辑上的蕴涵，即命题形式上的蕴涵，而不包括事实上的蕴涵。例如客观世界里的对象或事件之间的因果关系、函数关系等等，是不能由推理形式来证明的。在这一点上，休谟说对了。要想从原因中"演绎"出结果来，是做不到的。同样，演绎也证明不了函数关系。例如，假定我们已知 A 物体的质量为 B 物体质量的两倍，又知道加在 A、B 两物上的力相等，我们也就可以断定 A 的加速度必为 B 的加速度之半。这个断定是不是从两个已知条件"演绎"出来的呢？很像是，其实不是。因为这两个已知条件与我们的断定之间在命题形式上并无必然联系，或者说，虽有必然联系，但只是物理的必然而非逻辑的必然。即使我们作出与此不同的断定，也并不违反逻辑。为什么我们认为只有这样的断定才是正确的呢？是因为我们依据了 $F=ma$ 的经典力学公式。这并不是什么逻辑规则，而是力学公式；它反映的是力、质量、加速度这三个物理量之间的事实上的必然关系（函数关系），而不是三个概念之间的逻辑上的必然关系。这种事实上的必然关系的普遍性是不可能由逻辑推理来证明，而只能由亿万次的实践来证明的。

我国 50 年代[①]讨论逻辑问题时有的同志主张把"正确性"和"真实性"加以区别，我认为这种意见是很对的，对我们当前的讨论仍有意义。

---

① 指 20 世纪 50 年代。——今注

卡尔纳普（R. Carnap）把"逻辑上有效"（L-valid）和"物理上有效"（P-valid）加以区别的说法也不无合理的成分。所谓"正确"或"逻辑上有效"相当于通常说的"合乎逻辑"，是指推理形式正确（前提蕴涵结论）；"真实性"或"物理上有效"，则相当于通常说的"合乎实际"，这才是指命题是真理。逻辑只能证明前者而不能证明后者。人们常常在说到逻辑证明的场合叫"证明"（proof），而在说到实践证明的场合则叫"证实"（verification）或"确证"（confirmation），这并不是无意义的咬文嚼字，而是为了表示两者在性质和功能上的区别。当然，问题不在于用语，"实践证明"并非不可以说，而在于"实践证明"和"逻辑证明"所解决的问题确实是不同的，不应该混为一谈。

或许有的同志会说：如果前提的真实性已被实践证明，不就可以推出结论的真实性吗？在这种情况下，结论的真实性不就是由正确的推理形式确定的吗？看来很像是这样，但实际上并不是这样。在这种情况下，结论的真实性本来就被蕴涵在前提之中，早就同前提一起被实践证明过了。推理的作用不过是把已被实践证明了的真实性揭示出来而已。打一个不完全恰当的比喻：一个进行了犯罪活动的人，他的犯罪性质在他作案完成的时候就已经在客观上确定了（即使当时没有任何人知道也一样），法庭宣判时所作的推论不过是依据他的作案事实把他的犯罪性质揭示出来而已。证明此人是罪犯的并不是逻辑推论，而是此人的犯罪活动的事实。

第三，正确的推理形式之不能检验真理，在前提为假的情况下显示得更清楚。从假前提出发，按照同样的正确推理形式，既可以推出假结论，也可以推出真结论（假前提不仅蕴涵假结论，也蕴涵真结论）。试看下面的两个推理：

（甲）　　所有的鸟都是植物　　　　（假）
　　　　　所有的狗都是鸟　　　　　（假）
　　　　　——————————
　　　　　所有的狗都是植物　　　　（假）

（乙）　　所有的鸟都是哺乳动物　　（假）
　　　　　所有的狗都是鸟　　　　　（假）
　　　　　―――――――――――――――
　　　　　所有的狗都是哺乳动物　　（真）

这两个推理的前提都假，在这一点上没有区别；推理形式都正确，而且是同一个推理形式（"所有的 M 是 P"，"所有的 S 是 M"，所以"所有的 S 是 P"），在这一点上也没有区别。可是得出的结论却一个假，一个真，截然相反。如果一个人根本没有生物学的知识，仅以推理形式为标准，能检验得出究竟哪一个结论是假的，哪一个结论是真的吗？显然不能。这就表明了正确的推理形式只能揭示前提和结论的逻辑蕴涵关系，而不能判定结论的真假。

三

有的同志说，上面这些道理至多不过说明逻辑不是检验真理的最终标准罢了，这一点我们并不反对。可是不管怎么说，如果前提真并且推理形式正确，则结论必真，这总是无可否认的吧，而这就是逻辑证明的威力所在。我们说逻辑证明也是检验真理的一种标准，也无非就是这个意思。这又有什么不对呢？

是的，逻辑证明作为演绎推理，有它的必然性、强制性。否认了这一点就等于否认了逻辑证明的存在权，连这个名词都该取消了。这当然很荒谬。可是，只要哪怕是极粗略地考察一下人类认识的历史，就不难发现这样的事实：尽管人们从自认为（而且公认为）千真万确的前提出发，极严格地遵循演绎推理的规则去进行推理，因而极自信地认为得出的结论必定为真，但实际的结果还是常常（虽然不是每次如此）出乎意料地错误，使自己大吃一惊。这是为什么呢？是因为实践已经超出了前提的有效范围。这并不表明演绎推理的规则不灵了，而是表明被人们原来当作"千真万确"的前提并不是在任何范围内都是千真万确的。那么，难道我们不可以对某种真前提的有效范围一劳永逸地作一个完全正确的规定吗?可惜,这是做不到的。人们的认识不可能超越具体的历史条件。任何时代的人们都只能根据当时的实践所揭示、所证实的情况对某一真命题的有效范围作出规定——这是应当和可能要求于人们的一切。这个规定与这个真命题的实际有效范围是否一致呢?可能一致,也可能不一致。如果不一致,也并不是在任何情况下都可以发现的。只有当实践的触角伸进了以前没有估计到的新领域时,才可能发现原来的规定与实际情况不符。而在此之前,人们还是可以心安理得地把某个真命题连同人们对它的有效范围的规定一起当作"千真万确"的前提来进行推理,得出仿佛"万无一失"的结论的。这正如在篮球场上奔跑的运动员如果事实上没有出界,即使"忘记"了球场的界线也无关紧要一样。可是"界线"毕竟客观存在,并不因为忘记了它而消失掉。如果不估计到它,运动员闯出了"界线"之外的时候就会大吃一惊,觉得不可理解。列宁说:"每一科学原理的真理的界限都是相对的,它随着知识的增加时而扩张、时而缩小。"①说的正是这种情况。例如,实践证实了经典力学的公式是真命题。在什么范围内真呢?人们长期没有想到这个问题(因为实践还没有提出这个问题),于是按照当时的认识水平对它的有效范围作了一个规定,然后以它为前提进行推理。这种推理也许进行过亿万次,每次的结论都没有超出经典力学公式的实际有效范围,事实上都是真的,因而也就没有发现这里面还有什么问题。可是,当实践的触角伸进了前所未知的微观现象和宏观高速(接近光速)现象时,以经典力学的公式为前提推出的结论就不是真命题,这就表明了经典力学的公式在这个领域里并不是真命题。只有在这个时候人们才可能认识到经典力学公式的真理性的界限,才可能知道原先对它的有效范围的规定超出了它的实际有效范围,因而以此为前提推出的结论并非在任何范围内都必然是真的。像这种由于推理的前提超出了实际有效范围,因而推出了错误结论,终于被新的实践所揭露、所修正的情况,在科学史以致整个认识史上是屡见不鲜的。可以说,没有这种"超出"和"修正"就没有科学的发展和

---

① 列宁:《唯物主义与经验批判主义》,见《列宁全集》第18卷,人民出版社1990年版,第135页。

认识的进步。试想，如果认定从经典力学公式合乎逻辑地推出的结论无论在什么范围里都无可怀疑地是真理，无须实践的检验，相对论和量子力学还有出世的权利吗？

有的同志反驳说：你这里说的实际上并不是由真前提合乎逻辑地推出的结论，而仅仅是由被误认为真而实际上假的前提合乎逻辑地推出的结论，这样的结论真不真当然不能由逻辑来判定。可是，如果我从被实践充分证实了的、确凿无疑的真前提出发来进行推理，那么我就可以仅仅根据推理形式正确这一点来断定结论的真，不需要再诉诸实践。如果还说要诉诸实践，那在理论上就是否认了演绎推理的必然性，在行动上就是迂腐可笑了。

我认为这种说法是似是而非的。如果不作脱离人类认识的实际历史进程的抽象议论，恐怕很难否认：在任何特定历史条件下被一切严谨的科学家、思想家当作前提来进行推论的命题，总是被当时的实践所充分证实、因而有理由被认为确凿无疑的命题。然而进一步发展了的实践往往会揭示出这样的情况：人们当时对这个或这些命题的有效范围的规定并不符合实际，因而包括有效范围的规定在内的整个命题并不是真命题。但是，我们在这个问题上只能是"事后诸葛亮"。我们只有在新的实践"教训"了我们之后才可能由结论的错误反推出前提的错误。我们今天之所以能傲然地说17—19世纪的物理学家进行推论的前提不过是被"误认"为真而实际上假的前提，那是因为我们生活在相对论和量子力学诞生之后，否则我们也会不可避免地这样"误认"的。不宁唯是，我们今天认为确凿无疑的命题，会不会被实践的进一步发展表明也是一种被"误认"为真的命题呢？我看，"后之视今，亦犹今之视昔"，我们这一代人也并没有绝对免除错误的专利权。可见，要想一劳永逸地找到连有效范围的规定都绝对不会错误的科学定律作为推论的前提，那只是违反认识规律的幻想。如果以为只有这样的命题才有资格充当推论的前提，我们就只有停止推论；而停止推论也就是停止思维、停止认识，科学的发展也就完结了。人类认识的实际进程完全不是这样的。人们总是以被当时的实践证实了的真命题为前提来进行推论，同时又估计到此时此地对这个或这些命题的有效范围的规定可能有错,因而并不迷信推论的结论;而当推论的结论与新的实践所揭示的事实发生矛盾的时候,不是用裁剪事实的办法来固守结论,而是以尊重事实的态度来修改结论,修改原先对前提的有效范围所作的不符合实际的规定。这是科学发展的必由之路。显然,在这里起着检验标准作用的正是不断发展着的实践,而不是逻辑推理。

还有一种诘难说:数学定理难道不是真理吗?它们不是由推导来证明、并且仅仅是由推导来证明的吗?

数学的来源、对象和本质是很复杂的问题,直到今天也还在激烈争论。这些争论在这里不必赘述。这里需要指出的是:在什么意义上我们说数学定理是真理?我们认为,说数学定理是真理(truth),除了指它们与客观世界的量的关系或空间关系相符合以外,没有别的意义。那么,数学定理是不是正确地反映了这种客观的关系呢?这恰恰是推导所不能证明的。为什么?因为数学的原始论据是公理,推导所遵循的是逻辑规则。公理本身是否与客观现实符合,逻辑规则本身是否普遍有效,推导尚且不能证明,它又怎么能证明由公理推导出来的定理是否与客观现实符合呢?爱因斯坦说过:"'真实'这一概念与纯几何学的论点是不相符的,因为'真实'一词我们在习惯上总是指与一个'实在的'客体相当的意思;然而几何学并不涉及其中所包含的观念与经验客体之间的关系,而只是涉及这些观念本身之间的逻辑联系。"① 又说:"几何观念大体上对应于自然界中具有正确形状的客体,而这些客体无疑是产生这些观念的惟一渊源。"② 这些话是对的,不仅适用于几何学,而且原则上也适用于其他门类的数学。数学推导所证明的,只是数学概念之间的逻辑联系,公理和定理之间以及定理和定理之间的逻辑联系。至于这些概念、公理和定理与客观世界的客体(或关系)是否符合,即是否真理,数学推导是没有证明也不能证明的。只有把这些概念、公理、定理应用于各门经验科学,通过亿万次的

---

① [美]爱因斯坦:《狭义与广义相对论浅说》,杨润殷译,上海科技出版社1964年版,第3页。
② [美]爱因斯坦:《狭义与广义相对论浅说》,杨润殷译,上海科技出版社1964年版,第3页。

实践，才能解决这个问题。

四

这样说来，逻辑证明对检验真理岂不是没有任何作用了吗？

不，并不是这样。我们说逻辑证明本身不是检验真理的标准，并不是说它在检验真理的过程中没有作用。相反，它的作用是巨大的，不可缺少的，而且是不可代替的。①

第一，结论的真实性虽然已被蕴涵在前提之中，在前提被实践证明的同时就已被实践证明，但前提与结论的蕴涵关系并不是可以一望而知的。当它还没有明晰化的时候，人们并不容易认识到这种关系的存在。即使知道了前提真，也未必就知道结论真。在欧氏几何中"平行线内错角相等"的命题蕴涵着"三角形三内角之和等于两直角"，但是如不经过一番推导，即使知道了前一命题的真，也未必知道后一命题的真。同样，即使知道了方程式 $x^2-7x+12=0$ 正确地反映了某种客体间的关系，是真的，但是如不经过一番演算，也未必能一眼看出 $x=3$ 或 $x=4$ 是真的。像这样极简单的蕴涵关系尚且如此，复杂的蕴涵关系就更不用说了（有的蕴涵关系甚至需要经过若干亿次的推论才能揭示出来）。逻辑能够把前提和结论的蕴涵关系明晰地揭示出来，把虽然已被实践证实但还不为人们所知道的真理确切地陈述出来，这对于达到检验真理的目的来说就绝不是可有可无的。没有它的辅助，已被实践证实了的真理也往往不为人们所知道和确认。正如一个人的犯罪行为虽已发生，但如不经过调查核实并作出合乎逻辑的推论就不能确认此人是罪犯一样。

这里顺便说到，有的同志认为逻辑证明根本不能提供任何新知识。此说未免失之偏颇，我未敢苟同。诚然，演绎推理（包括逻辑证明）的结论是被前提所蕴涵的，从这一点说，演绎推理确是同义反复（tautology）。但

---

① 关于这个问题，作者在《实践怎样检验认识？》一文中论证了自己的观点，本书收入了此文。

是，关于前提的知识并不等于关于结论的知识。演绎推理能把蕴涵在前提中的结论揭示出来，使人们知道前所未知的东西，这也就是提供了新知识。如果不能提供新知识，那就无异于说，只要承认了为数不多的几条公理就等于精通了某门演绎科学，一切演绎科学的著作就都成了废话集了。

第二，在如何组织实践的检验上，逻辑的辅助作用也不可缺少。如果我们要用实践来检验一个命题的真假，就不能不碰到这样的问题：用什么实践来检验？通过什么途径来检验？是直接检验这个命题还是通过检验别的命题来检验它？这就需要进行一番"设计"。要使"设计"能达到有效地检验命题的目的，除了借助于已有的经验知识以外，还少不了运用逻辑。即使检验最简单的经验命题，也必须如此。例如我们要检验"这只梨是甜的"这个命题真不真，是怎样检验的呢？当然，吃一口就是了。但是，我们怎么知道恰恰是用"吃"这种实践去检验这个命题，而不是用别的实践（例如把梨砸碎、把梨扔到水里等等）去检验呢？这是因为我们从以往的实践经验知道了这样一种必然关系的存在："X是甜的，当且仅当X被人吃并且人产生甜的味觉。"把这个关系式用于这只梨味的检验，就得到："如果我吃这只梨并且我尝到甜味（前件），那么这只梨是甜的（后件）。"于是我们的任务就变成了去检验"如果我吃这只梨并且我尝到甜味"这个前件是否真。而这个前件又是"我吃这只梨"和"我尝到甜味"这两个命题的合取；只有这两个命题都真，前件才真。于是我们的任务又变成了分别去检验这两个命题的真假。首先，我们用行动保证"我吃这只梨"是真的。然后，如果我的味觉没有毛病，因而可以确定"我尝到甜味"也是真的，那么"我吃这只梨并且我尝到甜味"就是真的。前件既然真，后件也必真。这样，"这只梨是甜的"的真实性就被证实了。像这样最简单的经验命题的检验尚且如此，复杂的就更是如此。如果要用实践来检验一个普遍命题的真假，其"设计"的复杂，需要调动的逻辑手段之多，就更不用说了。很显然，没有逻辑的辅助，一个待检验的命题摆在我们面前，我们也会不知道用什么实践、通过什么途径来检验它。

第三，在如何确定实践结果对检验真理的意义上，逻辑的辅助作用也是显然的。实践的结果总是某种经验事实。这种经验事实说明了什么呢？

它是不是确实证实了我们想要证实的命题呢？要确定这一点，一方面要检查我们的检验"设计"是否合乎逻辑，一方面还要对实践结果进行逻辑的分析，也就是说，要仔细检查表述实践结果的命题与待检验的命题之间是否确有逻辑联系，以及这种联系的意义如何。常常有这样的情况：我们想用实践来证明命题 P，实践的结果 Q 所实际证明的并不是 P 而是 P'，而我们却认为 P 已经由 Q 得证。这就弄错了。这种错误，有时大科学家也不能免。巴斯德的著名实验本来并没有证明生命在任何条件下都不能由无生命的东西产生，而他却误认为证明了，就是一例。

总之，逻辑证明在检验真理过程中不是不起作用，而是起着不可缺少的重大作用。这种作用必须充分估计。我想说明的只有一点，就是：不管它的作用多么重大，就其性质来说也还是一种辅助作用，它不是也不能是检验真理的标准，因为在确定认识与对象是否符合这一点上，实际的"判决"者并不是逻辑，而是实践。我们说逻辑证明不是检验真理的标准，其意义正在于此，也仅在于此。

实践怎样检验认识？[1]

真理标准问题的全国大讨论到现在三年了。"两个凡是"的错误已被越来越多的同志所认识，"实践是检验真理的唯一标准"这个马克思主义哲学的根本命题也逐渐为越来越多的同志所接受。但是，对后一个问题的具体理解到现在也还有许多不一致。我认为这是正常的情况。这种理论问题本来就不是一下子可以"统一思想"的，应该进行深入的研究和从容的讨论。老师们提出的问题之一是"实践是怎样检验认识的？"也就是实践检验认识的具体机制问题。我认为这个问题提得很好。应该说，马克思主义经典作家对这个问题已经作了原则的回答。[2]这些回答至今也还是完全正确的，但是确实需要具体化和精确化。我试图作一些努力提出一些设想供老师们参考。

一、几个出发点

我想先谈谈我考虑这个问题的几个出发点。

第一点：对认识的检验要落实到对命题的检验。

认识的基本内容是对对象的判断。表述判断的语句是命题。即使是很

---

[1] 本文是作者1981年8月1日应教育部政治理论教育司之邀在全国政治理论课教师研习班作的报告。原载中国人民大学《辩证唯物主义原理》讲习班材料（9）。
[2] 例如恩格斯在《社会主义从空想到科学的发展》1892年英文版导言中批评不可知论时的论述。见《马克思恩格斯选集》第3卷，人民出版社1990年版，第702页。

肤浅的感性认识也要通过命题的形式才能表述出来,才能去检验它的真假。至于理性认识离不开命题就更不用说了。我们的认识总是由一个或一组命题来表达的,理论总是由许多命题组成的系统。所以,检验认识的真理性,包括检验理论的真理性,可以落实为检验一个或一组命题的真假。这样就不会有笼统含糊的毛病。比如我们说某某理论或认识是真理,某某理论或认识是谬误,当然也未尝不可,但这种说法不够清晰、不够严格,检验起来也不好落实。如果把这种理论认识具体化为一组命题,然后去判定哪些命题是真的,哪些命题是假的,问题就清晰了。

第二点:对命题检验要落实到经验的事实。

有许多命题所陈述的内容并不是经验的事实,这就需要通过"设计"把它同陈述经验事实的命题在逻辑关系上联系起来,通过检验陈述经验事实的命题的办法来检验它。自然科学家做实验就是这样做的,社会科学家引用事实材料来证明某种观点实际上也是同样的道理。而"设计"的优劣对于检验命题真假的效果有很大的关系。马克思和恩格斯在《德意志意识形态》里说过:"只要这样按照事物的真实面目及其产生情况来理解事物,任何深奥的哲学问题——后面将对这一点作更清楚的说明——都可以十分简单地归结为某种经验的事实。"① 要检验命题的真假,就得把它归结为某种经验的事实,也就是可以观察的事实。这里的所谓观察,当然也包括借助于科学仪器或其他物质工具的观察。如果命题所陈述的内容同经验事实相符,就是真的,否则是假的。实践的检验如果不落实到同经验的事实相对照,就是空洞的。

第三点:实践检验的"设计"必须有逻辑推理的辅助。我认为逻辑证明并不是检验真理的标准。关于这一点,我在今年②《哲学研究》第 1 期上发表的《逻辑证明与真理标准》一文中详细说明过自己的看法,这里就不再说它了。但是我在那篇文章里同时也说过,逻辑推理在实践检验认识的过程中是不可缺少的、不可代替的手段。要把一个不直接陈述经验事实的命题归结为陈述经验事实的命题,就必须经过若干步骤的逻辑推理,使

---

① 《马克思恩格斯选集》第 1 卷,人民出版社 1990 年版,第 76 页。
② 指 1981 年。——今注

待检验的命题与某种陈述经验事实的命题具有蕴涵关系。这样的检验才是有效的、可操作的。

第四点：在"设计"的过程中，还必须引进被以往的实践证明了的科学定律。要完成一种检验设计，仅仅运用逻辑规律还是不够的，还必须引进科学定律。这里谈的自然定律是广义的，不仅指自然科学上的定律，而且也指一切被以往的实践证明了的认识成果。这并不奇怪。因为一切实践和认识实际上总是再实践和再认识，不能完全撇开以往的实践和认识的成果，正如一切现实的生产实际上总是再生产，不能撇开以往的生产成果一样。

这四点就是我考虑实践怎样检验认识的出发点，我就沿着这个思路谈到本题。

二、逻辑命题和实在命题的区别

为什么讲到实践怎样认识的时候要谈谈这两类命题的区别呢？因为这对我们所讨论的问题关系很大。

为了说明这两类命题的区别，先得分析一下命题的形式结构。

不论什么命题，如果把它的具体内容抽掉，专看它的形式，就可以看出它总是由两类符号（sign）构成的：常项（constant）和变项（variable）。举一个最简单的命题为例："所有的松树是植物。"如果抽掉它的具体内容，它的形式就是：

所有的 S 是 P

这里的"所有的"和"是"就是常项。常项是有固定意义的符号。它的功能在于表示各变项之间的特定的关系，相当于数学里的加减乘除号、等号、根号等等。

这里的 S 和 P 是变项。变项是没有固定意义的符号，它可以代表任何语词，也可以代表命题。相当于数学里的 a, b, c, x, y, z 或 $f(x)$ 等等。一个命题形式，如果把具体的语词或命题代入变项，才成为一个反映特定对象的并有特定意义的命题。比如把"松树"和"植物"代入上式中的 S 和 P，它就成为一个命题；把"鸟"和"动物"代入上式中的 S 和 P，它就成为另一个命题。

那么，逻辑命题和实在命题的区别在什么地方呢？

逻辑命题就是仅仅从命题的形式结构就可以判定它的真假的命题，并不需要考虑它的变项代表的什么，并不需要考虑它的具体内容，也并不需要去对照具体的经验事实。

逻辑命题有分析命题和矛盾命题两种。

什么是分析命题？哲学史上对分析命题有许多种解释，说法并不一致，这些我们可以不去多说它。但是不管怎么解释，有一点是共同的，那就是分析命题是仅仅从形式结构就可以判断它为真的命题。因为无论你把什么语词或命题代入它的变项，得到的总是真命题。所以它叫作永真式、重言式或同语反复（tautology）。这里只举最简单的例子：

（1）如果 p，那么 p　　　即 $p \rightarrow p$

（2）不可能 p 并且非 p　　即 $\neg(p \wedge \neg p)$

（3）p 或者非 p　　　　　即 $p \vee \neg p$

如果发现一个命题具有这样的形式，你就不需要考虑它陈述的是什么具体内容，它的语词指称的是什么对象，也不需要去援引什么具体经验事实，就可以断定它是真的。比如说，我们都不知道在银河系的某个遥远的天体上有没有生命，我们都没有这个具体知识。但是如果有人说："如果这个天体上有生命，那么这个天体上就有生命。""这个天体上不可能有生命并且没有生命。""这个天体上或者有生命，或者没有生命。"我们可以断定这些命题是真的。因为它的命题形式是永真式。

永真式并不都是像上面那样简单，可以一望而知的。有的很复杂。纯演绎科学（数学、逻辑）的前提是公理，公理是永真的，由公理演绎出来的是定理也是永真式。有的永真式要从公理经过几十步、几百步甚至上亿步的演绎才能得出来。逻辑证明的作用并不能断定一个具体命题是否与具体的客观对象符合，而只能证明永真式。它只是在永真式不容易识别的场合用来证明某一命题是永真式的一种手段。所以我们才说它不是检验真理的标准。

为什么会有永真式这种东西？它有没有客观基础？它同客观世界、同人类实践有什么关系？康德认为分析命题是先天的（当然，他还认为有"先天综合判断"，这里不去说它了）。康德以后直到现在的唯心主义经验主义者也是这样看的。我们不同意这种看法。我们认为分析命题或永真式是一切客观事物的质的相对稳定性在人们头脑中的反映。这种反映是在人类亿万次的实践中接触外界事物、改造外界事物的历史过程中实现的，所以它成了逻辑的"式"。如果事物没有质的相对稳定性，世界就不成为世界，人类就一天也不能存在，更不用说发展了。比如说，为什么凡是具有"如果p，那么p"的形式的命题一定是真的呢？就是因为它反映了客观事物的质的相对稳定性。原始人在追捕一条野牛的时候，这条野牛的质是稳定的。如果他们正在追捕的时候这条野牛忽然不是一条野牛，而是一块石头了，他们能打猎吗？这种情况反映在他们头脑里，形成的命题就是"野牛是野牛"，或者"如果这是野牛，那么这是野牛"。就是只有一瞬间的质的相对稳定性的东西，比如说某些"基本"粒子，只有几亿亿分之一秒的寿命，它毕竟总有一瞬间的质的相对稳定性，否则它就不能成为认识和改造的对象。在这一瞬间，"某粒子是某粒子"。我们吃馒头的时候，"馒头是馒头"一定是真的，否则就没法吃了。这种情况亿万次地反映到人类头脑中来，才形成了"如果p，那么p"这样的永真式。

说清楚了什么是分析命题或永真式，什么是矛盾命题就很容易理解了。

矛盾命题就是同分析命题有矛盾关系的命题。如果甲是一个分析命题，那么非甲就是矛盾命题。比如说：$p \rightarrow \neg p$，$p \wedge \neg p$，$\neg(p \vee \neg p)$ 就是矛盾命题，是永假的。无论把什么语词或命题代入它的变项，得到的都是假命题。比如有人断言"如果某个天体上有生命，那么这个天体上就没有生命"，"这个天体上有生命并且没有生命"，"这个天体上有生命和没有生命都是假的"，你就可以断定他说错了。

矛盾命题的客观基础可以同分析命题一样得到证明。因为客观世界不可能出现矛盾命题所陈述的情况，人类在亿万次的实践中从来没有遇到过这种情况，而且如果任何人要按照矛盾命题去指导自己的行动，每一次无例外地要碰壁。这些"永假"式就是这么来的。

分析命题叫作逻辑上有效的，矛盾命题叫作逻辑上反有效的，两者都是逻辑上确定的。

从以上的分析里我们可以得出两条结论：

第一，逻辑命题的存在并不与实践是检验真理的唯一标准的提法相抵触。恰恰相反，逻辑命题之所以存在，正因为它来自人类亿万次的实践，被亿万次的实践检验过，而且今后还一直要被亿万次的实践继续检验。

第二，逻辑命题确实不容易用某一次、某几次具体实践去检验。因此，我们在研究实践怎样检验认识的时候，不必去研究逻辑命题怎样检验的问题，我们要研究的只是实在命题怎样检验的问题。

什么是实在命题呢？

实在命题就是不可能仅仅从命题的形式结构判定其真假的命题。它既不是分析的，又不是矛盾的，而是综合的。

例如：S 是 P

具有这种形式的命题是真的还是假的？从形式上是无法看出来的。因为具有这种形式的命题的意义，取决于用什么语词或命题代入它的变项。用不同的语词或命题代入它的变项，得到的命题的真假可以截然相反。例如：

（1）猫是吃老鼠的动物。

（2）老鼠是吃猫的动物。

这两个命题的形式结构都是"S 是 P"，完全一样，都不违反逻辑。怎么能从逻辑上、符号上、形式结构上判定它们的真假呢？设想一个从外星球来的人，或者一个对猫和鼠的生活习性没有任何知识的人，他能够从逻辑上判定哪个命题是真的，哪个命题是假的吗？显然是不能的。要判定这类命题的真假，只有靠具体的实践、具体的经验。

把经验科学的定律同演绎科学的定律看成一回事，是不对的。例如有的同志在论证逻辑证明也可以作为检验真理的标准时，就举数学上的证明为例。这是把两类命题的证明搞混了。数学是演绎科学。数学上的证明是证明什么呢？是证明永真式，而不是证明一个以具体的客观事物为对象的实在命题。比如你从"平行线内错角相等"演绎出"三角形三内角之和等于两直角"，这是一种逻辑证明。但其实这两个命题是前一个蕴涵着后一个，当你说前一个命题真时，就已经蕴涵着说后一个命题真。这其实是同语反复，不过当你认识到前一个命题真的时候还未必认识到了后一个命题也必然真而已。又比如你解一个方程式，经过若干步骤的演算，最后求得了未知数的值，比如说 $x=3$ 吧，这也是逻辑证明。而其实 $x=3$ 这个命题同作为方程式的那个命题是等值的（等值就是互相蕴涵），说的是一码事。不管怎么复杂的逻辑证明，实质上都是一连串的同语反复。它所证明的东西就是前提和结论之间具有蕴涵关系。至于前提和结论同什么具体的客观对象符合？是不是符合？逻辑是不去管，也管不了的。比如老师给学生评数学考卷，认定某题做错了，这意思并不是说答案不符合某个事实，而是说推导不符合逻辑。

经验科学中的命题就不同了，它是反映具体对象的，是实在命题，并不是永真式。这种命题是不是真的，完全看它符合不符合具体对象，从逻辑上是看不出来的。合乎逻辑不一定合乎事实，不合乎逻辑也不一定不合乎事实。例如："所有的国家都是1776年成立的，中华人民共和国是一个国家，所以中华人民共和国是1776年成立的。"这个推理完全合乎逻辑，可是结论不合乎事实。"有的国家是1949年成立的，中华人民共和国是一个国家，所以中华人民共和国是1949年成立的。"这个推理不合乎逻辑，可是结论合乎事实。对于这种实在命题，只有实际地考察经验事实，才能判定它的真假。老师批阅一个学生的历史试卷，即使这个学生写了一大篇，步步推理都合乎逻辑，但只要他的结论不合乎事实，老师就不会认为他做对了。不仅历史、地理的知识是这样，物理学、化学、生物学等等一切以反映具体对象为任务的知识，它们的命题都是这样。一个公式、一个论断是不是真的，唯一的涵义就是指与对象的实际情况是否一致。而这只有靠实验的、观察的结果来定，也就是靠实践的结果来定。比如中微子到底有没有这个东西？开始只是一个假说，后来就被证实了。当年的苏联批摩尔根的遗传理论，说"基因"是虚构的东西，可是后来实践证明它是真实存在的。勒柏辛斯卡娅说她发现了"活质",解决了生命起源的问题,苏联一度把这个"发现"吹得了不起,可是终究经不起实践的检验。

据说柏拉图为了证明他的"回忆说",找了个没有几何学知识但脑子很聪明的奴隶来。他不直接告诉这个奴隶某个几何命题,而是用另一些话来"启发"他。结果这个奴隶果然说出了这个几何命题。其实,这并不能表明真理不依赖实践检验,不需要实践检验。假如柏拉图问的不是几何命题,而是实在命题,又假定这个奴隶没有与这个命题相关的具体知识、具体经验,无论如何"启发"他也是回答不出来的。

从上面的分析可以看出,逻辑命题和实在命题是不同的。逻辑命题所反映的是逻辑项(名词或命题)之间在形式结构上的关系,并不涉及命题与具体对象符合与否的问题,判定它的真假并不依赖于某种特殊的、具体的实践,并不需要去对照某种特定的、具体的经验事实,因此也就无所谓用什么具体实践去检验它的问题。而实在命题就不同了。它所反映的是特定的、具体的对象,它的真假就取决于它与特定的、具体的对象符合或不符合。要检验它的真假,就只能依靠某种或某些特定的、具体的实践,只能同特定的、具体的经验事实相对照。正因为这样,我们在下面讨论实践怎样检验认识的问题的时候,就不去讨论逻辑命题怎样检验了,我们的讨论只涉及实在命题怎样检验的问题。

三、知觉命题的检验

在实在命题中,又有知觉命题和普遍命题之分。

知觉命题所陈述的内容是感性认识,它反映的是可感知的(sensible)经验事实,即事物的现象方面。这种命题有:(1)对事物的可感知的存在的断定(例如"这是一块黑板")。(2)对事物的可感知性质的断定(例如"这块黑板是方的"、"这只梨是甜的")。(3)对事物的可感知的关系的断定(例如"张三比李四高"、"中国人民大学在北京火车站的西边")。(4)对事物的可感知的状态的断定(例如"这根蜡烛在燃烧")。总之,这类命题是不能用逻辑来证实或否证的，因为它和它的矛盾命题（或反对命题）都不违反逻辑。但这种命题可以由经验、由观察来证实或否证的（包括借助于工具、仪器等等物质手段）。

对知觉命题的检验，是对普遍命题检验的基础，普遍命题的证实或否证，最后总得落脚到对知觉命题的检验。所以我们首先要分析一下对知觉命题如何验检的问题。

初看起来，似乎对知觉命题不存在如何检验的问题，不需要"设计"。比如"这只梨是甜的"，吃一口不就检验了吗？可是事情仔细分析起来并不那么简单。问题在于：你怎么知道恰恰是用"吃"这种行动（即实践）去检验它，而不是用别的行动（比如说把梨扔在水里，把梨砸碎等等）去检验它呢？是从这个命题本身知道的吗？显然不是。因为这个命题并没有告诉我们用什么行动去检验它，就是说，它不包括任何"行动指令"。只告诉了我们"x 是什么"，而没有告诉我们为了验检"x 是什么"必须"如何做"。而如果没有这种"行动指令"，我们就不知道用什么行动去检验它。因此，为了要检验这个命题，就必须找到一个辅助命题（auxiliary proposition）p'，使这个命题 p' 蕴涵着待验命题 p，同时它本身又包含着"行动指令"。这样，只要证实了 p'，也就证实了 p。

那么，怎样才能找到这样的辅助命题呢？第一，要运用逻辑规律；第二，要引进物理规律。这里说的物理规律是广义的，不是仅指"物理学"的定律，而是泛指一切自然和社会的规律，甚至包括"经验规律"（例如酿酒的规律、做馒头的规律等等）。

拿上例来说，我们根据以往千百万次的实践，知道下列的必然的物理关系是真实地存在的：

这只梨是甜的，当且仅当我吃这只梨（p_1）并且我产生甜的味觉（p_2）。

于是，"我吃这只梨并且产生甜的味觉"，就是我们需要的辅助命题 p'。为什么呢？

因为这个命题本身是两个命题（p_1 和 p_2）组成的，是这两个命题的"合取"。而其中的 p_1 恰好是一个"行动的指令"（"我吃这只梨"），而 p_2

则是可以由感知来判定其真假的命题。如果 p_1 和 p_2 都真，则整个辅助命题 p' 真，待验命题 p 真。P_1 真不真呢？我可以用行动保证它真。我吃梨就是了。P_2 真不真？那就要看事实。如果我尝到了甜味，就真；如果没尝到，就假。

从这个特例可以看出检验知觉命题的一般程序：根据逻辑规律和物理规律，找到一个辅助命题，使它蕴涵着待验命题。这个辅助命题应当具备这样的特点，即它本身要包含着行动的指令，而且行动的结果（即预期目的）是可感知的经验事实。

也许有的同志觉得这种分析是多余的，要检验"这只梨是甜的"还有这么多程序？不，这不是多余的。我这里举的只是日常生活中最简单的例子。事实上，即使是知觉命题，有些检验起来也是很麻烦的，不经过一番"设计"就不能达到检验的目的。比如说，对"月球的背面是什么样子？"这个问题无论作出什么回答，陈述的总会是原则上可观察、可感知的事实。回答是否正确，是要由实践来检验的。但是，究竟用什么样的实践才能实际地"看到"月球的背面，可不像吃梨子那么简单。为了"看到"月球背面的情况，需要很复杂的"设计"。但无论"设计"如何复杂，总要符合上述程序。又比方说，如何"看到"病毒的形状、粒子的行为等等，也是如此。

四、普遍命题的检验

现在再说普遍命题如何检验。

普遍命题（universal proposition）所陈述的内容并不是可感知的经验事实，而是事物的规律、本质、必然性。因此，要直接用检验知觉命题的办法去检验它，是不可能的。这类命题只能间接地证实。

间接证实的基本途径是什么呢？概括地说，就是运用逻辑规律和物理规律，通过若干推理步骤，一步一步地演绎出一个或若干个知觉命题，然后证实知觉命题。我们通常讲的"实践证明"，分析起来就是这样一种机制。

从待验命题和辅助命题的关系看，这种检验方式可以分成两种基本类型：

第一种类型是待验命题被辅助命题所蕴涵。

设 p 为待验命题（即我们需要检验的普遍命题）。检验的办法就是依靠逻辑规律和物理规律，找出一个辅助命题 p_1，使 p_1 更接近于知觉命题，同时有下列关系：

$$p_1 \to p$$

这样，只要能证实辅助命题 p_1 是真的，那么也就证实了经验命题 p 是真的。

如果 p_1 本身还不是知觉命题，怎么办呢？那就再找一个辅助命题 p_2。就这样一步一步地朝着越来越接近知觉命题的方向找下去，一直找到知觉命题为止。如果写成公式，就是：

$$p_n \to p_{n-1} \to p_{n-2} \cdots\cdots p_2 \to p_1 \to p$$

如果 p_n 是知觉命题，目的就达到了。这时就只需要检验 p_n。如果检验的结果 p_n 是真的，那么 p 就一定真。

这里举一个实例。

"地球是经历了巨大变化的。"（成语说的"沧海桑田"）这个命题 p 不是知觉命题，无法直接检验。怎么办呢？我们可以找到一个更接近知觉命题的辅助命题，例如："有的高山曾是海底。"显然，如果这个命题真，待证命题也就一定真了。

但是，"有的高山曾是海底"也还不是知觉命题，还得再找下去。比如说，我们找到了这样一个命题："有的高山上有海生动物的化石。"这就是知觉命题了。到了这一步，"检验设计"就满足了我们的要求。问题就在于用实践去证实这个知觉命题了。只要这个知觉命题得到了证实，就等于那个待证的命题被证实了。我记得沈括的《梦溪笔谈》里讲过他在远离大海的山上发现了贝壳。后来，人们又在喜马拉雅山上发现了鱼龙的化石。于是，"地壳经历过巨大变化"这个命题就得到了证实。

这种类型的检验应该说是一种最理想的检验方式。为什么最理想呢？

因为在这种情况下,只要最后找到的那个知觉命题被证实,那么待验的命题的被证实就是确凿无疑的了。理由是:如果一个命题真,那么被它蕴涵的命题就一定真,不可能假。否则不成其为蕴涵关系了。自然科学上有所谓"判决性实验",有些就属于这种情况。社会科学和一般社会生活里也有这种情况。

但是,这种类型的检验方式有没有问题呢?至少有两个问题:

第一,这种方式能够行得通的机会并不多。因为一般地说,要找到一个蕴涵着普遍命题而又更接近知觉命题的命题是比较困难的。更大量的情况是蕴涵着普遍命题的命题更普遍,更远离知觉命题。所以,这种检验方式并不是在任何情况下都可以用的。从上面的例子不难看出:用这种方式检验的命题虽然也是普遍命题,内容是带规律性的,但它所断定的还是有限的个体。如"地球经历过变化",断定的是地球,宇宙间就这么一个。如果是 $F=ma$ 这样的普遍命题,就没有什么知觉命题蕴涵它,这种检验方式就行不通了。

第二,即使在行得通的场合,也还有一个问题:如果知觉命题被证实了当然很理想,可是某些知觉命题因为受当时技术条件的限制,一时既不能证实也不能否证,在这种情况下普遍命题的真假就不能确定了。

现在再说到第二种类型的检验方式。它与第一种方式的途径刚好相反。就是找出一个辅助命题 p_1,使 $p \to p_1$,换言之,就是从待验的普遍命题演绎出知觉命题 p_1,然后用检验 p_1 的办法来检验 p。用公式表示,就是:

$$p \to p_1 \to p_2 \to \cdots\cdots p_{n-1} \to p_n$$

这种检验方式的适用范围比第一种类型的检验宽广得多,因为所有的普遍命题都可以通过若干步骤演绎出知觉命题(像"道德是绿色的"、"桌子是聪明的"之类的"伪命题"除外)。事实上,人们在自然科学和社会科学中运用的,绝大部分是这种类型的检验。即为了要证实某个普遍命题,就从它一步一步地演绎出被它蕴涵的知觉命题,然后去检验这个知觉命题真不真。例如,要证实自由落体定律、牛顿三大定律,都是用的此法。

但是,这种方法有没有问题呢?也有。主要的就是它的检验结果的确实性大大不如第一种类型的检验。原因很简单，就是逻辑后件真时前件不一定真。例如从"所有的天鹅都是白色的"可以演绎出"有的天鹅是白色的"，但如果"有的天鹅是白色的"被证实了，是否等于"所有的天鹅都是白色的"也被证实了呢？不，因为这并不能排除发现非白色天鹅的可能性。而只要发现了一只非白色的天鹅，这个普遍命题就不能成立了。事实上黑天鹅已经被发现，有的都进动物园了。

波普尔（K. Popper）看到了这种检验模式的缺点，于是提出了他的证伪主义，认为一切科学原理（普遍命题）都不可能证实，而只能证伪。照这种说法，实践就根本不能起真理标准的作用，这种检验方式就根本没有用了。我认为这种理论是偏颇的。上述的检验模式的缺点，至少可以由以下几个因素弥补：

第一，一个普遍命题演绎出来的数目是无限多的。因此，这种检验可以从无限多的侧面进行，而且可以无限多次地进行下去。逻辑后件真固然前件未必真，但如果从一个普遍命题演绎出来的各种不同的知觉命题都被证实，没有一个被证伪，而这个普遍命题本身却是假的，这种可能性是极小极小的。罗素曾举过一个例子："天狗吃月是月食的原因"是一个假命题，可是由它演绎出来的命题——"如果敲锣打鼓或放鞭炮，那么天狗就会吐出月亮，月亮就会复明"——却是每一次都可以被"证实"的。罗素的本意是说明单个的实例并不能证实什么。可是，我们知道，从"天狗吃月"这个命题不仅可以演绎出上述命题，还可以演绎出无限多的别的命题，难道这些命题都可以一一被证实吗？显然不能。何况即使不敲锣打鼓放鞭炮，月亮也会复明，这也就从另一个方面证明了敲锣打鼓放鞭炮与月亮复明并没有关系。

第二，客观世界是有规律性、同一性的。自然科学家喜欢叫自然规律的普适性。例如，所有同类的原子的构造和性质都相同，都能吸收和发射出具有特定波长的电磁波。其他同类粒子的构造和性质也相同，不管是在地球上、别的天体上或宇宙空间里都一样。现在发现了动物有一百多万种，植物有几十万种，微生物的种类更多。但不管是什么生物，都是由蛋白质和核酸组成的。世界的这种同一性可以说是宇宙的第一条公理，没有它，人类认识世界就不可能，一切科学就没有存在的余地。如果问：这件事怎么证明？我们目前的回答只能是：通过人类亿万次的实践。假如世界没有规律性、同一性或普遍性，人类的生存和延续就根本不可能。试想：假如万有引力一会儿起作用，一会儿又不起作用；H_2O一会儿是水，一会儿又成了硫酸；NaCl一会儿是食盐，一会儿又成了砒霜；人还能生存下去吗？人类不但生存到现在，而且创造出了越来越高的文明，这本身就是对世界存在着同一性的证明。正因为如此，我们有理由把它作为不言而喻的公理，作为认识活动的当然前提。也正因为如此，我们就可以用"分析"的方法来弥补用一个一个的具体实例证实普遍命题的缺陷。所谓"分析"，在这里就是"分析典型"的意思。恩格斯说的"十万部蒸汽机并不比一部蒸汽机更能证明热能和机械能的转化"，毛泽东说的"解剖麻雀"，都是这个意思。我们把一部蒸汽机的道理分析清楚了，一个麻雀的生理构造的道理分析清楚了，也就不必去考察所有的蒸汽机和麻雀了，因为我们根据世界上的事物具有同一性的公理，相信所有的蒸汽机或麻雀的"道理"是相同的。科学实验只要设计得合理，做几次、几十次也就够了，没有必要亿万次地做下去。正因为如此，"理想实验"、"模型实验"都是有效的。当然，这里的条件是要找出"道理"，即规律性的东西。对于一时还说不清道理的事物，这种方法不适用。比如，你不能说我"分析"过一只天鹅，它是白的，所以这就证明了一切天鹅都是白的。这并没有证明。因为你对天鹅为什么是白的并没有"分析"出什么"道理"来，并没有找出它之所以是白的必然性，并没有说明为什么天鹅不可能不是白的。

第三，当我们要检验的命题所陈述的内容只有两种可能性的时候，这种检验方式是很适用的。比如说，"以太是否存在？"只有两种可能。如果你能证明其中一个可能性是假的，那么同它相矛盾的论断就必然是真的了。从"以太是存在的"（p），可以演绎出"从一个运动着的光源发出来的光在不同的方向上速度是不同的"（p_n）。通过迈克尔-莫雷的实验，证明了p_n是假的。p_n既假，p就必假；p假，则非p必真，因而"以太是不存在的"这个命题的真实性就得到了证明。

因此，这种检验方式是可行的。事实上直到现在自然科学的实验检还是用的这种方法。普波尔的证伪主义的合理因素，就在于抓住了一个事实，即实践证明中确实存在着不确定的一面。实践本身也是历史的、具体的，也总会有它的局限性。列宁说："在这里不要忘记，实践标准实质上决不能完全地证实或驳倒人类的任何表象。这个标准也是这样的'不确定'，以便不让人的知识变成'绝对'，同时它又是这样的确定，以便同唯心主义和不可知论的一切变种进行无情的斗争。"[1]这段话是很深刻的。全称命题如果它的主语是有穷集，当然可以完全证实；但如果是无穷集，就确实不能排除出现反例的可能。同样，存在命题（特称或单称的）也很难绝对否证，完全驳倒。因此，对于无论以何种方式检验过的命题，都还要由发展着的实践继续检验，加深它的内容，或者修改理论的适用范围，把它作为特例包括到更普遍的理论中去，这种情况在科学史和一般人类认识史上都是经常出现的事。昨天何祚庥同志讲的人类认识物质的历史时已经说明过这个问题，我就不多说了。

---

[1] 列宁：《唯物主义与经验批判主义》，见《列宁全集》第 18 卷，人民出版社 1990 年版，第 144 页。

认识的对象是检验真理的标准吗?
——一篇对话

某君：在真理标准问题的讨论中，有的同志提出检验真理的标准不是实践，而是认识的对象。你怎么看？

陶：你怎么看呢？

某君：我觉得这种看法很有道理。我们唯物主义者理解的真理就是认识同认识对象的符合。既然如此，检验认识是不是真理当然要看它同对象是不是符合了。这不就说明了认识的对象是检验真理的标准吗？不错，马克思主义经典作家说过实践是检验认识的标准。可是我觉得他们说的"标准"实际上是指的途径、方法或手段，并不是通常意义上的"标准"。比如说，我们说尺子是长度的标准而不说"用尺子去量"是长度的标准，说砝码是重量的标准而不说"用天平去称"是重量的标准，为什么说到检验认识的时候就不说对象是标准而偏说实践是标准呢？依我看，说认识的对象是检验真理的标准更符合"标准"这个词的习惯用法，可以免除许多误会，是很可取的。

陶：你的意思是不是说，"实践标准论"和"对象标准论"之争不过是语词之争？

某君：可以这么说。不过语词之争也有是非之分，我认为"实践标准论"的用语是不确切的，会造成混乱。

陶：我认为这不是语词之争，而是实质之争。

---

① 原载《江汉论坛》1981年第5期。

某君：你认为"认识的对象是检验真理的标准"这个命题是错误的吗？

陶：不能撇开我们现在讨论的论题来孤立地评判这个命题，因为如果不首先弄清楚这个命题是在讨论什么论题的时候提出的，我们就不知道这个命题的具体意义是什么。所以我想先明确一下论题。可以吗？

某君：当然应该这样。

陶：我想有必要分清两个问题。一个是：什么是真理？这是真理的定义问题。一个是：以什么为标准来判定认识是否是真理？这是真理的标准问题。这两个问题当然是有关系的，可是毕竟是不同的问题。这你同意吗？

某君：同意。

陶：那么，你认为我们现在讨论的是哪一个问题呢？

某君：当然是后一个问题。对前一个问题的看法我们完全一致，有什么好讨论的？不过我不明白你说的这些跟我刚才向你提的问题有什么关系。你好像是在兜圈子，不回答我的问题。

陶：正是为了回答你的问题才不能不兜这个圈子。因为你的毛病恰好出在把真理的定义问题同真理的标准问题混在一块儿了。

某君：我怎么混在一块儿了？刚才我不是明明白白地告诉过我同意分清这两个问题吗？

陶：可你实际上混在一块儿了。我问你，什么是真理？

某君：真理就是认识同认识对象的符合。

陶：我再问你，什么是检验真理的标准？

某君：认识的对象是检验真理的标准。

陶：这句话是什么意思？

某君：就是说，要判定认识是不是真理，就要看它是不是同对象相符合。

陶：你这两句话可以合并成一句话，就是：要判定认识是不是同对象相符合，就要看它是不是同对象相符合！这样的同语反复能算是真理标准问题的答案吗？

某君：这好像是有点问题。这点我倒没想到。

陶：所以我说你把真理的定义问题和真理的标准问题搞混了。你自以为是在回答真理标准问题，其实你还在真理定义里面没走出来呢！

某君：可是认识的对象是检验真理的标准这句话究竟是对是错，你还是没回答呀！

陶：那要看它是对什么问题的答案。这句话里面虽然也有"检验真理的标准"的词组，可是就它的内容来说不过是对唯物主义真理定义的变相复述。所以，如果作为真理定义的另一种说法，它并不错。可是，如果作为真理标准问题的答案，那就是错的，因为它答非所问，不仅没有解决问题，甚至也还没有触及问题。我看这是倒退。

某君：倒退？你是说退到旧唯物主义那里去了吗？

陶：也许还不止呢。

某君：我不明白你的意思。你过甚其词了吧！

陶：我的意思是这样的。马克思以前的唯物主义者虽然都没有真正解决真理标准问题，可是他们当中有不少的人或多或少看到了真理定义和真理标准的区别，或多或少看到了以认识的对象为标准来检验真理行不通。这些人已经触及了实践是检验真理的标准的问题，提出了一些合理的思想。例如弗兰西斯·培根就明确地提出，通过归纳得来的知识还必须用实践来检验，他说过："真理之被发现和确立是由于实践（主要指科学实验）的证明而不是由于逻辑或者甚至于观察的证明的。"费尔巴哈也说过："理论所不能解决的问题，实践会给你解决。"列宁甚至直截了当地说过："费尔巴哈把人类实践的总和当作认识论的基础。"至于那些跟自然科学有密切联系的哲学家，或者自然科学家兼哲学家，他们当中许多人发表的关于实践是检验真理的标准的言论就更多了。我们中国的哲学家提出这种思想似乎比西方还早。比如荀子就很强调论断要有"符验"。韩非说得更干脆："无参验而必之者，愚也，弗能必而据之者，诬也。"（《显学》）当然，所有这些人对实践的理解都是狭隘的、残缺的，他们不可能把实践是检验真理的标准作为一种科学理论提出来。可是也不能否认，他们正是多少看到了以认识的对象为标准解决不了真理标准问题，才另找出路的。如果我们今天还去走他们都知道走不通的老路，不是倒退得太远了吗？

某君：我不懂为什么这条路走不通。马克思主义的经典作家不是常常把认识比作摄影吗？要检验照片与对象是否符合，只要把照片与对象对照一下就解决了。那么，要检验认识与对象是否符合，把认识与对象对照一下也应该同样可以解决。有什么走不通的呢？

陶：类比总是有条件的，两个类比的对象不会在一切方面都相似。在反对唯心主义和不可知论、坚持唯物主义反映论的意义上，把认识比作摄影是适当的。因为认识的泉源是物质世界而不是脱离物质的精神，认识能够提供物质世界的正确映像而不是提供一些"符号"或"象形文字"之类的东西，在这一点上，认识与摄影确有相似之处。可是，如果超出这个范围，无限制地使用这个类比，竟以为认识与摄影在一切方面都相似，那就错了。比如说，你会误认为认识是消极的被动的反映，是一次完成的机械动作，如此等等。就我们眼下讨论的这个问题来说，这个类比也不适当。

某君：为什么？

陶：照片和对象都是客观的东西，当然可以通过直接对照来检验是否符合。如果我观察了对象，又观察了照片，得到的两个表象是符合的，那就表明了照片与对象是符合的，我们的检验任务就完成了。我们到照相馆去取照片的时候不是都干过这种检验工作吗？可是，认识和对象的关系与此不同。对象是客观的，认识却是主观的。主观的东西在我们的脑子里面，怎么能像照片一样同客观对象直接对照呢？这就是检验认识的一个关键性的困难，请你不要忽视了这一点。

某君：我不明白，为什么主观的东西就不能同客观的东西直接对照。假定有一个客观对象 A_O，我有一个对 A_O 的认识 A_S，不知道是不是同 A_O 符合。那么我观察一下 A_O 不就解决了吗？这不就是拿对象同认识对照吗？

陶：请问，当你观察 A_O 的时候，你得到的是什么？

某君：当然是 A_O 的表象。

陶：A_O 的表象是什么？

某君：当然是 A_S。

陶：问题就在这里。你自以为是在拿 A_O 同 A_S 对照，而实际上你却是

在拿 A_s 同 A_s 对照!

某君：不管你怎么说，反正我这样做就达到了检验认识的目的，知道了认识同对象是不是符合，而这就足够了。

陶：不，你没有达到检验认识的目的。因为你做的事情不过是拿 A_s 同 A_s 相"对照"，而这种"对照"的结果当然是"符合"的！即使 A_s 同 A_o 一点也不符合，错得一塌糊涂，A_s 同 A_s 也一定还是"符合"的。怎么能用 A_s 同 A_s 的"自我符合"来证明 A_s 同 A_o 的符合呢？请允许我举个极端一点的例子吧。一位红绿色盲患者看到一块红绿混杂的色板，他得到的表象是没有红绿区别，这就是他对这块色板的认识。如果用你说的办法去检验这种认识同对象是否符合，他就会再一次观察这块色板，他确信这样做是以客观对象为标准，拿认识同对象"对照"。可是他观察所得的是什么呢？还是原来的那个表象，也就是没有红绿区别的表象！这两次得到的表象当然非常"符合"。于是他就满怀信心地断言他对色板的认识是符合色板的实际的。可是他错了。恕我说得不客气一点，如果按照你说的那样去"对照"，我们都难免陷入这位色盲患者的境地！

某君：你这是假定作这种对照的仅仅是一个人，而且是感觉器官不正常的人。如果不是这样，而是由许多正常的人来做这种对照，我想并不会发生你说的问题。

陶：不，我的论断并不依赖这个"假定"。即使是许多正常的人甚至全人类都来做这种对照，也丝毫没有改变问题的实质。因为当每个人把自己的表象同对象对照的时候，实际上都是在把同一个表象作"自我对照"，这样对照的结果当然都是"完全符合"，于是每个人就都会确信自己的表象同对象也"完全符合"。可是实际上是不是符合呢？问题并没有解决。我们可以设想三种可能的情况。第一种情况：大家的表象一致正确，这当然很好，可是并没有被证明。第二种情况：大家的表象一致错误，也不能靠这种办法发现错误。例如在很长的历史时期里全人类都认为大地是不动的，这个错误的表象是无论怎样同客观对象"对照"也检查不出来的。第三种情况：一部分人同另一部分人对同一个对象时表象不一致，发生了争论，怎么办呢？按照你说的办法，那就只好各自再去同对象"对照"，也就是各自再去观察对象。观察的结果怎样呢？必定是各人都更加坚信自己的表象是"符合"对象的，而对方的表象是"完全错误"的。于是争论只好更激烈地进行下去，"对照"也一直重复下去，究竟谁是谁非还是无法解决。所以我认为，以认识的对象为标准来检验认识，实行起来不过是以表象为标准，也就是以认识为标准，这是根本不能解决问题的。十年动乱的时候大家确实被那一套"语录标准"、"权力标准"害得够苦了，所以对一切带有"主观"色彩的真理标准论都深恶痛绝，这是完全可以理解的。也许你的本意是想找到一个最客观的标准吧？可是适得其反，找到的恰恰是一个很不客观的标准。是吗？

某君：请等一等。我听你说到认识的时候，老是只说表象，可是认识并不限于表象啊。你为什么不谈理性认识呢？是有意回避吗？

陶：不。我之所以到目前为止还只谈到表象，是为了在不影响事情的实质的前提下把问题尽可能简化，使我们讨论的问题的主要之点凸显出来。这在方法上不但是允许的，而且是必要的。问题总得一层一层地讨论吧。你认为一涉及理性认识，"对象标准论"就可以成立了吗？

某君：也许。

陶：我说也不能成立，甚至可以说更不能成立。

某君：何以见得？

陶：表象的对象总还是可感知的事物或事件、属性或关系，例如，"这只无色透明的玻璃杯放在这张黄色的有四条腿的茶几上"就是一个表象的对象。正由于它是可感知的，你总还可以"自以为"在拿它同表象相对照（虽然这种"自以为"其实是错的）。而理性认识的对象是什么呢？是事物的内部联系，是事物的本质或规律，是不包含任何"感性原子"的东西，是根本不可能感知的东西。请问你怎么可能把这样的对象同反映它的理性认识"对照"呢？例如，我们对我国社会主义的经济规律的认识正确不正确，怎么检验？如果以认识对象为标准来检验，那就得以我国社会主义的经济规律为标准，拿这些规律同我们的认识相对照。可是请问你怎么对照？你所谓的"对照"，还不是把这些规律再认识一遍，然后把这一次的认识同上一次的认识"对照"？可是这样一来，一切在检验表象时发生的困难在这里都会同样发生。结果还是"客观"标准成了主观标准，有标准成了无标准。

某君：以实践为标准就能消除这种恼人的困难吗？

陶：正是这样。让我先举个最简单的例子。这张桌子上有个茶杯，它反映到我脑子里来形成了一个表象，可我不知道这个表象对不对头。怎么办呢？刚才说了，拿这个茶杯作标准是不能解决问题的。可是，如果我照着我的表象做出一个茶杯来，问题就好解决了。我可以拿这个做出来的茶杯（它是实践的结果，是客观的东西）同桌上的那个茶杯（它是认识的对象，也是客观的东西）对照，如果二者一致，就证明了我的表象同对象是符合的。为什么呢？因为只要我没有技术上的障碍，我做出来的茶杯同我的表象的一致是可以保证的。如果现在又证实了这只茶杯同桌上的那只茶杯一致，岂不就证明我的表象同桌上的茶杯一致吗？你看，检验真理的标准正是实践的结果。

某君：你这个例子确实太简单了。请问，如果认识对象不是一个茶杯，而是一条规律，又该怎么解释呢？你能"做"出一条规律出来同原来那条规律"对照"吗？

陶：这当然不能。看来你有点性急了，没听懂我的意思。我举这个简单的例子无非是想说明，即使是最简单的认识也得以实践的结果为标准才能判定它是否同对象符合。我可并没有说不管什么认识都只能用"复制对象"的办法来检验。说实在的，检验认识的程序问题是个很繁难的课题，世界上许多学者研究了多年还没有完全搞清楚，马克思主义经典作家也没有在细节上给我们留下现成的答案，哪里是三言两语说得清楚的！不过我们今天的讨论并不需要详细说明这个问题，可以留待下次再谈。现在我只想说，对复杂的认识的检验也是以实践的结果为标准的。

某君：愿闻其说。

陶：你一定读过恩格斯在《社会主义从空想到科学的发展》英文版导言里反驳不可知论的那一段很长的话吧。就在《马克思恩格斯选集》第3卷里[①]，

[①] 《马克思恩格斯选集》第3卷，人民出版社1995年版，第102—103页。

我就不念了，咱俩还可以再仔细琢磨琢磨。我觉得这段精彩的论述已经从原则上把问题解决了。

某君：能谈得具体一点吗？

陶：请拿张纸来，咱们边写边谈吧。

假定认识的对象是 Ao，对 Ao 的认识是 As，要检验 As 同 Ao 是否符合，一般的步骤应该是：

（1）根据 As，设计一个行动（即实践）计划 Ps；

（2）根据已有的知识作出预计：如果按 Ps 行动，将造成结果 Es（这就是恩格斯说的"预期的目的"）；

（3）按 Ps 行动，造成客观的结果 Eo（这就是恩格斯说的"行动的结果"）；

（4）观察 Eo，得到知觉 Es；

（5）对照 As 和 Es，看二者是否符合。

如果 As 同 Es 符合，就表明 Es 和 Eo 符合，就表明达到了预期的目的，就表明 As 同 Ao 符合，即我们对 Ao 的认识是真理。你看，在这里起着检验标准的作用的，正是 Eo（行动的结果或实践的结果），而不是 Ao（认识的对象）。这实践的结果好像法官一样，判决权在它手里。

某君：这样的检验有效吗？

陶：也是有条件的。

拿第一条和第二条来说，"设计行动计划"和"预期行动结果"都要经过一定的演绎程序。在进行演绎的时候要运用逻辑规则，要运用有关的科学定律，要运用已有的知识或经验。只有演绎过程的每一环节都不出错，你设计出来的计划和预期的目的才同你所要检验的认识具有必然关系，才能使检验有效。否则是无效的。

拿第三条来说，你的行动必须是严格地按照设计的计划进行的。如果行动违反了原定的计划，那么即使计划的设计和结果的估计不错，检验也无效。

拿第四条来说，你的知觉必须是正确的。否则检验也无效。这也许就是恩格斯为什么要强调"正确地训练和运用我们的感官"的缘故吧。

某君：这些条件每次都能满足吗？

陶：那可不一定。常常有这样的事：由于在某一个环节上出了错误，使整个检验都无效了。在这种情况下，达到了预期的目的也未必证实了认识的正确，没有达到预期的目的也未必证实了认识的错误。

某君：照这么说，以实践的结果为标准岂不是也并不可靠了吗？

陶：我想，你对"可靠"这个词的了解太死板了。你是要求有这样一种标准，无论人们在运用它的时候采取多么错误的方法都能得出正确无误的结果，才算"可靠"，否则就说这个标准不可靠，这样的要求合理吗？能够因为某人某次在使用天平或温度计的时候发生了技术上的错误，因而对重量或温度测量得不正确，就得出结论说砝码或水银柱不是测量重量或温度的可靠标准吗？何况，在那些可能出错的环节上是可以事先尽量防止出错的，出了错也是可以通过检查找到原因并加以纠正的。不过，这确实不是轻而易举的事情。一个认识特别是关于规律的认识，往往要经过许多次的实践才能判定真谬，科学上的许多定理、学说甚至要经过上千百年的多次实践才能得到证实或证伪，其重要原因之一就在于此。可是，不管道路多么曲折，最后出来作出可靠的"判决"的还是实践的结果，而且只能是实践的结果。所以我还是坚持说，只有实践的结果才是检验真理的标准。

某君：且慢！你为什么不说实践是检验真理的标准，而说<u>实践的结果</u>是检验真理的标准呢？

陶：我认为马克思主义经典作家讲实践是检验真理的标准时，就是指实践的结果而言的。恩格斯在上面提到的那段论述里说得很明确："我们的<u>行动的结果</u>证明我们的知觉符合所感知的事物的客观本性。"① 列宁在《哲学笔记》里也说得同样明确："<u>活动的结果</u>是对主观认识的检验和**真实存在着的客观性的标准**。"② 这样的话还可以引出很多很多。

某君：可是实践是包含着主观因素的，以实践的结果为标准会不会在

---

① 《马克思恩格斯选集》第3卷，人民出版社1995年版，第703页。着重号是本文作者加的。
② 列宁：《黑格尔〈逻辑学〉一书摘要》，见《列宁全集》第55卷，人民出版社1990年版，第188页。着重号是本文作者加的。

标准里掺进主观因素，影响真理标准的客观性呢？

陶：有的同志是有这种担心。主张以认识对象为标准的同志也许就是出于这种担心，才认为有必要找一个更"客观"的标准。还有的同志也是出于这种担心，主张干脆把目的、意识之类的主观因素从实践的概念中排除出去，使这个概念"净化"。可是我认为这种担心是多余的。理由很简单：实践虽然是有目的有意识的改造世界的活动，是主观见之于客观的活动，可是实践的结果却完全是客观的。马克思在《资本论》第一卷第202页讲劳动过程时指出："他不仅使自然物发生形式变化，同时也还在自然物中实现自己的目的，这个目的是他所知道的，是作为规律决定着他的活动的方式和方法的，他必须使他的意志服从于这个目的。"可见他并没有把目的从"劳动"的概念中排除出去（劳动当然是实践）；可是，劳动的结果是不是因此就带上了"主观"色彩，不够客观了呢？绝不是。因为人的目的一旦在自然物中得到了"实现"，它就"物化"了，或者说把自己的主观性"扬弃"了，因而作为劳动结果的东西就完全是客观的了。例如一位木工师傅在做桌子的全过程中都不能不抱有明确的目的，比如说是做一张八仙桌还是做一张写字台，做成什么样子，多大尺寸，这个目的每时每刻都支配着他的动作，要是把这个目的一"排除"，他的动作就乱套了，成了无意义的动作，那能叫劳动，叫实践？那还能做出桌子来？可是，当他把桌子做成了的时候，他的目的可就"物化"在这张桌子里了，这张作为"实践的结果"的桌子就完全是客观的东西了，它的客观性并不比太阳或月亮的客观性少一分一毫！所以我说，认为以实践的结果为标准就会导致真理标准"主观化"，是不能成立的。恰恰相反，正因为实践的结果是目的的"物化"，才有可能用它作标准来检验目的是否得到实现，从而客观地判定认识与对象是否符合。

某君：这我同意。

陶：我还想说几句。主张以认识对象为标准的同志也许觉得认识对象总比实践结果更客观些。其实，如果因为实践当中包含着目的一类主观因素就认为实践的结果不够"客观"的话，那么就得承认，认识的对象也同样不够"客观"。为什么呢？因为认识对象（至少其中的绝大部分）也是打上了人类意志的印记的，有的甚至就是实践的产物，实践的结果。田野、村庄、城市、轮船、铁路、飞机、人造卫星、高能加速器……难道不是认识对象吗？人类社会难道不是认识对象吗？可是它们都是打上了人类意志印记的东西，有的简直就是实践的产物或结果。它们岂不也不够"客观"了吗？实际上，它们也是客观的，因为人类的意志在这里面也已经"物化"了。

某君：你谈的对我还是有帮助的。可我还得再考虑考虑。

陶：我的看法可能毛病不少，可自己不容易看出来。希望你下次再"将"我几"军"，促使我再想想。再见！

某君：再见！

真理阶级性讨论中的一个方法问题[1]

真理有无阶级性的问题争论至今仍相持不下，原因何在？我想从方法的角度谈些看法。

一、争论的由来和"困境"的实质

真理有无阶级性的问题在50年代[2]就争论过。大概是因为"动力"不足，不久就冷却了。热烈而比较持久的争论发生在粉碎"四人帮"之后。原因很明显："文革"初期著名的"五·一六《通知》"断然宣布了"真理是有阶级性的"，并根据这个"原理"，"彻底粉碎"了"在真理面前人人平等"的"反革命修正主义谬论"，横扫了成千成万的"牛鬼蛇神"。人们劫后沉思，痛感"真理有阶级性"这种说法实在是林彪、"四人帮"推行法西斯专政、推行文化专制主义的理论基石之一。若不驳倒这种说法，不仅过去的事说不清楚，而且后患无穷。理论界的许多同志正是怀着强烈的政治热情和对祖国命运的责任感来批驳这种说法的。为了驳倒这种说法，就努力论证真理无阶级性；而且为了不留尾巴，还特别说明这里的真理是指一切真理，无一例外。稍后，另一些同志提出异议了，他们认为

---

[1] 本文是作者1982年3月1日至15日在教育部举办的全国哲学公共课教师讲习班上报告的一部分。1983年12月6日在中山大学以此题作过讲演。详见陶德麟：《中国当代哲学问题探索》，武汉大学出版社1989年出版，第168页。
[2] 指20世纪50年代。——今注

断言一切真理均无阶级性，或者是不顾起码的事实（例如不顾马克思主义这种真理有无产阶级的阶级性的事实），或者是不顾起码的逻辑规则（例如既肯定一切真理均无阶级性，又肯定马克思主义这种真理有阶级性），或者是将导出错误而有害的结论（例如马克思主义不是真理，或马克思主义是真理但无阶级性），总之不能成立。他们认为应该承认至少在阶级社会里陈述社会关系特别是阶级关系的真理是有阶级性的。可是问题又来了：《通知》断言真理有阶级性，恰恰主要是指陈述社会关系特别是阶级关系的真理有阶级性；如果我们也肯定这种说法，驳倒林彪、"四人帮"理论基石的目的岂不落空了？于是大家好像都陷入了困境：只能在"一切真理均无阶级性"和"有的真理有阶级性，有的真理无阶级性"这两种说法中肯定一种（否定另一种），而无论肯定哪一种都有困难——或者不能成立，或者无助于驳倒林彪、"四人帮"的理论基石。事情的症结就在这里。

我认为，如果沿着这样的思路争论下去，只能是一场旷日持久的混战，永远摆脱不了困境。

二、"真的理论"与"理论的真"不可混为一谈

出路何在呢？出路就在于指出这并不是真正的困境，而是虚假的"困境"。这种"困境"的根源是方法不对，不对的关键在于把"真的理论"与"理论的真"混为一谈，正如把"白的天鹅"与"天鹅的白"混为一谈一样。

"真理"这个汉语名词是"truth"的译文。"truth"在西方哲学中有两种涵义：一指认识（理论、陈述、命题、论断等等）与对象的符合关系（或认识之与对象相符合的性质）①（涵义Ⅰ），一指与对象相符合的认识

---

① 对"truth"的理解还有"融贯说"、"效用说"等。唯物主义取"符合说"，故此处不论及他说，著名数学家和逻辑学家塔斯基（Alfred Tarski）对形式语言的真值作了论证，有助于理解"truth"的"符合说"。

（理论、陈述、命题、论断等等）（涵义Ⅱ）。两者判然有别，不可混同。汉语译"truth"为"真理"，极易使人误认为"truth"仅指"真的理论"或"真的道理"，实际上只取了涵义Ⅱ，取消了涵义Ⅰ。我想倘译涵义Ⅰ的"truth"为"真"，译涵义Ⅱ的"truth"为"真理"，或可省却许多麻烦。但译法既已通行，亦无更改的必要与可能，只要注意不忘"真理"一词有两种涵义，不加混淆，也不碍事。但问题就出在常常把两者混淆了。

关于"真理"有无阶级性的争论中，"真理"一词究竟是取的涵义Ⅰ还是涵义Ⅱ？这场争论的问题是"理论的真"有无阶级性，还是"真的理论"有无阶级性？这是必须首先澄清的。

这场争论的问题是"真的理论"有无阶级性吗？显然不是。因为第一，有些"真的理论"有阶级性是大家都承认的（至少在马克思主义者看来是这样），不可能发生争论。第二，不仅有些"真的理论"有阶级性是明显的事实（例如马克思主义），而且有些"假的理论"有阶级性也是明显的事实（例如希特勒的法西斯主义）。不争论"假的理论"有无阶级性而偏偏专门去争论"真的理论"有无阶级性，也说不出任何理由。第三，有些"真的理论"有阶级性这种论断早在马克思主义经典文献中以各种不同的方式表述过不知多少次，说这种论断是林彪、"四人帮"的理论基石，是显然荒唐的；在争论中也没有人为了清除林彪、"四人帮"的流毒而去否定这个马克思主义的论断。所以很显然，这场争论的问题实际上并不是"真的理论"有无阶级性。

那么，这场争论的问题是不是"理论的真"有无阶级性呢？我认为正是如此。争论的各方尽管分歧很多，但有一点是完全一致的，就是都想驳倒林彪、"四人帮"在真理阶级性问题上的谬论，摧毁他们的理论基石。而他们鼓吹的真理有阶级性这种说法中的"真理"是什么涵义呢？正是指"理论的真"，而非"真的理论"。因为倘指后者，则至多不过是不够全面而已，并不能由此引申出法西斯专政所需要的结论。倘指前者，则完全不同：如果"理论的真"有阶级性，那么判定理论（或陈述、论断等等）的真假就无需通过实践来检验它是否与客观情况相符合，只要看它出自什么"阶级"之口就够了。林彪、"四人帮"他们既是当然的"无产阶级"，他们的一切言论哪怕荒谬绝伦也当然是"真"的；他们要打倒的人既是当然的"资产阶级"，这些人的言论哪怕千真万确也当然是"假"的。这就是此说的要害所在。要驳倒他们的理论基石，就应该去驳倒"理论的真"有阶级性的说法，即驳倒"真"有阶级性的说法。事实上争论的各方想做的正是这件事，只不过由于用语的不精确，把事情的实质弄模糊了而已。

问题在于怎样驳倒"真"有阶级性的说法。

有的同志为了驳倒"真"有阶级性的说法，就努力论证"真"没有阶级性。我以为这并不成功。在争论的过程中已经暴露了这种做法的不成功。正确的做法应该是指出"真"有阶级性是一个伪命题（pseudo proposition），也就是一句在科学上、逻辑上无意义的话，即根本不成其为命题，因而也无所谓真假的"废话"。没有必要也不应该去肯定一个表面上好像与此相矛盾的说法——"真"没有阶级性，因为这同样也是伪命题。

为什么说"真"有阶级性和"真"无阶级性都是伪命题呢？

"真"和"假"是命题的真值，它标志的是认识（表现为命题、陈述、理论等等，这些词的区别在此处无关紧要）的内容与对象（事实）符合与不符合的性质，而不标志任何其他的性质。"阶级性"这个概念如果也用于认识的话，只能是指某种认识的内容反映某阶级的利益或要求。这当然也是认识可能具有的一种性质，但这是与"真"、"假"不同的另一类性质。如果我们说某种认识一方面具有"真"这种性质（指这种认识与对象相符合），一方面具有"阶级性"这种性质（指这种认识反映了某阶级的利益或要求），那么，不论这个论断是否符合实际，它都是有意义的陈述，即都是有真假可言的命题。例如我们可以指出"爱因斯坦的相对论是真理，又是有阶级性的"是一个假命题（false proposition），但我们必须承认它是一个命题，而不可以说它是一个伪命题（pseudo proposition），不可以说它没有意义。但是，如果我们说"真"这种性质具有"阶级性"这种性质，那就是一个伪命题（即貌似命题而并非命题的"废话"），它没有意义，无所谓真假，也不应该去争论它是真是假。这同我们不应该去争论"硬"是"白的"还是"不白的"，"方"是"重的"还是"不重的"，"甜"是"脆的"还是"不脆的"等等完全一样。

在这里我得赶紧申明，我说"真"有阶级性和"真"无阶级性都是无意义的伪命题，是指它们在科学上、逻辑上无意义，不是指它们不能造成一定的社会心理效果。事实上，一个伪命题，当人们没有看出它是伪命题的时候，当人们把它误认为命题的时候，是能够产生一定的甚至巨大的社会心理效果的。"真"有阶级性这个伪命题确实产生过"威力无比"的社会心理效果。林彪、"四人帮"正是利用这句"废话"作"前提"（这在逻辑上是不允许的，作为前提的只能是命题），"推"出一系列推行法西斯专政所需要的"结论"的；而这些"结论"又确实迷惑了许多群众，特别是天真的年轻人，造成了大灾难。如果没有这样的"效果"，我们有什么必要花费偌大的气力去批判这句"废话"呢？同样，"真"没有阶级性这种说法也产生了很大的解放思想、振奋人心的效果，因为这至少被许多同志看成是对文化专制主义的理论基石的摧毁性的打击，对"在真理面前人人平等"这一神圣原则的无懈可击的辩护。因此，我并不认为"真"有无阶级性的争论是无谓之举。相反，这场争论的社会意义和政治意义还是应当充分肯定的（这里的"意义"一词与前面说的"意义"涵义不同，指的是效果）。但是，我们不能为了取得某种一时看来非常良好的政治效果而牺牲理论的科学性，不能以社会心理的效果作为评判真假的标准。为了"驳倒""真"有阶级性的说法，就去肯定"真"无阶级性。就如同为了"驳倒""肥胖是聪明的"，就去肯定"肥胖不是聪明的"一样，在方法上是错误的。在理论上站不住脚的说法，终究不会对我们的事业有利。在这方面的教训是够多的了。我们甘冒"咬文嚼字"之讥而不惜细加分辨，原因在此。

三、回答两个问题

第一个问题：有的同志认为，"一切真理都有阶级性"的说法固然错误而且有害，但"有的真理有阶级性"的说法却正确而且无害。他们举出一些三段论来证明。例如：

马克思主义是真理（P_1）
马克思主义是有阶级性的（P_2）

有的真理是有阶级性的（P_3）

这似乎无可置疑。但仔细分析起来就有问题了。问题在于P_1中的"真理"的涵义是什么。如果是指"真的理论"，那么P_3中的"真理"也必须取同一涵义，否则推论不成立。但如果P_1和P_3中的"真理"都是指"真的理论"，那么这本来就没有分歧，无需争论，因为并没有人在这场争论中否认有的"真的理论"有阶级性，举出这个三段论就是无的放矢。如果P_1中的"真理"是指"理论的真"（简言之就是指"真"），那么举出这个三段论倒是有的放矢的，因为这是企图得出"真"有阶级性的结论。可是，能不能得出这样的结论呢？从"形式"上看好像没有问题，而实际上却大有问题，而且问题恰恰出在"形式"上。

上面的推理形式是：X是A，X是B，所以，有的A是B。这种推理形式中的"是"是什么意思呢？无非是以下三种情形之一：一是"等同"，二是"属于"，三是"包含于"。只有当命题的主项和谓项在外延上有上述三种关系之一时，这种推理形式才有效。可是，并非所有以"X是A"的形式出现的命题都表示X与A有上述三种关系之一。例如有些命题以X是A的形式出现，只不过表示X具有A这种属性，或具有A这种关系，并不表示X与A在外延上有等同（重合）、属于或包含于的关系。在这种情况下套用上述推理形式就行不通。"马克思主义是真理"这句话，如果是指"马克思主义是真的理论"，那么主项与谓项在外延上是有属于关系的。但如果是指"马克思主义是真的"，那么主项与谓项在外延上就并没有这种关系，这句话不过是表示马克思主义具有"真"这种属性，或者马克思主义与它的对象之间具有符合关系而已。上面的"三段论"是无效的。

有的同志举出这样一个推理为上述"三段论"辩护："鸭梨是甜的，鸭梨是脆的，所以，有些甜的是脆的。"这个辩护并不成功。这个推理之所以貌似有效，是因为汉语常把"甜的"、"脆的"与"甜的东西"、"脆的东西"混用。其实是不可混用的。若说"鸭梨是甜的东西，鸭梨是脆的东西，所以，有些甜的东西是脆的东西"，这完全正确，因为鸭梨是"甜的东西"这个集的子集,又是"脆的东西"这个集的子集,是这两个集的交集。但若说"鸭梨是甜的,鸭梨是脆的,所以,有些甜的是脆的",则不能成立,因为"甜的"和"脆的"都只是鸭梨的属性,它们与鸭梨之间并不存在子集与集的关系。事实上,"甜"不"脆","脆"也不"甜"。正如从"石坚,石白"推不出"有坚为白"一样。

第二个问题:有的同志还举出哥白尼、布鲁诺、伽利略等人的理论受到宗教裁判所迫害的事实来证明真理有阶级性(指"真"有阶级性)。我认为这也是混淆了不同的问题。

说某种理论有阶级性是什么意思呢?无非是这种理论的内容代表了一定阶级的利益,因而为这个(或这些)阶级所支持(同时当然也就为另一个或另一些阶级所拒斥)。这是某些理论的一种社会属性,这种属性与这种理论的真假(即是否与该理论所描述的对象相符合)是不同的两回事,不应混为一谈。某些阶级之所以反对某种真的理论,并不是因为它真,而是因为这种理论触犯了他们的利益。如果并不触犯,他们就不会反对;反过来说,如果触犯了,他们就会反对。

哥白尼等人的理论受到当时宗教裁判所的迫害是怎么一回事呢?哥白尼等人的理论(指日心说)本身是自然科学理论,它陈述的是自然规律,本来并不代表什么阶级的利益,没有什么阶级性。可是在当时的具体历史条件下,从这个理论必然引申出来的哲学结论却与代表封建统治阶级利益的宗教教条相抵触,在这一点上它就严重地触犯了封建统治阶级的利益,他们就不能不把它视为洪水猛兽,非置之于死地不可。至于这个理论的真或不真,倒是与封建统治阶级反对与否没有关系的。事实上,在现代条件下宗教当局已经不反对哥白尼学说,也一般地不反对科学了。他们已认识到与科学为敌对他们非常不利,而与科学讲和倒是势在必行的事。所以1979年梵蒂冈教皇约翰·保罗二世就发表讲话,说科学与宗教之间并无不可调和的分歧,1980年还组织专门委员会"重新审查"了1663年天主教宗教裁判所对伽利略的判决,为伽利略(当然也就是为哥白尼的学说)"平反"了。这不就表明了三百五十多年前宗教裁判所反对哥白尼的学说并不是因为它"真",而是因为它在那时的条件下对他们有害吗?条件变了，不再有害了，尽管还是一样地"真"，他们也不反对了。可见，引起他们反对的正是从理论的内容引出的政治的、宗教的、哲学的、伦理的结论与阶级利益的关系，而与理论的真假无关。

有的同志还引用列宁的一句名言——"如果几何学的公理触犯了人们的利益，人们也会把它推翻的"——来证明真理有阶级性。这也站不住脚。列宁这句话的意思无非是强调人们的利益对人们承认真理和把握真理的巨大作用而已。事实上几何学的公理并没有触犯什么人的利益，也没有什么人为了捍卫自己的利益而去从事推翻几何学公理的活动。即使真的出现了这种情况，那也只是因为几何学的公理在某种奇特的条件下触犯了人们的利益，而并不是因为它"真"。

关于生产力标准的几个理论问题[①]

党的十三大对生产力标准作了集中论述后，全国各地区各部门展开了热烈讨论，报刊上发表了很多进一步阐述这个问题的文章，本来已似乎没有什么新话可说了。不过我个人近两三年来有幸到好几个地区作了一点考察，颇有感触。感触较深的有两点。一点是，在改革深化的时候，我们特别需要有一个共同的价值体系和行为准则，否则十多亿人民就会在改革的大潮中目标歧异，步调凌乱，各种力量互相掣肘，互相抵消，"四化"[②]进程就会遇到极大的阻碍。而生产力标准的理论正是为社会提供正确的价值导向和行为准则的最基础的理论。只有这种理论才能使全国从事各种工作的人们排除各种干扰，解除各种困惑，清醒而坚定地把促进生产力的发展看作最根本的（当然不是唯一的）任务。因此，当前提出生产力标准的理论是势所必至的事情。另一点是，这个理论虽然是马克思主义经典作家早已作了严整论述、现在党中央又作了进一步阐发的理论，但人们的理解并不完全一致，特别是在实际运用时还有不少疑点，并不是表态拥护就能解决问题的。对这个貌似简单而其实非常复杂的问题继续作一些探讨，也很有必要。基于这种考虑，我想就大家议论较多的几个问题说一些看法。

[①] 本文是中宣部纪念十一届三中全会十周年理论讨论会入选论文，原载《武汉大学学报（人文科学版）》1988年第6期。
[②] 指工业、农业、国防和科学技术四个方面的现代化。——今注

一、生产力标准与实践标准

十年前开展的实践标准①的讨论确实是一场关系祖国命运的事件。我想，只有亲身经历过多年"左"的危害特别是十年动乱之苦的人，才能真正感受到这场大讨论的解放作用。在那些梦魇般的狂热岁月里，个人崇拜成了全民服膺的神圣教义，语录标准、权力标准代替了实践标准，真理横遭玷辱，民族陷入浩劫。四凶殄灭之后本应立即拨乱反正，而"两个凡是"的思想又横加梗阻。当时若不首先冲破这扇铁门，恢复实践标准的原理，我们的祖国就仍将沿着所谓"无产阶级专政下继续革命的理论"的绝路滑下去，直到被历史的裁判员宣布开除"球籍"。实践标准讨论的开展，正是亿万人民挽救民族危亡的强烈要求与反马克思主义的"凡是"思潮之间不可两存的矛盾在理论上的集中表现。经过艰难曲折的斗争，终于击败了"凡是"思潮，重新确立了实践标准的理论权威和以此为基础的党的思想路线，这才使三中全会以来的方针政策为全民所理解，才有了今天的一切。

既然实践标准的讨论已经解决了这么大的问题，现在又提出生产力标准的问题是不是多此一举呢？这两个标准、两次讨论之间有什么关系呢？这是大家关心的问题。

有这样一种理解："生产力标准的提出，是实践标准在社会主义建设上的体现，是在社会历史领域里最彻底的运用、深化和展开。"按照这种理解，实践标准与生产力标准是衡量同一对象的标准，只有一般与特殊之别、适用范围宽狭之别、深刻程度之别。这种理解，我认为是不对的。这不能说明生产力标准的独立意义，也不能说明提出生产力标准的必要性。我想从两个方面对此作一点分析。

---

① "实践标准"也称"真理标准"。"实践标准"和"生产力标准"都是简化的说法。完整地说，前者应该是"是否在实践中得到预想的结果是检验认识真理性的标准"；后者应该是"是否有利于生产力的发展是检验行为合理性的标准"。

先从理论和逻辑上看。

认识是否具有真理性，是认识的真假问题。实践是否具有合理性，是行为的善恶问题。这是两个不同性质、不同论域的问题。用来判定认识真假的标准和用来判定行为善恶的标准也是不同的。实践是检验认识真理性的标准，生产力则是检验实践（行为）合理性的标准，两者回答的并不是同一个问题，不能混为一谈。非马克思主义哲学未必同意以实践和生产力作为判定这两个问题的标准，但在肯定这两个问题有性质的区别、需要根据不同的标准来判定这一点上，是同马克思主义没有分歧的。

有的同志为什么会把这两个不同性质的问题混为一谈呢？原因大概在于他们以为，以真理性的认识为依据的实践就一定是合理的，因此，解决了认识的真理性问题也就等于解决了实践的合理性问题，检验认识真理性的标准也就是实践合理性的标准。其实，这是一大误解。

事情的关键在于，以某一真理性的认识为依据，是可以设计出不同实践方案的。这里有极大的选择性。以"水能淹死人"这种真理性的认识为例，有的人可以据此修堤筑坝，有的人可以据此搭桥造船，但也有的人可以据此投河自杀。这些千差万别甚至互相矛盾的实践都必然合理吗？显然不可能如此。于是就发生了以什么为标准来判定何种实践为合理的问题。以实践为标准行不行呢？不行。以实践为标准来判定实践是否合理，这是同语反复，等于没有标准。何况这也无法实行。例如，如果要以实践来判定究竟是乘船过河合理还是投河自杀合理，该怎样判定呢？如果说通过实践达到了预想的目的，这实践就算合理，那么乘船过河的人和投河自杀的人都通过各自的实践达到了预想的目的，这两种实践就应该都算合理了，这岂不等于没有判定么？仅此一点就可以表明，在实践合理性的问题上援引实践标准是搞错了领域，文不对题的。解决这个问题需要有另外的标准，问题只在于这另外的标准是什么，为什么要选择它作标准。

事实上，各人都有自己的实践合理性标准。你认为依据"水能淹死人"的真理，只有防止溺水的实践是合理的；但另一个人却坚持认为他此时此刻投河自杀是最合理的。这种分歧的原因是各自的实践合理性的标准不同，而标准的不同又是因为各自的价值观不同。马克思主义提出以是否有利于生产力的发展作为检验实践合理性的标准，既是依据对社会发展规律的真理性认识，也是依据以解放全人类为最高理想的价值观，单有前者而无后者是提不出这个标准的。必定有人始终不同意这个标准，这也无法强求。但如果绝大多数人同意这个标准，我们就会在实践中有比较一致的价值取向。我想这就是为什么在解决了认识真理性的标准问题之后还必须进一步解决实践合理性的标准问题的道理。

再从我国现实生活的矛盾运动看。

实践标准讨论之后，大家都要求把我们的社会主义建设好，这是一致的。但是，当改革深化的时候，人们对许多具体措施的看法却并不那么一致，有人认为好，有人认为不好。为什么有这种分歧呢？如果撇开其他原因不论，一个重要的原因就是人们对衡量社会主义是否建设得"好"的标准不一致，而这又是因为没有所有的人都一致公认的价值体系。靠实践标准能不能消除这种分歧呢？不能。举一件大家熟悉的事情为例吧：十年动乱使国民经济濒于崩溃，这是实践证明了的事实。可是当时对什么叫作把社会主义建设"好"是有一套衡量标准的，那就是看"无产阶级"是否对"资产阶级"实行了"全面专政"，"防止资本主义复辟"是否卓有成效等等；至于生产力是否提高，科学文化是否发达，人民生活是否改善，实际上是不在考虑之列的。按照这种标准，"文化大革命"的那些"以阶级斗争为纲"的做法当然是合理之极了，即使国民经济濒于崩溃也还是社会主义事业取得了伟大胜利。如果你说："实践证实了这样干下去中国会越来越穷，人民会越来越苦，这怎么能算社会主义建设好了？"有人就会反驳你说："越穷越革命，越苦越坚强，实践证明我们防止了资本主义，也就是说明我们的社会主义搞好了！"请问你有什么办法？毫无办法！价值观不同，是说不到一块儿去的。

我这是极而言之。现在当然没有人再坚持这样的价值观了。但是类似的问题是否存在呢？还是存在的。这也毫不足奇。我们虽然批判了林彪、"四人帮"的荒谬社会主义观，但我们自己多年来形成的一套固定的社会主义模式是没有很好地进行清算的。我们给社会主义规定了一系列不可缺少的"特征"，构成了一个评价系统，似乎只有满足了这个评价系统的各项指标才算把社会主义搞好了，否则就是偏离了社会主义的大方向。是的，许多同志渴望生产力迅速发展，人民生活普遍改善，看到许多改革措施的成效也由衷高兴，但用那个习惯了的评价系统一衡量，就觉得不像"社会主义"，于是心里就犯嘀咕了，就产生了某种类似"饿死事小，失节事大"的心态，疑窦丛生，畏缩不前了。这种旧的价值观和行为合理性标准就像当年真理问题上的"两个凡是"一样，成了紧箍咒、绊脚石。如不破除，改革和富强就是空话。破除这种陈旧观念的唯一办法就是宣传马克思主义的价值观，使尽可能多的人接受生产力标准。实际生活的矛盾运动就是这样把我们由实践标准的讨论推向生产力标准的讨论的。

有的同志断言生产力标准的提出"是我们党对马克思主义理论的又一重大突破"。我认为这种说法用意虽好，但并不确切。生产力标准同实践标准一样，都是马克思主义的根本原理，并不是现在才有的新论点。马克思、恩格斯、列宁、毛泽东的有关论述可以引出一大本，可以说，没有这个论点就没有唯物史观。这里并没有什么"重大突破"。但是，在马克思主义的根本原理被"遗忘"了多年，并且由此造成了灾难的情况下，恢复这样的原理的意义是不在提出新原理之下的。

二、生产力标准与经济效益

有人认为生产标准还不够"具体"，不如干脆"落实"为经济效益标准，即把是否有利于提高经济效益作为检验行为合理性的标准。

不能说这种意见没有合理的成分。经济效益、劳动生产率和生产力三者虽然不是等同的概念，但确有密切的联系。一般说来，经济效益的提高是劳动生产率提高的结果，而劳动生产率的提高又是生产力发展的标志。经济效益的普遍提高当然也就意味着全社会的生产力水平的提高。大家都不讲经济效益，不去追求以最小的消耗获得最大的效果，社会生产力的提高也就无从说起。在"左"风盛行的年代是不顾经济效益也不准讲经济效益的，在"要算政治账，不要算经济账"的"理论"指导下，我们竟然可以干出土高炉炼铁之类的蠢事，可以宣传"收不到粮食收稻草，收不到稻草收思想"的呓语。我们吃这种蒙昧主义的亏太大了。在今天，恢复一点健全的常识，树立经济效益的观念，甚至把经济效益作为衡量行为合理性的重要参数，是完全必要的。

但是，用经济效益代替生产力标准，或者把生产力标准归结为经济效益标准，却是一种狭隘的片面的观点，在理论上是不能成立的。

第一，经济效益有局部与整体之分。从局部看来有利于提高经济效益的行为，从整体看来未必有利。一个生产单位或经营单位把本单位的经济效益看作高于一切的东西，就可能做出许多以假乱真、以劣充优、以邻为壑、损人利己、侵公肥私的事来，本单位的"经济效益"倒是"提高"了，别人的和全社会的经济效益却大受其害。各个地区只顾自己的"经济效益"，拼命提高发展速度，不管国家和社会的人力物力财力是否承受得了，其结果必然造成国民经济全面失控，降低全社会的经济效益。如果这种行为也算合理，就无异于承认破坏生产力的行为是合理的了。

第二，经济效益还有目前和长远之分。从目前看来有利于提高经济效益的行为，从长远看来未必有利。杀鸡取卵，竭泽而渔，不惜破坏地力，破坏生态平衡，造成环境污染等等的短期行为，也并非不能在一个时期提高经济效益，但终究会受到自然规律和经济规律的惩罚，阻碍生产力的持续发展。这种行为当然也不能算合理的行为。

第三，社会主义建设不能只着眼于经济效益，还要着眼于社会效益。社会效益的内涵比经济效益丰富得多，其核心是整个民族素质的提高，是人的全面发展。有些行为也许可能带来某种经济效益，但却可能引起破坏性的社会后果，例如败坏人的素质，损害人的尊严等等，这样的行为不仅与发展生产力的终极目的南辕北辙，而且对生产力的发展本身也是不利的；因为如果没有整个民族的文化素养、科学水平、思维能力、道德情操的提高，全面持续地发展整个社会的生产力是不可能的。片面强调经济效益而不顾社会效益，最终也会导致阻碍生产力发展的结果。

三、生产力标准与精神生产

生产力标准是否也适用于精神生产领域？我认为也是适用的，不过在精神生产领域里运用这个标准时要比在物质生产领域里复杂得多。

精神生产的各个部门的具体情况千差万别。一般说来，自然科学和技术部门的精神产品对生产力的作用比较容易衡量，在这些领域里用生产力标准来判定行为合理性也比较容易实行。但也不能简单化。许多基础理论的研究就未必能立竿见影地促进生产力的发展，有些研究可能长期看不出有实用价值。至于在人文科学、社会科学、文艺、宗教等部门里，事情就更是复杂得多。一切精神产品对生产力的作用都要通过对人的影响才能实现，而在这些部门中精神产品对人的影响不仅与产品本身的内容和形式有关，而且与接受者所处的文化背景以及本人的主体状态有关（所谓有多少读者就有多少哈姆雷特）。同一精神产品对不同环境中的接受者或相同环境中的不同接受者的影响可能差异很大，甚至判然不同。至于这种影响再通过接受者而作用于生产力，就更要通过诸多因素和诸多环节的离散与聚合、过滤与变形、强化与弱化，弄得很难辨别，很难把握。因此，在这类部门中直接用生产力标准去评判个别精神生产行为的合理性，例如断言写这首诗有利于生产力的发展，演那出戏不利于生产力的发展，是必定要犯简单化庸俗化的错误的。

但是，这并不等于说生产力标准原则上不适用于精神生产领域。从宏观上、总体上看，精神生产对生产力发展的作用仍然是可以测度的。如果一个时期的精神产品的总体效应是振奋了民族精神，提高了人们的文化素养、思考能力、道德情操、审美情趣，那就可以说这个时期的精神生产行为是有利于生产力发展的，是合理的；反之则是不合理的。

四、生产力标准与现阶段的多种经济成分

我国在改革中出现了以公有制为主体的多种经济成分并存的格局。有

的同志对此持怀疑态度,特别是对资本主义成分的出现很不理解。有的同志讳言资本主义,总想把事实上是资本主义的东西解释成别的什么,似乎非如此不足以维护社会主义的纯洁性。后来实在解释不通了,就觉得心虚理亏,认为我们已经把资本主义消灭了二三十年,现在又让它"复活"了,很难说不是一种倒退。这种思路的支撑点是什么呢?就是看问题不以是否有利于生产力发展为标准,而以是否符合抽象的"社会主义"概念为标准。

主张我国在相当长的历史时期里必须多种经济成分并存(以公有制为主体),这本来是毛泽东同志在我国民主革命时期乃至中华人民共和国成立初期的一贯观点。那时他认为建国后必须经过一个相当长时期的新民主主义阶段,在这个阶段里国营经济和合作社经济是主体,同时还要有个体经济、国家资本主义经济和私人资本主义经济。对资本主义经济在这个阶段的作用,他在《中国革命和中国共产党》、《新民主主义论》、《论联合政府》、《在七届二中全会上的讲话》、《论人民民主专政》等论著中反复地作了透彻的分析。他明确地指出:"在革命胜利以后一个相当长的时期内,还需要尽可能地利用城乡私人资本主义的积极性,以利于国民经济的向前发展。在这个时期内,一切不是于国民经济有害而是于国民经济有利的城乡资本主义成分,都应当容许其存在和发展。这不但是不可避免的,而且是经济上必要的。"①他批评"有些中国资产阶级代言人不敢正面地提出发展资本主义的主张",批评另一些人"一口否认中国应该让资本主义有一个必要的发展",以极鲜明的语言指出:"我们共产党人根据自己对于马克思主义的社会发展规律的认识,明确地知道,在中国的条件下,在新民主主义的国家制度下,除了国家自己的经济、劳动人民的个体经济和合作社经济之外,一定要让私人资本主义经济在不能操纵国民生计的范围内获得发展的便利,才能有益于社会的向前发展。对于中国共产党人,任何的空谈和欺骗,是不会让它迷惑我们的清醒头脑的。"②毛泽东的这些论断

---

① 毛泽东:《在中国共产党第七届中央委员会第二次全体会议上的报告》,见《毛泽东选集》第4卷,人民出版社1960年版,第1432—1433页。
② 毛泽东:《论联合政府》,见《毛泽东选集》第3卷,人民出版社1953年版,第1061页。

的依据是什么呢？就是"中国经济还十分落后"，也就是中国的社会生产力发展水平还很低。毛泽东是坚持以生产力发展的需要为标准来制定国策的，这些论点是科学的、睿智的、马克思主义的论点。

但是，中华人民共和国成立以后的实际做法与毛泽东原来的预计有很大的不同。我们不是在"一个相当长的时期内"保持了原定的经济格局，而是在很短的时间里基本完成了整个国民经济的社会主义改造，实现了单一的公有制。这一历史行动在社会进程中是一个成功的范例。但有一个问题并未解决：当时我国的生产力发展水平同毛泽东发表上述论点时的水平基本上没有区别，仍然十分落后。这就使我们置身于一个巨大的矛盾之中：一方面，从所有制看，我们确实已全面建立了公有制，比最发达的资本主义国家还要高一个等级；另一方面，从生产力看，我们又确实十分落后，比中等发达的资本主义国家落后得多。这个矛盾一直困扰着我们。如何解决这个矛盾呢？本来应该是用全力发展生产力的办法来解决的。"八大"的方针就是着眼于此。但是我们在近二十年的长时间里实际上并没有把工作的重点放在发展生产力方面，反而把"阶级斗争"作为"纲"来抓。即使讲生产，也是企图靠"抓革命"来"促生产"，结果是越"促"越落后，直到经过"文革"，使国民经济滑到了崩溃的边缘，上述的矛盾不但没有解决，反而尖锐到快要爆炸的程度了。十一届三中全会以来的路线才真正指出了解决这个矛盾的途径；而社会主义初级阶段理论的提出，则更为解决这个矛盾提供了理论依据。这个理论指出，我们虽然进入了社会主义，但还只是处在初级阶段，生产力落后就是这个阶段的主要特征，集中主要力量发展生产力就是我们的根本任务。而为了发展生产力，就必须抛弃一切脱离现实基础的空想，使我们的经济关系适合于现阶段生产力的水平和状况。在以公有制为主体的前提下发展多种经济成分，包括有利于国民生计的资本主义经济成分，正是现阶段的客观要求。在这个问题上，毛泽东对中华人民共和国成立后多种经济成分并存的必要性的深刻论述仍然是有现实指导意义的理论遗产。有的同志把这看成"倒退"，那恰恰说明他不是以生产力为标准看问题，而是以脱离具体条件的抽象的"社会主义"概念为标准看问题。我想，如果要说什么"倒退"的话，那也是从迷醉"退"到清醒,从空想"退"到科学,从缥缈的云端"退"到坚实的大地,这样的"倒退"不正是真正的前进吗?

有的同志认为,不管怎么说,资本主义总是剥削的一种形式,剥削总是罪恶,干了几十年社会主义还容忍这种罪恶,总是对社会主义纯洁性的玷污,对共产党高尚形象的亵渎。

消灭剥削的理想并非始于共产党人。共产党人的特点和优点恰恰在于不是抽象地谈论剥削,不是停留在对剥削作道义谴责的水平上,而是以马克思主义理论为指导,揭示产生剥削和消灭剥削的条件,为创造消灭剥削的条件而奋斗。在生产力没有发展到足够水平的历史时期,剥削的存在不仅是不可避免的,而且是进一步发展生产力从而为最终消灭剥削创造条件所必需的。在条件不具备的时候企图全部消灭剥削,至多不过是善良的空想。这样做必然会阻碍生产力的发展,结果反而拖延了最终消灭剥削的时间。这是一个科学的问题,脱离了具体条件抽象地谈论功过善恶是无济于事的。奴隶制在今天看来无疑是一种残酷到骇人听闻程度的剥削形式,然而它在原始公社崩溃的基础上出现却是不可避免的,并且是巨大的历史进步,因为它在当时的具体条件下比原始公社更能促进生产力的发展。恩格斯说得再透彻不过了:"只有奴隶制才使农业和工业之间的更大规模的分工成为可能,从而使古代文化的繁荣,使希腊文化成为可能。没有奴隶制,就没有希腊国家,就没有希腊的艺术和科学;没有奴隶制,就没有罗马帝国。没有希腊文化和罗马帝国所奠定的基础,也就没有现代的欧洲。我们永远不应该忘记,我们的全部经济、政治和智力的发展,是以奴隶制既成为必要,同样又得到公认这种状况为前提的。在这个意义上,我们有理由说:没有古代的奴隶制,就没有现代的社会主义。"①马克思和恩格斯在《共产党宣言》中分析资本主义生产方式发生、发展及其必然走向灭亡的趋势时,也曾指出"资产阶级在历史上曾经起过非常革命的作用"②,

---

① 恩格斯:《反杜林论》,见《马克思恩格斯选集》第3卷,人民出版社1995年版,第524页。
② 马克思、恩格斯:《共产党宣言》,见《马克思恩格斯选集》第1卷,人民出版社1995年版,第274页。

"资产阶级在它的不到一百年的阶级统治中所创造的生产力，比过去一切世代创造的全部生产力还要多，还要大"①。难道可以说马克思恩格斯的无产阶级感情还不够强烈，以致在那里美化剥削，为剥削唱赞歌吗？要求立即消灭剥削的感情是崇高的，但感情毕竟不能代替科学。不对产生剥削和消灭剥削的条件作出科学的分析，不依据这种分析对一定条件下的剥削形式采取科学的态度，绝不是马克思主义的观点。以此来指导行动，不管愿望如何善良，决不会对终消灭剥削的事业作出实际的贡献。我们过去那种对"公"而又"公"、"纯"而又"纯"的追求，就包含着急于消灭一切剥削的愿望在内。事实已经表明这是我们的失误之一。这种愿望不能实现是理所当然的。在世界各国都还不具备最终消灭剥削的现实条件的情况下，我们这样一个生产力非常落后、文化也非常落后的国家竟然能够彻底干净全部地消灭一切形式的剥削，那才真是不可想象的事！

当然，如果由此得出结论，说随便什么形式的剥削都为中国今日所必需，或者说可以让资本主义的剥削来一个"大普及"，压倒公有制，那就同立即消灭一切剥削的想法同样荒谬，甚至更加荒谬。因为这样做的结果只能是生产力的大破坏，这是无需多加论证的。

还需要说到的是，有些同志在议论剥削的时候似乎只注意了资本主义的剥削，而忽视了另一些形式的剥削。我这里主要是指分配上的平均主义和不公。或许有人会说，把这两种情况叫作剥削不符合剥削的经典定义，因为这两者都不是凭借对生产资料的垄断。但我认为，即使按经典定义，"一部分人无偿地占有另一部分人的剩余劳动甚至一部分必要劳动"也是剥削的实质，至于"凭借对生产资料的垄断"，不过是说明一部分人何以能实现对另一部分人的剥削的条件而已。如果出现了一种情况，使得一部分人不需要通过对生产资料的垄断也能无偿地占有另一部分人的剩余劳动甚至一部分必要劳动，为什么就不算剥削呢？平均主义实质上是贡献小的人无偿地占有贡献大的人创造的财富（这当然只就有劳动能力和劳动机会的人而言），分配上的不公则是一部分人凭借权力巧取豪夺，以非法手段

---

① 马克思、恩格斯：《共产党宣言》，见《马克思恩格斯选集》第 1 卷，人民出版社 1995 年版，第 277 页。

无偿地占有另一部分人的剩余劳动甚至必要劳动，这不是剥削又是什么？而且，这种剥削对生产力的发展是只有阻碍作用而无促进作用的。拿生产力标准来衡量，是必须坚决反对的东西。

五、生产力标准与道德原则

现在人们相当普遍地感到坚持生产力标准有时会与通行的道德原则相矛盾。有些明明有利于生产力发展的行为，用通行的道德原则来衡量却似乎是不高尚、不美好的行为，受到人们的鄙视、非难和谴责；有些不利于生产力发展的行为反而得到人们的认可，甚至赞扬和歌颂。这是个相当严重的问题。不弄清这个问题，人们就会在许多情况下无所适从，坚持生产力标准就会遇到强大的舆论障碍。

我认为首先应当对通行的道德原则作一番分析和审查。

马克思主义从来不承认有什么不依赖于物质生活条件的、先天的、抽象的道德原则。道德原则归根到底是从现实的经济关系中汲取得来的。当然，由于社会发展是世代绵延的过程，因而在每一时代的群体公认的道德原则中，都既有历史的积淀，也有未来的憧憬，既有本民族本地区文化传统的延伸，也有各民族各地区文化交融的影响，因而包含着极其复杂的内容，表现为千差万别的形式。但是，发展生产力的要求，以及由此决定的现实的经济关系，仍然是最深层的、最顽强的左右道德原则的力量。一切其他因素或迟或早都不免要经过现实经济关系的筛选、过滤、折光或重组，被熔铸成与现实经济关系相适应的整体，这个整体是不能超过现实经济关系所能允许的范围的。经济关系在生产力发展需要的推动下变化了，它就必然会以强大的力量、稳定的倾向迫使道德原则按照它的要求（实质上就是发展生产力的要求）发生变化。道德原则对经济关系的作用无疑是巨大的，但它毕竟是派生的、第二性的东西。说到底，不是发展生产力的要求"应该"服从某种道德原则，而是一切道德原则或迟或早都不得不适应生产力发展的要求。这是人类的历史反复证实了的规律，我们应当据此建立观察这个问题的方法论。

在讨论现在通行的道德原则时,有必要区别两个系列的道德原则:一个是被群众实际奉行的、往往不成文的道德原则;一个是由宣传教育机构以教科书或其他形式、以共产主义道德的名义向人民灌输的道德原则。这两个系列的道德原则当然有许多一致之处,但毕竟并不等同。虽然前者往往更经常地支配着人们的行为,但后者却更具有"明文规定"的特点,更能左右舆论,更能起公开评判行为善恶标准的作用。因此,我们的讨论将只限于后者。

现在通行的共产主义道德原则,是经过理论家宣传家加工制作并以语言文字表述出来的东西,实际上是他们理解的共产主义道德原则。这种理解是否符合实际,是大有推敲余地的。认真分析一下就不难发现,其中诚然有被恩格斯称为无产阶级道德原则的东西,但也还掺杂着不少封建主义或小生产者的道德原则的变形的东西(例如把"无限忠于领袖"作为无产阶级的道德原则之一),还有一些谁也做不到或者做到了对谁也没有好处的假大空的东西(例如把弃绝七情六欲、"节俭"到连一根冰棍也不吃当作无产阶级道德的典范来宣传)。把这些互相矛盾的因素杂揉而成的复合体一股脑儿算作共产主义道德原则,并且把它作为全民服膺的金科玉律和衡量善恶的最高标准,怎么可能不与生产力标准发生抵触呢?

要使道德原则与生产力标准协调一致,我认为至少应该澄清以下三个问题。

第一,无产阶级道德并不是现阶段唯一适应生产力发展要求的道德。没有疑问,我们国家的社会主义性质决定了无产阶级道德的主体地位。但另一方面,多种经济成分并存的事实又决定了道德的多元性。除了无产阶级道德适应现阶段生产力发展的要求之外,还有全人类的公共道德和别的阶级道德中的积极成分也是适应现阶段生产力发展的要求的。对每个公民的每种行为都拿无产阶级道德的尺子去量,要求成千上万将本求利的个体户和以追求剩余价值为直接目的的私营工商业者也具有无产阶级道德,是既不合理,也不利于生产力的发展的。私营企业主在法律的范围内努力经营,为社会提供优质服务,同时取得利润,这种行为有利于现阶段生产力的发展，就应该肯定。当然，也不能因此就把他们的诚信守法等等拔高为无产阶级道德，因为这在理论上也说不通。

第二，无产阶级道德有具体的历史的内容。当然，无产阶级道德中有反映全世界无产者在为解放全人类（包括自己）而斗争的整个历史时期中的一般要求的内容，这是比较恒久的、普遍的东西。但是，也还有反映不同国度、不同历史阶段、不同处境中的无产阶级所特有的具体要求的内容，这些内容则是随具体情况的变化而变化的。就后者而言，例如中国与美国、取得政权前和取得政权后、革命时期和建设时期，无产阶级道德的具体内容都必然有若干差异。忘记了这种特殊性，把无产阶级道德的一般原则当作公式往不同的具体情况上硬套，是行不通的。在革命战争时期，共产党员没有建立社会主义商品经济新秩序的任务，在今天则成了首要的任务。为这项新任务积极献身的行为，在今天就是符合无产阶级道德的。反之，对这项任务消极怠工或者干扰破坏的行为，则应该被认为是违背无产阶级道德的。

第三，无产阶级道德有层次之分。至少有两个层次：一个层次是对全体工人阶级成员在一般情况下的普遍要求；一个层次则是对先进分子在特殊情况下的特殊要求。这两者都是无产阶级道德，不能只承认后者而不承认前者。先进分子在特殊情况下为群众利益牺牲生命，这无疑是崇高的无产阶级道德的表现，必须歌颂和弘扬。但是广大群众在平时为社会主义建设努力劳动，同时也领取应得的报酬乃至接受奖励，也是符合无产阶级道德的。先进分子也不可能（而且不必要）天天牺牲生命，在平时也要领取应得的报酬和奖励。如果只把先进分子在特殊情况下才能体现的道德境界当作对广大群众在一般情况下的普遍要求，那就必然会在道德评价上贬低千百万群众的有利于发展生产力的行为。这在理论上不正确，在实践上也有害。

我想，弄清了这些问题，就不难从生产力标准与道德原则的"矛盾"的困扰中解放出来。

论真理标准、生产力标准与"三个有利于"标准的关系[①]

鸦片战争以来特别是中国共产党成立以来中国人民的解放斗争史，新中国成立50年来的社会主义建设史，都生动地显示了哲学在社会变革中的巨大作用。但是，由于哲学的高度抽象性，它的作用很容易被人忽视。如果说，当社会矛盾把哲学问题推到了历史的前沿，以致不解决就不能推动社会前进的时候，人们还比较关注哲学的话，那么，当这个矛盾已经解决，而新的社会矛盾又还没有提出新的哲学问题的时候，人们就会因忙于实务而忽视哲学。党的十一届三中全会召开以来的二十多年是中华民族走上伟大复兴之路的时期，也是邓小平理论形成科学体系并成为全党全民的指导思想的时期。这种局面的形成本来是与哲学的先导作用分不开的。但是，在人们忙于务实的今天，哲学的这种作用似乎被人们淡忘了。虽然真理标准的讨论大家还在纪念，生产力标准的讨论也有人提及，但毕竟时过境迁，留在人们记忆中的也不过是恢复了两个早已众所周知的常识。现在做实事的人似乎没有闲暇也没有兴趣关注哲学；哲学圈子里的人们也似乎对沸腾的现实生活说不上话，插不上手。我以为这种现象虽然不为无因，但并非好事。小事遗忘了无关紧要，大事遗忘不得。像哲学在我们建党77年来和中华人民共和国成立50年来各种大风大浪中的作用，特别是在这二十多年的改革开放中的作用这样的大事，是不能遗忘的；应该反复咀嚼，充分消化，从中体悟出一些有长远意义的道理，使它真正成为全民族

---

① 《武汉大学学报（人文社会科学版）》1995年第5期。

永志不忘的宝贵精神财富,避免在新的情况下犯旧的哲学错误。本文拟回顾中华人民共和国成立50年来哲学的作用,但着重谈及的仍然是大家已经谈得很多的实践标准、生产力标准和"三个有利于"标准的问题,不过试图按自己的理解从某一视角多作一点分析而已。

一、实践标准解决认识的真理性问题

现在大家都承认,这二十多年来的巨变是从真理标准问题的讨论发端的。可是,为什么这个"古老"的哲学问题当时会成为影响面空前巨大的讨论焦点?为什么这个早为马克思主义哲学解决了的问题在当时还要费那么大的气力再来"解决"一次?"文化大革命"以后才出世的年轻人至今也很难理解,境外的研究者也很难理解。这不足为奇,因为如果不了解中国历史发展的逻辑是怎样形成了当时那种极其特殊的形势,怎样把这个问题推到了历史的前台,使它具有了全新的意义,是不可能理解这件事的。

中国自19世纪中叶沦为半封建半殖民地到20世纪20年代初中国共产党成立,所有救亡图存的斗争所以未能胜利,除了力量对比的客观原因以外,其共同的主观原因就在于未能准确地把握中国的实际情况(包括中国所处的国际环境),因而对解决中国问题的道路和中国革命的性质、任务、对象、动力、步骤、前途以及由此决定的纲领、路线、战略、策略等一系列的根本问题没有科学的理解。这种长夜徘徊的苦境由于中国共产党的诞生而发生了根本变化。党用马克思主义的世界观和方法论观察中国的命运,中国革命的面目从此焕然一新,一系列根本问题有了解决的可能。使这种可能变成现实的关键就在于真正做到马克思主义的普遍真理与中国革命的具体实践相结合,也就是毛泽东同志后来概括的"实事求是"。而能否实事求是,说到底是一个思想路线问题,是一个哲学问题。这个问题在党成立以后的一段相当长的时间里并没有在全党范围内解决,尤其没有在领导机关里得到共识;主观主义的思想路线还占着上风,革命的指导一再陷入主观与客观相分裂、认识与实践相脱离的泥沼,使中国革命一再遭到挫折和失败。毛泽东同志的最伟大的功绩，就在于揭露了各种具体形态的（"左"的和右的）错误的政治路线、组织路线、军事路线的共同本质——主观主义的思想路线，指出这是一个哲学问题。他抓住了这个要害，发表了《实践论》、《矛盾论》和一系列极富创造性的哲学著作，领导了整风运动，彻底清算了主观主义，使全党接受了以马克思主义哲学为理论基础的正确思想路线。从此，党和革命队伍才达到了思想上、政治上、组织上的空前统一，迎来了党的"七大"，赢得了中国革命的伟大胜利。历史表明，没有毛泽东哲学思想的先导作用，不首先确立实事求是的思想路线，革命的胜利是不可能的。

这本来是付出了巨大代价换来的无上宝贵的历史经验，是永远不应该遗忘的。不幸的是，中华人民共和国成立以后的历史却仿佛以新的形式重现了过去的轨迹，一度重犯了重大的哲学错误。

党和毛泽东同志早在中华人民共和国成立前夕就指出过，夺取政权的胜利只是万里长征的第一步，以后的路程更长，工作更伟大，更艰苦。毫无疑问，在一个"一穷二白"、人口众多、情况复杂的东方大国里建设社会主义，既无经典可引，又无成例可援，只有靠我们自己把马克思列宁主义、毛泽东思想与实际情况结合起来，在实践中独立探索；在探索的道路上即使思想路线正确，这样那样的失误也是不可能完全避免的。这既不足怪，也不可怕，及时总结经验，继续前进就是了。但是，问题恰恰在于，在党的十一届三中全会以前，我们并没有始终如一地坚持正确的思想路线，毛泽东同志本人晚年也在一些重大问题上违背了自己倡导的实事求是的原则，这就使我们在取得巨大成就的同时又犯了许多本来可以不犯的错误，直到发展成为"文化大革命"这样长时间的全局性的错误，在林彪、"四人帮"的利用下造成了一场浩劫，使党和人民的事业一度陷入了极其危险的境地。

这种悲剧的社会历史原因，党中央在1981年的《决议》① 中已作了深刻的总结。这里想探讨的是这样一个问题：一个有丰富历史经验的成熟的

---

① 指1981年6月27日党的十一届六中全会通过的《中国共产党中央委员会关于建国以来党的若干历史问题的决议》。

党为什么竟会犯这种似乎不可理解的错误？"文化大革命"这种荒谬绝伦的事为什么竟然能够在一个拥有十多亿人口的大国里发动起来，持续十年之久，并且有那么多的人狂热地投入？为什么在"文化大革命"造成的深重灾难已经洞若观火的时候还那么难于纠正？为什么甚至有些饱受"文化大革命"之苦的同志对彻底纠正"文化大革命"的错误也一时拐不过弯来？这种奇特的现象的原因何在？当然，很明显的直接原因就是我们遗忘了实事求是的思想路线，因而又一次陷入了主观与客观相分裂、认识与实践相脱离的境地。可是，我们党坚持了那么多年、早已深入人心的实事求是的思想路线，怎么竟然会被遗忘了呢？被遗忘的原因是什么呢？我认为，深层的原因就在于作为正确思想路线的理论基础的马克思主义哲学逐渐地被篡改了，以至于形成了一套与马克思主义哲学相反的哲学。所谓"无产阶级专政下继续革命的理论"这样的怪胎就是在这种哲学的母腹中孕育出来的。值得注意的是，这种情况与党在民主革命时期的情况既有相同之处，又有不同之处：那时的"左"右倾机会主义虽然在实际上奉行的是教条主义和经验主义，是按主观主义的哲学行事的，但是还没有公然提出一套哲学理论来顶替马克思主义哲学，来论证主观主义的合理性；马克思主义哲学的根本原理本身还没有被搅乱。所以，对全党进行马克思主义哲学的教育，从哲学上揭露机会主义的错误还不是特别艰难。例如，当毛泽东同志讲"马克思主义者认为，只有人们的社会实践，才是人们对于外界认识的真理性的标准"[①] 时，并没有人从哲学理论上提出与此相反的标准来对抗；只要把"左"右倾机会主义的所作所为与这个标准相对照，其违背马克思主义哲学的实质就彰明较著了。"文化大革命"时的情况则复杂得多。马克思主义哲学的根本原理包括已成为人们常识的原理，都已被篡改得面目全非了。例如，"精神万能论"代替了思维与存在的辩证关系的原理；"政治万能论"和"革命万能论"代替了生产力的最终决定作用的原理；"顶峰论"代替了认识过程辩证发展的原理；"天才论"代替了认识来源于实践的原理；"阶级真理论"代替了真理客观性的原理；"语

---

① 毛泽东：《实践论》，见《毛泽东选集》第1卷，人民出版社1991年版，第4页。

录标准论"代替了实践是检验真理的唯一标准的原理;如此等等,实际上形成了一套与马克思主义哲学正相反对的哲学。而这套哲学又以"发展"了的、"最高最活"的马克思主义哲学的面貌出现,经过长时间的反复宣传,加上无休止的政治批判运动,终于使愈来愈多的人们误认为这一套才是真正的"马克思主义哲学",而自己原来学到的马克思主义哲学反而是应该清除的错误观点;至于本来就没有受过什么马克思主义教育的天真烂漫的年轻人,当然更以无限的虔诚坚信这一套就是"马克思主义哲学"了。这种伪马克思主义哲学一旦成为具有无上权威的理论,成为人们的信仰,就足以使一切愚昧和疯狂都变成有"哲学根据"的"合理行为",崇高神圣的"革命行动";实事求是的思想路线就毁弃无余了。人们之所以在那么长的时间里身在灾难之中还要歌颂灾难的必要性和美妙性,其根本原因就在于此。于是,纠正"文化大革命"的错误就比纠正民主革命时期"左"右倾机会主义的错误多了一重任务:首先要清除"文化大革命"中形成的伪马克思主义哲学,让广大群众同隔离多年的马克思主义哲学的最起码的道理重新见面。这就是哲学理论上的拨乱反正。而在一系列必须拨乱反正的哲学问题中,真理标准问题又具有统驭全局的地位。因为"语录标准"和"权力标准"一旦取代了"实践标准",就等于从根本上取消了真理的客观标准,马克思主义哲学的根基就荡然无存,一切马克思主义的哲学命题就可以随意歪曲,主观与客观是否符合就成了不值一提的问题,实事求是就成了弥天大罪,迷信就可以堂而皇之地取代科学,连人们的健全常识也没有容身之地了。更何况"语录"还可以断章取义,随意曲解。这样,不仅"无产阶级专政下继续革命的理论"可以顺理成章地炮制出来,而且要炮制出更荒谬的"理论"也毫无困难。所以,要想从哲学理论上拨乱反正,就不可避免地要从真理标准问题着手。这是当时的实际生活的要求,也是理论斗争的客观逻辑的要求。如果不解决这个问题,就不可能挽救中国的社会主义,甚至不可能挽救中华民族。在这种情况下,党的事业的成败、国家的安危、民族的荣枯、人民的祸福与哲学的血肉联系体现得再清楚不过了。

这个任务本来在粉碎"四人帮"以后就提上了日程。但是当时党的主要领导人宣布了"两个凡是"的戒律，把新的枷锁紧紧地套在人们身上。"两个凡是"的要害是什么呢？恰恰就是真理问题上的"语录标准"。只要认可了这个"标准"，"文化大革命"的哲学根据就丝毫也没有触动。"文化大革命"只是被宣布为"胜利结束"了，然而任何纠正"文化大革命"的措施都是违背"语录"的非法之举，新的改革更是寸步难行，中国还是只有沿着"无产阶级专政下继续革命"的老路滑下去。这种严峻的形势迫使真理标准问题更尖锐地凸现出来，成为与祖国的前途和人民的命运生死攸关的首当其冲的问题，迫使人们不能不把理论斗争的锋芒指向"两个凡是"。当时理论界的一批同志对这一点是心中有数的，但是在强大政治压力下无法触动这个问题。在这个关键时刻，刚刚获得"解放"的邓小平同志说话了。他在1977年5月24日一针见血地指出，"两个凡是"不符合马克思主义；[①] 7月21日他又在十届三中全会上阐述了完整地准确地理解毛泽东思想的必要性。[②] 他的话以雷霆万钧之力击中了"两个凡是"的要害，人们的思考像汹涌的春潮一样阻挡不住了。1978年，真理标准问题的讨论终于展开。为这场讨论首先鸣炮和精心组织的一些同志起了先锋作用，功不可没。但是，这场讨论的深层动力还是历史抉择的需要。如果没有这种深刻、强烈、紧迫的社会需要，没有反映这种需要的杰出人物邓小平同志和其他老一辈无产阶级革命家的有力支持，没有一批干部群众包括理论工作者的觉悟和参与，这场讨论是不可能在当时开展起来的。通过讨论，确实在广大干部和群众的心目中摧毁了荒谬的"语录标准"，抽掉了"两个凡是"的理论依据，重新确立了实践标准的权威，为恢复被践踏了多年的实事求是的思想路线重新奠定了哲学基础，为十一届三中全会的胜利召开起了开路作用。全会高度评价了这场讨论。邓小平同志在《解放思想，实事求是，团结一致向前看》这篇历史性的讲话中鲜明地指出这场争论的主题"的确是个思想路线问题，是个政治问题，

[①] 邓小平：《〈两个凡是〉不符合马克思主义》，见《邓小平文选》（一九七五——一九八二年），人民出版社1983年版，第35—36页。

[②] 邓小平：《完整地准确地理解毛泽东思想》，见《邓小平文选》（一九七五——一九八二年），人民出版社1983年版，第39页。

是个关系到党和国家的前途和命运的问题","从争论的情况来看,越看越重。"①那时我们感受到的精神解放的喜悦是很难以笔墨形容的,真好像从阴暗狭窄的囚笼里一步跨到了晴明辽阔的原野,看到了绚丽多彩的新天地。20年之后回头来看就更清楚了：如果当时不重新确认实践是检验真理的唯一标准这个马克思主义哲学的根本命题,解放思想、实事求是就无从谈起,改革开放就无从起步,祖国的前途和民族的命运就不堪设想,一句话,就没有今天的一切。哲学的先导作用在这里应该说是昭如日月了。

在没有身历其境的年轻同志中有一种看法,认为这场讨论是为了"政治需要"由"上面"导演的,实践标准也不过是马克思主义哲学的常识,没有什么理论价值。我想说这样几点：第一,这场讨论确实与"政治需要"密切相关。但这种"政治需要"正是历史的需要,人民的需要;满足这样的需要正是哲学的天职;哲学的理论价值恰恰取决于满足这种需要的程度。至于说由"上面"导演,事情恰好相反。当时中央的主要领导人是压制这场讨论的,给坚持实践标准的同志扣的帽子之大是吓人的。这些同志是出于对人民负责、对真理负责,不计个人的安危得失,才敢于坚持正确观点的。当然,如果没有邓小平同志和一批老同志的有力支持,以及随后十一届三中全会的明确肯定和高度评价,这场讨论也可能暂时被扼杀,但终究是阻挡不了的。第二,实践是检验真理的唯一标准这个论断是经过两千多年哲学思维的艰苦探索之后由马克思首先作出的深刻的科学论断,并不是常识。要真正理解和讲清这个命题并非易事。例如在经过一段讨论之后,虽然几乎所有的同志都认为"语录标准"的荒谬性无可置疑,但对实践是检验真理的唯一标准的命题却仍有种种不同的理解。有的认为"唯一"标准的说法太绝对,因为逻辑证明也是检验真理的标准,在纯演绎科学中甚至只有这个标准;有的认为经过实践检验已被证实为真理的理论也可以是检验新真理的标准;有的认为实践只是检验真理的方法或手段,认识的对象才是检验真理的标准等等,就说明这个问题并非常识,而是需要严密论证的原理。第三,从这个命题早已为人熟知的意义上,固然也未尝

---

① 邓小平：《解放思想,实事求是,团结一致向前看》,见《邓小平文选》(一九七五——一九八二年),人民出版社1983年版,第133页。

不可以说它是常识，正如自然科学的许多定理现在已成为常识一样。但是，当"文化大革命"使许多人（包括一部分领导干部）连常识也"遗忘"了，以致临悬崖而不知勒马，入苦海而不知回头的时候，恢复常识的意义之大就决不在提出新理论之下。当时那场讨论并不是一帆风顺的。有相当一段时间不仅维护"两个凡是"的中央领导人反对，相当一部分干部群众也很不理解，听到实践是检验真理的唯一标准的说法也大吃一惊，也抵触、反感甚至气愤，也认为是"反毛泽东思想"。我就知道有的同志是在得知毛主席也说过同样的话以后才"恍然大悟"，相信这个说法是"没有问题"的。"文化大革命"的蛊惑性宣传使人们迷醉之深竟至于此，不恢复这个"常识"怎么谈得上拨乱反正？

二、生产力标准解决实践的合理性问题

实践标准的重新确立既然解决了这么大的问题，为什么十年之后又兴起了生产力标准的讨论呢？这两个"标准"的关系是怎样的呢？

通常的解释是，实践标准实际上已经内在地蕴涵了生产力标准，生产力标准是实践标准在社会主义建设上的体现，在社会历史领域中最彻底的运用、深化和发展。这种解释一般说来也未尝不可，但严格地说是并不准确的。为什么有必要兴起一场讨论来揭示这种蕴涵呢？如果实践标准在社会历史领域中的运用、在社会主义建设问题上的运用就体现成了生产力标准，而且是实践标准的深化和发展，那么实践标准和生产力标准就成了一回事，那么两者还有没有各自的独立意义呢？生产力标准又是在哪一点或哪几点上深化和发展了实践标准，在什么意义上是它的深化和发展呢？上述的解释并没有对这些问题作出严密的理论回答，实际上并没有把两者的关系说清楚。而如果不说清楚，就不能真正认清两次讨论的社会背景和理论背景、两个标准各自的意义及其相互关系，并从中总结出理论经验。

对这个问题，我在 1987 年曾阐明过自己的看法。① 现在仍然保持这种看法。

从理论上说，**实践标准回答的是认识是否具有真理性的问题；而生产力标准回答的则是实践是否具有合理性的问题。前者判定的对象是真假，后者判定的对象是善恶**。这是不同论域的问题，**不能混为一谈**。正确地解决前一个问题虽然是正确地解决后一个问题的前提，但是解决了前一个问题并不等于当然地解决了后一个问题。有人以为只要是从真理性的认识出发，就必定能引出合理性的实践，因而只要恪守真理问题上的实践标准，就能保证实践的合理性。其实这是很大的误解。实际上，以某一真理性的认识为依据的实践并不是独一无二，而是有多种可能的选择，可以引出不同的方案的。例如从"水能淹死人"这个真理性的认识出发，有人可以据此造船架桥，修堤筑坝，有人也可以据此投河自杀，甚至谋杀他人。如果说这些极不相同甚至截然相反的实践都合理，就等于宣布实践无所谓合理不合理，就无异乎取消了实践合理性的问题，这显然是悖理的。可是，如果要去判定哪一种实践合理，又拿什么作标准去检验呢？如果拿实践作标准去检验，就等于以实践来检验实践是否合理，这是同语反复，等于什么也没有说。何况事实上也无法操作。试问怎样以实践来检验究竟是乘船过河合理还是投河自杀合理呢？如果说通过实践达到了预期的目的就能证明实践的合理性，那么这两种实践都达到了各自预期的目的，就都应该算合理了。但这就等于没有检验。这并不是因为实践标准不灵了，而是因为用错了场合，好比用尺子去量**重量**，用磅秤去量**长度**一样。实践标准本来就只有检验认识真理性的功能而没有检验行为合理性的功能。检验实践的合理性是需要另一种标准的。这种标准取决于人们的价值观。价值观不同，追求的目的就不同，实践合理性的界说和判定标准也就不同。这在价值观不同的人们之间是很难统一的。马克思主义以是否有利于生产力的发展作为检验实践合理性的标准，当然首先需要根据对社会发展客观规律的真理性的认识，但是还需要根据以解放全人类为最高理想的价值观；单有前者

---

① 见陶德麟：《关于生产力标准的几个理论问题》，载《武汉大学学报（社会科学版）》1988 年第 6 期；陶德麟：《中国当代哲学问题探索》，武汉大学出版社 1989 年版，第 211—226 页。

而无后者是提不出这个标准的。必定有人按照他们的价值观始终不同意这个标准，那也无法强求。但是如果绝大多数人同意这个标准，我们就会有比较一致的社会价值取向，前进的步调就会比较一致，社会主义建设事业的发展就会顺利得多。我认为这就是为什么在实践标准讨论之后还必须开展生产力标准讨论的理论上的原因。

我们说实践标准和生产力标准属于不同论域的问题，不能互相代替，并不是说两者没有联系。问题是怎么说明这种联系。人们做事情的过程无非是了解情况，确定目的，制订方案，然后付诸实践。情况的了解是否符合实际，即对认识对象的判断是不是一个真命题，当然只有实践才能检验。至于以此为据引出的实践的方案本身是否合理，却不能靠实践来检验，就社会历史领域而言归根到底只能靠生产力标准来检验。但是，实践的方案能否变成现实（这与它是否合理是两回事，合理的实践方案和不合理的实践方案都可能变成现实），即"如果采取行动P，就能达到目的A"这个命题是不是真命题，又只有靠实践才能检验。正是这两个标准的交替运用制约着实践的合理和成功。这就是两者联系的具体内容，也就是人们常说的真理与价值的统一的具体内容。我认为"实事求是"的原则就应当是真理与价值的统一，它不只是要求我们的认识符合客观实际及其规律性，还进一步要求我们从中引出的实践方案具有合理的价值取向。只有同时做到了这两条，才算是贯彻了实事求是的原则。两次哲学讨论的次序正好反映了两者的统一关系。

以上说的还只是生产力标准论必然要开展的理论原因，更深刻的原因当然还在于社会主义建设现实发展的要求。

生产力标准同实践标准一样，本来也是马克思主义哲学的根本原理，并不是新道理。但是，随着对党的"八大"的正确方针的偏离，生产力标准在"文化大革命"前的一段时间里就已经逐渐被淡化、弱化，被作为社会主义社会"主要矛盾"的"两个阶级、两条道路的斗争"所压倒、所取代；在"文化大革命"中更被冠以所谓"唯生产力论"的名义作为"修正主义"观点遭到猛烈的批判，实际上被否定了。"抓革命，促生产"的口号中虽然也还有"生产"二字，但它已是"革命"的附属物，而抓生产倒成了"压革命"的"罪行"。"宁要社会主义的草，不要资本主义的苗"就是很形象的概括。经过多年的强化宣传，生产力标准也像实践标准一样被人们遗忘了，"以阶级斗争为纲"倒成了深入人心的天经地义。这是一种与马克思主义的价值观根本相反的价值观，发展到极端就与"饿死事极小，失节事极大"的训条颇相类似。这种荒谬的价值观的阴影在人们思想里牢固地盘踞着，是不会随着真理标准的解决而轻易地自行消失的。随着改革的逐步深化，这个理论问题就必然凸现出来，成了非解决不可的现实问题了。

究竟什么是社会主义？在中国究竟应当怎样建设社会主义？怎样才算把社会主义建设好了？这样那样的改革措施是否合理？人们对这些问题的认识是有分歧的。分歧的根源就在于有些同志不以是否有利于生产力的解放和发展为标准，而以别的东西为标准来判定实践的合理性问题。多年来形成的一套社会主义模式给社会主义规定了一系列不可缺少的"特征"，构成了一个评价系统，似乎只有满足了这个评价系统的各项指标才算建设好了社会主义，只有为满足这些指标而进行的实践才是合理的实践。而在这个评价系统中，生产力的发展水平恰恰没有地位，至多只占一个不很重要的地位。用这种眼光看问题，当然就会对许多有利于解放和发展生产力但是不符合旧模式的改革措施疑窦丛生，畏葸不前，抵触反感了。这种实践合理性标准也像当年真理问题上的"语录标准"一样，又成了人们的精神枷锁，使进一步的改革遇到重重阻力。在这种情况下，如果不恢复生产力标准的权威，以此来统一绝大多数人们的思想，就很难步调一致地建设社会主义。生产力标准是马克思主义的经典作家早就科学地论证过，毛泽东同志也精辟地阐明过的。但是，把它同中国社会主义建设的实际紧密地结合起来，同国际国内的经验教训结合起来，赋予它如此丰富的理论内涵、如此重大的实践意义和如此明晰的表述形式的第一人，却是邓小平同志。他从十一届三中全会以来反复地强调，社会主义的根本任务就是发展生产力，解放生产力。国家的富强，人民的幸福，民族的振兴，中国一切问题的解决，共产主义的最终实现，归根到底靠生产力的高度发展；因此，凡属有利于解放生产力、发展生产力的措施就是合理的，反之就是不合理的。生产力标准问题的讨论使人们重新受了一次唯物史观的教育,特别是邓小平理论的教育,绝大多数干部群众对生产力标准的认同度大大提高了。这就使改革开放有了更坚实的哲学依据。党的十三大关于我国还处在社会主义的初级阶段的论断以及由此引出的一系列决定,正是绝大多数人接受了生产力标准的结果。在这里,哲学又一次发挥了先导作用。

三、"三个有利于"标准解决发展生产力与坚持社会主义道路的关系问题

生产力标准的确立既然已经解决了社会主义建设的价值取向问题,为什么几年之后邓小平同志又提出"三个有利于"的标准呢?提出这个标准的必要性何在呢?

这是因为现实生活的进一步发展表明,人们对生产力标准的理解本身仍然存在着这样那样的分歧。根本不同意生产力标准的人们当然不用说了;就是在理论上同意生产力标准的人们中间认识也不尽一致,特别是在把这一标准运用到社会主义建设的具体问题的时候很不一致。这并不奇怪。生产力标准本身虽然并无歧义,但它是整个马克思主义哲学理论体系的有机组成部分,必须同其他原理联系起来才能全面准确地把握它,这就已经很不容易;这个标准又是就归根到底的意义而言的,在具体问题上运用起来往往为许多中间环节所"遮蔽",运用于改革实践中的复杂问题就更不容易。这就使理解的分歧往往难免。有些分歧无碍于大局,存而不论也未尝不可;但有些分歧就成了人们思想上的一个"疙瘩",成了加速发展生产力的障碍,不能不解决了。其中最突出的分歧是在发展生产力与坚持社会主义道路的关系问题上的分歧。有些同志并不主张照搬以往的社会主义模式,并不反对把发展生产力放在重要地位,但旧模式的阴影还在头脑里起作用,以致或多或少把发展生产力与坚持社会主义道路对立了起来,把坚持自己所理解的"社会主义道路"看得比发展生产力"更"重要,于是每办一事都要求先争论清楚它是姓"社"还是姓"资",然后才

能决定该不该办；如果这件事被认为姓"资"，即使明明有利于生产力的发展也不能办，办了就是走资本主义道路。这就使生产力标准的首要地位实际上落了空。正是针对这种情况，邓小平同志在1992年的"南方谈话"中抓住要害，深刻地回答了与此相关的一系列重大问题，提出了"三个有利于"的标准。他尖锐地指出："改革开放迈不开步子，不敢闯，说来说去就是怕资本主义的东西多了，走了资本主义道路。要害是姓'社'姓'资'的问题。判断的标准，应该主要看是否有利于发展社会主义社会的生产力，是否有利于增强社会主义国家的综合国力，是否有利于提高人民的生活水平。"①

"三个有利于"标准的鲜明特点是：

第一，它从根本上纠正了把发展生产力与坚持社会主义道路对立起来的观点。按我的理解，邓小平同志强调不要在具体改革措施上纠缠于姓"社"姓"资"，并不是说在任何问题上都"不问"姓"社"姓"资"。我们的事业就是建设有中国特色的社会主义，中国不坚持社会主义就没有出路，怎么能又怎么会根本"不问"姓"社"姓"资"呢？问题是怎么"问"法。对姓"社"姓"资"的问题要从整个社会和整个国家的全局来看。邓小平同志说得非常明确，我们讲的是发展"社会主义社会"的生产力，增强"社会主义国家"的综合国力。至于有些经济成分（邓小平同志举"三资"企业为例）虽然从所有制看来本身并不姓"社"或者不完全姓"社"，但只要能促进生产力的发展，就没有什么可怕；因为它受到我国整个政治、经济条件的制约，归根到底是有利于社会主义的。如果一见非公有制经济就害怕，想以牺牲生产力发展的办法来"坚持"社会主义，结果只能是适得其反。

第二，它强调了增强社会主义国家综合国力的紧迫性。有的同志以为只要确保公有制，国民经济的发展速度低一些也无关紧要。这种看法忽视了国际国内的紧迫形势。和平和发展虽然是当今世界的两大问题，但是正

---

① 邓小平：《在武昌、深圳、珠海、上海等地的谈话要点》，见《邓小平文选》第3卷，人民出版社1983年版，第372页。

如邓小平同志指出的，这两大问题"至今一个也没有解决"①。天下并不太平。现在世界上有些人决不会甘心于一个独立的繁荣富强的中国屹立于世界舞台。我国的经济文化科学技术本来就落后于发达国家，自己又耽误了多年，现在如果不抓住机会尽快发展，以增强综合国力，就不能保障社会主义国家的安全，而且也很难使人民在与别国对比中确信社会主义制度的优越性。所以邓小平同志强调，"低速度就等于停步，甚至等于后退"②。

第三，它强调了提高人民生活水平的重要性。提高人民生活水平是党进行一切工作的根本目的，也是人民评价社会主义制度优劣的最现实的尺度。"社会主义的本质是解放生产力，发展生产力，消灭剥削，消除两极分化，最终达到共同富裕。"③过去那种片面强调"一大二公"的长期贫穷的"社会主义"，人民是不会拥护、不能忍受的。十一届三中全会以来的路线所以得到人民的拥护，国家所以能够稳定，就因为改革开放促进了经济发展，改善了人民生活。不提高人民的生活水平，社会主义是坚持不下去的。

"三个有利于"标准告诉人们，我们要解决的并不是要不要坚持社会主义道路的问题，而是如何正确理解社会主义道路，如何把这条道路走通的问题。邓小平同志把话说到底了："不坚持社会主义，不发展经济，不改善人民生活，只能是死路一条。"④

"三个有利于"标准并不是实践标准和生产力标准之外的另一套标准，但又不是两者的复述或叠加，而是两者的综合和发展。它是把实践标准和生产力标准统一起来，把唯物辩证法、唯物史观和马克思主义认识论的全部原理作为整体贯通起来，把这些原理与国际国内的具体形势结合起来的

---

① 邓小平：《在武昌、深圳、珠海、上海等地的谈话要点》，见《邓小平文选》第3卷，人民出版社1983年版，第383页。
② 邓小平：《在武昌、深圳、珠海、上海等地的谈话要点》，见《邓小平文选》第3卷，人民出版社1983年版，第375页。
③ 邓小平：《在武昌、深圳、珠海、上海等地的谈话要点》，见《邓小平文选》第3卷，人民出版社1983年版，第375页。
④ 邓小平：《在武昌、深圳、珠海、上海等地的谈话要点》，见《邓小平文选》第3卷，人民出版社1983年版，第373页。

一种高度浓缩的表述。这三条都是可以用相当精确的统计数据反映的硬指标，非常明晰，非常具体，不易产生歧义，因而运用在改革实践中更有针对性，更好操作，更便于检查落实。邓小平同志在这里没有使用哲学名词，但他正是在从世界观、价值观和思想方法的高度解决使人们困惑的问题，他讲的正是融会贯通了的马克思主义哲学，发展了的马克思主义哲学。党的十四大确立了社会主义市场经济体制，十五大确立了以公有制为主体、多种所有制经济共同发展的基本经济制度，以及这几年来我国的高速稳定持续的发展，都是运用这一标准的结果。这里又一次显示了哲学的先导作用。

邓小平理论是科学体系，只有抓住了这个理论的哲学基础，才能完整地准确地理解它，运用它，避免在纷繁复杂的情况下发生误解和片面性。实践标准、生产力标准和"三个有利于"标准就是邓小平理论的哲学基础中最本质的东西，因而是理解邓小平理论的关键。

作为科学体系的邓小平理论今后当然也要随着实践的发展而发展。现在我们正在以江泽民同志为核心的党中央领导下高举邓小平理论的伟大旗帜，坚持党的基本路线，把建设有中国特色的社会主义事业推向21世纪。这是学习和运用邓小平理论的过程，同时也是通过不断地研究新情况，发现新问题，提出新对策，开创新局面，总结新经验，从而发展邓小平理论的过程。可以预期，到了一定的发展阶段，实践又会提出新的哲学问题要求人们去解决，而哲学问题的解决又将导致社会主义建设的重大进展和突破。马克思主义哲学不是只能夜飞的枭鸟，也将是高鸣报晓的雄鸡。

辩证法和历史观

关于"矛盾同一性"的一点意见[①]
——评罗森塔尔、尤金著《简明哲学词典》

"同一性"条目释文

《哲学研究》1955年第4期第155页上,读者杨君瑞同志提出了一个问题:苏联罗森塔尔、尤金合编的《简明哲学辞典》对"同一性"的概念的解释与毛主席在《矛盾论》中对这个概念的解释有分歧,应该如何理解?编辑部认为这个问题有待于讨论。现在我想提出一点不成熟的看法和同志们讨论。

我认为首先可以肯定,《简明哲学辞典》(以下简称《辞典》)和《矛盾论》对"同一性"的解释确有不同,问题在于哪一种解释是正确的。

《辞典》对"同一性"的定义是"表示事物、现象同它自身相等、相同的范畴"。可不可以这样定义呢?从一定的意义说,也未尝不可。因为按照这个定义,"同一性"反映的是事物、现象在一定时期中的质的相对稳定性,即事物、现象处于量变状态时的质的相对稳定性或不变性。这种质的相对稳定性或不变性是客观存在的,否认了这一点就等于否认了事物、现象的区分,否认了认识的可能,也否认了形式逻辑的同一律的客观基础,我们的思维就会陷于一片混乱。有人攻击唯物辩证法不承认事物的

[①] 本文作于1955年5月,原载《哲学研究》1956年第2期。

质的规定性和质的区别。恩格斯在反击杜林时写道:"无论如何,最令人吃惊的是杜林先生宣布:从马克思的观点看来,'归根到底一切都是一个东西';所以,对马克思来说,例如资本家和雇佣工人、封建主义的、资本主义的和社会主义的生产方式,'都是一个东西',而最后连马克思和杜林先生也'都是一个东西'。"① 从杜林这类人的曲解可以看出,坚持事物、现象的质的相对稳定性或不变性,对于正确地理解唯物辩证法是完全必要的。在这个意义上,《辞典》的解释有合理的成分。

但是即使如此,《辞典》的解释在逻辑上也并没有一贯到底。《辞典》在第156页否认"象战争与和平、资产阶级和无产阶级、生和死等等现象"有同一性,所持的理由就是"因为它们是根本对立和互相排斥的"。这就使人有理由发问:既然同一性是"表示事物、现象同它自身相等、相同的范畴",那就应该说任何两种不同的事物、现象之间都没有同一性,特别把"根本对立"、"互相排斥"作为没有同一性的理由提出来岂不是多余的吗?

而且,主要的问题还不在这里,而在于一部用辩证唯物主义观点编写的哲学辞典,把同一性规定为"事物、现象和它自身相等、相同的范畴"是否恰当,是否符合辩证唯物主义对这个概念的理解。

如前所述,唯物辩证法当然也承认"事物、现象同它自身相等、相同"。但是,这是形而上学也承认的东西,甚至是一切人的"健全的常识"都承认的东西。如果唯物辩证法的"同一性"概念的内涵不过如此,那么唯物辩证法就同形而上学甚至同常识没有区别了。唯物辩证法比形而上学和常识高明的地方恰恰在于它不仅看到了事物(现象)的自我同一,而且进一步揭示了事物(现象)内部的矛盾。唯物辩证法所理解的同一,不是没有内在差别的同一,而是包含着内在差别的同一。作为唯物辩证法范畴的"同一性",就应该是指对立面的同一(或统一),即指共处于统一体中的对立面互相依存、互相联结的关系。例如资本主义社会这个事物中的资产阶级和无产阶级两个对立面之间的相互依存、互相联结的关系,

---

① 恩格斯:《反杜林论》,见《马克思恩格斯选集》第3卷,人民出版社1995年版,第163页。

有机体这个事物中同化和异化两个对立面之间互相依存、互相联结的关系。为了证明这种说法，不得不从马克思主义经典著作中摘引几段话：

（1）恩格斯

大多数自然研究家还认为同一和差异是不可调和的对立物，而不是各占一边的两极，这两极只是由于相互作用，由于把差异性**纳入**同一性之中，才具有真理性。①

（2）恩格斯

在进行较精确的考察时，我们也发现，某种对立的两极，例如正和负，是彼此不可分离的，正如它们是彼此对立的一样，而且不管它们**如何**对立，它们总是互相渗透的。②

（3）列宁

对立面的同一（它们的"统一"，也许这样说更正确些？虽然同一和统一这两个术语在这里并不特别重要，在一定的意义上二者都是正确的），就是承认（发现）自然界的（也**包括**精神的和社会的）**一切**现象和过程具有矛盾着的、**相互排斥**的、对立的倾向。要认识在"**自己运动**"中、自生发展中和蓬勃生活中的世界一切过程，就要把这些过程当做对立面的统一来认识。③

这样的论点在马克思主义经典著作中是非常多的，这是唯物辩证法的根本观点。唯物辩证法没有把同一性这个范畴解释为"事物、现象和它本身相等、相同的范畴"，而是解释为相互排斥的对立面之间互相渗透、互相联结、互相转化的关系。因此，我认为毛主席在《矛盾论》中对同一性

---

① 恩格斯：《自然辩证法》，见《马克思恩格斯选集》第3卷，人民出版社1995年版，第322页。
② 恩格斯：《社会主义从空想到科学的发展》，见《马克思恩格斯选集》第3卷，人民出版社1995年版，第735页。
③ 列宁：《哲学笔记》，见《列宁全集》第55卷，人民出版社1990年版，第306页。

范畴的解释是正确的,而《辞典》的解释是不符合马克思主义经典作家的原意的。

《辞典》认为像生与死、资产阶级与无产阶级、战争与和平等"根本对立和互相排斥的"事物、现象之间没有同一性,这种观点对不对呢?我认为不对。这恰恰说明《辞典》的作者是用形而上学的观点看待同一性的。

举例:生与死。生与死当然是"根本对立和互相排斥的",这一点谁都知道。但是,生与死之间决不是像《辞典》作者所理解的那样互不关联,彼此隔着不可逾越的鸿沟,二者恰恰是"相反相成"的。恩格斯对这一点发表过很精辟的意见,例如他说:

> 今天,不把死亡看作生命的本质因素(注:黑格尔《全书》第 1 部第 152—153 页)、不了解生命的**否定**本质上包含在生命自身之中的生理学,已经不被认为是科学的了,因此,生命总是和它的必然结局,即总是以萌芽状态存在于生命之中的死亡联系起来加以考虑的。""生就意味着死。"①"生理学证明,死并不是突然的、一瞬间的事情,而是一个很长的过程。同样,任何一个有机体,在每一瞬间都是它本身,又不是它本身;在每一瞬间,它同化着自外界供给的物质,并排泄出其他物质;在每一瞬间,它的机体中都有细胞在死亡,也有新的细胞在形成;经过或长或短的一段时间,这个机体的物质便完全更新了,由其他物质的原子代替了,所以,每个有机体永远是它本身,同时又是别的东西。②

这就说明了生和死之间具有互相依存、互相转化的关系(即《矛盾论》中说的"没有生,死就不见;没有死,生就不见"),这正是唯物辩

---

① 恩格斯:《自然辩证法》,见《马克思恩格斯选集》第 4 卷,人民出版社 1995 年版,第 370 页。
② 恩格斯:《社会主义从空想到科学的发展》,见《马克思恩格斯选集》第 3 卷,人民出版社 1995 年版,第 735 页。

证法的同一性。《辞典》断言生与死之间不能有同一性，是不合乎科学揭示的事实，不合乎辩证法的同一观的。

再举例：资产阶级与无产阶级。二者在资本主义社会中是敌对阶级，它们之间有对抗性的矛盾。但是决不能说，对抗性的矛盾就没有同一性。相反，正因为它们具有同一性，能够共处在一个统一体中，才有可能形成对抗性的矛盾（例如战争与石头之间就不可能发生矛盾）。事实也正是如此：在资本主义社会中，一方面，资产阶级和无产阶级进行着斗争；另一方面，只要资本主义社会存在一日，它们就互相依赖一日，并且它们的统治与被统治的地位在一定条件下可以互相转化。不这样也是不可能的。假如资产阶级与无产阶级不是共处于同一个资本主义社会之中，假如它们之间不发生千丝万缕的经济联系，那么它们之间的斗争、它们之间的"根本对立和互相排斥"从何处产生呢？斯大林说过：

> 以为其中有了残酷的阶级斗争，社会似乎就分裂成了在一个社会中相互间再也没有任何经济联系的各个阶级，这当然是不正确的。相反地，只要有资本主义存在，资产者和无产者相互之间便有千丝万缕的经济联系，他们是一个资本主义社会里的两个部分。资产者如果没有受他支配的雇佣工人就不能生活和发财，无产者如果不受雇于资本家，也不能继续生存。中断他们之间一切经济联系，就是中断一切生产，而中断一切生产就会使社会灭亡，阶级本身灭亡。很显然，没有一个阶级情愿使自己灭亡。因此，阶级斗争不管怎样尖锐，是不会引起社会的分裂的。[①]

既然如此，怎么能说共处于一个资本主义社会中的资产阶级和无产阶级之间没有同一性呢？

关于战争与和平等等，也应当这样看。这类现象都不过是统一体的两极，斗争而又联结，对立而又同一，互相依存，无此即无彼，并在一定条

---

① 斯大林：《马克思主义与语言学问题》，见《斯大林选集》下卷，人民出版社1979年版，第512页。

件下互相转化。《辞典》的编者以"根本对立"、"互相对立"为理由,断然否定了它们之间的同一性,这是不正确的。这种把"对立"和"同一"机械地对立起来的观点,是恩格斯早就批驳过的形而上学观点。

《辞典》用的"根本对立和互相排斥"一语的意思也是不精确的。什么是"根本对立"?它同"非根本"的对立的区别何在?完全没有解释。至于"互相排斥",那本来就是任何矛盾双方之间的一种关系,无此关系就根本不成其为矛盾双方,又何止存在于生与死、资产阶级与无产阶级、战争与和平等等之间?

总之,我认为《辞典》对同一性范畴的解释是不符合唯物辩证法的。①

---

① 《词典》再版时已接受本文的批评,作了原则性的修改。

百家争鸣与"两家"争鸣[①]

"百花齐放，百家争鸣"是我们党在文化领域的一项根本方针，是促进社会主义文化繁荣的方针。这个方针被林彪、"四人帮"疯狂践踏的结果，是雾塞苍天，英华凋殒，黄钟毁弃，瓦缶雷鸣，造成了一场文化浩劫。现在党中央重申"双百方针"，社会主义的文化园地又开始生机勃勃，春意盎然了。痛定思痛，抚今追昔，人们不能不思考这样的问题：为什么"双百方针"能够如此轻易地被林彪、"四人帮"践踏无余？为什么早在"文化大革命"以前就在文化领域搞过不少过火斗争？为什么当时不少好同志也对别人搞过不适当的批判？为什么直到现在还有人认为"双百方针""右"了？我认为除了其他种种原因之外，一个重要原因是我们长期对"双百方针"本身的理解和宣传存在着若干混乱。本文只谈其中的一个问题，也算是参加争鸣吧。

在很长的时期里，百家争鸣实际上被归结成了无产阶级和资产阶级的"两家"争鸣，常常把科学艺术上的争论不加区别地都"上纲"为两种世界观的斗争，而且又直接等同于两个阶级、两条道路的斗争，其中有些甚至升级为敌我斗争。在很多场合，"双百方针"实际上并没有被理解为促进艺术发展和科学进步的方针，而是被理解为阶级斗争的一种策略。不少人把"双百方针"看成"钓鱼"的计策，看成"引蛇出洞"的计策，看成"诱敌深入，聚而歼之"的计策，以致一听到"放"的号召就联想到"收"和"整"的结局。这并不是由于神经过敏，而是根据切身的经验。

---

① 载《光明日报》1979年9月19日。《新华月报》（文摘版）1979年10月号全文转载。

这样理解"双百方针"究竟对不对？这个问题不弄清楚，"余毒"是无法肃清的，"余悸"也是不能消除的。

一、百家争鸣的客观依据是什么？

要正确地理解"双百方针"，不能不弄清它的客观依据。

科学和艺术上的分歧和争论历来是客观存在的事实。尽管在不同的历史条件下内容不同，形态不同，意义不同，但分歧和争论本身的存在却无可否认，即使在暴力压制极其严酷的时期也从未绝迹，只不过某些时期科学和艺术上争论和竞赛的规模特别巨大，内容特别丰富，以至于成了一种文化上的特征，人们就用百家争鸣一类形象的语言称呼这些时期罢了。这是由什么决定的呢？阶级斗争的存在当然是一个重要原因。各阶级的地位不同，利益不同，由此而来的习惯、要求、情感、趣味等等也不同，它们必然要表现自己。至于这种表现是自觉的还是非自觉的、直接的还是间接的、正面的还是迂回的、鲜明的还是隐晦的，那是因具体情况的不同而有所区别的。但是，阶级斗争是不是造成分歧和争论的唯一原因呢？当然不是。这里决不能忽视认识运动的规律。认识本身就是充满矛盾的过程。认识和实践、主观和客观、现象和本质、片面和全面、相对和绝对，谬误和真理等等矛盾着的因素贯穿于认识运动的长河，这就决定了任何时代的人们对具体事物的认识总会有这样那样的分歧和争论。这是全部人类认识史证明了的事实。而且可以断言，只要人类存在一天，这个事实就会存在一天。社会主义社会绝不可能是例外。一方面，意识形态领域的阶级斗争确实还存在，社会主义与资本主义（还有封建主义）的思想斗争还会在某些（绝不是一切）文化问题上反映出来，这一点不能不看到；可是另一方面，大量的科学和艺术上的分歧和争论却是由认识运动的规律决定的，并不具有阶级斗争的性质。这是毫不奇怪的。如果对过去阶级社会文化领域里的分歧和争论尚且不应全部看成阶级斗争的话，为什么对社会主义社会文化领域里的分歧和争论反而要这样看呢？"双百方针"之所以是正确的方针，正因为它是以历史经验的科学总结和现实情况的如实估计为依据的。如果把一切分歧和争论都看成阶级斗争，就歪曲了"双百方针"的客观依据，也歪曲了"双百方针"本身。

二、不能把百家争鸣归结为"两家争鸣"

毛泽东同志说过："我们提倡百家争鸣，在各个学术部门可以有许多派、许多家，可是就世界观来说，在现代，基本上只有两家，就是无产阶级一家，资产阶级一家。或者是无产阶级的世界观，或者是资产阶级的世界观。"①从这段话能不能推论出百家争鸣就是"两家"争鸣的结论呢？我认为是推论不出来的。说世界观基本上只有两家，并不等于断定一切争论只能发生在两家之间，正如说资本主义社会基本上只有两大对抗阶级，并不等于断定资本主义社会的一切矛盾只能发生在两大对抗阶级之间一样。实际上，并不是一切争鸣都是两种世界观或两个阶级之间的斗争。

（一）虽然从事科学或艺术活动的人的世界观会对他们的活动起指导或影响作用，但这种作用的具体过程往往非常复杂，情况也千差万别，并不是每项科学或艺术成果都是从世界观引申而来，都可以从世界观里找到"根源"。"派"或"家"的形成不仅与世界观有关，而且与许多复杂的其他因素有关，诸如历史传统、民族特点、地区特点、资料的掌握、前人成果的汲取以致研究者个人的特点等等。因此，世界观属于同一体系的人在科学或艺术上可能属于不同的"派"或"家"，科学或艺术上属于同一"派"或"家"的人也可能有不同的世界观。至于具体论点或风格上的歧异就更不能不加分析地看成两种世界观之争了。翻开一本自然科学史，很容易找到大量的实例，证明许多延续了很长时间的激烈争论并不是世界观之争，更不是阶级斗争，例如光的微粒说和光的波动说之争是两种什么世界观、两个什么阶级的斗争呢？牛顿和惠更斯两派的观点各代表什么阶级

---

① 毛泽东：《在中国共产党全国宣传工作会议上的讲话》，见《毛泽东著作选读》甲种本，人民出版社 1965 年版，第 370—371 页。

呢？不仅自然科学如此，就是带有阶级性的人文科学和社会科学，也绝不是一切学派之争、见解之争都是两种世界观的斗争或阶级斗争。郭沫若同志和范文澜同志在中国古史分期问题上的分歧难道是无产阶级世界观同资产阶级世界观的斗争吗？谁代表资产阶级呢？

（二）即使争论发生在马克思主义者和非马克思主义者之间，也不一定是两种世界观的斗争。因为第一，争论的问题可能与世界观无关。第二，人们在研究具体问题时可能违反自己的世界观。例如信奉唯心主义的学者也往往不自觉地在事实上承认自己的研究对象是客观实在，信奉辩证唯物主义的学者也可能在某个具体问题的研究上滑到唯心主义或形而上学方面去。第三，对具体问题的结论正确与否，还要看研究者占有材料的详尽程度如何，是否具备了必需的专门知识，是否具备了认清这个问题的客观条件（客观过程的矛盾暴露的程度）以及其他种种因素。因此，在具体问题上，马克思主义者的见解不一定总是代表无产阶级世界观，更不一定总是正确的，非马克思主义者的见解不一定总是代表资产阶级世界观，更不一定总是错误的。无论自然科学、人文社会科学和文学艺术都有这种情况。不用说像摩尔根这样的非辩证唯物主义者对古代社会的研究所作的卓越贡献了，就是像胡适这样敌视马克思主义的实用主义者在学术工作上也绝不是一无是处。正因为有这样的复杂情况，在特定问题上的争论，究竟谁的意见正确，有多少真理的成分，是不能按世界观属于哪一家划线的。这需要接受实践的检验，这种检验往往需要相当长的时间和相当复杂的过程才能见分晓的。当年苏联曾起劲地批判过西方自然科学的许多流派，连基因理论也受到批判。我国在 50 年代①也批判过马寅初先生的人口理论和不少人的正确见解，"文化大革命"中的教训更是惨痛，就不用细说了。

（三）即使争论的问题本身就是哲学问题、世界观问题，也未必就是两种世界观之间的斗争，而完全可能是同一世界观内部的争论。唯心主义阵营内部的争论，唯物主义阵营内部的争论，以及阶级倾向基本相同的哲学流派之间的争论，在哲学史上俯拾即是。为什么马克思主义哲学内部就

---

① 指 20 世纪 50 年代。——今注

不可以有争论呢？为什么一有争论就得"上纲"为两种世界观的斗争，把争论的一方说成代表资产阶级的呢？马克思主义哲学是内容极其丰富的，需要不断地概括实践经验以及各门自然科学和社会科学的新成果来发展自己的学问，它要研究探讨的问题决绝不比别的学问少。只要不是把它当作只许背诵的"圣经"，就得承认对它的理解、论述、运用、补充、修订不可能没有分歧和争论。宗教对"圣经"的解释也是从来争论得很激烈的。如果认为对马克思主义哲学的诸原理只能有一种不容争辩的解释，一有分歧就"上纲"为两种世界观的斗争，那就无异于宣布马克思主义哲学连宗教教义都不如。这是一种足以窒息马克思主义哲学的东西。中华人民共和国成立以来几次围剿不同意见的哲学"大论战"的教训就在眼前，值得吸取。

（四）即使是两种世界观的分歧，也未必就是阶级斗争。诚然，世界观与阶级利益有关，但是，一个人世界观的缺陷如果只是表现在个别问题上，并不涉及根本立场，就不能说他在同无产阶级进行阶级斗争。如果硬要这么说，恐怕所有的马克思主义者都难免有时要同无产阶级进行阶级斗争，因为谁也不敢担保在任何问题上不犯一点唯心主义或形而上学性质的错误。毛泽东同志曾批评过那些"把原子弹看得神乎其神"的同志"把资产阶级的世界观、方法论，经常拿在手里；无产阶级的世界观、方法论，却经常丢在脑后"。[①] 这说明确实是两种世界观的分歧了。但是毛泽东同志是否认为这些同志是在代表资产阶级同无产阶级进行阶级斗争呢？并没有这样认为。政治问题尚且如此，何况科学和艺术问题？

（五）即使争论的性质确实是阶级斗争，但只要没有超出思想言论的范围，没有构成违法犯罪，就不应"上纲"为敌我之间的斗争。这一点就无需多说了。

"文化大革命"以前"双百方针"的实行是有成绩的，不少学术讨论的开展也是正常的。但也确实存在着把百家争鸣归结为"两家"争鸣的误解和曲解，混淆了许多界限，以致在实际生活中形成了一些"不成文法"。

---

① 毛泽东：《抗日战争后的时局和我们的方针》，见《毛泽东选集》第4卷，人民出版社1991年版，第1134页。

例如，大一点的争论，往往就被说成两种世界观之争，说成阶级斗争，甚至说成敌我斗争，被批判者就不能讲话了。这就使"双百方针"受到了很大的干扰，而给后来林彪、"四人帮"推行文化专制主义提供了可乘之机。阶级斗争理论是正确的理论，但是，如果把它夸大到超出它的适用范围，就会走向反面。在没有阶级斗争的问题上去"发现"阶级斗争，把不属于阶级斗争的问题"上纲"为阶级斗争，是不能不出乱子的。我们不应当忘记这一条以全民族的巨大损失为代价换来的深刻教训！

现在阶级斗争并没有熄灭。"双百方针"在解决人民内部意识形态矛盾这一方面仍将继续发挥作用。但是，解决这种矛盾也只能用讨论的方法、讲道理的方法，也就是团结—批评—团结的方法，而不能按照"放、收、整"的公式来"贯彻""双百方针"，那样只会扩大矛盾，以致重犯阶级斗争扩大化的错误，重犯扼杀科学、毁灭文化的错误。而且，属于阶级斗争性质的矛盾毕竟不是主要的了。应当使"艺术上不同的形式和风格可以自由发展，科学上不同的学派可以自由争论"①。这样才能使"双百方针"真正成为"促进艺术发展和科学进步的方针"和"促进我国的社会主义文化繁荣的方针"②。这不仅不会削弱马克思主义的指导地位，而且正是加强这种地位的题中应有之义和唯一有效方式。

---

① 毛泽东：《关于正确处理人民内部矛盾的问题》，见《毛泽东著作选读》下册，人民出版社1986年版，第783—784页。
② 毛泽东：《关于正确处理人民内部矛盾的问题》，见《毛泽东著作选读》下册，人民出版社1986年版，第783—784页。

不能用专政的办法解决
精神世界的问题[①]

"文化大革命"的十年动乱是从文化领域开始的。"无产阶级在文化领域对资产阶级专政"的口号一时成了不容置辩的"真理"。这个口号在实践中被检验的结果怎样,已由我们全民族以极高昂的代价作出了说明。可是现在也还有同志认为这个口号本身还是"马克思主义的",仅仅由于林彪、"四人帮"一伙并不能代表无产阶级,而他们所谓的资产阶级有许多又不是"真正的"资产阶级,这才造成了灾难。如果在文化领域里由"真正的"无产阶级对"真正的"资产阶级实行专政,那还是必要的,因为这是坚持无产阶级专政的重要方面。照此说来,今后倒是要更认真地更准确地"贯彻"这个口号了。我认为,这种看法正好说明了有对这个口号本身进行剖析的必要。

一、"无产阶级在文化领域对
资产阶级专政"所指为何?

要判断这个口号是不是马克思主义的,首先要弄清它的真实涵义。

不错,这个口号是用了无产阶级专政的名词。但是,无产阶级专政这个名词在马克思主义著作里是有两种不同的涵义和用法的。一种是指无产

[①] 载《光明日报》1979年10月24日。《新华月报》(文摘版)1979年12月号全文转载。

阶级领导的国家政权。这个政权具有对人民实行的民主和对敌人实行专政两个方面的职能（当然还有抵御外来侵略的职能），它的目的在于组织社会主义建设，并为实现共产主义的远大目标创设条件，它的职能和目的是通过共产党的路线方针政策和国家的法律来实现的。另一种则是专指这个国家政权对敌人实行专政即暴力镇压的职能或手段，而不是指这个国家政权本身。这两者是不能混同的。我们说的坚持无产阶级专政，就是指要巩固无产阶级领导的国家政权，全面地贯彻执行党的路线方针和国家的政策法律，而不是仅指对敌人的镇压。而上述口号里的"专政"是不是这个意思呢？显然不是。仅从语法上就不难看出，它是专指暴力镇压的，这里的"专政"就是暴力镇压的同义语。这个口号的意思就是说无产阶级要在文化领域里对资产阶级实行暴力镇压。

那么，这里的"资产阶级"又是指的什么呢？是指的资本家吗？显然不是。因为无论什么类型的资本家都不在"文化"领域里。是指的混进文化界的破坏社会主义的反革命分子吗？也不是。因为我们的国家对无论什么"领域"里的反革命分子从来都是专政的，对"文化领域"里的反革命分子并没有少专政一点，也没有理由多专政一点，特别点出"文化"二字是没有意义的。唯一可能的意思当然是指"资产阶级知识分子"和"资产阶级意识形态"；因为这两者既和"资产阶级"挂得上钩，又确实在"文化领域"之内，非此莫属了。这个口号的贯彻过程也从事实上提供了证据：一切被安上"资产阶级知识分子"头衔（其具体化的名称多种多样，例如"修正主义分子"、"反动学术权威"、"白专典型"、"黑画家"、"戏霸"之类，或者干脆笼而统之，叫作"牛鬼蛇神"）的文化工作者，一切被判决为"资产阶级意识形态"的言论、作品、思想、感情、习惯、爱好等等，不是统统成了"专政对象"，被"打进十八层地狱"了吗？可见，这个口号的实际内容或真实涵义，无非就是说无产阶级必须对"资产阶级知识分子"和"资产阶级意识形态"实行专政，即暴力镇压。

于是，关于这个口号是否正确的评判，就可以归结为弄清如下两个问题：（一）无产阶级国家应该不应该对资产阶级知识分子实行暴力镇压？（二）无产阶级国家应该不应该对资产阶级意识形态实行暴力镇压？这确实是关系到无产阶级在掌握政权以后能否正确地领导文化事业的大问题。不从思想上弄清楚，林彪、"四人帮"的法西斯文化专制主义有朝一日以变相的形式死灰复燃并不是不可能的。

二、对"资产阶级知识分子"能"专政"吗？

对资产阶级知识分子采取专政即暴力镇压的手段，是完全违背马列主义、毛泽东思想的，是同我们国家的性质不相容的。

什么是资产阶级知识分子？按照列宁的说法，是指那些"资本主义遗留给我们，通常是必然具有资产阶级世界观和习惯"的、"接受了资本主义文化遗产，浸透了这种文化的缺点"的、"在思想上还同共产主义格格不入"的知识分子，或者按照毛泽东同志同样意思的说法，是指那些"从旧社会过来"并且"世界观基本上是资产阶级的"、"同工人农民格格不入"的知识分子。这样的知识分子是确实有的，但绝不是所有的知识分子都如此。即使对这样的知识分子，无产阶级的国家能把他们作为专政对象，对他们采取暴力镇压的手段吗？当然不能。因为，第一，他们不论在思想上、感情上、作风上有多大的缺点，终究是脑力劳动者，是体力劳动者的同志，是人民，不是敌人。第二，他们有为社会主义建设事业所绝对不可缺少的文化科学知识和专门技能，可以而且正在为工人农民服务，为社会主义事业服务。第三，世界观是可以转变的，实践已经证明绝大多数资产阶级知识分子可以转变为无产阶级知识分子，成为工人阶级的一部分。因此，无产阶级的国家如果不想犯严重错误，就只能团结、教育他们，信赖和任用他们，充分发挥他们的积极性和创造性，而决不能对他们搞暴力镇压。这是社会主义事业成败攸关的严肃问题，是无产阶级国家必须遵循的原则之一。

列宁以极坚决的态度反复强调这个原则，一直同违背这个原则的思想行为作不调和的斗争。1919年，他在论述无产阶级专政的基本任务时指出:"要不断努力,使资产阶级专家同觉悟的共产党员所领导的普通工人群众手携手地同志般地共同劳动",认为这是为了实现提高劳动生产率这个"根本的任务"所必需的。① 1920 年,他在论政治教育工作的讲话中指出:"教师群众接受了资本主义文化遗产,浸透了这种文化的缺点,在这种条件下他们不可能是共产主义的教师,但是这并不影响我们吸收他们参加政治教育工作者的行列,因为他们握有我们为达到自己的目的所必需的知识。"② 1921 年,他针对那种不善于团结和领导资产阶级专家的"有害的"共产党员愤慨地说:"这样的共产党员在我们这里很多,我宁可拿出几十个来换一个老老实实研究本行业务和有学识的资产阶级专家。"③ 1922 年,莫斯科自来水厂的一个工程师由于工作条件恶劣而自杀了,列宁严厉地指出:这是"由于党支部委员以及苏维埃政权机关的不内行和不可容许的行为造成的",把这个案件交给了法院审理,并指出:"如果我们的一切领导机关,无论是共产党、苏维埃政权或工会不能象我们爱护眼珠那样爱护一切真诚工作的、精通和热爱本行业务的专家(尽管他们在思想上还同共产主义格格不入),那末社会主义建设事业就不可能取得任何重大成就。"④ 1923 年,他又指出:"不提高人民教师的地位,就谈不上任何文化,既谈不上无产阶级文化,甚至也谈不上资产阶级文化。""应当把我国人民教师提到从未有过的,在资产阶级社会里没有也不可能有的崇高的地位。这是用不着证明的真理。为此,就必须进行有步骤的、坚持不懈的工作,来提高他们的思想意识,使他们具有真正符合他们的崇高称号的各方面的素养,而最最重要的是提高他们的物质生活条件。"这样做是为了使他们"从资产阶级制度的支柱(在一切资本主义国家里,毫无例外,他们一直是资产阶级制度的支柱)变成苏维埃制度的支柱"⑤。这里难道有丝

---

① 列宁:《俄国无产阶级专政的基本任务》,见《列宁选集》第 3 卷,人民出版社 1960 年版,第 748 页。
② 列宁:《论统一的经济计划》,见《列宁选集》第 4 卷,人民出版社 1960 年版,第 476 页。
③ 列宁:《工会在新经济政策条件下的作用和任务》,见《列宁选集》第 4 卷,人民出版社 1960 年版,第 591 页。
④ 列宁:《工会在新经济政策条件下的作用和任务》,见《列宁选集》第 4 卷,人民出版社 1960 年版,第 591 页。
⑤ 列宁:《日记摘要》,见《列宁选集》第 4 卷,人民出版社 1960 年版,第 678 页。

毫要对资产阶级知识分子"专政"的意思吗？

  毛泽东同志在中华人民共和国成立前夕的七届二中全会上，除了指出工人阶级、农民阶级和广大的革命知识分子是人民民主专政的"领导力量和基础力量"外，还同时指出要"团结尽可能多的能够和我们合作的城市小资产阶级和民族资产阶级的代表人物，它们的知识分子和政治派别"，他严肃批评了关门主义态度，指出"这种态度只会使我党陷于孤立，使人民民主专政不能巩固，使敌人获得同盟者"。① 中华人民共和国成立以后，他又曾语重心长地说："我国的艰巨的社会主义建设事业，需要尽可能多的知识分子为它服务。"② 他希望和鼓励立场还没有转过来的知识分子通过学习马克思主义、接近工农、深入实际，逐步完成世界观的转变。同时他还指出："事实上必定会有一些人在思想上始终不愿意接受马克思列宁主义，不愿意接受共产主义，对于这一部分人不要苛求；只要他们服从国家的要求，从事正常的劳动，我们就应当给他们以适当工作的机会。"③ 这些论述同列宁的思想是一致的。不可忽视的是，列宁的话是在苏维埃政权还立足未稳、许多资产阶级知识分子对党和新国家还很不信任的情况下说的；毛泽东同志的话也是在我国的社会主义改造还没有完成或刚刚基本完成、从旧社会过来的知识分子的世界观还处在转变过程中的情况下说的。当时尚且不允许对资产阶级知识分子专政，有什么理由在社会主义改造完成了多年之后，在绝大多数从旧社会过来的知识分子的世界观已经转变的时候反而要对他们专政呢？这种"为渊驱鱼，为丛驱雀"的"超革命"的"理论"，只能起摧残革命力量、破坏无产阶级专政的作用，哪里是什么"马克思主义"的"理论"！

---

① 毛泽东：《在中国共产党第七届中央委员会第二次全体会议上的报告》，见《毛泽东选集》第4卷，人民出版社1991年版，第1437页。
② 毛泽东：《关于正确处理人民内部矛盾的问题》，见《毛泽东著作选读》下册，人民出版社1986年版，第779页。
③ 毛泽东：《关于正确处理人民内部矛盾的问题》，见《毛泽东著作选读》下册，人民出版社1986年版，第780页。

三、对资产阶级意识形态能"专政"吗?

对资产阶级意识形态专政,也是荒谬的,而且是根本行不通的。

马克思主义高度估价革命暴力在社会发展中的作用,特别是革命暴力在革命阶级夺取政权和巩固政权中的巨大作用。但是,暴力的作用不是没有范围和界限的。马克思主义绝不是暴力万能主义,并不认为任何问题都能靠暴力解决。对意识形态来说,暴力至多只能造成有利或不利于某种意识形态存在和发展的环境,而不能解决意识形态本身的问题。理由很简单:无论是意识形态也好,不属于意识形态的其他思想(例如自然科学)也好,都是精神世界的东西。它虽然根源于物质世界,是物质世界的正确的或歪曲的反映,但本身并不是物质的东西。它只存在于人们的头脑里,并且只有通过认识主体的自觉自愿才可能发生变化。批判的武器固然不能代替武器的批判,同样,武器的批判也不能代替批判的武器。暴力可以禁止某种思想的发表,也可以迫使人表示屈服,甚至还可以从肉体上消灭具有某种思想的人,但无法使不愿改变思想的人改变思想;正如暴力可以造成婚姻,却无法造成爱情一样。安徒生童话里的国王的"新衣"虽然博得了臣民的喝彩,可是有谁真的相信国王身上有那么一件"新衣"呢?可见,用暴力强迫人相信他们不可能相信和不愿意相信的东西是办不到的,即使被迫表示"相信"也是假的。这就决定了思想斗争的内容只能是以讲理的手段达到说服的目的,超出这个范围就不成其为思想斗争了。这是思想斗争区别于其他斗争的特殊性。毛泽东同志说得很透辟:"思想斗争同其他斗争不同,它不能采取粗暴的强制的方法,只能用细致的讲理的方法。"①"要人家服,只能说服,不能压服。压服的结果总是压而不服。以

---

① 毛泽东:《关于正确处理人民内部矛盾的问题》,见《毛泽东著作选读》下册,人民出版社1986年版,第786页。

力服人是不行的。"①

反动阶级和反动派用暴力强迫人们放弃真理、相信谬误，总是失败的。异端裁判所可以轻而易举地烧死布鲁诺，可以强迫伽利略在"悔过书"上签字，但是要他们放弃对哥白尼学说的信念却不可能。反动派屠杀了成千成万的共产党员和革命者，但他们无法阻止革命思想的深入人心。"四人帮"可以切断张志新同志的喉管，毁灭她的躯体，但丝毫也改变不了她的崇高思想。这个道理，就是最愚蠢的反动派也并非完全不懂的。他们之所以除了需要"刽子手的职能"之外还需要"牧师的职能"，就说明他们多少懂得"刽子手"毕竟起不了征服"人心"的作用。事实上，如果反动派能够使一些人在思想上受到蒙蔽的话，那并不是暴力镇压的结果，而是欺骗宣传的结果；欺骗宣传尽管讲的是"歪理"，但在形式上毕竟还是"讲理"。

那么，用暴力来强迫人放弃谬误、接受真理是不是行得通呢？也行不通。因为任何人放弃谬误、接受真理都需要通过本人的思考，别人无法代庖；都需要或长或短的认识过程，不能揠苗助长。当一个人还相信谬误的时候，暴力不能使他放弃谬误；当一个人还没有认识真理的时候，暴力也不能使他接受真理。例如宗教是现实世界歪曲的虚幻的反映，而马克思主义则是科学真理。可是能不能用暴力镇压的办法强迫宗教徒放弃宗教信仰而相信马克思主义呢？绝对不能。只有极谨慎、极耐心地按照当时当地的具体条件进行有说服力的宣传教育工作（而且这种宣传教育工作并非在任何条件下都适宜于进行），并且经过长期的努力，使产生宗教的社会根源不再存在了，宗教现象才可能最后消失。如果采取暴力手段，伤害信教者的感情，"只会加剧宗教狂"②。正如毛泽东同志说的："我们不能用行政命令去消灭宗教，不能强制人们不信教。不能强制人们放弃唯心主义，也不能强制人们相信马克思主义。"③

---

① 毛泽东：《在中国共产党全国宣传工作会议上的讲话》，见《毛泽东著作选读》甲种本，人民出版社1965年版，第377页。
② 列宁：《俄共（布）党纲草案》，见《列宁选集》第3卷，人民出版社1960年版，第766页。
③ 毛泽东：《关于正确处理人民内部矛盾的问题》，见《毛泽东著作选读》下册，人民出版社1986年版，第762页。

有人问：剥夺反革命分子的言论自由不是用暴力解决思想问题吗？当然不是。这是对反对革命行为的专政措施，其目的在于禁止反革命分子的破坏活动，而不在于"解决"这些人的什么"思想问题"。这样做是并不管反革命分子思想上服不服、通不通的。至于要他们转变思想，那就仍然要靠宣传教育，像毛泽东同志说的那样，"也对他们做宣传教育工作，并且做得很用心，很充分"①。如果暴力本身就可以解决思想改造问题，又何必实行惩办与教育相结合的政策呢？

真理占领思想阵地不可能靠暴力，也不需要靠暴力。马克思说得再好不过了："理论只要说服人〔ad hominem〕，就能掌握群众；而理论只要彻底，就能说服人〔ad hominem〕。所谓彻底，就是抓住事物的根本。"②

马克思和恩格斯一辈子没有掌握过政权，不可能"专"谁的"政"。他们没有把反马克思主义者抓来坐牢，把他们的著作收来焚毁。他们是靠自己理论的真理性和说服力赢得群众的信服的。

我国早期的共产主义者人数很少，而且是手无寸铁的"书生"。他们随时可能被反动统治者关进监狱，送上刑场，哪里谈得上"专"别人的"政"？然而他们以真理的呐喊划破了夜空，震撼了大地。他们通过论战打败了敌对思潮，传播了马克思主义，为中国共产党的诞生奠定了基础。

在灾难深重的旧中国，一批一批的优秀人物抛弃了自己曾经有过的错误信念，走上了马克思主义指引的革命道路。难道当时他们是因为害怕被扣上"反马克思主义"的帽子，受到专政，才被迫这样做的吗？难道那时反马克思主义的人不是可以安然无恙甚至升官发财，而坚信马克思主义的人倒是要受到反革命暴力的残酷压迫，甚至于坐牢杀头吗？

如果说，在最困难的条件下真理的传播也不靠暴力，那么，在无产阶级掌握了政权，人民得到了解放，因而有可能在全国范围内和全体规模上用民主的方法教育自己的优越条件下，反而要用暴力来解决人们的思想问

---

① 毛泽东：《论人民民主专政》，见《毛泽东选集》第4卷，人民出版社1991年版，第1477页。

② 马克思：《〈黑格尔法哲学批判〉导言》，见《马克思恩格斯选集》第1卷，人民出版社1995年版，第9页。

题，来建立"无产阶级"的文化，岂非咄咄怪事！

四、"无产阶级在文化领域对资产阶级专政"的错误口号必须抛弃

基于以上的分析，我认为无产阶级在文化领域对资产阶级专政的口号违背了人类文化史所表明的思想斗争的固有规律，违背了马克思主义的科学原理和毛泽东同志的论述，违背了党的方针和我国宪法的原则，是极"左"的错误口号。它只能成为林彪、"四人帮"推行文化专制主义、毁灭社会主义文化的理论支柱，而不可能成为繁荣社会主义文化的方针。

林彪、"四人帮"利用这个口号达到他们的目的是不足为怪的。可虑的是我们有些同志也不假思索地迷信这个口号，总以为既然我们掌握了政权，用暴力来"战胜"资产阶级意识形态、来"占领思想阵地"是省力省事而又灵效如神的，总以为一顶"白旗"或"三反分子"的帽子就可以促进"思想改造"，一篇"坦白认罪"的检查就可以证明"脱胎换骨"。其实这是神经衰弱，恰恰说明自己并不那么相信马克思主义，并不那么相信自己是真理在握的强者。这种做法只会把马克思主义弄得声誉扫地，只会把人民弄得"重足而立，侧目而视"，造成一个"无声的中国"，而决不会为马克思主义赢得寸土。即使是出于好心，也是给社会主义事业帮倒忙。实践是检验真理的唯一标准。事实是最顽强的东西。喧嚣一时的所谓"横扫牛鬼蛇神"、"工农兵登上上层建筑"、"占领文艺舞台"、"打破世袭领地"等等一套"左"而又"左"的"革命"行动和"专政"措施，究竟造成了什么结果，不是还历历在目吗？这究竟是"战胜"了资产阶级意识形态还是败坏了无产阶级意识形态，是促进了社会主义的文化革命还是革了社会主义文化的命，是毛泽东思想的"大普及"还是封建法西斯思想的大泛滥，难道还不清楚吗？用这样高昂的代价换来的明如白昼的教训，还不足以使我们从迷信中憬悟过来吗？

毛泽东同志早在二十多年前就说过："实行百花齐放、百家争鸣的方

针，并不会削弱马克思主义在思想界的领导地位，相反地正是会加强它的这种地位。"① 这是多么实事求是和卓有远见的论断！假如一贯地坚定不移地实行这个正确的方针，十年浩劫何至于发生，我们的社会主义文化园地以至整个国家又将是何等气象！现在是彻底恢复马克思列宁主义、毛泽东思想的本来面貌，不动摇地按照党的知识分子政策和"双百方针"办事，抛弃那些已被实践抛弃了的错误口号的时候了。

---

① 毛泽东：《关于正确处理人民内部矛盾的问题》，见《毛泽东著作选读》下册，人民出版社1986年版，第787页。

人道主义的哲学基础[①]

人道主义问题成为近年来理论界讨论的热点,我以为绝非偶然。"文革"前我国就对人道主义进行多次批判,把人道主义等同于"资产阶级世界观",等同于"修正主义"。"文革"中更是公然鼓吹反人道主义,把人的理想、价值、幸福、自由、尊严毁损殆尽。我们多年来事实上在几亿人中间灌输了一种观念:马克思主义与人道主义是不相容的,要"坚持"马克思主义就不能不反对人道主义;人道主义这面旗帜是资产阶级举过的,我们无产阶级决不能举。因此,为人道主义正名,乃至为人道主义辩护,都是必要的。但我又认为,我们在为人道主义辩护的时候在理论上要周密一些,要力图作出符合历史和现实的分析,正确阐明马克思主义与人道主义的关系,给人道主义以历史的、科学的解释。在这一点上,我觉得有些文章有不足之处。本文只想谈谈事情的这一个方面。

一、人道主义与抽象的人性论不能等同

我觉得有些文章理论上的弱点,就是没有区分人道主义和抽象的人性论,把两者看成了等同的概念,或者虽然作了一定的区分,但把抽象的人性论说成了人道主义的唯一[②]可能的哲学基础,以为肯定人道主义就必须

[①] 原载《武汉大学学报(社会科学版)》1984年第3期。
[②] 人性论(theory of human nature)是对人的性质或本质作出解释和说明的理论,是历史观的一个重要方面。

肯定抽象的人性论。我认为这在理论上不是前进，而是倒退。为了把人道主义建立在正确理论的基础上，使人道主义的解释更有说服力，有些问题是必须弄清楚的，否则不能真正驳倒过去对人道主义的错误批判。

人道主义（Humanitarianism）从产生的时候起就不是一种解释人类历史的哲学理论，不是一种历史观，而是建立在某种历史观的基础之上的一种伦理原则。从文艺复兴时期开始的人道主义的历史观基础是抽象的人性论。这是历史的事实。无论那时的人道主义（由于它的提出者是代表新兴资产阶级的思想家，称它为资产阶级人道主义是准确的，这并不带有什么贬义）有多少合理的成分和进步的作用，也无论它同马克思主义所揭橥的人道主义有多少共同之处，它的历史观基础——抽象的人性论却是不正确的理论。马克思和恩格斯确曾有过许多批评人道主义的言论（这些言论常常被某些人引用来"证明"马克思主义与人道主义不相容），但只要仔细分析就可以看出，他们反对的并不是人道主义的伦理原则（相反，他们还认为资产阶级人道主义者没有把这一原则贯彻到底），而是它们所依据的哲学理论或历史观基础——抽象的人性论。马克思主义主张继承和发扬人道主义是事实，主张否定抽象的人性论也是事实。这两者不仅不矛盾，而且后者正是前者的前提。马克思主义正是由于不用抽象的人性论来解释历史，而用唯物史观来解释历史，才使人道主义的伦理原则有了坚实的科学基础，才拓宽和加深了它的内容，加强了它的现实性和可行性。

二、抽象人性论与唯物史观的分歧

抽象的人性论与唯物史观的分歧何在呢？

第一个问题：对人性怎样理解？是把人性理解为与生俱来的、一成不变的、具有固定特征的东西，还是理解为社会物质生活条件决定的历史地变化着的东西？

这里的焦点是"共同人性"问题。

"共同人性"在这里当然不是指人作为生物学上的物种区别于其他物

种的共同的生理性质，因为承认这种"共同人性"在任何哲学派别之间都并无分歧，不成为问题。有争议的是处在不同时代、不同社会关系和不同阶级地位（和其他社会地位）的人有没有共同的社会性质的问题。

有没有这样的"共同人性"？过去很长一段时间里曾经有人在任何意义上都不承认有共同人性，"文化大革命"期间更走到了登峰造极的地步。按照那时的"标准"说法，在阶级社会（或还有阶级斗争的社会）里人性就等于阶级性，阶级性就是人性的全部，再没有别的；而不同阶级的人性又毫无共同之点。不管在什么意义上承认有共同人性或人的共性，一概是"修正主义"和"地主资产阶级的人性论"。这种"左"的观点是站不住脚的。首先，说阶级性就是人性的全部就讲不通。马克思说："人的本质不是单个人所固有的抽象物，在其现实性上，它是一切社会关系的总和"①，当然不能说除了阶级关系（虽然在阶级社会里是主要的）就没有别的社会关系，或者别的社会关系对人性毫无影响。毛泽东批评超阶级的人性时说的是"在阶级社会里就是只有带着阶级性的人性"②，并没有说人性全等于阶级性。鲁迅也认为人的性格、感情等既然都受经济组织的支配，就"一定都带着阶级性。但是'都带'，而非'只有'"③。其次，说不同阶级的人性毫无共同之点也讲不通。因为这既不合乎一般、特殊和个别的辩证关系的原理，也不能解释复杂的社会现象，甚至连日常生活中碰到亿万次的事实也不能解释。例如文学艺术的继承和欣赏就不可理解。

但是，我也并不认为现在有些文章中对"共同人性"的解释是正确的。

按照我的理解，唯物史观承认的"共同人性"是指具体的人性中的共同点，即寓于特殊中的一般，而不是超越于具体人性之外的独立实体。"共同人性"就是"人的共性"。这种共性当然不是虚构的而是客观存在的，但是只能存在于具体的人性之中。人们可以通过抽象活动把它在头脑

---

① 马克思：《关于费尔巴哈的提纲》，见《马克思恩格斯选集》第1卷，人民出版社1995年版，第56页。
② 毛泽东：《在延安文艺座谈会上的讲话》，见《毛泽东选集》第3卷，人民出版社1991年版，第871页。着重号是引者加的。
③ 鲁迅：《文学的阶级性》，见《三闲集》。着重号是引者加的。

中分离出来，形成概念，却不可能把它在现实上分离出来，使它成为单个的事物。毫无疑问，这种抽象活动对人类生活是必不可少的。在日常生活中如果连最低限度的抽象也没有，人们就不能形成最起码的概念，甚至连语言交流也不可能（因为任何词都已经是在概括，没有抽象就无法概括，就不能用词来表达思想，人们就根本不能开口讲话）。假如连"房子"、"水果"之类的概念都没有，人们怎么讲话呢？科学研究上更是如此。马克思在论及生产时是反对有脱离社会发展阶段的抽象的生产的，他认为"说到生产，总是指在一定社会发展阶段上的生产"①。但是，他又指出："生产的一切时代有某些共同标志，共同规定。**生产一般**是一个抽象，但是只要它真正把共同点提出来，定下来，免得我们重复，它就是一个合理的抽象。"② 可见，在这个意义上肯定不同的特殊对象有共同点，包括肯定不同时代的特殊人性有共同点，是完全合理的。但是，如果竟以为这样的共同点不是寓于特殊对象之中，而是脱离特殊对象而独立存在的实际事物，例如以为"房子"可以脱离个别的房子而独立存在，"水果"可以脱离个别的水果而独立存在，"生产"可以脱离一定社会发展阶段上的特殊方式的生产而独立存在，"人性"可以脱离具体的人性而独立存在，那就不符合实际了。马克思和恩格斯在《神圣家族》中揭露"思辨结构的秘密"时，对这种唯心主义的认识根源作了经典式的深刻批判。他们指出，"果实"本来是我们从实际的苹果、梨、草莓、扁桃中得出的一般观念、抽象观念。如果我们再进一步想象"果实"这个抽象观念就是存在于我身外的一种本质，而苹果、梨、草莓、扁桃等等倒是这个"本质"的"表现"，那就是唯心主义。③列宁也指出，认为一般（概念、观念）是单个的存在物，这是从原始的唯心主义到现代的唯心主义的共同错误，是"野蛮

---

① 马克思：《〈政治经济学批判〉导言》，见《马克思恩格斯选集》第2卷，人民出版社1995年版，第3页。
② 马克思：《〈政治经济学批判〉导言》，见《马克思恩格斯选集》第2卷，人民出版社1995年版，第3页。
③ 见马克思、恩格斯：《神圣家族》，见《马克思恩格斯全集》第2卷，人民出版社1957年版，第71—76页。

的、骇人听闻的（确切些说：幼稚的）、荒谬的"①。

现在有些作者把"共同人性"说成凌驾于具体历史条件之上、脱离具体历史条件而独立存在的实体，说成永恒不变的、完美的、理想化的东西。据说这种"人性"在原始社会里是以本来面貌存在的，到了阶级社会里就"异化"了，"分裂"了，"扭曲"了，到了共产主义社会里才又"复归"。我以为这就把人性抽象化了。

有些同志对这样的"人性"作了种种解说和描绘，列举了诸如饮食男女、爱美、尊严感、理性、自由自觉的活动、创造性等等来证明有不受具体历史条件制约的抽象的共同人性的存在。让我们从这些实例中举出几条稍作分析吧。

先说饮食男女。饮食无疑是人类的共性（如果把"饮食"理解为摄取营养的话，它还是一切生物的共性）。但这实际上是一个抽象。实际存在的只有为不同历史时代的具体条件规定的、具有特定内容的饮食。原始社会的人在发明用火以前是"茹毛饮血"的；有些原始人群甚至吃自己本群的老人。这同文明时代的饮食相差何啻天壤！你说这不合"人性"，灭绝人性吗？当时的"人性"就是如此。男女关系当然也是人类的共性（除了无性繁殖的以外，也是一切生物的共性）。但是同蒙昧时代、野蛮时代、文明时代大体相应，存在着群婚制、对偶婚制和一夫一妻制的婚姻形式，每一种婚姻形式在不同的部族或民族、不同的地区还表现为千差万别的更具体的形式。你说群婚制是"禽兽之行"，不合乎"人性"吗？它曾经存在过的时间比迄今为止一夫一妻制存在的时间要长许多倍，它是很合乎当时的人性的。为什么在我们今天看来如此不合乎人性的东西竟然在漫长的历史时期里作为完全合乎人性的现象存在呢？这只能说明本来就只有具体的人性而没有抽象的人性。而且，按照有些同志的说法，人性是到了阶级社会里才"异化"的，那么原始社会里的人性就该是"模范人性"了。可是人吃人和血族婚配能算"模范人性"吗？如果说我们要为这种人性的"复归"而奋斗，那不是骇人听闻吗？

---

① 列宁：《哲学笔记》，见《列宁全集》第38卷，人民出版社1963年版，第420—421页。

再说爱美。诚然，爱美之心，人皆有之。但不同时代、不同民族、不同阶级的美感是差异甚大的。有的原始部落以拔掉门牙、头上装上牛角、浑身涂满牛粪为美，在我们看来似乎不可接受，在他们却视为当然。鲁迅说过，爱斯基摩人（Eskimos）很难欣赏"林黛玉型"的美。车尔尼雪夫斯基也说过，那种面色苍白、形容憔悴、身躯纤弱的"宫廷美人"在劳动农民的眼里是"奇丑"的，他们只会觉得她有病；他们认为面色红润、身躯壮实、动作敏捷的女性才是美的。鲁迅在批评梁实秋等人主张的"普遍的人性"时有许多深刻、尖锐、精彩的议论，这里就不多加引证了。要说哪一种审美观最合乎"共同人性"，实在是说不清的。

再说尊严感。抽象地说，凡人都有尊严感，都要维护自己的尊严，这是没有疑问的。然而不同时代、不同社会关系中的不同地位的人，其尊严的标准却各有不同。我国封建社会里自天子以至于庶人，各个等级都有各自的标准。对一个等级的人说来是无损尊严的事，对另一个等级的人说来却可能大损尊严；反过来说也是一样。在旧中国的上海，乞丐在黄浦江边铺一床破席子乘凉是极平常的事，资本家这么做就大损尊严了。在我国封建时代见了尊长不跪拜就有损尊长的尊严，现在就没有人这么看了。

这些举例无非是想说明，脱离具体人性的"共同人性"并不存在。人性是历史地变化着的而不是永恒不变的，想用"人性"的这种规定或那种规定来说明这种变化，就等于用"人性"来说明"人性"，等于什么也没有说明。人性的变化，只有从社会的物质生活条件出发，归根到底从生产力的水平和状况以及由此决定的社会关系出发，才能得到科学的说明。当然，这种说明的工作绝不是轻而易举的，因为社会物质生活条件本身就是非常复杂多样的对象，要准确地说明一定时期的物质生活条件就是十分吃力的工作；而在社会物质生活条件同具体人性之间又有许多中间环节和许多交互作用的因素（如世代积淀起来的文化传统、风俗习惯、外来文化的影响等等）起着各自的作用，要用社会物质生活条件来准确地说明一定时期的具体人性就更是吃力的工作。我们决不同意那种对社会物质生活条件本身不作科学的剖析而又从中直接地简单地引出某种具体人性的粗陋做法。我们只是说，无论社会物质生活条件同人性之间的联系有多么复杂，人性的最终原因还是只有到社会物质生活条件中去探求。不仅各种具体人性的差异点要用社会物质生活条件的差异点来说明（我们在上文的例子里只着重谈了差异点的一面），就是各种具体人性的共同点也要用社会物质生活条件的共同点来说明。哲学、伦理学、美学、政治学、教育学、民俗学、心理学等等一切与"人性"有关的科学要想合理地说明"人性"，都只有坚持唯物史观的路线，而从抽象的人性论出发只能陷于混乱和谬误。

第二个问题：用"人性"来解释历史，还是用社会物质生活条件来解释历史？

用"人性"来解释历史，或者准确些说，把被描绘为具有某些固定特征的"人的本性"、"人的天性"、"人的本质"之类的东西作为解释人类历史运动的终极原因，这是文艺复兴时期的人文主义者、早期的空想社会者、18世纪法国启蒙思想家、18世纪法国唯物主义者以至19世纪上半期法英两国的空想社会主义者的共同错误。尽管他们对"人性"的描绘各有不同，论证的方法和思维的路径各有不同，引出的实际政治结论也各有不同，甚至每一个人的学说都有自己的特色，但是他们都肯定有永恒不变的人性，都认为这种永恒不变的人性就是解答历史之谜的钥匙。这是经历了500年之久未能突破的界限。应该说，用"人性"来解释历史比之用"神性"来解释历史是一个大进步，因为它毕竟把历史变化的终极原因从"天上"移回到了"地上"，朝着更接近真理的方向而不是更远离真理的方向跨出了艰难的一步。但是它本身并不是真理。为什么呢？因为一切以永恒不变的"人性"作为历史变化的终极原因的学说都不能回避一个根本性的问题："人性"为什么正是具有如此描绘的那些特征，而不是另一种样子？如果你用"人性"之外的某种原因来解释"人性"何以如此，那么历史变化的终极原因就不是"人性"，而是使"人性"恰好如此的那个"人性"之外的东西了。这就与"人性"是历史变化的终极原因的论断相抵触，陷入了自相矛盾。如果你坚持"人性"是历史变化的终极原因，你就只好拒绝对造成"人性"的原因作进一步的解释，只好断言"人性"是与生俱来的、本来如此的，这就无异于把人的目的、动机、理想、意志、情感等等说成第一性的东西，这正是唯心主义的弱点。事实上，所有以

"人性"解释历史的学派或人物都留下了一个自相矛盾的大尾巴,都找不到历史变化的真实原因。正是在这个意义上我们说马克思主义以前没有真正的社会历史科学。马克思主义的唯物史观根本反对把"人性"作为历史变化的终极原因,它指出历史变化的终极原因不是"人性",当然也不是"神性"或任何别的精神实体,而是人类为了维持生存而不能不进行的物质生活资料的生产方式。这才使似乎极其混乱的历史现象(包括"人性"这种历史现象在内)第一次有了科学解释的可能。当然,要实际地解释某一具体的历史现象,还需要艰苦的专门研究,不是简单地套用唯物史观的一般公式所能解决问题的。但是唯物史观为解释历史提供了唯一科学的理论和方法,这正是社会历史研究领域里开辟了新时代的伟大变革。

现在有的作者不是从物质生活资料的生产方式的矛盾运动出发来解释历史(包括解释"人性"),而是用"人性"来解释历史。比如说,人类由无阶级的原始社会发展为阶级社会,再经过漫长的道路进一步发展为无阶级的共产主义社会的客观规律,本来已由唯物史观根据物质生活资料的生产方式的矛盾运动作出了科学的说明。但他们似乎认为这样的说明是不深刻的,而一定要把人类历史解释为一部"人性"发展史,"人性"自我实现史,"人性"的"异化"和"复归"史。尽管这些作者对"人性"的具体内容的描绘同以往的抽象人性论者可能有这样那样的差异(如前所述,这种差异在以往的各种抽象人性论者之间也是存在的),但是他们的根本方法同以往的抽象人性论并无原则区别。这绝不是什么"完善"的"唯物史观",而是一种类型的唯心史观。不是前进了一步,而是倒退了一步。

三、社会主义人道主义的哲学基础是唯物史观

如果用抽象的人性论来指导社会主义实践,就等于要以基于抽象人性论的社会主义理论来代替基于唯物史观的社会主义理论。然而历史早

已证明，以抽象人性论为基础的社会主义理论必然是空想的而不是科学的。

抽象人性论并不总是同"社会主义"理论"挂钩"的。但是如果"挂钩"，其产物就一定是空想的社会主义。恩格斯在《社会主义从空想到科学的发展》这本名著中对这个问题作了经典式的历史考察和科学分析；后来普列汉诺夫在他那本受到列宁高度评价的《论一元论历史观之发展》一书中又作了精彩的发挥。历史是这样走过来的：由文艺复兴时期发端而由18世纪启蒙学者和百科全书派学者继承发扬的、以抽象人性论为基础的历史观，是新兴资产阶级的利益的表现，其锋芒是对着封建统治阶级和封建制度的，在历史上起了重大的进步作用。但是它并不是正确的科学理论。这种历史观的基本论点无非是说封建制度违反"人的天性"，所以要建立一种合乎"人的天性"的制度。但是，这种理论所谓的"人的天性"是以资产阶级为模特儿描绘出来的，其实就是资产阶级的各种现实要求的概括，就是资产阶级的阶级性。他们的所谓"自由"，说到底就是贸易的自由，发财致富的自由（也包括劳动者出卖劳动力的自由，但决不包括劳动者不受剥削的自由）；所谓"平等"，说到底就是商品交换的平等，就是公平买卖（也包括作为商品的劳动力的公平买卖，但决不包括劳动者与资本家在拥有生产资料方面的实际平等）；所谓"理性"，说到底是资产阶级对发展科学技术以提高劳动生产率从而攫取最大限度利润的强烈要求的反映（决不支持站在劳动者立场的人运用"理性"来揭露资本主义剥削的实质）。他们要求建立的"合乎人性"的制度，其实就是最大限度地满足资产阶级利益的制度，就是资本主义制度。这种制度经过革命果然建立起来了，事情的真相也就迅速暴露了。于是，一批站在劳动者立场的社会主义者就出来揭露资本主义了。但是他们使用的哲学武器是什么呢？仍然是抽象的人性论。他们的理论无非是说，过去说资本主义合乎"人性"，其实错了；真正合乎"人性"的是社会主义。历来的社会制度之所以不好，就是因为大家都没有把"人性"研究清楚，都不懂得只有社会主义才是合乎"人性"的理想制度。现在既然发现了错误，就只要根据对"人性"的透彻研究，绘制出社会主义的详细蓝图，向大家作耐心的宣传，大家就会乐于实行，连资本家也会欣然赞助，完全合乎"人性"的社会主义人间天堂就可以实现了。这当然完全是空想。其所以是空想，根本的原因就在于他们是从抽象的人性论推导出社会主义的。他们的全部理由就是：因为"人性"是如此这般的，所以社会制度就应该如此这般。他们根本不了解人类社会发展的真正动力，不了解一种社会形态代替一种社会形态的客观规律，不了解资本主义制度发生、发展和灭亡并为社会主义取代的历史必然性，不了解要依靠什么社会力量、通过什么手段、经过什么发展过程才能实现这种必然性。这并不是他们的"过错"。因为在无产阶级还没有成熟、资本主义的矛盾还没有充分发展的历史条件下只能有这样不成熟的理论。社会主义成为科学，那是在资本主义发展到相当成熟的程度，因而唯物史观得以创立的时候才实现的。回顾这段历史，对于理解当前讨论的问题很有好处。

毫无疑问，我们必须大力弘扬社会主义的人道主义精神。我们的社会主义建设所做的一切工作都必须是为了人，这是社会主义的本质，是我们一切工作的出发点和归宿点。离开了这一点，把人仅仅当成劳动力，当成机器，当成"阶级斗争"的工具，这是违反社会主义的本质的，是对马克思主义的曲解。"文革"时期的畸形历史再也不容许重演了。应该说，过去的流毒还没有彻底清除，要清除不尊重人、不关心人甚至不把人当人的现象，还需要长期斗争。但正因为这样，我们就必须用唯物史观而不是用抽象的人性论来解释人道主义。我认为人的问题无非是不断满足人的物质需要和精神文化需要，从而使人朝着全面发展的方向不断前进的问题。需要是历史的范畴，它的具体内容是由一定历史时期的社会状况、归根到底是由生产力的水平和状况决定的。满足需要的手段和方式也是这样。没有什么抽象的需要，不能离开具体条件来谈满足人的需要。在我们的社会主义建设中，应该具体地细致地研究在当前的现实条件下我国人民有哪些物质的需要和精神文化的需要，估计这些需要将向什么方向发展，哪些需要是在目前可以满足的，哪些需要是在将来才能满足的，以及用什么具体的手段和方式满足各种复杂的需要，等等。而满足人民需要的根本保证则是大力发展生产力，同时加强社会主义的物质文明和精神文明建设。一切工作都必须围绕着这个根本点来进行。这就是我们正在进行的工作，就是关心人、为了人的实际行动。至于工作中的缺点错误，当然必须通过各种形式的改革不断予以克服，但不是去改变这个方向。

两种伦理原则[①]

一、人道主义是伦理原则而不是历史观

在近来关于人道主义问题的讨论中,有些同志把人道主义也看成一种世界观或历史观,我以为这并不符合历史事实。历史上的人道主义者并没有用他们的人道主义学说来解释世界或人类历史,也不可能这样做。他们在人道主义的名义下提出来的东西是人的行为规范和评价标准,是伦理原则。它同人性论不是一回事。当然,人道主义同人性论有密切的联系。马克思主义以前产生的人道主义是以人性论这种历史观(它是唯心史观的一种)为理论基础,从它引申出来的。但是,是不是只有从人性论的历史观才能引申出人道主义的伦理原则呢?并非如此。从马克思主义的唯物史观也可以引申出人道主义的伦理原则。从不同的历史观引申出来的人道主义是有共同点的,所以都叫作人道主义。然而正因为它们的历史观基础不同,它们的内容也就有许多原则的差异。资产阶级的人道主义和无产阶级的人道主义(或称为社会主义的人道主义)的关系,我以为就是如此。

二、两种不同哲学基础的人道主义

有人认为从人性论引申出人道主义是顺理成章的,从唯物史观引申出

[①] 原载《江汉论坛》1984 年第 5 期。本文是作者《人道主义的哲学基础》一文的续篇。

人道主义却是悖理的。这种看法的根源可能在于以下两点：第一，是把唯物史观这种解释全部人类历史的普遍理论和方法与它在运用到人类历史的一个特定阶段时得出的特殊结论——阶级斗争和无产阶级专政等同起来了。第二，是把阶级斗争和无产阶级专政的理论同人道主义对立起来了。而这两点都是不对的。

唯物史观的根本论点是：社会发展史归根到底是物质生活资料的生产方式发展史；而人民群众是生产者，是一切物质财富和精神财富的创造者，是历史发展的最根本、最深层的动力。以唯物史观为指导思想的科学的社会主义就是关于社会发展到了现阶段以无产阶级为主体的人民群众实现自身解放的条件和途径的理论。因此，科学的社会主义不可能不以人民群众的利益为宗旨，不能不以是否符合人民群众的利益作为衡量行为的是非善恶的标准。而这正是无产阶级的人道主义即社会主义的人道主义的伦理原则。而任何与此相反的伦理原则，是必然同科学社会主义的性质相抵触，也必然同唯物史观的根本原理相违背的。

如果说，在社会主义制度还没有建立的情况下，社会主义人道主义事实上还不可能成为整个社会的伦理原则，而只可能在具有社会主义思想的革命者当中以革命的人道主义的形式出现的话，那么，在社会主义社会里，实行社会主义人道主义的伦理原则就具备了充分的可能和完全的必要了。它将作为社会主义的经济基础的反映，又反过来对社会主义的经济基础起巨大的保护作用和推动作用。社会成员的互相关心、互相爱护、互相帮助、互相尊重将成为巨大力量，使人们得到普遍的温暖和幸福。这正是社会主义制度的优越性的必然表现和特征。它不是可有可无的东西，也不是时有时无的东西，而是与社会主义社会的性质血肉相连的东西。中华人民共和国成立以来，我们党以各种形式在全社会范围内宣传和实行了社会主义人道主义，这是有目共睹的。但是也应该清醒地看到，在从 50 年代[①]后期到"文革"结束的这段时间里，由于"左"的错误，确实做了一些违反社会主义人道主义的错事和蠢事，至于"文革"十年中林彪、"四人

---

① 指 20 世纪 50 年代。——今注

帮"的法西斯暴行更是连一切人道主义的共同原则都抛到九霄云外去了。不仅在实践上如此，在理论上对待人道主义也有严重的失误。由于当时苏联领导人把马克思主义归结为人道主义（这当然是错误的），我们在50年代后期就花了很大的气力去批判人道主义。但当时的批判是缺乏分析的：既不区别社会主义人道主义和资产阶级人道主义，又不区别资产阶级人道主义在不同的历史条件下和具体环境中的不同的意义和作用，把整个人道主义都作为同马克思主义根本不相容的东西，作为"修正主义"的反动思潮来抨击。这件事在全世界损害了马克思主义的形象，损害了社会主义的形象，在客观上为"文革"中的反人道主义的行为提供了借口。这个教训是深刻的。余波所及，至今也还有不少的人误认为人道主义是"坏东西"；而且，由于封建主义和资产阶级利己主义思想的影响，由于经济落后、文化落后，违反人道主义的现象还不同程度地存在于我国社会生活的许多角落里，宣传和实行社会主义人道主义还会遇到阻力。正因为如此，我们就必须正确地总结以往的教训，决不能不加分析地否定一切人道主义。

能不能因为我们过去犯了不加分析地否定一切人道主义的错误，今天我们就不加分析地肯定一切人道主义呢？我认为不应该这样做。这样做，在理论上、科学上也站不住脚。凡是理论上、科学上站不住脚的东西，都应该为我们所不取。社会主义的人道主义与资产阶级的人道主义当然决不是没有相通的东西，更不是所谓"毫无共同之点"，但两者的历史观基础确有不同，两者的具体内容也有许多原则的差异，这也是事实。我们应该讲清楚两者的区别，正确地宣传社会主义的人道主义；应该批评资产阶级人道主义的唯心史观理论基础，批评它的那些不切实际的、软弱无力的甚至虚伪的成分，同时又如实地肯定它在一定条件下和一定具体环境中的合理成分和进步作用。这才是科学的态度。

三、社会主义人道主义与资产阶级人道主义的区别

社会主义的人道主义和资产阶级的人道主义的主要区别，除了它们所

依据的历史观的对立以外，就它们的具体内容而言，我以为有如下几点。

第一，资产阶级人道主义以不触犯资本主义制度为界限，社会主义人道主义则与消灭一切剥削制度、建立社会主义和共产主义社会的理想相一致。

资产阶级人道主义并不一定公开宣布维护资本主义制度，资产阶级人道主义者也并不一定都自觉地为资本主义制度唱赞歌。事实上，资产阶级人道主义者（伪人道主义者又当别论）一般说来对于他们看来是"过分"的剥削和压迫行为是反对的，对法西斯是坚决反对的，还可以对资本主义制度下出现的那些违反资产阶级人道主义原则的现象进行抨击。但是，既然他们的人道主义伦理原则是从抽象的人性论引申出来的，而他们描绘的"人性"实际上又是以资产阶级的特性为模特儿的，他们就必然认为只有资本主义制度是最合乎"人性"的制度。如果他们也批评资本主义社会，那也只是因为觉得这个现实的资本主义社会不理想，因而要对它痛下针砭，把它改进成为理想的、模范的资本主义社会。根本改变资本主义社会制度对他们来说是不可设想的。这就是资产阶级人道主义的不可逾越的界限。至于资产阶级人道主义者中间有些人后来变成了社会主义的同情者、支持者，甚至成了马克思主义者，成了共产党员，那是他们个人突破了资产阶级人道主义，并不是资产阶级人道主义的原则本身有什么改变。

社会主义人道主义与此相反，它以消灭一切剥削制度、建立社会主义和共产主义社会为目的。因此，它必然以是否有利于建立、巩固和发展社会主义制度作为衡量人们行为的是非善恶的标准。而某种行为是否有利于巩固和发展社会主义制度，要根据各国的具体特点以及不同发展阶段的具体特点作出具体分析。有的行为在某个国家或某一特定发展阶段是有利于社会主义制度的建立、巩固和发展的，在另一个社会主义国家或另一个发展阶段则可能并非如此；反过来也是一样。在我国的现阶段，一切有利于社会主义现代化建设的、促进生产力发展的行为都是善的、正义的，一切有损于社会主义现代化建设、阻碍生产力发展的行为则是恶的、非正义的。

第二，资产阶级人道主义反对阶级斗争，社会主义人道主义是与马克思主义的阶级斗争理论相一致的。

资产阶级人道主义宣传普遍的无差别的"人类之爱"，主张"勿抗恶"，认为一切阶级斗争都是非人道的。其实这种无差别的"人类之爱"在阶级社会里根本不存在，也不可能存在。正如鲁迅说过的，从圣贤一直敬到骗子屠夫，从香草美人一直爱到麻风病菌的人，是找不到的。"勿抗恶"也只能是纯粹的空话。事实上，资产阶级在对付他们认为"恶"的社会力量的时候从不排斥使用暴力。只要看看他们在资产阶级革命时期如何对付封建统治阶级，在巴黎公社时期如何对付革命的无产阶级，就洞若观火了。如果无产阶级和劳动人民真的听信了这种无差别的"人类之爱"和"勿抗恶"的说教，照此实行，就会吃亏上当。

社会主义的人道主义不排斥阶级斗争，它与马克思主义的阶级斗争理论是一致的。阶级和阶级斗争的存在是一种事实。这种事实在马克思主义以前就已经由资产阶级的历史学家和经济学家揭示出来了；马克思主义的新贡献仅仅在于论证了阶级和阶级斗争并非从来存在，也不会永远存在，它只是漫长的人类历史中一个特定阶段的必然产物，它已经由于生产力的一定发展状况而必然地产生，也会由于生产力发展状况的进一步改变而归于消灭，而无产阶级专政则是消灭阶级、走向大同的必由之路。如是而已。马克思主义并不"爱好"阶级斗争、无中生有地去"煽动"阶级斗争，它只不过指出了客观事实和历史的必然规律。如果说，马克思主义不仅不掩饰这种事实和规律，而且还要为消灭阶级对立、促进世界大同而努力奋斗的话，那么，这中间就包含着对阶级社会中不可避免的反人道主义现象（压迫、剥削、掠夺、种族歧视等等）的义愤，包含着对人的全面发展的崇高理想。这正是比资产阶级人道主义广阔无比、深刻无比的人道主义，这中间有什么不一致、不协调呢？难道闭眼不看阶级社会里那样惊人的不人道的事实，不去为消灭它们而创设条件，倒更合乎人道吗？当然，正因为马克思主义所主张的社会主义人道主义是以承认阶级和阶级斗争在现阶段的客观存在为前提的，它也就不能承认无差别的"人类之爱"。我们不能因为希特勒和墨索里尼也是"人"，就去"爱"他们，就去"尊重"他们,"帮助"他们,"宽容"他们屠杀千百万人民的暴行。假如真的这样做,就无异乎纵容和支持这些人类之敌的暴行,就是最大的不人道。这一点,真诚的资产阶级人道主义者在事实面前也是承认的,他们当中有些人的实际行动与"勿抗恶"的信条也并不一致。

第三,资产阶级人道主义以个人主义为核心,社会主义人道主义以集体主义为核心。

这里有必要指出,个人主义并不等于利己主义,并不等于"只顾自己不顾别人"。事实上资产阶级人道主义者也决不都是自私自利者,他们当中有不少富于自我牺牲精神的人物。恩格斯曾举文艺复兴时代的一批"巨人"以及狄德罗这样的人物说明这一点。我们说资产阶级人道主义以个人主义为核心,是说这种原则的出发点是把个人的解放看作社会进步的前提。它把"个性解放",个人的"自我完善",个人的"自由"、"幸福"等等看成高于一切的东西。胡适对易卜生的"淑世主义"推崇备至。易卜生也确实对资产阶级的利己主义、市侩主义和资本主义社会的虚伪丑恶现象进行过尖锐的揭露,但他鼓吹的改革社会的方法完全是个人主义的。他在给友人的信中说:"要使你有时觉得天下只有关于我的事最要紧,其余的都算不得什么……你要有益于社会,最好的法子莫如把你自己这块材料铸造成器……有的时候我真觉得全世界都象海上撞沉了船,最要紧的还是救出自己。"① 这就是以个人主义为核心的典型表现。

社会主义人道主义与此相反,它认为个人的解放只能以集体的、群众的、社会的解放为前提。有人说马克思主义漠视个人利益,总是要求个人把属于自己的一切都牺牲掉,奉献给"崇高而空洞"的"集体利益"。这是曲解。马克思主义当然承认,如果每个社会成员都没有个人利益可言,所谓"集体利益"、"社会利益"也就是"空洞"的。但是问题恰恰在于:社会成员的个人利益如何才能实现?在人剥削人、人压迫人的社会里,成千成万被剥削被压迫的群众也是一个一个的"个人",他们的个人利益有保障吗?能"救出自己"吗?就拿《玩偶之家》里的娜拉来说吧(她还

---

① 转引自《胡适文选》,亚东图书馆1930年版,第130页。

不是什么被剥削的劳动人民），易卜生给她安排的出路是弃家出走。但她走到哪里去？下落怎样？易卜生没有说，也无法说下去。显然，只要造成她那种处境的资本主义社会结构不改变，娜拉是不能"救出自己"的。她只走出了使她成为玩偶的家庭，却走不出造成千千万万这种家庭的社会，出走的办法决不会使她的处境有根本的改善。要使成千上万的"个人"得到解放，就要造成一种使这种解放能够实现的社会条件，而这种条件是任何个人的力量也不可能造成的。在旧中国，个人不可能推翻"三座大山"；在今天的社会主义社会，个人也不可能实现四个现代化。而没有这些，个人的"目的"、"价值"、"幸福"等等又怎样能实现呢？"个人奋斗"、"自我设计"这些说法，如果是指的在社会的、人民的利益的前提下为确定的目标而奋斗，那就不仅无可非议，而且是非常必要的。但是如果指的是不顾人民利益和社会需要、离开现实可能的"奋斗"和"设计"，那就错了。社会主义人道主义的原则只能是以人民的利益为提前和基础，而把个人利益包括在人民的利益之中，而不能是相反。

第四，资产阶级人道主义有很大程度的非现实性，不可能彻底实行，社会主义人道主义是现实的、可以彻底实行的。

这当然不是说资产阶级人道主义者都是故意撒谎的骗子。骗子当然是有的，但决不都是。有许多真诚的资产阶级人道主义者是真像他们所说的那样想的、那样做的。但是这种伦理原则的性质决定了它必然至少有一部分与实践相矛盾。这种以抽象人性论为基础的伦理原则采取的是"普遍性的形式"，他们说的"人"是脱离了一定社会关系的抽象的"人"，总是说"人"应该如何如何，好像是指一切的人，而实际上在有阶级存在的社会里人与人的利益常常是互相冲突的。遇到冲突的时候怎么办？你怎么能使一切"人"的利益都同样得到满足而不受到损害？希特勒、墨索里尼、东条英机也是"人"，可是当他们成千上万地屠杀人民的时候，把屠刀砍向人民的时候，你能不能对所有的"人"都一视同仁地关怀，对屠杀者和被屠杀者都实行人道主义呢？你如果闭眼不管，甚至自己也引颈就戮，从一方面说倒是把"勿抗恶"的原则贯彻到底了，但那岂不对千百万被屠杀的人民甚至包括你自己都太不人道吗？这不是实际上成了法西斯暴行的纵容者、赞助者，大有背于人道主义吗？如果你竟然反抗，参加消灭法西斯的斗争，那又违背了"勿抗恶"的原则。说服、规劝他吧？他不理睬你怎么办？只此一例，就足够说明资产阶级人道主义的原则要全部贯彻到底是不可能的，事实上也从来没有贯彻到底过。

社会主义的人道主义与此不同。它根本不采取抽象的"普遍性的形式"，不承认在有阶级存在的历史阶段里有什么无差别的人类之爱，公开宣布人道主义原则对不同的人实行起来是有差别的，这种原则的实现程度也是取决于社会发展的程度、取决于各种具体情况的。它不用美丽而空洞的辞藻代替具体切实的分析。因此，它不是虚幻的东西，而是可以彻底实行的原则。

由于两种伦理原则的对立，我们在社会主义社会里要坚持宣传和实行的只能是社会主义人道主义。如果以资产阶级人道主义的伦理原则作为判别行为是非善恶的标准，就会在许多原则的问题上得出错误的结论。

四、有分析地对待历史和现实中的资产阶级人道主义

指出社会主义人道主义与资产阶级人道主义的原则区别，批评资产阶级人道主义的局限性，决不等于全盘否定资产阶级人道主义。相反地，对资产阶级人道主义在历史上和当前现实生活中的积极作用，都应该作如实的估计。

我们必须肯定资产阶级人道主义的历史作用。资产阶级人道主义的伦理原则首先是作为封建主义伦理原则的对立物而出现于历史舞台的。它是社会主义人道主义出现以前人类历史上最进步的伦理原则。这并不是因为它比奴隶主阶级或封建地主阶级的伦理原则更合乎所谓"人的本性"，而是因为它反映了新兴资产阶级发展资本主义的要求，促进了先进的资本主义制度代替腐朽的封建制度，符合历史发展的客观规律的要求。尽管这种伦理原则从产生之日起对于劳动人民说来就有极大的虚伪性，但它毕竟给

了劳动人民以较之在封建主义伦理原则的统治下大得多的活动余地，为劳动人民积蓄力量、组织队伍、发展阶级意识、提高文化水平等等提供了更大的可能。这种进步的历史作用是不能抹杀的。

在无产阶级登上了政治舞台，革命人道主义或社会主义人道主义已经作为资产阶级人道主义的对立物产生之后，对资产阶级人道主义的作用也仍然要分别不同的情况予以不同的估计，采取不同的态度。

第一，资产阶级人道主义虽然是社会主义的对立物，但它同时也是封建主义、法西斯主义和其他形式的反人道主义的对立物。它宣传的普遍的无差别的"人类之爱"虽然在今天还不免是无法真正实行的空谈，但毕竟比公开宣传仇视人类、憎恨人民好得多。它宣传的公平、正义、人格、良心等等虽然有很大程度的虚伪性，但它毕竟比公开宣传损人利己、不讲良心、不要人格的非道德主义好得多。它宣传反对一切暴力虽然是错误的，但毕竟比公开宣传用镣铐和绞索来对付人民的屠杀主义好得多。因此，当着资产阶级人道主义的锋芒指向这些东西的时候，它的作用就不是消极的而是积极的，不是反动的而是进步的了。鲁迅对资产阶级人道主义作过深刻的批评，对它的软弱无用给了辛辣的嘲讽。但是当法西斯横行而有人大骂人道主义的时候，他对这种人的鞭挞却更不留情，对真诚的人道主义则给予恰如其分的肯定。他在谈到托尔斯泰"敢于向有权力的反动统治阶级抗争"时指出："大家现在又在大骂人道主义了，不过我想，当反革命者大屠杀革命者，倘有真的人道主义者出而抗议，这对于革命为什么会有损呢？"①鲁迅的态度是正确的。第二次世界大战期间，不是有大批的资产阶级人道主义者（包括许多神父、牧师和其他宗教信徒）投入了反法西斯的洪流吗？他们不是共产党人、马克思主义者和工农群众的朋友和同盟军吗？

第二，资产阶级人道主义虽然在某些方面与社会主义人道主义不同，但是两者之间并不是毫无共同之点的。认为对立阶级的伦理原则和道德规范毫无共同之点，善恶的标准一定是处处相反，事事相反，这并不是马克

---

① 见冯雪峰《回忆鲁迅》，人民文学出版社1953年版，第31页。

思主义的观点。恩格斯在驳斥杜林的永恒道德论时指出，现代社会的三个阶级即封建贵族、资产阶级和无产阶级都各有自己的道德，因为人们总是自觉或不自觉地归根到底从他们的阶级地位所依据的实际关系中吸取自己的道德观念。但是这三种道德论（即伦理原则）中还是有一些共同的东西。为什么呢？就因为"这三种道德论代表同一历史发展的三个不同阶段，所以有共同的历史背景，正因为这样，就必然具有许多共同之处"①。例如诈骗、凶杀、背信弃义、粗野无礼等等，无论从资产阶级人道主义还是从社会主义人道主义的伦理原则看来都不会认为是"善行"。这不是说资产阶级事实上没有这些行为，而是说反映整个资产阶级根本利益的伦理原则不能把这类行为作为"善行"加以认可或提倡。因为假如这些东西竟成了人人必须贯彻的行为原则，对资产阶级也将是不利的。因此，资产阶级人道主义的伦理中有若干（当然不是一切）可以为社会主义人道主义的伦理原则有条件地承认或者批判地继承的东西，是毫不奇怪的。如果认为凡是资产阶级人道主义拥护的我们就要反对，凡是资产阶级人道主义反对的我们就要拥护，那就是愚不可及了。即使在我们社会主义社会里，对于从资产阶级人道主义的伦理原则引申出来的实际结论和实际行动，也绝不是一概都要加以反对。假如一个公民从资产阶级人道主义的伦理原则出发而反对林彪、"四人帮"的暴行，一位医生从资产阶级人道主义的伦理原则出发而关心病人，是应该受到支持和表扬，还是应该受到反对和指责呢？我想，恐怕没有一个有健全理智的人会主张反对和指责这种大有利于社会主义、大有利于人民的行为，去责令这样做的人检讨自己的资产阶级世界观。事实上，也绝不会有哪一个顾客在售货员向他微笑的时候先去作一番调查，等核实了这位售货员的微笑究竟是出于社会主义的人道主义还是出于资产阶级的人道主义之后，再决定是否接受他的服务。如果按照"左"的观点把资产阶级人道主义的积极作用一笔抹杀，在理论上讲不通，在实际上也行不通，只能使我们陷入荒唐可笑的境地，自己孤立自己。

---

① 恩格斯：《反杜林论》，见《马克思恩格斯选集》第 3 卷，人民出版社 1995 年版，第 434 页。着重号是引者加的。

道德观念要符合经济体制改革的要求[①]

一、阻碍改革的固定道德观念应当廓清

坚持社会主义道路,丢掉僵化的模式——这是我们党和人民经历了多年的实践,付出了巨大的代价才认识到的一条伟大的真理。《中共中央关于经济体制改革的决定》表述和论证的正是这条真理。

如果说,经济体制的僵化模式已经成了严重阻碍社会生产力发展的桎梏,因而必须改革的话,那么,意识形态领域里的僵化观念也正在阻碍着经济体制的改革。许多没有经过科学分析和实践证实的论断被当作"当然正确"的、"不容置疑"的"真理"指导着人们的言论和行动。现存的道德观念体系就是一个极大的问题。要改革,就不能没有一系列的措施和行为,对这些行为如何作道德上的评价就是不能回避的问题。我们现在要建立自觉运用价值规律的经济体制,发展社会主义的商品经济;要充分重视各种经济杠杆的作用;要建立多种形式的经济责任制,认真贯彻按劳分配原则;要积极发展多种经济形式,扩大对外的和国内的经济技术交流。这些活动必然与某些固定的道德观念发生尖锐的矛盾。如果按照某些固定的道德标准,那就势必会把大量的促进改革的行为判定为违背无产阶级道德的行为,而把传统习惯中形成的某些阻碍改革的观念视为坚持无产阶级道

[①] 原载《武汉大学学报(社会科学报)》1987年第1期。本文是作者1984年在北京、天津、武汉、重庆等23个城市联合举行的城市精神文明建设理论讨论会上的报告。

德的模范。这种情况不是假设,而是已经摆在我们面前的事实。这个事实向我们提出一个尖锐的问题:"无产阶级道德"怎么竟会同各族人民的最高利益相矛盾?怎么竟会同社会发展的要求相矛盾?我们过去当作无产阶级道德来宣传的那些条规,是否全是真正的无产阶级道德?我认为,我们过去宣传的无产阶级道德的主要内容还是正确的,决不能全盘否定;但是其中也确有相当一部分实际上并不是无产阶级道德,而是由小生产观念甚至封建士大夫观念脱胎而来的违反历史发展规律的东西。这些东西经过十年动乱的反复强化,以"左"的"革命"的形式出现,成了在群众中影响很深的固定观念,在很大程度上左右着社会舆论,阻碍着改革的进行,现在是到了廓清的时候了。

不妨举一些实例。

关于"富"。

在"左"风盛行的时候,"富"成了极大的恶谥,成了耻辱的标记。"富则修","穷光荣","越穷越革命",成了天经地义,仿佛"穷"和社会主义有不解之缘,"富"和"阶级剥削"是孪生兄弟。人们谈富色变,畏富如虎。生产好一点,生活好一点,就是国家要"改变颜色"的兆头了,就赶紧猛抓"阶级斗争",好像不折腾到大家都保持穷的"本色"就不算坚持"社会主义"。宁可大家抱在一起穷,也决不允许任何人先富。于是"致富"似乎成了违背无产阶级道德的恶行,"固穷"才是符合无产阶级道德的善行。试问,这种观念难道是马克思主义的吗?在马克思主义看来,人类社会的发展归根到底是生产力的发展,而生产力的发展水平又集中地表现在社会财富总量的大小上。在这个意义上,"富"总是社会进步的标志,而"穷"则是社会落后的印记。当然,任何社会发展的阶段都有财富的分配问题。"富者田连阡陌,贫者无立锥之地","朱门酒肉臭,路有冻死骨","一端是财富的积累,一端是贫困的积累",这种分配方式是极不公平的。历代的先进人物谴责这种不公平的分配方式,并为打碎它而英勇斗争,是完全正义的。但是,应该反对的是这种人剥削人的分配方式,而不是财富本身。而且,人剥削人的分配方式也不是在任何条件下都可以消灭得了的。马克思主义者比历史唯心主义者高明,他们不止于对不公平的分配方式表示高尚的义愤，还科学地揭示了这种分配方式所由产生的物质原因和消灭它们的历史条件。不公平的分配方式归根到底也还是生产力不够发达的产物。我们歌颂历史上为推翻腐朽的生产方式（包括分配方式）而进行的斗争，也正是因为这种斗争能够解放生产力，增加社会财富，从而朝着建立全人类共同占有丰裕的社会财富的共产主义社会迈进一步，而绝不是为了减少社会财富，使整个社会更"穷"。被剥削被压迫的群众要革命，是为了推翻使他们受"穷"的制度，改变"穷"的处境，使自己"富"起来。社会主义制度要对群众产生巨大的吸引力，就应当以事实表明它能使群众比生活在资本主义制度下"富"得多，并且能使他们永远摆脱"穷"的处境。这本来是不言而喻的道理。如果以鲜血和生命换来了社会主义制度之后还要把"穷"当成光荣的旗帜，好像为了永葆革命的青春就得坚持"穷"到底，那就真不知道革命是为了什么，社会主义究竟有什么优越性，共产主义怎么能够实现了。中国的失意士大夫有不少人是标榜"安贫乐道"、"君子固穷"的，以至于歌颂"一箪食，一瓢饮"而"不改其乐"的清苦生活。但他们当中真正能坚持穷到底的人又有几个？恐怕倒是"身在江湖，心存魏阙"的居多。就是当隐士，到了真正"穷"到连酒都买不起、赊不到的时候，也未必能自得其乐。孔夫子说"不患寡而患不均，不患贫而患不安"，这句话在当时有它的针对性，有一定的道理，但是总的说来是不切实际的。整个社会的财富太"寡"，虽"均"何益？多数群众太"贫"，又岂能求"安"？原始社会是够"均"的了，但那何尝是玫瑰色的理想国？穴居野处，茹毛饮血，人吃人，部落战争，屠杀俘虏，直到产生氏族贵族，阶级分化，何尝"安"过？当然，孔夫子不是现代人，对他的话不能苛求。更何况他也还有大量主张富民的言论，甚至还夸奖过子贡的善于经商，并不主张越穷越好。如果我们现代的马克思主义者竟成了"颂穷主义者"，岂不是对马克思主义的绝大嘲弄？如果社会主义社会竟是一个以穷为标志的社会，它还有什么优越性，还有什么吸引力？广大群众凭什么要为社会主义奋斗？

关于"利"。

鄙弃功利，讳言利益，把"利"和"义"绝对对立起来，这也是封建士大夫中一部分人（不是全部）的观念，这种观念源远流长。"子罕言利"，"王何必曰'利'？""君子喻于义，小人喻于利"，"正其谊不谋其利，明其道不计其功"，我们发蒙读书的时候就听熟了这种说教。这种说教有很大的虚伪性，是很难真正实行的。即使是常常把利和仁义对立起来的孔孟，具体地谈到政治理想和设施的时候，也不能不重视人们的实际利益。孔子不是痛斥"使民饥而死"的暴政么？孟子不是反复宣传他的一套旨在使"斑白者不负载于道路"、"七十者衣帛食肉"、"黎民不饥不寒"的经济纲领么？他向梁惠王、齐宣王等等鼓吹"王道"、"仁政"，还不是在那里向他们竭力证明"富民政策"对他们"王天下"有极大的利益么？利益是由人们的肉体需要和社会需要决定的非常实际的东西，否认它，就是欺骗别人或自我欺骗。马克思主义不但不讳言利益，而且对利益的本质及其在社会发展中的作用给予科学的说明。人们正是为了利益才进行生产活动；在阶级社会里敌对阶级的利益有根本的冲突，由此才产生阶级斗争，才有阶级社会的历史。我们党在反帝反封建的民主革命中之所以赢得千千万万群众的真心实意的拥护，正是因为忠实地代表了群众的利益（包括调节和照顾统一战线中各阶级各阶层的利益）。社会主义的按劳分配原则之所以是促进生产发展的有力杠杆，正因为它把劳动的质和量同劳动者的利益紧密地联系了起来。值得注意的是，群众的利益是不能脱离个人的利益而凭空存在的。脱离了作为群众成员的个人利益，所谓群众的利益就是空洞的词句。我们是主张群众的利益高于个人的利益的，坚决反对为了一己的私利损害群众的利益，谴责"自私自利"、"损人利己"、"唯利是图"、"见利忘义"的卑下行为，高度赞扬必要时为了广大群众的利益牺牲自己乃至献出生命的崇高行为。但这样做并不是出于对某种先验的道德原则的膜拜，而是因为不坚持这种原则就不可能使最广大群众的利益得到维护，从而也就不可能使绝大多数人的个人利益得到实现。这本来并不是什么虚玄深奥的道理。可是，在"左"风刮来的时候，明白如昼的真理却似乎昏暗无光了。"人民利益"、"国家利益"的词句虽然喊得响彻云霄，它的实际内容却被抽得所剩无几了。不要生产，不要科学，不要文化，甚至倾家荡产，颗粒无收，也说是为了"人民的利益"。至于个人利益，当然更成了大张挞伐的对象,几乎与罪恶同义。一切个人的正当要求都成了"资产阶级个人主义",按劳分配成了"资产阶级"的分配原则,正当的生活享受被斥为"资产阶级生活方式"。结果是不但"革"了一切个人利益的"命",也"革"了群众利益的"命",最后把"革命"的"命"也几乎"革"掉了。这种"超革命"的荒谬观念,现在是不会原封不动地存在了。但它的幽灵是否还在我们中间游荡呢?很难说。试举一例。某人因为贡献卓著而得了一笔较重的奖金,他如果全部拿来交了党费(假如他是党员的话),或者作了捐献,或者分给了各"有关方面"让大家"利益均沾",大家就会说他觉悟高;但如果他竟然自己领来存入银行,或者买了电视机、电冰箱,那就难免招来各种各样的指责,弄得人声鼎沸。或曰:"他积极还不是为了自己!"或曰:"他领奖金,按政策当然是允许的,不过此人的思想不怎么样!"现在有些单位拒绝发展知识分子入党的"理由"之一不就是"贡献大,觉悟低"吗?

关于"钱"。

封建士大夫往往以鄙视金钱为高洁。《世说新语》里讲到,王衍"雅尚玄远,常怒其妇贪浊,口未尝言钱字。妇欲试之,令婢以钱绕床,不得行。夷甫(王衍)晨起,见钱阁行,呼婢曰:'举却阿堵物'('把这玩艺儿拿走!')"。这算是经得起考验,够彻底的了。资本主义社会是金钱世界,拜金成风,但骂钱的也大有人在。莎士比亚诗云:"金子!黄黄的,发光的,宝贵的金子!只这一点点儿,就可以使黑的变成白的,丑的变成美的,错的变成对的,卑贱变成尊贵,老人变成少年,懦夫变成勇士……该死的土块,你这人尽可夫的娼妇……"① 这是骂得够尖刻的了。如果停留在事物的现象上,咒骂金钱是不无根据的,因为许多可诅咒的恶行确是以钱为媒介的,钱似乎确是罪孽的渊薮,污浊的化身。但是,马克思主义者不能只停留在事物的现象上,而要揭示事物的本质。钱是货币,货币是商品交换发展到一定阶段的必然产物,是作为一般等价物的特种商品。没有货币的各种职能,商品经济就不能拓展,人类社会就不能进步到今天这

---

① [英]莎士比亚:《雅典的泰门》,转引自马克思:《资本论》上卷,人民出版社1975年版,第152页。

种水平，也不可能有未来的共产主义社会。当然，货币在一定历史条件下转化为资本，成了剥削的手段，给劳动者带来了苦难；资本从头到脚每个毛孔都沾满了血污。这是事实。但是，这是剥削制度和剥削阶级造成的，要反对的应该是剥削制度和剥削阶级，而不是货币。何况剥削制度和剥削阶级的存在也是历史的必然，除了按照社会发展的规律创设条件来消灭剥削制度和剥削阶级以外，是无法改变这种情况的。单靠对金钱发出道义的谴责并不能解决任何问题。至于在社会主义社会里，货币的本质与在资本主义社会里不同了，它是促进社会主义经济发展的不可代替的强大杠杆。我们今天要实行自觉运用价值规律的有计划的商品经济，不充分发挥货币的杠杆作用就将寸步难行。没有货币，怎么实行经济核算？怎么实行按劳分配？商品怎么流通？资金怎么积累和周转？国际贸易怎么进行？建设社会主义岂不成了空中楼阁？不加分析地鄙薄钱，讳言钱，这是缺乏历史眼光和经济知识的非科学的陈旧观念。当然，我们不是主张"有钱能使鬼推磨"，"瞎子见钱眼也开"的拜金狂，不是金钱万能论者，我们坚决反对不择手段地去捞钱；但是我们要求用科学的观点正确地估计货币的作用，以科学的态度对待有关钱的各种问题，而不是采取一听到"钱"字就"掩鼻而过"的道学家态度。

此外，还有对"商人作风"、"资产阶级生活方式"、"资产阶级名利思想"等等的理解，也都存在着非科学的固定观念，这里就不去一一论列了。

舆论虽然不像法律那样具有强制性，但它的威力在某种意义上比法律更强大。如果有利于促进有计划的商品经济发展的行为竟被"道德的法庭"宣判为恶行，经常受到舆论的非难和谴责，党的政策和国家的法令如何能够顺利地贯彻？我们又如何能够有成效地建设有中国特色的社会主义？

要解决这个尖锐的矛盾，我认为有几个问题需要通过讨论从理论上加以澄清。

二、无产阶级道德的历史形态

恩格斯指出:"人们自觉地或不自觉地,归根到底总是从他们阶级地位所依据的实际关系中——从他们进行生产和交换的经济关系中,获得自己的伦理观念。"① 无产阶级的道德观念同样也不是由任何"先哲"根据某种先验的原则规定的戒律,而是无产阶级的阶级地位及其根本利益的反映。无产阶级的阶级地位决定了它只有实现了共产主义才能最终解放自己,因此,它的道德观念是与实现共产主义这个最终奋斗目标紧密关联的。凡有利于实现共产主义的行为就是善,有损于实现共产主义的行为就是恶。这是无产阶级道德观念中最本质的东西。这一点在我国理论界似乎从来并无争议。

但是,对另一方面的问题就很少讨论到,或者虽有讨论而看法也未必一致。我指的无产阶级道德的一般原则有没有它的具体的历史形式的问题。我认为是有的。为共产主义奋斗不是在真空中奋斗,而是在具体的社会关系、既定的历史环境中奋斗,是脚踏实地的奋斗。在某种具体的条件下,什么样的行为有利于实现共产主义的远大目标,什么样的行为有损于实现这目标,是历史地有区别的。因此,在什么具体条件下什么行为合乎无产阶级道德,什么行为违背无产阶级道德,就应该有具体的评判标准,而不能拿着一般原则硬套。例如,在抗日战争时期,抗击日本帝国主义的侵略是实现反帝反封建的民主革命的一个步骤,而民主革命又是在我国实现社会主义以至在将来实现共产主义的一个步骤。对于共产党员和其他共产主义者来说,抗日就是在那种具体历史条件下为共产主义事业奋斗。一切有利于而不是有损于抗日的行为,不论采取这种行为的人是否为共产党员,是否具有共产主义世界观,都应该被认为是符合无产阶级道德的,都是应该根据无产阶级的道德标准予以赞扬的。同样,在今天,实行对外开

---

① 恩格斯:《反杜林论》,见《马克思恩格斯选集》第3卷,人民出版社1995年版,第434页。

放对内搞活的方针，发展社会主义的商品经济，建设"两个文明"，乃至于实行"一国两制"，就是在中国这块土地上具体地为共产主义的远大目标奋斗。一切有利于而不是有损于这一伟大事业的行为，就应该理直气壮地肯定它是符合无产阶级道德的善行，就应该予以赞扬和支持。这当然不是说，凡是作出这种行为的人就都是共产主义者，而是说这种行为符合无产阶级道德，按照无产阶级道德标准评判起来应该属于善行。我以为这就是无产阶级的道德原则在我国现阶段的具体的历史形式。按照这个原则，贪污盗窃、违法乱纪、以权谋私等等是恶行，而搞平均主义、刮共产风、乱批乱斗等等也绝不是善行。

三、整个社会的普遍道德原则

我们经常把无产阶级道德同共产主义道德当作同义词来使用，这在一定意义上是正确的，如果把无产阶级道德解释为以实现共产主义为最终目标的道德的话。但是，如果共产主义道德是指那种只有在共产主义社会实现之后才可能为整个社会普遍遵循的道德，那就应该说它同无产阶级道德不是等同的概念。无产阶级道德在我国现阶段的具体历史形式还是社会主义道德，即反映社会主义经济关系的道德，这种道德的原则是现阶段整个社会必须遵循的一般原则，这种道德的标准是整个社会用以衡量、评判人们行为善恶的共同标准。至于共产主义道德，在现阶段还只有少数英雄人物才能完全具有，并且往往只有在某种特殊的场合才能充分表现出来。如果把共产主义道德规定为现阶段整个社会必须遵循的原则和衡量善恶的标准，那就是把只有在未来的共产主义社会才能普遍化的东西搬到今天，这在理论上讲不通，在实际上也是行不通的。毛泽东同志在《新民主主义论》中讲到新民主主义的文化问题时指出：

> 如果以为现在（指新民主主义革命阶段——引者）的整个国民文化就是或应该是社会主义的国民文化，这是不对的。这是把共产主义

思想体系的宣传，当作了当前行动纲领的实践；把用共产主义的立场和方法去观察问题、研究学问、处理工作、训练干部，当作了中国民主革命阶段上整个的国民教育和国民文化的方针。以社会主义为内容的国民文化必须是反映社会主义的政治和经济的。我们在政治上经济上有社会主义的因素；但就整个社会来说，我们现在还没有形成这种整个的社会主义的政治和经济，所以还不能有这种整个的社会主义的国民文化……所以现在整个新的国民文化的内容还是新民主主义的，不是社会主义的。①

我认为这段话对我们现在讨论的问题有重要的方法论意义。既然我们今天的社会的经济基础还是社会主义的，而不是共产主义的，那么我们整个社会普遍适用的道德原则就只能是社会主义的，而不是共产主义的。如果把共产主义的道德原则确定为一切社会成员必须遵循的道德原则，那就势必会把大量的促进社会主义发展的行为判定为不道德的恶行。这对共产主义事业是很不利的。

在我们的某些宣传中，常常把有没有共产主义的劳动态度作为是否符合无产阶级道德原则的一个标准。我认为这并不适当。共产主义劳动是什么意思呢？列宁在1919年发表的《关于星期六义务劳动》这篇名文中下了明确的定义，就是"个人为社会进行的、规模巨大的、无报酬的、没有任何当局即任何国家规定定额的劳动"②。这种劳动只有在共产主义制度下才可能成为"普遍的现象"，而在社会主义制度下则只能以"共产主义星期六义务劳动"一类的形式作为"幼芽"出现；作为"普遍的现象"的劳动还只能是社会主义的劳动，即计算劳动质量并领取劳动报酬的劳动。因此，作为衡量是否合乎无产阶级道德的社会标准，就应该是有没有社会主义的劳动态度。如果一个公民勤奋地为社会劳动，同时按照"按劳分配"的原则领取应得的报酬，那就应当肯定他的这种行为是符合无产阶级道德的，是值得赞扬的高尚行为。如果他由于贡献大而取得的报酬多，以

---

① 毛泽东：《新民主主义论》，见《毛泽东选集》第2卷，人民出版社1991年版，第705页。
② 列宁：《关于星期六义务劳动》，见《列宁选集》第4卷，人民出版社1960年版，第143页。

至于因此而致富，那就更加光荣，更应该受到社会舆论的赞誉。当然，如果一个公民自愿地为社会进行不要报酬的共产主义劳动，当然应该赞誉。但是任何人也不可能经常不要报酬，因为如果那样他就无法生活。有的同志说："革命战士为了革命连生命都可以牺牲，还要报酬吗？难道他们在牺牲之前还要计算一下一条命能换多少钱吗？"这是把不同的问题混在一起了。我们在这里讨论的是社会主义制度下的劳动具有什么性质，普遍的分配原则是什么，以及与之相适应的普遍的道德原则应该是什么的问题，而不是对革命战士在必要的情况下的英勇行为应该如何估价的问题。整个社会主义社会的劳动不可能是不计报酬和不要报酬的，我们不能要求全体社会成员只劳动而不要报酬，更不能要求任何人（包括英雄人物）每时每刻都"英勇牺牲"。英雄人物的日常劳动中也还是社会主义劳动，也照样领工资、领奖金，这同他在必要时牺牲生命一点也不矛盾。如果只有具有共产主义劳动态度才算符合无产阶级道德，那么领工资、拿奖金就都是违背无产阶级道德的、应当受到谴责的行为了。如果确立这样一种道德标准，那就不可能真正贯彻按劳分配原则，而且还会给那些不执行党的政策、刮共产风、搞平均主义和无偿占有他人劳动的人提供方便。

四、无产阶级道德对其他道德的继承和借鉴

我们常常说无产阶级道德同剥削阶级道德是根本对立的，同其他劳动阶级的道德也有本质的区别。如果对"根本对立"和"本质区别"这些用语作正确的解释，这些说法当然是对的。但是问题恰好在于解释得往往不正确。"根本对立"被理解为处处相反，毫无共同之点。"本质区别"则被理解为虽然未必处处相反，却也是处处不同，说到底也还是毫无共同之点。而前一个"毫无共同之点"尤其经常强调。于是就引申出一种"原则"：凡无产阶级以为善的行为，剥削阶级必以为恶；凡无产阶级以为恶的行为，资产阶级必以为善。这就真是所谓真理向前多走一步就变成谬误了。这种谬误的产生是由于忽视了这样的事实：

第一，在阶级社会里除了对立的阶级利益之外，还存在着整个社会的公共利益，因而也就存在着共同的"道德戒律"。例如"勿偷盗"这条道德戒律，必定是一切有动产私有制的社会的共同道德戒律。原因很清楚：偷盗这种行为如果竟被社会判定为善行，受到舆论的赞扬，就会危及一切社会成员的利益。不仅对拥有巨额财富的人不利，而且对只拥有微薄收入的人也不利，说得极端一点，就是对只有一只讨饭碗的乞丐也是不利的。只有到了共产主义社会，偷盗的动机已彻底消除的时候，这条道德戒律才会失效（那时最多只有疯子才会去偷盗了）。这个道理，恩格斯讲得非常透彻。① 同样的道理，不管什么阶级的人，都有保存个体和延续后代的要求，对这种人类的共同要求是有利还是有害，就势必成为全社会衡量行为善恶的共同标准之一。法西斯屠杀人民的暴行，不是受到几乎全人类的同声谴责吗？医生悉心为病治疗，乘务员在飞机失事时冒险救护乘客，红十字会为受灾地区的人民捐款，商店的服务员热情周到地接待顾客，这些行为不是受到一切人的赞扬吗？

第二，在某种历史条件下，由于各种力量对比的结果，本来是利益敌对的阶级之间也可能出现共同的利益，因而在这个范围内也就会有共同的"道德戒律"。例如，在资产阶级革命时期，无产阶级和资产阶级在反对封建主义这一点上就有共同的利益和共同的"道德戒律"。在法西斯横行的年代，各个阶级在反法西斯这一点上就有共同的利益和共同的"道德戒律"。今天，统一祖国是中华民族全体成员的共同利益，因此，赞成还是反对统一就必然成为区分行为善恶的一个标准。这些都是清楚不过的事实。正因为各阶级的利益之间存在着这些错综复杂的情况，无产阶级道德同其他阶级的道德之间就不可能"毫无共同之点"，而是有批判继承和借鉴的关系。我们不能因为资产阶级以礼貌为美德，我们就提倡粗野无礼；资产阶级讲究效率，我们就以迂缓浪费为美德。

"时间就是金钱，效率就是生命"这个口号，有人说是"资产阶级的"。当然，资产阶级会赞成这个口号。但是，为什么它就只能专属于资

---

① 参看恩格斯：《反杜林论》，见《马克思恩格斯选集》，人民出版社 1995 年版，第 434—435 页。

产阶级，而不能也属于无产阶级呢？这个口号的实质无非是把提高劳动生产率摆在极其重要的地位而已。列宁曾经指出："劳动生产率，归根到底是保证新社会制度胜利的最重要最主要的东西……资本主义可以被彻底战胜，而且一定会被彻底战胜，因为社会主义能造成新的高得多的劳动生产率。这是很困难很长期的事业，但这个事业已经开始，关键就在这里。"[1]这说得还不清楚吗？我们多年来吃不珍惜时间、不讲效率的苦头够多了，如果我们今天还不大彻大悟，把失去的时间抢回来，不遗余力地提高劳动生产率，我们就不但不能实现"四化"，而且不能自立于世界，有被"开除球籍"的危险，这不是"生死攸关"的头等大事吗？如果我们直到今天还把珍惜时间和提高效率当成不符合无产阶级道德的行为，岂不是愚蠢到了极点吗？

生活之树常青。理论如果不理睬生活，生活也就会不理睬理论。回答沸腾的生活向我们提出的问题，是我们理论工作者的责任。

---

[1] 列宁：《伟大的创举》，见《列宁选集》第4卷，人民出版社1960年版，第16页。

从马克思的两段话说起①

近年来，马克思在《1844年经济学—哲学手稿》中的下述两段话不止一次地被引用：

但是，被抽象地理解的，自为的，被确定为与人分隔开来的**自然界**，对人来说也是**无**。②

在人类历史中即在人类社会的形成过程中生成的自然界，是人的**现实**的自然界；因此，通过工业——尽管以**异化**的形式——形成的自然界，是真正的、**人本学**的自然界。③

一、马克思在什么意义上说与人分隔的自然界是"无"？

有的学者认为从马克思的这两段话里可以得出结论：马克思认为在人类社会出现以前，自然界不是"现实的"自然界，是"无"。也就是说，马克思认为那时自然界不存在，或者即使存在也对人没有任何意义。我认为这是误读。如果把这两段话与上下文联系起来读，与马克思在大致同一时期的一系列著作联系起来读，就得不出这样的结论。

---

① 原载《现代哲学》2002年第2期。
② 马克思：《1844年经济学—哲学手稿》，人民出版社2000年版，第116页。
③ 马克思：《1844年经济学—哲学手稿》，人民出版社2000年版，第89页。

第一段话是马克思在揭示黑格尔唯心主义哲学的秘密时说的。在马克思看来，被黑格尔说成造物主、说成"包摄着客体的主体"的"绝对观念"，其实是他从自然界经过一步一步的抽象而得到的逻辑范畴，是抽掉了一切具体内容而获得的空洞形式，是人的自我意识的同义词。不过黑格尔把这个"绝对观念"说成是"自己知道自己并且自己实现自己"的主体而已。黑格尔把他自己在头脑里实际进行过的抽象过程**倒过来**叙述，把世界的发展过程**描述**成为"绝对观念"的展开过程，即外化出去而又返回自身的过程。在《逻辑学》里，黑格尔通过存在论（即有论）、本质论、概念论，煞费苦心地把抽象过程的各个环节有条理地联系起来。可是，所有这些都还是抽象思维、逻辑范畴，如此漫长的推演过程还是在逻辑范畴内部兜圈子。可是他总不能老停留在抽象范畴里，不能总不谈自然界。于是他就"决心把那只作为抽象、作为思想物而隐藏在它里面的**自然界从自身释放出去**，就是说，决心抛弃抽象而去观察一番**摆脱了**它的自然界"①。也就是由抽象过渡到直观，从逻辑学过渡到自然哲学，让"绝对观念""外化"为自然界。黑格尔既不能不谈自然界，又不能不建立他的绝对唯心主义体系，于是玩了这么一套头脚颠倒的戏法。这就是黑格尔哲学的秘密。马克思揭穿了这个秘密之后，才说了上面引用的第一段话。马克思这段话的意思是说黑格尔的这套戏法其实并不成功。黑格尔想靠转向自然界来摆脱抽象，结果并没有摆脱得了。为什么呢？因为黑格尔笔下的自然界是"被抽象地理解的，自为的，被确定为与人分隔开来的**自然界**"，其实还是以"自然界"为名的思想物，这样的自然界仍然是思想里的自然界而不是实际存在的自然界，所以马克思才认为它对人说来是"无"了。

这里的关键在于，为什么在马克思看来与人分隔开来的自然界就是抽象的思想物而不是现实的自然界呢？难道马克思看不到在人类出现以前亿万斯年的自然界是实实在在地存在的吗？我以为，这就要联系马克思在本书中以及同时期的其他著作中的大量论述来理解了。马克思（还有恩格

---

① 马克思：《1844年经济学—哲学手稿》，人民出版社2000年版，第115页。

斯）肯定了黑格尔对劳动的重视，说他"抓住了劳动的本质，把对象性的人、真正的因而是现实的人理解为他自己的劳动的结果"，这是他比费尔巴哈高明的地方；但是马克思又指出黑格尔"只知道并承认一种劳动，即抽象的精神的劳动"，所以归根到底并没有真正抓住现实的东西。费尔巴哈抓住的是人，并且是作为自然界产物的、有血有肉的活生生的人。这是他比任何唯心主义者高明的地方。他也自以为抓住了最具体、最实际的东西，可以很具体地说明人类社会的一切现象，包括宗教。可是，他笔下的人实际上是从一切社会关系及其历史发展中抽象出来的人，不过是生物学意义上的人。这样的人在现实生活里是没有的。他所描绘的人仍然是一种抽象，并且恰恰是把最重要的、不应该舍象的东西舍象掉了的不合理的抽象。正因为如此，无论是黑格尔还是费尔巴哈，都无法解释现实的人的世界。现实的人的世界是什么？就是人的社会。人的社会是怎么形成、怎么发展的呢？是由于人的实践活动。人的实践活动不是像黑格尔理解的那种所谓纯精神的活动，而是改造物质世界的物质活动，最基本的是人为获取物质生活资料而进行的生产活动。这样理解的实践，才是打开人的世界之谜的钥匙。马克思在哲学领域实现的伟大革命，就在于发现了这把钥匙，从而创立了唯物史观。因此，在马克思看来，要科学地解释人的社会的一切现象，包括精神现象，离开了这样理解的实践就无异缘木求鱼。而实践当然是人出现以后的事。马克思和恩格斯批评费尔巴哈，说"他没有看到，他周围的感性世界绝不是某种开天辟地以来就已存在的、始终如一的东西，而是工业和社会状况的产物，是历史的产物，是世世代代活动的结果，其中每一代都在前一代所达到的基础上继续发展前一代的工业和交往方式，并随着需要的改变而改变它的社会制度"。连樱桃树也是几个世纪前由于商业的发展才在欧洲大陆出现，才成为费尔巴哈的"可靠的感性"的对象的。① 所以，援引人出现以前的自然界，援引与人的实践活动无关的自然界，对于解释人类社会何以如此这般、何以"成为现在这种样子"是无济于事的，因而是没有意义的。正是在这个意义上，也仅仅在这个意

---

① 马克思、恩格斯：《德意志意识形态》，见《马克思恩格斯全集》第3卷，人民出版社1960年版，第48—49页。

义上，马克思说"被抽象地理解的，自为的，被确定为与人分隔开来的**自然界**，对人来说也是无"。也就是说，按照黑格尔那样理解的自然界（其实不过是一个抽象的概念）对人来说是"无"，如此而已。我以为上面引用的马克思的第二段话——"在人类历史中即在人类社会的形成过程中生成的自然界，是人的**现实的**自然界；因此，通过工业——尽管以**异化**的形式——形成的自然界，是真正的、**人本学**的自然界。"——也应当作同样的理解。

能不能根据以上两段话，就断言马克思根本否认人类出现以前的自然界和人类实践活动所不及的自然界的**存在**呢？我认为不能这样断言。因为这等于说马克思连人类出现以前自然界已经存在的事实也不承认。马克思怎么可能作出这样违背起码科学知识的论断呢？如果这样理解，那么宇宙学、地质学、古生物学的研究对象岂不都是无？难道从大爆炸到人类产生为止的宇宙都是无？人类产生以前的地球也是无？人是从无中产生的？这岂不荒谬之至？实际上，马克思（当然还有恩格斯）从未作过这样的论断，恰恰相反，他们在强调实践是**"现存感性世界非常深刻的基础"**的同时，都毫不含糊地肯定**"外部自然界的优先地位仍然保存着"**[①]。何尝否认自然界的存在？而且，与人类的实践活动无关的自然界固然对说明人类社会何以如此这般没有意义，在这一点上可以把它视为"无"，但并不等于对人类没有任何意义，以致在任何意义上都可以视为"无"。距离我们两百亿光年之远的天体确实与人类的实践活动没有什么关系，它的状况对说明人类社会何以如此这般也确实没有什么意义，但如果说它不是客观存在的自然界的一部分，而是"无"，那就是科学上的笑话了。不宁唯是，人还是自然界长期发展的产物。如果没有人类出现以前的宇宙发展史、地球发展史、生物进化史，人类能出现吗？如果断言马克思不承认人类出现以前地球早已存在，那岂不是把马克思说成了连小学生的常识都没有的"科盲"吗？

[①] 马克思、恩格斯：《德意志意识形态》，见《马克思恩格斯全集》第3卷，人民出版社1960年版，第50页。

二、马克思的唯物主义与旧唯物主义的分歧何在？

这里涉及对旧唯物主义的历史作用如何估计，对旧唯物主义的命题的真理性如何看待的问题。马克思对包括费尔巴哈在内的旧唯物主义的批评非常尖锐。但这种批评的内容是什么，实质是什么呢？是指出这种唯物主义不全面、不彻底，是指出它对说明人的本质、人的社会、人的历史不中用，如此而已。"当费尔巴哈是一个唯物主义者的时候，历史在他的视野之外；当他去探讨历史的时候，他决不是一个唯物主义者。"[①]这可以看作马克思和恩格斯对一切旧唯物主义的总批评。旧唯物主义讲物质的时候，由于没有把历史放在视野之内，它的物质观是片面的、缺乏辩证法的，因而也必然是半途而废的。旧唯物主义的物质概念就没有包括人的实践活动及其产物。这就是马克思对旧唯物主义的物质观必须进行批评的缘故。可是，马克思从来没有批评旧唯物主义对自然界的客观存在的确认。他只是指出它的主要缺点是不了解实践的意义，而没有说它在确认自然界的客观存在这一点上也是错误的。相反，他是在旧唯物主义的这个**基地**上继续前进，克服它的缺陷的。如果连这个基地都否定了，马克思的哲学还凭什么叫**唯物主义**呢？

有的同志很忌讳讲物质第一性，甚至忌讳讲物质这个概念，似乎一讲就跟旧唯物主义划不清界限，就把马克思的哲学降低到旧唯物主义的水平了。我认为这是多余的担心。马克思的物质概念与旧唯物主义的物质概念当然是有区别的，它包含了旧唯物主义的物质概念所没有的内容，那就是：（1）人的实践活动本身；（2）实践引起的自然界的变化，即人化了的自然（包括人造的物质客体）；（3）实践造成的一定的生产力；（4）实践造成的一定的生产关系。马克思对旧唯物主义的物质概念所作的这种

[①] 马克思、恩格斯：《德意志意识形态》，见《马克思恩格斯全集》第 3 卷，人民出版社 1960 年版，第 51 页。

"增加",绝不只是外延的扩大,绝不只是在一袋马铃薯中增加几个马铃薯,而是根本性的变革,这种"增加"使唯物主义的性质、作用和历史地位都发生了巨大的革命性变化,完成了由*旧*唯物主义到*新*唯物主义、由半途而废的片面的唯物主义到彻底的完备的唯物主义的飞跃。新唯物主义和旧唯物主义虽然都讲物质第一性,可是概念的内涵不同,命题的性质也不同,只要把话说清楚就不会划不清界限了。难道新唯物主义和旧唯物主义都讲"人",就划不清界限了吗?难道为了不致降低到旧唯物主义的水平,新唯物主义就不讲"人"了吗?"人不食则饿死"是一个连原始人也懂得的极其"肤浅"的真理,但它毕竟是真理。不能因为我们也承认这个真理,就说我们把自己降低到了原始人的水平;也不能为了不致把我们与原始人混同起来,就一定要否认这个真理。

有的同志认为把马克思的哲学叫作**实践本体论**,就"超越"了唯物主义和唯心主义的对立。这里讲的"超越"如果是"绕过"或"避开"的意思,那么我以为"超越"是不可能的。既然叫实践本体论,首先就得对实践的概念下定义,下定义就不可能不触及唯物唯心的分歧问题,因为实践的概念也有唯物唯心的区别。你说的实践究竟是如黑格尔所说的抽象的精神活动呢,还是人改造自然界的物质活动呢?如果是前者,你的哲学就是唯心主义哲学。如果是后者,你就得首先承认自然界的客观存在这个前提,你的哲学就是唯物主义哲学。列宁提出的"地球在人类出现以前是否存在?""人是不是用头脑思想的?"这样的问题似乎太没有哲学味道,有的哲学家简直不屑于谈论。但这确实是非常厉害的问题,无论用什么办法也"超越"不过去的。不错,马克思的哲学确实超越了旧唯物主义,也超越了唯心主义,但这种超越不是取消了决定唯物唯心对立的那个**问题**,不是对这个问题置之不理,不作回答,不是抛弃它们在回答那个问题时的正确成分,而是在肯定它们的正确成分的基础上作出更高的综合。毫无疑问,马克思的哲学的特点、马克思的哲学所造成的革命正在于它把实践看作理解"全部社会生活"的钥匙。可是这并不等于说马克思抛弃了旧唯物主义肯定过的一切命题,把旧唯物主义关于自然界的物质性的论断也革掉了。一句话,如果只说到旧唯物主义的这个论断为止,当然不是马克思的哲学；可是如果连起码的一般的唯物主义命题也不承认，就更不是马克思的哲学了。

三、马克思和恩格斯在本体论上有原则分歧吗？

现在有一种颇为流行的观点：我们历来讲的马克思主义哲学都不是马克思的哲学，而是恩格斯的哲学。而恩格斯的哲学的核心观点是与马克思不一致的。马克思的哲学是实践本体论，恩格斯的哲学是物质本体论，两者根本不同。这就是说，恩格斯经常歪曲马克思的哲学（更不用说列宁了），而我们一直把恩格斯的哲学误认为马克思的哲学，所以犯了许多错误。这种观点在国外绝不是什么新观点，而是重复了不知多少次的观点。这种观点有事实根据吗？没有。马克思的《经济学—哲学手稿》是1844年写的，《关于费尔巴哈的提纲》是1845年春天写的，而马克思和恩格斯合著的《神圣家族》是1844年到1846年写的，《德意志意识形态》是1845年到1846年写的。如果说"手稿"和"提纲"能代表马克思的哲学，那么马克思和恩格斯在几乎同一时期写的两部合著能不能代表马克思的哲学呢？这两部合著的哲学观点与"手稿"和"提纲"的哲学观点有什么根本区别呢？怎么从这两部合著中看出恩格斯与马克思的不一致呢？这两部合著的观点应该算马克思的哲学还是恩格斯的哲学呢？至于恩格斯在1876年到1878年写的《反杜林论》，更被不少人作为马恩分歧的"铁证"。"世界的统一性在于物质性"的命题被说成与马克思的哲学对立的错误命题。但这是毫无根据的。恩格斯在1885年（当时马克思才去世两年）写的《反杜林论》新版序言中把这本著作称为"对马克思和我所主张的辩证方法和共产主义世界观的比较连贯的阐述"，称为"我们的这一世界观"，并且叙述了此书写作的过程：

顺便指出：本书所阐述的世界观，绝大部分是由马克思确立和阐发的，而只有极小的部分是属于我的，所以，我的这部著作不可能在他不了解的情况下完成，这在我们相互之间是不言而喻的。在付印之前，我曾把全部原稿念给他听，而且经济学那一编的第十章（《〈批判史〉论述》）就是由马克思写的，只是由于外部的原因，我才不得不很遗憾地把它稍加缩短。在各种专业上互相帮助，这早就成了我们的习惯。①

如果说马克思在与反马克思主义思潮作斗争的时候，在如此重大的原则问题上竟然认可恩格斯发表不符合马克思主义的观点，连意见也不提，岂非不可思议？当然，恩格斯和马克思毕竟不是同一个人，他们的个人风格有各自的特点，他们的专长和研究的侧重点也有所不同，在斗争中的分工也有所不同，对某些具体问题的见解也会有一些差异，热衷于做这种文章的好事者尽可以就这些差别搜集不少的材料，写出不乏销路的书来。可是事实上，马克思和恩格斯在重大的原则性的理论问题上是没有分歧的。把恩格斯的哲学说成不同于马克思的哲学的另一种哲学甚至相反的哲学，这文章实在是做错了。

没有疑问，我们过去对马克思主义哲学的理解和宣传不是没有缺点错误的，必须作严肃的反思。我自己在80年代②也做过一些反思的工作，包括对30年代③以来苏联的马克思主义哲学教科书的缺点的批评，虽然做得很不够。但是我以为，不应当把我们理解和宣传上的缺点错误归咎于恩格斯，因为这不仅不公平，而且也不是总结经验教训的正确途径。

---

① 恩格斯：《反杜林论》，见《马克思恩格斯选集》第3卷，人民出版社1995年版，第347页。着重号是引者加的。
② 指20世纪80年代——今注。
③ 指20世纪30年代。——今注

全面准确地理解以人为本的科学涵义[①]

树立以人为本，坚持全面、协调、可持续的科学发展观，是以胡锦涛同志为总书记的党中央以邓小平理论和"三个代表"重要思想为指导，从新世纪新阶段党和国家事业发展全局出发提出的重大战略思想。以人为本是这一科学发展观的本质。全面准确地理解以人为本的科学内涵，对我们自觉地坚持科学发展观有重要的意义。

一

理论的概念和命题都是一定的理论体系的有机组成部分。如果脱离了概念和命题所属的理论体系，只从语词上做文章，就很难准确地把握它们的本来涵义，甚至会发生误解或曲解。

以人为本这个命题，在不同的理论体系中都可以出现，事实上也以各种略有差异的形式出现过。我们党提出的以人为本，不是任何其他理论体系中的命题，而是马克思主义理论体系中的命题。对这个命题的理解，不能脱离马克思主义的理论体系。

（一）以人为本是马克思主义题中应有之义

马克思由唯心主义向唯物主义的转变过程以及历史唯物主义的创立过程，就是以对人的问题的关注为动力的。1843年的《黑格尔法哲学批判》

[①] 原载《求是》杂志2005年第7期，署名"秋石"。

和《导言》，1844年的《经济学哲学手稿》，1844年与恩格斯合著的《神圣家族》，1845年的《关于费尔巴哈的提纲》，1845年与恩格斯合著的《德意志意识形态》，1846年的《哲学的贫困》，1848年与恩格斯合著的《共产党宣言》，这一系列论著的轴心就是对人的处境的关怀和人的解放前景的展望。马克思毕生的理论活动和实践活动，包括他撰写《资本论》和晚年研究人类学的活动，都贯穿着为全人类的解放事业而斗争的精神。可以说，马克思主义就是关于如何理解"人"的科学理论，就是关于"人"如何得到彻底解放的科学理论。

以人为本就是马克思的全部活动的生命，就是他的理论的出发点和归宿点。然而马克思根本不同于悲天悯人的慈善家和徒托空言的空想家。他创立的马克思主义理论与以往所有关于人的理论的根本区别，就在于把对人的命运的最赤诚的关切与对客观实际的最冷峻的分析融为一体，第一次以科学的实践观为钥匙，解开了人的本质这个千古之谜，对现实世界的人和人的现实世界作出了前所未有的科学分析，阐明了造成人的现实处境的根源和改变这种处境的方法，为人的自由全面的发展和人的彻底解放开辟了道路，从而造成了人类思想史上空前伟大的革命。马克思指出："人的本质不是单个人所固有的抽象物，在其现实性上，它是一切社会关系的总和。""全部社会生活在本质上是实践的。凡是把理论引向神秘主义的神秘东西，都能在人的实践中以及对这个实践的理解中得到合理的解决。"① 马克思主义科学地阐明了无产阶级的历史使命，揭示了无产阶级只有解放全人类才能最终解放自己的科学依据，指明了无产阶级的利益与最广大人民根本利益的一致性。正如《共产党宣言》响亮地向全世界宣布的："无产阶级的运动是绝大多数人的、为绝大多数人谋利益的独立的运动。"② 如果说马克思主义是以人为本的理论，那么这种以人为本的理论与其他以同样或类似的词句表达的理论是有本质区别的。

---

① 马克思：《关于费尔巴哈的提纲》，见《马克思恩格斯选集》第1卷，人民出版社1995年版，第56页。
② 马克思、恩格斯：《共产党宣言》，见《马克思恩格斯选集》第1卷，人民出版社1995年版，第283页。

全面准确地把握马克思主义关于人的问题的基本思想，对正确理解党提出的科学发展观有非常重要的意义。当今世界一切关于人的问题都不是抽象的而是具体的，都是发生在这个现实的时代、现实的社会关系中的问题。一切以"人"的名义出现的问题，包括和平与发展两大主题，都具有与现实的人的利益密切相关的具体内容。解决这些问题的思路和方案也是如此。对此我们要有清醒的头脑。同样，在我国社会主义建设中的人也是具体的人，是生活在一定发展阶段、处在各种不同的社会关系中、起着不同的作用、有着不同的要求的人，解决人的问题的办法和手段也受现实条件制约，不能脱离具体条件和现实可能性而抽象地漫无边际地谈以人为本的问题。只有结合实际情况，才能把以人为本的发展观落到实处，并随着实践的发展而逐步发展。不能离开现实条件提出问题，也不能离开现实条件要求解决问题。

(二) 以人为本是中国共产党根本宗旨和历史使命的集中体现

以马克思主义为指导的中国共产党从成立之日起就是以人为本的。在我们党的思想体系中，以人为本就是以最广大人民的根本利益为本，就是无条件地为中国人民的根本利益奋斗，就是完全彻底地为人民的利益工作。这是我们党的唯一宗旨，是衡量党的一切工作的是非得失的根本标准，也是衡量党的先进性的根本标准。在为推翻"三座大山"奋斗的时候如此，在领导社会主义建设的时候同样如此。毛泽东同志表述的"全心全意为人民服务"和群众路线，邓小平同志表述的"人民拥护不拥护"、"人民赞成不赞成"、"人民高兴不高兴"、"人民答应不答应"，江泽民同志提出的"党的一切工作必须以最广大人民的根本利益为最高标准"，胡锦涛同志提出的"立党为公，执政为民"以及"权为民所用，情为民所系，利为民所谋"，都是我们党的宗旨的科学概括，都闪耀着以人为本的思想光芒。我们党如果背离了以人为本，不全心全意为中国最广大人民的根本利益服务，就不成其为马克思主义的政党，就没有理由、没有资格充当全国人民的领导核心。这是我们党的生命所系的最根本的问题。

(三) 以人为本是科学发展观的核心内容

在我国社会主义建设的关键时刻，科学发展观的提出具有重大的现实意义和深远的历史意义。科学发展观的本质就是以人为本。我们党只有高度自觉地以最广大人民的根本利益为出发点和归宿点，解决一切有关发展的问题才会有正确的方向。过去我们党领导人民为推翻"三座大山"和建立人民政权而进行艰苦卓绝的斗争，是为了最广大人民的根本利益；现在我们党领导人民建设中国特色的社会主义，奔小康，也是为了最广大人民的根本利益。这就是以人为本。十一届三中全会从"以阶级斗争为纲"转变到以经济建设为中心，邓小平同志提出发展是硬道理、科学技术是第一生产力和三个"有利于"，以江泽民同志为核心的第三代领导集体提出"三个代表"重要思想，所有这些都是为了最广大人民的根本利益，都是以人为本。离开了这个根本宗旨和目的，为生产而生产，为发展而发展，我们党的工作就没有价值可言，人民也不会拥护和支持。有些同志在解决具体问题时曾经发生和可能发生的偏差和失误，说到底也还是由于在以人为本的问题上观念淡薄，缺乏自觉性，甚至发生了背离。比如有的同志把"以经济建设为中心"和"发展是硬道理"理解为只要发展经济，又把发展经济理解为不顾一切地追求 GDP 的增长，结果是浪费了能源，破坏了生态，影响了科技文化教育的相应发展，阻碍了整个社会经济的可持续发展，归根到底是损害了最广大人民群众的根本利益，也损害了子孙后代的利益。我们绝对不能忘记，我们党是执政为民的党，我们的一切工作的结果不仅要在当前惠及全体人民，还要在今后惠及子孙后代。我们决不能为了某些不恰当的"指标"和"数字"、不真实的"政绩"而忘记了以人为本的根本宗旨，更不能为了一时的需要而做杀鸡取卵、竭泽而渔的事。

现在党中央提出科学发展观，要求的是全面的发展、协调的发展和可持续的发展。全面的发展，就是以经济建设为中心，全面推进物质文明、政治文明和精神文明的建设，实现经济发展和社会的全面进步。协调的发展，就是统筹城乡发展、统筹区域发展、统筹经济社会发展、统筹人与自然和谐发展、统筹国内发展和对外开放，促进生产力和生产关系、经济基础和上层建筑的协调，促进经济、政治、文化建设的各个环节和各个方面的协调。可持续的发展，就是要促进人与自然的和谐，实现经济发展和人口、资源、环境相协调，坚持走生产发展、生活富裕、生态良好的文明发展道路，保证世世代代的永续发展。所有这些，都是为了最广大人民的根本利益，创造条件切实满足人民群众的日益增长的物质和文化的需要，保障人民群众的经济、政治和文化权益，让发展的成果惠及全体人民和子孙后代。一言以蔽之，都是为了确保以人为本的宗旨得到切实的贯彻。在我国社会主义建设事业发展的关键时刻，这一科学发展观的提出无疑具有巨大的现实意义和深远的历史意义。我们在宪法中增加推动物质文明、政治文明、精神文明协调发展的内容；在统一战线的表述中增加社会主义建设者的内容；增加完善土地征用制度的内容；进一步明确国家对发展非公有制经济的方针；明确规定对合法的私有财产进行保护；增加建立健全社会保障制度的规定；增加尊重和保障人权的规定；完善全国人民代表大会组成的规定等，都体现了以人为本的精神。我们要牢牢抓住"以人为本"这个根本宗旨不放，在任何复杂多变的情况下都保持清醒的头脑，不为一时一事所动摇。

二

既然以人为本从来就是马克思主义的题中应有之义，我们党的宗旨从来就是以人为本的，那么今天为什么要强调这个命题呢？

第一，从学理上看，以人为本的科学内涵是随着实践的发展而发展的，必须与时俱进地赋予它以新的时代内容。

以人为本是历史唯物主义的普遍原则，这一原则在不同的历史条件下有不同的具体内容，这是因为人民根本利益的内容和满足根本利益的方式都是历史的、具体的，而不是超历史的、抽象的。如果不把以人为本的普遍原则与当时当地的实际情况结合起来，赋予它具体的内容，这一原则仍然是一般的原理，而不能在实践中发挥作用。就我国的情况来说，以人为本在民主革命时期和社会主义建设时期就有不同的内容，在这两个时期的不同阶段也有不同的内容。如果不能与时俱进地准确地把握这个具体内容，并体现为党的纲领路线和方针政策，转化为行动的指南，以人为本的原则就会落空，甚至南辕北辙，事与愿违。马克思主义的普遍真理与中国具体实践相结合的原则，对以人为本的命题同样适用。在我们党八十多年的实践中，这个原则有贯彻得好的时候，也有贯彻得不大好甚至很不好的时候；有丰富的经验，也有沉痛的教训。这里的症结就在于是否准确地把握了不同时期不同阶段的具体实际，从而以相应的战略思想和方针政策体现以人为本的原则。

以人为本的原理原则与马克思主义的其他原理原则是相互关联的、相互支撑、相互制约的整体，每一个原理原则都只有在整体中才可能获得自己的意义，正如人的手足只有作为活的身体的有机部分才能发挥手足的功能一样。这些原理原则之间的关系是辩证的而不是机械的，是与时俱进而不是一成不变的。要把握好这种辩证关系极为不易，往往要通过反复的实践和探索才能达到主观与客观的一致。在这个过程中，认识的片面性很难避免，顾此失彼、畸轻畸重的偏差也常常容易发生。比如历史唯物主义关于生产力是社会发展的最终决定因素的原理，经济基础对上层建筑的决定作用和上层建筑对经济基础的反作用的原理，人民群众是历史创造者和个人在历史发展中的作用的原理，物质生产与精神生产的相互作用的原理等等，都不是孤立的"条条"，脱离了整体而片面地强调一条就会变形走样。又比如在"三个代表"重要思想中，代表中国先进生产力的发展要求、代表中国先进文化的发展方向和代表中国最广大人民群众的根本利益这三个方面之间也是辩证统一的整体，不能孤立地只强调一个方面。只有把握这些原理原则之间的辩证关系，找到在具体条件下这三个方面的最优的互动关系，才能全面准确地贯彻"三个代表"重要思想。

第二，从实践上看，我们对社会主义建设规律的认识经历了长期的艰难过程之后产生了邓小平理论和"三个代表"重要思想，在邓小平理论和"三个代表"重要思想的指导下，我国的社会经济取得了举世瞩目的发展，已经发生了阶段性的重大变化，实现了"三步走"战略的前两步目标，党的十六大明确提出了全面建设小康社会的奋斗目标。以加入世贸组织为标志，我国的对外开放也进入了新的阶段。但是我们必须清醒地看到，我国刚刚建立的社会主义市场经济还很不完善，旧体制的弊端也还没有完全消除。在快速发展的同时，大量的新矛盾、新问题也涌现出来。如城乡差距、地区差距、居民收入差距的持续扩大，就业和社会保障压力的急剧增加，教育、卫生、文化等社会事业发展的滞后，人口增长和经济发展与生态环境和自然环境矛盾的加剧等等，都是重大而紧迫的现实问题。如果不正视这些问题的存在，不提出解决这些问题的办法，我们的社会和经济就不可能持续地发展，全面建设小康社会战略目标就会受到严重的阻碍，我们党为人民根本利益奋斗的宗旨也将无从实现。而要解决这些问题，仅靠就事论事的枝节措施是无济于事的，那样仍然会顾此失彼，左支右绌。在这个关键时刻，最重要的举措就在于要针对新情况提出全局性的战略思想，把全党和全国人民的认识提高到新的水平。以胡锦涛同志为总书记的党中央提出的以人为本，坚持全面、协调、可持续发展的科学发展观，就是针对这一新情况而提出的战略思想。这一战略思想使以人为本的普遍原则涵盖了新的时代内容，获得了全新的时代意义。

三

马克思主义的以人为本的思想，与西方人道主义思想和中国传统文化中的民本思想有原则的不同，不能混为一谈。

西方人道主义是产生于14—16世纪欧洲文艺复兴时期的思潮，是代表新兴资产阶级反对封建统治阶级的精神武器。人道主义者反对经院哲学和教会以神权压制人性，鼓吹以人为中心的世界观，提倡关怀人，尊重人，后来的天赋人权和自由、平等、博爱的口号也是这种世界观的发展。这种人道主义在摧毁封建主义统治和建立资本主义制度的斗争中起过很大的进步作用，在资本主义建立之后在某些条件下也还有一定的积极作用，例如在反法西斯的斗争中就起过非常积极的作用；信奉资产阶级人道主义的人士中也有许多人是怀着真诚善良的愿望关心人民的。不加分析地否定这种人道主义是错误的。但是，这种人道主义是以抽象的人性论为根据的。抽象人性论的根本特点是脱离人的社会性和历史性来谈论普遍的人性，而这种普遍人性其实是以资产者为模特儿描绘出来的，只不过被解释为一切人共有的人性而已。在资产阶级心目中，最符合人性的社会就是资本主义社会。所谓人权，本质上就是资产阶级的权利。自由，本质上就是商品交换和贸易的自由，也就是资产者凭借生产资料所有权占有无产者创造的剩余价值的自由，无产者向资产者出卖劳动力的自由；平等，本质上就是商品的等价交换，也就是资产者购买无产者的劳动力时的等价原则。博爱，本质上就是宣扬剥削者与被剥削者的互爱和合作。这种以普遍形式表述出来并且掩盖起来的人道主义本质上是资产阶级的意识形态，是为资本主义制度服务的。资产阶级人道主义者对资本主义的缺陷也有批评，甚至有非常尖锐的批评；但批评的根本前提仍然是肯定和改善资本主义制度。由于资产阶级人道主义以维护资本主义制度和资产阶级利益为前提，而又以普遍性的形式出现，因而有很大的虚假性。某些鼓吹自由、民主、人权的发达资本主义国家的统治者，为了垄断资本集团的利益，随意以包括军事打击在内的手段干涉别国的内政，侵犯别国的主权，屠杀别国的人民，一点人道主义也不讲，就是这种虚假性的露骨表现。

中国传统文化中的民本思想与西方资产阶级人道主义产生的历史背景和阶级基础都不同。它在中国数千年的宗法社会中源远流长，一直是统治阶级治人之术和牧民之道的重要方略之一，是"仁政"和"王道"的理论基础。从《尚书》的"天视自我民视，天听自我民听"到《管子》的"以人为本，本理则国固"，从孔子的"仁者爱人"、"泛爱众"、"修己以安百姓"到孟子的"民为贵，社稷次之，君为轻"，都大力宣扬了"民为邦本，本固邦宁"的基本思想。这种民本思想对抑制过度的剥削和压迫、保护生产力的发展有一定的作用，有历史的进步性。作为一种伦理原则，其中包含着我们今天仍然应该借鉴的宝贵成分，不能不加分析地一概否定。但是，这种民本思想的根本前提还是维护剥削阶级的统治。即使是最开明的君主，也不可能把人民群众看成主人，让人民当家做主。"民者，出粟米丝麻作器皿通货财以事其上者也。"就说明了"民"只是支撑这个统治的基础，并没有要人民群众当家做主的内容。"劳心者治人，劳力者治于人"还是"天下之通义"；"民不出粟米丝麻作器皿通货财以事其上则诛"还是天经地义。

作为马克思主义命题的以人为本与此根本不同。马克思主义的创立恰恰是从批判对人的本质的抽象议论开始的。以往的一切张扬人、推崇人的理论，其共同的根本缺陷就在于脱离人的社会关系和历史发展来理解人，把人的本质理解为与生俱来和一成不变的东西。在这些理论中作为主体并被渲染得极为神圣的"人"，只是被思想家们从具体的历史发展阶段和社会关系中抽象出来的概念。这样的"人"正因为被说成属于一切时代和一切社会，所以也就不属于任何时代和任何社会；只是思想家虚构的幻影，而不是现实的存在。这个缺陷，连 19 世纪杰出的唯物主义哲学家费尔巴哈也不例外。他的"人本主义"（anthropologismus）揭露了唯心主义把人说成"自我意识"的谬误，指出人是自然界的产物，是有血有肉的实在，这是正确的。但他描绘的人仍然是脱离社会关系和历史发展的抽象的"人"，只是生物学意义上的人，而不是在社会中生活的现实的人。他在自然领域里是唯物主义者，一跨进社会领域就成了唯心主义者。所有这些隔靴搔痒的理论，都说明不了人的本质，解决不了人的解放问题，只能在各种迷宫里徘徊。

马克思的伟大贡献，就在于发现了打开这个"黑箱"的钥匙。他第一次指出人的本质是一切社会关系的总和，全部社会生活本质上是实践的。人的生存不是靠消极被动地适应自然，而是靠主动地有目的地改造自然；人赖以生存的物质生活资料不是现成的自然物，而是人运用自己制造的工具，有意识有目的地改变自然物的性质和形态，按照自己的需要创造出来的。这种创造活动就是最基本的实践活动，是人本身存在和发展的前提，是人的其他一切活动包括精神活动的前提。没有这种实践活动，人就不能生存，就不成其为人，就没有人的社会、人的世界。实践活动给自然打上了人的意志的印记，使自然再也不是人类出现以前的洪荒之世，而是人化的自然；同时人也在改变世界的过程中不断地改变着自己。正因为如此，生产实践活动就必然成为社会生成和发展的最终原因。正是生产实践造成了一定的生产力状况和与之相适应的生产关系即经济关系；在经济关系的基础上又形成了一定的政治、法律和意识形态的上层建筑；这些上层建筑产生于经济基础而又反作用于经济基础，才由此形成了不同的社会形态和历史阶段。人不是脱离物质的精神实体，也不是生物学意义上的物质实体，而是处在由自己的实践活动造成的一定生产关系和其他社会关系中的具体的现实的人。人的本质不应当从人的"类本质"（那只是人区别于动物的本质）中去探求，而只能从处在一定发展阶段上的社会关系的总和中去探求。这一历史唯物主义世界观的创立是石破天惊的发现，使笼罩在思想史上的千年迷雾为之一扫。从此以后，社会历史不再是无规律可循的神秘王国，而是可以用精确眼光和科学方法认识和改造的对象。人的解放也不再是空洞的愿望，而是可以通过改变世界的实践活动逐步实现的目标。这是思想史上最具全局意义和长远意义的伟大成果。

我们党提出的以人为本的科学发展观是以马克思关于人的理论为哲学基础的。因此，在以人为本的理解上划清马克思主义与非马克思主义的界限上非常重要的。当然，划清这种界限是为了准确把握我们党提出的以人为本的科学涵义，而不是全盘否定资产阶级人道主义和中国传统文化中的民本思想。对这些思想，我们在指出它们的阶级属性和理论缺陷的同时，也要充分肯定它们的历史进步作用。不仅如此，在今天也还应当有分析地吸取和借鉴它们的合理成分，用以丰富马克思主义的以人为本思想的内容。

人学研究之我见①

我国的人学研究在黄楠森、陈志尚教授的倡导和策划下开辟了一个新的研究领域，近年来取得了丰硕的成果，在国内外产生了重要影响。党中央提出以人为本的科学发展观，更凸显出人学理论建设的重大意义。我对人学没有专门研究，只是二十多年前讨论人道主义的时候写过两篇与这个主题有关的文章。② 这里我只能就比较一般的问题谈两点看法。

第一点：在人学研究中要提倡以马克思主义为指导。

人类要生存和发展就必须认识世界和改造世界，要认识世界和改造世界就不能不认识自己。因此，人对人自身的认识的历史可以说与文明史一样久远，视角和领域之广也是任何其他认识对象不可比拟的。神话、宗教、哲学、人文科学、社会科学、文学艺术乃至自然科学（特别是医学和心理学）和许多交叉学科，无不以各自的方式关注着这个主题。然而，"不识庐山真面目，只缘身在此山中"，人对自身的认识又是最困难的，它几乎成了斯芬克斯之谜。古今中外关于人的理论和学说汗牛充栋，不可胜数。这里面固然闪耀着无数的智慧之光，但在漫长的岁月里，"人是什么"这个"谜"的"谜底"并没有真正揭开。只有当马克思把科学的实践观引入了哲学，创立了唯物史观的时候，才真正揭示了人的本质，从根本上

---

① 原载《高校理论战线》2006年第12期，原标题为《人学研究应当坚持的两个原则》。本文是作者2006年11月27日在中国人学学会与武汉大学马克思主义哲学研究所主办的"科学发展观与人学理论建设研讨会"上的大会发言。

② 两文为1984年发表的《人道主义的哲学基础》和《两种伦理原则》。

解开了这个千古之谜。不错，马克思并没有建立系统的人学，也没有对一切有关人的问题阐明自己的观点。我们现在讲的人学并不等于马克思主义哲学，也不是马克思主义关于人的理论的重复或汇编。对人的研究还有未曾涉足的广阔空间。这正是人学这门科学有可能和必要作为独立部门建立的根据。但我以为，只要是论及关于人的问题，都不能不涉及人的本质。正是在这个最根本的问题上，马克思主义作出了最科学的回答，从而也就为人学这门学科学提供了最普遍而又最科学的方法。以马克思主义为指导，就可以在研究工作中高屋建瓴，避免不必要的弯路和歧途。

毫无疑问，在人学研究中必须充分吸收和借鉴人类文明发展大道上一切先进思想的合理成分，包括西方人道主义和中国传统民本思想的合理成分，从中汲取丰富的营养。无视思想遗产的简单做法恰恰是违背马克思主义的。但是，作为今天我们人学研究的指导思想，这些宝贵的思想遗产毕竟不能代替马克思主义。我想以西方人道主义和中国传统民本思想为例，谈谈个人的看法。

我们都知道，过去有颇长一段时间我们曾经不加分析地否定过这两种思想。那是非常错误的，也是非常不明智的。错误的症结就在于没有把伦理原则与历史理论区分开来，没有把某种历史理论是否具有科学性与由这种理论引申出来的伦理原则是否具有合理性区别开来，似乎只要某种历史理论不是科学的理论，由此引出的伦理原则也必定一无是处。这就造成了两种貌似相反而实际相通的后果：有人断言马克思主义连人道主义的伦理原则也一概反对；有人又断言马克思主义可以归结为人道主义，甚至人道主义还高于马克思主义。这是很深刻的教训。现在我们在讨论人学研究的指导思想时，就应当把不同的问题辨析清楚。

产生于欧洲文艺复兴时期的西方人道主义反对以神权压制人性，张扬以人为中心，后来发展到鼓吹天赋人权和自由平等博爱，对摧毁腐朽的封建制度和建立先进的资本主义制度起过非常革命的作用。即使在马克思主义产生以后，作为一种伦理原则，这种人道主义的进步作用也是无可否认的。鲁迅曾尖锐批评过那种不加分析地"大骂"人道主义的做法，他指出在反革命屠杀革命者的时候，人道主义者的抗争是有重大进步作用的。① 在反法西斯的斗争中，这种人道主义也是马克思主义的盟友。许多并非马克思主义者的人道主义者有伟大的济世情怀，善良而真诚地关心人民，为人民的幸福献身。在我们今天的社会主义社会里，这种人道主义作为伦理原则，也大有益于促进社会的和谐和人际关系的友善，有益于社会进步。这些都是事实。但是，如果作为人学研究的指导思想，就不能不看到这种人道主义的弱点。第一，它所依据的理论基础不是科学的历史观，而是抽象的人性论。抽象人性论的根本缺陷就是离开人的社会性和历史发展来谈论普遍人性，把人性描绘成与生俱来一成不变的东西，不是用历史来解释人性，而是用人性来解释历史，把历史的发展解释成人性的异化和复归。这就无法合理地解释历史，也无法合理地解释人性。而且，这种普遍人性实际上是以资产者的现实要求为模特儿描绘出来的。从根本上说，人权，就是资产阶级的权利；自由，就是商品交换和贸易自由，也就是资产者占有无产者创造的剩余价值的自由和无产者出卖劳动力的自由；平等，就是商品的等价交换原则，包括资产者购买无产者劳动力的等价交换原则；博爱，就是利益冲突的阶级之间的互爱合作。在它看来，最符合人性的社会就是资本主义社会。这种人道主义是以普遍性形式掩盖着的资产阶级意识形态。某些资产阶级人道主义者对资本主义制度的弊病也有激烈的批评，甚至很像是颠覆性的批评，但从他们的实际眼界来看还是以肯定资本主义制度的永恒性和合理性为前提的，批评的目的还是维护和改善资本主义制度。这就决定了它并不能科学地解释历史和现实，也不能提供人的彻底解放的现实途径。第二，正因为这种人道主义以普遍性的形式掩盖阶级对立的实际，它也就无法彻底实行。许多真诚的人道主义者的呼吁和呐喊可以给人们以很大的启迪和鼓舞，但他们并不能指出消除利益冲突的现实途径，他们的善良愿望终究只是愿望而已。至于现在某些资本主义国家的统治者一面鼓吹人权，一面又干涉别国的内政，侵犯别国的主权，屠杀别国的人民，更是众所周知的事实。空想社会主义主张的人道主义与资产阶级人道主义的阶级基础不同，它是无产阶级在很不发展

---

① 见冯雪峰：《回忆鲁迅》。人民文学出版社1953年版，第31页。

的时期对未来社会的本能渴望的反映。但是这种人道主义的理论基础也是抽象人性论，只不过它认为合乎人性的不是资本主义社会而是社会主义社会而已。它也同样不能科学地解释人的问题，指明人的解放的现实途径。

中国传统民本思想与西方人道主义思想的历史背景和阶级基础不同。它在中国数千年的宗法社会中源远流长，是中华民族宝贵的思想遗产。从《尚书》的"天视自我民视，天听自我民听"到《管子》的"政之所兴在顺民心，政之所废在逆民心"，从孔子的"仁者爱人"、"泛爱众"、"修己以安百姓"到孟子的"民为贵，社稷次之，君为轻"，都大力宣扬了"民为邦本，本固邦宁"的基本思想。许多伟大的思想家和诗人以"穷年忧黎元，叹息肠内热"的情怀真诚地关心人民疾苦，谴责剥削压迫，揭露贫富悬殊，留下了大量撼人心魄的不朽篇章。这种民本思想对抑制过度的剥削压迫，调节社会矛盾，促进生产力和文化的发展都有极为重要的意义。但是，如果作为人学的指导思想，它同样也有弱点。民本思想的理论基础也是离开人的社会性和历史发展的另一种形式的抽象人性论。无论是性善论、性恶论或其他理论，也都不能科学地解释社会历史和人的本质。在不改变阶级社会结构的前提下，他们的爱民理想不可能实现，"富者田连阡陌，贫者无立锥之地"，"朱门酒肉臭，路有冻死骨"的状况不可能消除；"己所不欲，勿施于人"、"己欲立而立人，己欲达而达人"的"黄金原则"实际上也很难做到。而且，这种民本思想毕竟还是统治阶级"御民"、"牧民"、"使民"、"用民"、"治民"的方略，是"仁政"和"王道"的依据，根本前提还是维护和改善奴隶主或地主阶级的统治。管仲说的"凡治国之道必先富民，民富则易治也，民贫则难治也"。孔子说的"百姓足，君孰与不足？""君子学道则爱人，小人学道则易使"，归根到底都还是从统治阶级的根本利益着眼的。即使是极有远见极有作为的明君贤相，也只能把"民"看成载舟之水，也就是支撑这个统治的基础，而不可能把人民看成历史的主人，让人民当家做主。韩愈说得直截了当："民者，出粟米丝麻作器皿通货财以事其上者也"，"民不出粟米丝麻作器皿通货财以事其上，则诛。"孟子说的"劳心者治人，劳力者治于人"还是"天下之通义"。

马克思主义与此不同。马克思恰恰是从批判对人的本质的抽象议论开始创立唯物史观的。以往的一切张扬人、推崇人的理论，共同的根本缺陷就在于脱离人的社会性和历史性来理解人。在这些理论中被渲染得极为神圣的"人"，只是从特定的历史阶段和社会关系中抽象出来的概念。这样的"人"，正因为被说成属于一切时代和一切社会，所以也就不属于任何时代和任何社会；只是思想家虚构的幻影，而不是现实的存在。马克思的贡献就在于发现了打开这个"黑箱"的钥匙，第一次指出全部社会生活本质上是实践的，人的本质应当从人的实践活动造成的社会关系中探求，人在改变世界的过程中改变着自己。实际存在的人既不是脱离物质的精神实体，也不仅仅是生物学意义上的物质实体，而是处在一定社会关系中的具体的历史的人。这一石破天惊的发现使思想史上的千年迷雾为之一扫。从此以后，社会历史不再是无规律可循的神秘王国，而是可以用科学方法认识和改变的对象。人的解放也不再是悲天悯人的善良愿望，而是可以通过实践活动逐步实现的目标。这是思想史上最具全局意义和长远意义的成果。在今天无论从哪一个方面研究人的问题，都不应该离开这个正确的观点和方法。离开了这个观点和方法，就如同有了电灯之后还秉烛夜游了。

第二点：人学研究应当密切联系当代中国实际，以马克思主义关于人的理论来理解、诠释、运用和发展科学发展观。

人学研究的领域非常广阔，什么问题都可以研究，但我以为应当力求密切联系当代中国的实际，使研究的成果有助于正确理解和合理解决中国特色社会主义建设过程中的问题，使我们的社会主义社会日趋和谐。当前的重点最好放在与科学发展观有关的问题上。

科学发展观有多方面的丰富内容，核心是以人为本。以人为本这句话谁都可以讲，事实上过去也有人讲过很多。但这个命题在不同的理论体系中涵义是有区别的。我们现在讲的以人为本不是随便一种理论体系中的命题，而是以马克思主义关于人的理论为根据的命题。我们讲的人不是抽象的人，而是具体的历史的现实的人。对我们来说，最需要关注的是生活在当代的人，特别是生活在社会主义初级阶段的中国人。在历史发展的现阶段，我们讲的以人为本只能是以最广大的人民群众的根本利益为本。不错，我们党的宗旨从来就是以人为本的。全心全意为人民服务，为最广大人民谋利益，就是以人为本。既然如此，为什么现在要特别强调以人为本呢？我认为这是因为人民利益的内容和满足利益的方式都是随历史条件而变化的，在我国民主革命时期和社会主义建设时期不同，在这两个时期的不同阶段也不同。如果不与时俱进地准确地把握这些具体内容，体现为党的路线和方针政策并转化为人们的实际行动，以人为本的原则就会落空，甚至南辕北辙，事与愿违。在我们党的历史上，这个原则有贯彻得好的时候，也有贯彻得不大好甚至很不好的时候；有丰富的经验，也有沉痛的教训。症结就在于是否准确地把握了以人为本的具体的历史的内容。在当前我国社会主义建设阶段，由于国际国内的情况都发生了巨大变化，人民利益的内容和满足方式的变化也空前巨大。在这种新情况下如何使以人为本的一贯宗旨落到实处，并不是可以自发地解决的问题。大家都知道发展是硬道理，但如何发展才是科学的发展，这就需要以科学的发展观为指导。而发展观是否科学，又要看是否正确理解和贯彻了以人为本的原则。有些同志把"以经济建设为中心"和"发展是硬道理"理解为只要发展经济，又把发展经济理解为不顾一切地追求GDP的增长，于是为了某些不恰当的"指标"和"数字"，为了不真实的"政绩"而做了一些杀鸡取卵、竭泽而渔的事，结果是浪费了能源，破坏了生态，影响了科技文化教育的相应发展，阻碍了整个社会经济的可持续发展，归根到底是损害了最广大人民群众的根本利益，也损害了子孙后代的利益，这就违背了以人为本的原则。现在党中央提出科学发展观，要求的是全面的协调的和可持续的发展。全面的发展，就是以经济建设为中心，全面推进物质文明、政治文明和精神文明的建设，实现经济发展和社会的全面进步。协调的发展，就是统筹城乡发展、统筹区域发展、统筹经济社会发展、统筹人与自然和谐发展、统筹国内发展和对外开放，促进生产力和生产关系、经济基础和上层建筑的协调，促进经济、政治、文化建设的各个环节和各个方面的协调。可持续的发展，就是要促进人与自然的和谐，实现经济发展和人口、资源、环境相协调，坚持走生产发展、生活富裕、生态良好的文明发展道路，保证世世代代的永续发展。所有这些，都是为了实现最广大人民的根本利益，让发展的成果惠及全体人民和子孙后代。一言以蔽之，都是为了确保以人为本的宗旨得到切实的贯彻。在我国社会主义建设事业发展的关键时刻，科学发展观的提出具有巨大的现实意义和深远的历史意义。但是，要准确地理解和贯彻科学发展观，避免这样那样的误解和曲解，并不容易。这就需要从理论上弄清楚"以人为本"的科学涵义，就需要对人的问题作深入的研究。我们的人学研究是应当而且可以对此作出应有的贡献的。

构建社会主义核心价值体系的指导思想[①]

记者：陶教授，您好！党的十六届六中全会通过的《中共中央关于构建社会主义和谐社会若干重大问题的决定》明确提出了构建社会主义核心价值体系这一重大课题，应该如何理解构建社会主义核心价值体系的重大意义？请您谈谈对这一问题的看法。

陶德麟：价值观是人们生活目标和行为方式的导向，任何人的行为都自觉不自觉地受某种价值观的引导。由于人们所处的社会形态不同，在一定社会关系中的地位不同，利益不同，接受的教育和社会影响不同，生活经历不同，以及其他主客观因素的不同，各个阶级、集团、群体的价值观会有很大的差异，同一阶级、集团、群体中的个人的价值观也有差异。但是，无论这种差异有多大，任何社会都必定有核心价值体系作为共同的行为导向，否则社会将陷于分崩离析，无法存在和发展。在不同的社会形态中，核心价值体系是有所不同的。不同的核心价值体系的形成归根到底取决于各种社会形态存在和发展的客观要求，同时也有赖于人们的精心构建。在阶级对立的社会里，占统治地位的意识形态是统治阶级的意识形态。价值体系是意识形态的重要内容，统治阶级的价值体系也必然占统治地位，事实上成为整个社会的核心价值体系。这种价值体系是由统治阶级按照自己的根本利益精心构建起来的，历代统治阶级都把这件事作为巩固统治地位的要务，通过自己的思想家为此做了大量的工作。被统治阶级也

[①] 原载《马克思主义研究》2007年第6期《名家访谈》栏，原标题为《构建社会主义核心价值体系的指导思想应当是马克思主义——访中国社会科学院马克思主义研究院顾问陶德麟》。

有自己的价值体系，但不可能在整个社会中占据统治地位，不可能成为整个社会的核心价值体系，而且会受到主导价值体系的不同程度的影响和制约。

社会主义社会也有自己的核心价值体系。如果没有，社会成员就没有共同的价值取向和行为准则，就会各行其是，步调零乱，互相掣肘，甚至离心离德，社会主义社会就不可能存在和发展。但社会主义社会与阶级对立的社会不同，剥削阶级的统治已不复存在。社会主义社会的核心价值体系就不再是剥削阶级意识形态的组成部分，而是社会主义社会的经济、政治、文化发展的客观要求的反映，是广大人民的根本利益的反映。人民根本利益的一致性决定了社会主义社会应当是以和谐为总体特征和本质属性的社会，即和谐社会。社会主义的核心价值体系就是构建社会主义和谐社会的行为导向，因而是与构建社会主义和谐社会的任务不可分割的。

记者：唯物辩证法认为矛盾是普遍存在的，构建和谐社会的说法是否与矛盾普遍性的原理有矛盾？我们应该如何理解矛盾与和谐的关系？

陶德麟：构建和谐社会的说法与矛盾普遍性的原理没有抵触。这里有必要对和谐的概念作一些厘清。和谐（harmony）这个词，无论作为某种理论体系中的概念，或者人们表达美好憧憬的语词，古今中外都早已出现，但解释各有不同。我认为有两类解释是不对的：一类解释是把和谐与矛盾看成互斥的概念，认为和谐就是无矛盾，有矛盾就不能和谐。这在理论上说不通。和谐这个概念本身就是以矛盾的存在为前提的。只要一说到和谐，就至少是指两个有差异的事物之间的某种关系，也就是某物与他者之间的某种关系。两个事物既然有差异，不就是矛盾么？不首先肯定矛盾的存在，和谐这个词就没有意义了。还有一类解释并不把和谐与矛盾看成互斥的概念，但认为凡属矛盾双方共处于统一体的状态都是和谐。这又把和谐的外延过于泛化了。实际上，任何矛盾只要还未破裂，就共处在统一体中，即使是斗争非常激烈的对抗性矛盾也是这样。例如激烈交战的双方，也是共处在统一体中的，否则怎么打仗？如果把凡是矛盾双方处在统一体中的状态都一概叫作和谐，那就等于说无论什么矛盾都和谐，连打仗也算和谐，和谐的概念也就等同于共处的概念，只是语词不同，没有特别的意义，也没有提出这个概念的必要了。

我认为，和谐不是没有矛盾，也不是所有的矛盾都和谐。和谐这个词是专门用来指称矛盾双方相互关系的一种特殊状态的，这种状态的特点就在于矛盾双方的发展不仅不互相损害，而且还互相促进，即人们通常用"相辅相成"、"共生共荣"、"和实生物"、"互利双赢"之类的话描绘的状态。这种状态并不是在任何情况下都能出现的，它的出现需要有严格的条件；但只要条件具备，在自然界和社会中都可能出现。

作为社会现象的和谐，在阶级对立的社会里是否存在呢？我认为在一定条件下也是存在的。如果说在阶级社会里根本没有和谐现象，必定时时、处处、事事都不和谐，那并不符合事实。在阶级社会的生产关系还能促进生产力发展的时候，在不同群体（也包括不同阶级）的利益的共同点超过差异点的时候，再加上其他一些必须具备的条件（例如矛盾双方有协调的愿望并且方法得当），就不仅可以出现社会矛盾相对缓和的稳定现象，而且也会出现局部的和谐现象。这在历史上和现实中都是屡见不鲜的事实。但是，只要阶级对立以及其他利益对立的根源没有消除，这种和谐现象就不可能是社会的总体特征和本质属性，也不可能长久地保持。孟子说："天下之生久矣，一治一乱。"就反映了这个事实。"太平盛世"也只能说有和谐现象，而不能从总体上把这种社会叫作和谐社会（harmonious society）。

那么，我们说的和谐社会是指的什么样的社会呢？从理论上说，和谐社会的最高典型应该是共产主义社会，因为只有到了那时才可能达到"每个人的自由发展是一切人的自由发展的条件"[①]。现在离这种最高典型的和谐社会的实现还非常遥远。我们现在要求构建的社会主义和谐社会还不可能是最高典型的和谐社会，而只能是相对意义上的和谐社会，即和谐状态占主导地位而且和谐的范围和程度逐步扩大和提升的社会。构建这样的和谐社会也是十分艰巨的事业，需要几代人的持续努力。我们现在还处在社会主义初级阶段，经济和文化都还很不发达，造成不和谐现象的因素还大量存在，在改革的过程中还会出现新的不和谐因素。因此，不能降低和谐

---

① 《马克思恩格斯选集》第1卷，人民出版社1995年版，第294页。

社会的标准,以为实现社会主义和谐社会轻而易举,可以一蹴而就。但是,社会主义制度毕竟消灭了剥削阶级的统治,开始为逐步消除人际利益根本冲突的根源、形成社会成员根本利益的一致提供了客观基础,从而使构建社会主义和谐社会成为必要和可能。千里之行始于足下,我们现在就必须把构建和谐社会的任务提上日程并付诸实践,开始万里长征。这是绝大多数社会成员共同利益的要求,也是社会主义制度的本质属性的要求。要构建社会主义和谐社会,就必须以社会主义核心价值体系为向导,引领社会成员的行为,否则无法逐步减少以至消除不和谐的因素。所以,构建社会主义核心价值体系是构建社会主义和谐社会的题中应有之义,而不是从外部附加的东西。

记者: 科学发展观是统领经济社会发展全局的指导思想,其本质与核心是"以人为本",这是否意味着对构建社会主义核心价值体系应该以某种张扬人性、推崇人权的理论为指导?另外,"以人为本"与西方的人道主义、中国的民本思想有没有区别呢?

陶德麟: 以什么思想为指导来构建社会主义核心价值体系,是不可回避的问题。有一种意见认为,既然构建社会主义核心价值体系和构建和谐社会都必须以人为本,那么凡属张扬人、推崇人的理论就都可以作为指导思想,我认为这是需要辨析的。这里以西方人道主义思想和中国传统文化中的民本思想为例来谈谈个人的看法。

产生于欧洲文艺复兴时期的西方人道主义反对以神权压制人性,张扬以人为中心,后来发展到鼓吹天赋人权和自由、平等、博爱,对摧毁腐朽的封建制度和建立先进的资本主义制度起过非常革命的作用。即使在马克思主义产生以后,作为伦理原则,这种人道主义也还有进步作用,否定这种进步作用是错误的。鲁迅在谈到托尔斯泰"敢于向有权力的反动统治阶级抗争"时指出:"大家现在又在大骂人道主义了,不过我想,当反革命者屠杀革命者,倘有真的人道主义者出而抗议,这对于革命为什么会有损呢?"[①]在反法西斯的斗争中,这种人道主义是马克思主义的盟友。许多并非马克

---

① 参见冯雪峰:《回忆鲁迅》,人民文学出版社1953年版,第31页。

思主义者的人道主义者有伟大的济世情怀，真诚地关心人民，为人民的幸福献身，他们的这种精神至今还在鼓舞着千百万善良的人们。在我们今天的社会主义社会里，这种人道主义的伦理原则也大有益于社会的和谐和人际关系的友善，大有益于社会进步。这些都是事实。但是，如果作为构建社会主义核心价值体系和社会主义和谐社会的指导思想，就不能不看到这种人道主义的弱点：第一，它所依据的理论基础不是科学的历史观，而是抽象的人性论。抽象人性论的根本缺陷就是离开人的社会性和历史发展来谈论普遍人性，把人性描绘成与生俱来一成不变的东西，不是用历史来解释人性，而是用人性来解释历史，把历史的发展解释成人性的异化和复归。这就无法合理地解释历史，也无法合理地解释人性。而且，这种普遍人性实际上是以资产者的现实要求为模特儿描绘出来的。从根本上说，人权，就是资产阶级的权利；自由，就是商品交换和贸易自由，包括买卖劳动力的自由；平等，就是商品的等价交换原则，包括劳动力买卖的等价交换原则；博爱，就是利益冲突的阶级之间的互爱合作。在这种人道主义看来，最符合人性的社会就是资本主义社会。这种人道主义是以普遍性形式掩盖着的资产阶级意识形态。这当然不是说这些人道主义者都是自觉的资本主义辩护士，更不是说他们就是资本家。实际上，某些人道主义者对资本主义制度的弊病也有激烈的批评，甚至是颠覆性的批评；这种批评也是真诚的，并不是故作姿态；但从他们的实际眼界来看还是以维护和改善资本主义为前提的批评，并不能科学地解释历史和现实，也不能提供人的解放的现实途径。第二，正因为这种人道主义以肯定资本主义制度的永恒性和合理性为前提，以普遍性的形式掩盖了阶级利益冲突的实际，它也就无法贯彻到底。许多真诚的人道主义者的呼吁和呐喊可以给人们以很大的慰藉、启迪和鼓舞，但并不能指出消除利益冲突的现实办法，他们的善良愿望终究只是愿望而已。至于现在某些资本主义国家的统治者一面鼓吹人道主义，一面又干涉别国的内政，侵犯别国的主权，屠杀别国的人民，那就更当别论了。空想社会主义主张的人道主义与资产阶级人道主义的阶级基础不同，它是无产阶级在很不发展的时期对未来社会的本能渴望的反映。但是，这种人道主义的理论基础也是抽象人性论，只不过它认为合乎人性的不是资本主义社会而是他们心目中的社会主义社会而已。它也同样不能科学地解释人的问题，指明人的解放的现实途径。

中国传统民本思想与西方人道主义思想的历史背景和阶级基础不同。它在中国有数千年的历史，源远流长，内容丰富，是中华民族宝贵的思想财富。从《尚书》的"民惟邦本，本固邦宁"，"天视自我民视，天听自我民听"到《管子》的"政之所兴在顺民心，政之所废在逆民心"，从孔子的"仁者爱人"、"泛爱众"、"修己以安百姓"到孟子的"民为贵，社稷次之，君为轻"，都大力宣扬了民本思想。许多伟大的思想家和诗人以"长太息以掩涕兮，哀民生之多艰"（屈原）、"穷年忧黎元，叹息肠内热"（杜甫）的情怀真诚地关心人民疾苦，谴责剥削压迫，揭露贫富悬殊，留下了大量撼人心魄的不朽篇章。这种民本思想对抑制过度的剥削压迫，调节社会矛盾，促进生产力和文化的发展都有极为重要的意义。但是，如果作为构建社会主义核心价值体系和社会主义和谐社会的指导思想，它同样也有弱点。民本思想的理论基础也是离开人的社会性和历史发展的另一种形式的抽象人性论。无论是性善论、性恶论或其他理论，也都不能科学地解释社会历史和人的本质。在不改变阶级社会结构的前提下，伟大思想家的爱民理想不可能实现；"富者田连阡陌，贫者无立锥之地"、"朱门酒肉臭，路有冻死骨"的状况不可能消除；"己所不欲，勿施于人"、"己欲立而立人，己欲达而达人"的"黄金原则"实际上也很难做到。而且，这种民本思想毕竟还是统治阶级"御民"、"牧民"、"使民"、"用民"、"治民"的方略，是"仁政"和"王道"的依据，根本前提还是维护和改善奴隶主或地主阶级的统治。管仲说的"凡治国之道必先富民，民富则易治也，民贫则难治也"，孔子说的"百姓足，君孰与不足？""君子学道则爱人，小人学道则易使"，归根到底都还是从统治阶级的根本利益着眼的。即使是极有远见、极有作为的明君贤相，也只能把"民"看成是载舟之水，也就是支撑这个统治的基础，而不可能把人民看成历史的主人，让人民当家做主。韩愈说得直截了当："民者，出粟米丝麻作器皿通货财以事其上者也"，"民不出粟米丝麻作器皿通货财以事其上，则诛"。孟子说的"劳心者治人，劳力者治于人"还是"天下之通义"。

马克思主义对人、人权、人性的理解与西方人道主义和中国民本思想有原则的不同。马克思恰恰是从批判对人的本质的抽象议论开始创立唯物史观的。以往的一切张扬人、推崇人的理论，共同的根本缺陷就在于脱离人的社会性和历史性来理解人。在这些理论中被渲染得极为神圣的"人"，只是从特定的历史阶段和社会关系中抽象出来的概念。这样的"人"，正因为被说成属于一切时代和一切社会，所以也就不属于任何时代和任何社会；只是思想家头脑中的幻影，而不是现实的存在。马克思的贡献就在于发现了打开这个"黑箱"的钥匙，第一次指出全部社会生活本质上是实践的，人的本质应当从人的实践活动造成的社会关系中探求，人在改变世界的过程中改变着自己。实际存在的人既不是脱离物质的精神实体，也不仅仅是生物学意义上的物质实体，而是处在一定社会关系中的具体的历史的人。这一石破天惊的发现使思想史上的千年迷雾为之一扫。从此以后，社会历史不再是无规律可循的神秘王国，而是可以用科学方法认识和改变的对象。人的解放也不再是悲天悯人的善良愿望，而是可以通过实践活动逐步实现的目标。这是思想史上最具全局意义和长远意义的成果。在今天无论从哪一个方面研究人的问题，都不应该离开这个正确的观点和方法。离开了这个观点和方法，就如同有了电灯之后还秉烛夜游了。

构建社会主义核心价值体系和社会主义和谐社会必须以人为本，这毫无疑问。但我们说的不是抽象的"人"，而是具体的现实的人，也就是生活在我们这个社会里的人；我们要解决的人的问题也不是抽象的问题，而是与广大人民和子孙后代利益攸关的一个一个非常现实的问题。离开马克思主义的指导，以人为本就难免流于空谈，解决不了任何现实问题，也消除不了造成种种不和谐现象的根源，构建社会主义和谐社会的目标也将无从实现。所以我认为，我们今天构建社会主义和谐社会的指导思想应当是正确反映社会发展规律、代表最广大人民根本利益的马克思主义，而不是别的理论。

记者：中国有着几千年的文明史，在革命、建设中也形成了一些光荣的传统，当前，经济全球化使各种文明之间的联系、交往日益密切，构建社会主义核心价值体系应该如何对待古今中外的文明成果及其不同的价值观念?

陶德麟：以马克思主义为指导构建社会主义核心价值体系，决不能排斥人类文明发展大道上产生的各种价值体系中的积极成分。继承这些宝贵的积极成分，本身就是坚持马克思主义指导的不可缺少的内容，而绝不是马克思主义指导之外的另一回事。拒绝吸收和借鉴这些积极成分，恰恰是违背马克思主义的。

第一，以往的价值体系中不仅有反映剥削阶级狭隘利益的内容，还有反映一切社会成员共同要求的内容，否则社会成员不可能共同生活，任何社会不可能存在和发展。这些内容我们当然必须继承和发扬。

第二，即使是反映剥削阶级狭隘利益的内容，我们也可以把其中某些成分从原来的思想体系和阶级属性中剥离出来，重新予以诠释、熔铸和改造，赋予新的涵义，为我所用。比如西方人道主义和中国民本思想以及和合思想中就既有反映一切社会成员共同要求的成分，也有反映剥削阶级狭隘利益的成分。前者不待多说，即使仅就后者而论，也仍然是我们今天应当有分析地继承和借鉴的宝贵思想资源。我们要构建的社会主义核心价值体系中的以爱国主义为核心的民族精神和以改革创新为核心的时代精神，社会主义荣辱观，都与这些思想既有原则区别，又有明显的继承关系。离开了继承，在空地上建立的社会主义的核心价值体系就会成为无本之木，决不能使社会成员乐于接受，在全民族生根。

从 20 世纪 50 年代后期到"文化大革命"，曾经长时间地混淆了不同的问题，以为凡是从非科学的历史观引申出来的价值标准和伦理原则都一无是处，都是社会主义社会里应当清除的糟粕，把它们一概看成"坏东西"。这在理论上是完全不正确的，在实践上也造成了严重的危害。这种错误不仅使我们丢失了大量的宝贵思想资源，搅乱了社会生活的共同准则，而且造成了两种貌似相反而实际相通的结果：有人以此指责马克思主义"反人道"；也有人以此把马克思主义等同于或归结为抽象的人道主义。这个教训非常深刻。当然，对于这些思想不能连同它们的阶级局限性和时代局限性一起原封不动地照搬，不能把它们鼓吹到高于马克思主义的程度，而应当按马克思主义的观点和社会主义的要求加以改铸，使之成为社会主义核心价值体系的有机成分。这是增强社会主义核心价值体系的民族性、时代性、群众性和实效性的必不可少的工作。

在这里我还想提出一点看法：以马克思主义为指导构建社会主义核心价值体系，说的是党和国家在制定有关政策、领导这项工作时要遵循的理论原则，并不是要求全体社会成员的价值观都以马克思主义为理论基础，人人都成为马克思主义者。这是办不到的，也是不必要的。如果不顾思想多样性的事实而作这样的要求，反倒违背了实事求是的原则，不符合马克思主义了。凡是有利于社会主义建设事业的繁荣发展、有利于祖国富强和民族振兴、有利于社会和谐的言行，无论言行的主体的价值观的理论基础是马克思主义还是非马克思主义，唯物主义还是唯心主义，世俗观念还是宗教信仰，都应当受到肯定和赞扬。毫无疑问，加强和改善马克思主义的宣传工作，特别是用马克思主义的世界观、人生观、价值观培养教育青年一代是必需的，但是同时必须坚持包括宗教信仰自由在内的思想自由，容许主旋律前提下的思想多样性，包括个人价值观的多样性。以马克思主义为指导的社会主义核心价值体系应当既具有先进性，又具有最广泛的包容性，让全体社会成员都能遵循，都能做到。只有这样，它才可能实际上成为最广大人民为构建社会主义和谐社会而共同奋斗的向导。

论辩证法与和谐问题[1]

和平和发展是现时代的主题，我国正在为构建社会主义和谐社会而奋斗。如何理解和谐的概念，如何理解和谐与辩证法的关系，很自然地成为热烈讨论的重要哲学问题之一。本文拟就几个有关问题提出一孔之见，就正于学术界同仁。

一

有的论者认为"传统的"唯物辩证法是以矛盾为中心的"矛盾哲学"，它的思维方式是"矛盾的思维方式"，已不能体现时代精神，必须代之以"和谐哲学"和"和谐的思维方式"，并认为这才是辩证法的"当代形态"。有的论者还认为"传统的"唯物辩证法渊源于西方的辩证法，强调斗争；而和谐哲学则渊源于中国传统辩证法，强调和合，是更高级的东方智慧。我认为提出这种见解是出于对人类命运的关切，是想启迪人们重视建立人与自然、人与人之间的和谐关系，愿望极好。但这种见解在理论上是不能成立的。

这种见解是由反思一度流行的所谓"斗争哲学"发展而来的。众所周知，在"文化大革命"中确有把马克思主义哲学称为"斗争哲学"的事实，而且被视为权威解释。"斗争哲学"在理论上非常错误，在实践上为

---

[1] 载《哲学研究》2009年第6期。中国人民大学书报资料中心2009年9月B1·月刊《哲学原理》全文转载。

害甚烈。事实昭然，教训惨重。痛定思痛，对它拨乱反正是理所当然和完全必要的。但"斗争哲学"究竟错在何处？应该如何拨乱反正？却是严肃的科学问题，只有实事求是地分析才能正确地吸取教训。我认为"斗争哲学"的错误主要有如下三点：

第一，对辩证法的理论内容作了片面的解释，肢解了辩证法的整体性，违背了辩证法的根本精神。辩证法本来是以对立统一规律为核心的没有片面性的发展学说。这种学说反映了一个事实：万事万物内部都具有互相对立、互相排斥的倾向或方面，而这两个方面又是互相依赖、互相联系的。"矛盾"这个名词所指称的就是事物内部的这种关系。"斗争"就是对立或排斥的同义词，同一（或统一）就是依赖或联系的同义词。古代和现代的辩证法思想有精粗深浅的区别，西方和东方的辩证法思想有表述形式的差异，但只要称得上是辩证法的思想，都是承认矛盾双方的斗争性和同一性不可分离的，否则不成其为辩证法。在这个意义上把辩证法叫作"矛盾哲学"是合理的。"斗争哲学"与此不同，它把"斗争"说成矛盾双方关系的唯一内容，抹杀了或取消了矛盾双方的同一性。这就改变了"矛盾"概念的本来涵义，无异于取消了辩证法。

第二，对"斗争"概念的内涵也作了狭隘的解释。"斗争"（struggle）在辩证法中是一个有严格涵义的哲学概念，指的是矛盾双方互相对立或排斥的性质，不能按照日常生活中不严格的理解望文生义地滥用。在哲学意义上，矛盾双方的"斗争"即互相对立或排斥的形式和内容都是无限多样的。而"斗争哲学"却把"斗争"等同于"对抗"（antagonism），甚至进一步曲解为"你死我活"的暴力对抗，抹杀了"斗争"形式和内容的丰富性和多样性。

第三，对"斗争"的结果也作了片面的解释。斗争与同一共同发挥作用的最终结果是矛盾的解决（至于又产生新的矛盾那是另一回事）。但矛盾的解决方式也是无限多样的。而"斗争哲学"把"斗争"的结果仅仅归结为一方"消灭"一方，一方"吃掉"一方，这明显地与事实不符。

因此，"斗争哲学"与"矛盾哲学"是根本不同的两种思想。"斗争哲学"不仅不是马克思主义的唯物辩证法，而且也不是任何意义的辩证法。这与传统和现代、西方和东方没有关系。即使是最古老最"传统"的辩证法，无论是东方的还是西方的，都没有对矛盾作如此片面的理解的。反对"斗争哲学"，首先就要正确理解辩证法即"矛盾哲学"的本来涵义，维护辩证法之所以为辩证法的最本质的东西，在这个基础上才谈得上发展辩证法，创造辩证法的当代形态。如果连辩证法的本来涵义都没有弄清楚，就去构建当代形态的辩证法，构建出来的就很难说是辩证法了。这些论者把"矛盾"与"和谐"说成互不相容的概念，认为讲"矛盾"就必然导致"斗争哲学"，必然破坏和谐；要和谐就只有不讲斗争，要不讲斗争就只有不讲矛盾，所以要反掉"斗争哲学"就必须连"矛盾哲学"也一起反掉，以"和谐哲学"代替"矛盾哲学"。我认为这是找错了应该反对的对象。这种"和谐哲学"当然也是一种哲学，但绝对不是辩证法的哲学，更说不上是唯物辩证法的"新形态"。

我认为"和谐哲学"这个名词并不是在任何意义上都不可以用，问题在于赋予它什么涵义。如果"和谐哲学"指的是一种并不否认矛盾但以创造条件促进和谐为宗旨的哲学，那么这种"和谐哲学"还是可以成立的。不仅可以成立，而且在承认对立统一规律的前提下把如何促进和谐作为探讨的重点，也符合时代的要求，特别是符合我国建设社会主义和谐社会的要求。但对"和谐"概念的内涵应当给以恰当的界定。我在《马克思主义研究》2007年第6期上对此曾作过一些陈述。和谐（harmony）这个词，无论作为某种理论体系中的概念，或者人们表达美好憧憬的语词，古今中外都早已出现，但解释各有不同。我认为有两类解释是不对的：一类解释是把和谐与矛盾看成互斥的概念，认为和谐就是无矛盾，有矛盾就不能和谐。这在理论上说不通。和谐这个概念本身就是以矛盾的存在为前提的。只要一说到和谐，就至少是指某物与他者之间的某种关系，就是有差异的事物之间（或同一事物内部有差异的方面之间）的某种关系。差异就是矛盾。不首先肯定矛盾的存在，就不知道是什么与什么和谐，和谐这个词就没有意义了。还有一类解释并不把和谐与矛盾看成互斥的概念，但认为凡属矛盾双方共处于统一体的状态都是和谐。这又把和谐的外延过于泛化了。实际上，任何矛盾只要还未消失，就共处在统一体中，即使是斗争非常激烈的对抗性矛盾也是这样。例如激烈交战的双方，也是共处在统一体中的，否则怎么打仗？如果把凡是矛盾双方处在统一体中的状态都一概叫作和谐，那就等于说无论什么矛盾都和谐，连打仗也算和谐，和谐的概念也就等同于"共处"的概念，没有独立的意义，也没有提出这个概念的必要了。

我认为，和谐不是没有矛盾，也不是所有的矛盾都和谐。和谐这个词是专门用来指称矛盾双方相互关系的一种特殊状态的，这种状态的特点就在于矛盾双方的发展不仅不互相损害，而且还互相促进，即人们通常用"相辅相成"、"共生共荣"、"和实生物"、"互利双赢"之类的语词描绘的状态。

这种状态是可能出现的，事实上无论在自然界和社会生活中都已经出现过。以社会现象为例，在利益有共同点的基础上也可以出现局部的暂时的和谐状态，更不用说在人民利益根本一致的社会主义社会了。正因为如此，我们今天构建社会主义和谐社会才不是空想。①但是也要看到，这种状态并不是在任何情况下都可以出现的：（1）这要看矛盾双方关系的内部性质如何。有些矛盾有达到和谐的客观可能性，但另一些矛盾的本性却决定了双方不可能和谐，对后一类矛盾讲和谐就没有意义。（2）还要看矛盾所处的外部条件如何。同样性质的矛盾，在某种外部条件下可以由不和谐转化为和谐，也可以由和谐转化为不和谐。（3）还要看处理矛盾的方法如何。同样性质的矛盾，处在同样外部条件下的矛盾，由于处理方法的不同，能否达到和谐的结果也会不同。不加分析地泛谈和谐，在理论上是混乱的，在实践上也是无益的。

这种"和谐哲学"否认斗争的观点在当前特别值得辨析。

---

① 最高典型的和谐社会的应该是"每个人的自由发展是一切人的自由发展的条件"共产主义社会，现在离这种和谐社会的实现还非常遥远。我们现在还处在社会主义初级阶段，要求构建的社会主义和谐社会还只能是相对意义上的和谐社会，即和谐状态占主导地位而且和谐的范围和程度逐步扩大和提升的社会。但社会主义制度毕竟开始为逐步消除人际利益根本冲突的根源、形成社会成员根本利益的一致提供了客观基础，从而使构建社会主义和谐社会成为必要和可能。千里之行始于足下，我们现在把构建和谐社会的任务提上日程并付诸实践是完全必要的。

首先，这种哲学把"斗争"概念的外延窄化了，与"斗争哲学"一样把斗争仅仅理解为对抗，用"你死我活"、"斩尽杀绝"、"消灭对方"、"两败俱伤"之类的语词加以描绘。这是没有根据的。作为哲学概念的斗争当然包括对抗，但决不限于对抗。从社会现象看，不仅战争、杀戮、打击、灭绝一类的激烈对抗的行为是斗争，争议、讨论、谈判、协商、沟通、说服、劝谏、化解、妥协、让步乃至求同存异等等从哲学意义上看也是不同形式的斗争。

其次，这种哲学把"和谐"概念的外延泛化了，似乎不管什么性质的事物之间都可以和谐。这也不符合事实。试问，当年我们进行反法西斯战争的时候，能同希特勒、墨索里尼、东条英机"共生共荣"吗？今天我们进行社会主义建设的时候，能同图谋颠覆社会主义、图谋分裂祖国敌对势力"互利双赢"么？能同腐败分子和其他犯罪分子"相辅相成"吗？

再次，这种哲学把促进和谐的动力片面化了，只看到同一性的积极作用，而否认了斗争性的积极作用。似乎同一性与斗争性是两个各司其职的"部门"，同一性是专管"建设"、促进和谐的，斗争性是专管"破坏"、妨碍和谐的。要和谐就必须抛弃斗争，一斗争就必定破坏和谐。现在既然要搞建设、讲和谐，斗争性这个"部门"就应该"撤销"了。这也是不实之论。矛盾的同一性和斗争性本来就不可分离，没有无同一的斗争，也没有无斗争的同一。和谐的实现是同一和斗争共同起作用的结果。抽掉了斗争怎么可能实现和谐？我们现在要构建社会主义和谐社会，能不与阻碍和谐、破坏和谐的因素作斗争么？仅仅去年[①]一年我们作了多少艰苦卓绝感天动地的斗争，没有这些斗争我们能有现在的局面么？在金融海啸造成的巨大困难面前，我们不是正在为战胜困难而斗争么？

无论这种否认斗争的观点的主观意图如何，客观上是站不住脚的。

毫无疑问，和谐是我们应该努力追求、精心构建的状态。但正因为要力图实现和谐，就不能不承认矛盾，分析矛盾，解决矛盾，不能不同时看到斗争和同一两个方面，努力创造实现和谐的现实条件。只讲斗争不讲同

---

① 指2008年。——今注

一当然不对，但只讲同一不讲斗争也同样不对。没有斗争，阻碍和谐的因素就无法消除，和谐就只是海市蜃楼。所以，我认为在反对"斗争哲学"的时候不能走向另一个极端，用"无斗争哲学"来代替"斗争哲学"。这与我们追求和谐的初衷并不一致。

唯物辩证法当然要随着时代的发展而发展，不停顿地丰富自己的内容，更新自己的形式。而且，时代不同，任务不同，辩证法强调的方面也必定有所不同。在这两层意义上，构建唯物辩证法的新形态的说法我都是赞成的。但什么是唯物辩证法的新形态？如何构建唯物辩证法的新形态？尽可以有各种各样的理解，各种各样的说法和做法，也不必急于取得共识。但在我看来，有一点还是应该坚持的，那就是不能抛弃辩证法最核心的东西，不能抛弃矛盾的概念，而矛盾的概念又必须包含同一和斗争。如果离开这一根本之点，那就不是辩证法的新形态，而是非辩证法了。

二

构建唯物辩证法的新形态的思想资源极为广泛，应当涵盖世界文明的一切成果，其中中国传统哲学对我们在中国发展唯物辩证法的事业来说尤其重要。

在谈及构建唯物辩证法的新形态时，人们的目光往往倾注在唯物辩证法产生以后的实践和科学所提供的新材料、新思想。把这一方面作为建构唯物辩证法当代形态的主要途径是正确的，也并无分歧。但是，唯物辩证法产生以前的思想是不是构建唯物辩证法当代形态的源泉，看法就未必一致。有的论者认为，马克思恩格斯在创造唯物辩证法的时候已经科学地总结了以往思想史上的一切积极成果，这些积极成果已经包蕴在唯物辩证法的理论内容之中，反复咀嚼这些老成果也不会给唯物辩证法增添实质上的新内容，对建构唯物辩证法的当代形态并无裨益。至于中国传统哲学更与马克思主义的唯物辩证法没有"血缘"关系，唯物辩证法的创立本来就没有吸取中国传统哲学的思想；况且中国传统哲学又是没有受过近代西方科学洗礼的朴素形态的东西，在理论层次上还没有达到近代西方哲学的水平，更远没有达到科学形态的唯物辩证法的水平，就更没有什么值得吸取的东西了。我们至多只能从中国传统哲学中摘取某些古老的命题来印证唯物辩证法的普适性，至于从中吸取什么重要思想以丰富和发展唯物辩证法则大可不必。我以为这种看法是欠妥的。

诚然，马克思的唯物辩证法总结的人类认识史主要是西方认识史，然而中国辩证法与西方辩证法反映的是同一世界的规律，除了各自的特殊性还有普遍性，并非不相干的东西。在不同的民族、国度和不同的历史条件下，辩证法的形式有所不同，强调的方面有所不同，其中的每一方面又都有认识深浅的不同，发挥详略的差异，表述精粗的区别，但反映的都是同一世界的辩证规律。在把人类认识史看作整体的意义上，未尝不可以把中国传统辩证法也理解为唯物辩证法的来源。不仅在创立唯物辩证法的时候是来源，在今天发展唯物辩证法的时候也仍然是来源。主要有三点理由：

第一，中国传统辩证法是在中国这块巨大的东方沃土上生长起来的一朵奇葩，它经过中华民族历代哲人的艰苦探索，源远流长，积淀深厚，博大精深，确实代表了一种有远见卓识的东方智慧，在某些方面达到的高度为西方古代辩证法所不及，甚至也为西方近代形而上学所不及，它是中华民族为人类思想宝库作出的独特贡献，理应作为人类的共同财富，而不应置于马克思主义哲学的视野之外。这不是敝帚自珍，而是当仁不让。正因为中国传统哲学的许多独特的有价值的东西并未全部囊括到唯物辩证法中去，今天就更应该从中吸取智慧，使唯物辩证法的内容更丰富。如果我们只把视线集中于西方，轻视中国自己的宝贵传统，那就好比捧着金饭碗讨饭了。

第二，任何思想都是时代的产物，都带有时代的印记，受到时代的局限。但只要是有价值的思想，就必定包蕴超越时代的内容。后世的人们从自己时代的视角来解读它们，就可能开掘出前所未见的新意义。重读过去也是创新的途径之一。马克思恩格斯是站在他们那个时代的高度概括前人的思想成果的，我们今天站在我们时代的高度重新概括他们概括过的或尚未概括过的东西，得到的都不限于已有的结论，还会有前所未知的新结论，从而丰富和发展唯物辩证法。忽视这一方面，就会丢失建构唯物辩证法当代形态的一个重要思想资源。我们今天对浩如烟海的中国传统典籍的掌握、挖掘和理解还远远不够，还有大量的宝藏没有进入我们的眼帘；以现代眼光对中国传统辩证法重新解读后，就可能发现蕴涵其中而未被前人察知的当代意义。这种新的认识将同当代人类的新实践和科学的新发现一样，为唯物辩证法注入新的血液。

第三，在中国发展唯物辩证法，构建唯物辩证法的新形态，与马克思主义中国化是同一个过程，并且是马克思主义中国化的基础的一环。这对马克思主义在中国的命运，对中国思想文化的走向，对中华民族精神支柱的建立，都至关重要。唯物辩证法中国化的主要动力是中国人民根本利益的需要，主要源泉是中国革命建设实践的经验，这毋庸置疑。但是，要成功地实现唯物辩证法的中国化，创造中国化的唯物辩证法，离开了与中国传统哲学的结合也断然不可。这种结合不是外在的结合，而是与中国传统哲学中相对恒定的一贯精神的内在结合。八十多年的中国革命建设史和中国思想发展史实际上已经回答了这个问题。只有中国化，才能为唯物辩证法提供别的民族所不能提供的内容，为世界作出独特的贡献；也只有中国化，唯物辩证法才能植根于中国土壤、成为中国人民自己的精神财富。要实现唯物辩证法的中国化，除了总结中国人民的实践，还必须吸取几千年中华民族积淀下来的传统文化的珍品，特别是辩证法的睿智。离开了对中国传统辩证法的吸取，唯物辩证法就很难在中国生根，成为中国人自己的哲学。我们要构建的唯物辩证法的新形态，应当是既有世界水平和时代内容，又有中国特色的。

三

从中国传统哲学中吸取构建唯物辩证法新形态的思想资源是一回事，把中国传统哲学作为当代的指导思想又是一回事。我是主张前者而反对后者的。

各民族的哲学都有自己的优长之处，也有自己的不足。我前面说到中国传统哲学中的辩证法在某些方面达到的高度为西方古代辩证法所不及，也为西方近代形而上学所不及，是说的某些方面，并不是一切方面。中国传统哲学毕竟是前资本主义时代的产物，确实没有经过近代科学的洗礼，细节上不如近代产生的西方哲学精密；也很少有像某些近现代西方哲学那样严密的体系和详细的论证。至于与马克思主义的唯物辩证法相比，它更是低一个层次。何况它并不都是精华，也有糟粕。就其现成形态而言，总体上还不能说它就是代表当代人类思维最高水平的哲学，就可以担当起当代中华民族指导思想的重任。能够担当这一重任的还是站在当代思维制高点的唯物辩证法，当然是中国化的唯物辩证法。如果中国传统哲学在近现代能够成为振兴中华民族的指导思想，1840年以后"国粹不能保国"的悲惨历史就无法解释，中国先进分子努力向西方寻求救国救民的真理的可歌可泣的努力就成了无谓之举了。

而且，中国传统辩证法就其现成形态而言，也还不能原封不动地直接作为唯物辩证法的组成部分。这就需要首先对它作出当代的阐释，赋予它当代的意义，然后才能吸收到唯物辩证法的体系之中。我们既不能无视或低估中国传统辩证法的意义，也不能把它的意义人为地无限拔高，似乎它囊括了人类的一切最高智慧，在总体上比唯物辩证法的水平还高。

阐发和宣传和合哲学的学者是在抱着一腔济世情怀，寻求一种为当代人类化解冲突、避免毁灭的普世方剂。他们并不否认矛盾和冲突的存在，毋宁说，正是因为看到矛盾和冲突的存在才提出融和矛盾、超越矛盾、消弭危机的和合哲学。他们对中国传统哲学中的合和思想主要是儒家的和合思想作了许多诠释和发挥，许多见解是很有价值的。但我对这种理论仍有原则的保留。我的质疑主要有以下几点：

第一，从理论上说，和合哲学虽然绝不否认矛盾的存在，但却假定了甚至断言了一切矛盾和冲突最后都可以融合。我以为这显然未能得实。事实上，矛盾和冲突发展的结果是无限多样的，除了融合之外，至少还有"一方消灭一方"、"新质因素逐渐积累旧质因素逐渐消亡"和"双方同归于尽"等等多种多样的形式。无论在自然界和人类历史上都可以举出无数的例证。这不是因为自然界和人类出了什么差错,而是矛盾的性质不同、矛盾所处的条件不同和处理矛盾的方法不同使然,并非仅靠思想的力量所能左右的。只承认一种解决矛盾的形式,就无法解释大量存在的事实。张载说:"有象斯有对,对必反其为;有反斯有仇,仇必和而解。"这后两句就大可商榷。如果是非对抗性的矛盾,"有反"就未必"有仇";如果是对抗性的矛盾,不具备特殊的条件,"有仇"就未必能"和而解",除非把"一方消灭一方"和"双方同归于尽"也算作"和而解"。但假如把"一方消灭一方"和"双方同归于尽"也算作"和而解",那就把"和"的意思泛化到了无边无际,提出这个概念就没有意义了。我在前面说过,"和"("和合"、"和谐"也一样)只是指矛盾双方共处的一种特殊状态,即矛盾双方不仅共处而且双方的发展都不仅不损害对方的发展,还有利于对方的发展。我一直不赞成把矛盾双方共处的状态一概叫作"和",因为任何矛盾,即使是双方斗争非常激烈的矛盾,只要还未消失,就必定共处在统一体中,否则还叫什么矛盾?对战的两军如果不共处在统一体中,双方都没有敌军,他们同谁在打仗?我也不赞成把矛盾双方相对平衡的状态一概叫作"和"。"和"当然是矛盾双方平衡的一种状态,但并非一切平衡状态都是"和"。平衡也有各种各样的具体情况。哪怕是"你死我活"的斗争,也会有"你吃不掉我,我也吃不掉你"的相持状态,这时矛盾双方的力量也是相对平衡的,但这不仅不能叫作"和",而且往往是斗争最惨烈的时候。如果这一类相持状态也可以叫作"和",那就可以说现在全世界的绝大多数领域都已经实现了"和",用不着我们劳神费力地去"构建"了。

第二,从实践上说,和合哲学描绘的究竟是人类憧憬的理想状态还是实际指导人类行为普适原则?如果是实践的普适原则,在何种条件下能普适到什么范围和程度?也是需要辨析的。作为理想状态,和合无疑是极其美好而崇高的。"道并行而不悖"诚然非常理想,可是孟子把杨朱、墨翟目为"无父无君"的"禽兽",宁可不避"好辩"之名也决不让它们流行,却是事实。孟子之学与杨墨之学当时虽然也在"并行",但何尝"不悖"?马克思主义之道与法西斯主义之道又怎能"并行而不悖"?"万物并育而不相害"也是一幅动人的图景,但人类能与艾滋病毒"并育而不相害"吗?"己欲立而立人,己欲达而达人","己所不欲,勿施于人"是何等崇高的境界,但千百年来也只能在没有根本利益冲突的群体中实行,而且完全彻底做到的人为数不多(所以才能成为典范而令人膜拜)。孔子也说"修己以安百姓,尧舜其犹病诸!"他承认像尧舜这样的圣人也很难完全做到。在"富者田连阡陌,贫者无立锥之地","朱门酒肉臭,路有冻死骨""四海无闲田,农夫多饿死"、"可怜身上衣正单,心忧炭贱愿天寒"的古代,有多少人真正做到了己立立人、己达达人?原因很简单,就是人类社会至今还确实存在着利益矛盾,有些利益矛盾还是对抗性的。诚然,当今世界面貌已经发生了巨大变化,和平和发展确已成为当代的主题。但这两个主题解决了没有呢?一个也没有解决。阶级、国家、民族、地区、宗教等等的矛盾和冲突花样翻新,足以将人类自身毁灭无余。受利益驱使的敌意和杀机仍然占据着许多人的心灵,战争和暴力仍然层出不穷。世界范围的贫富悬殊还在扩大,世界至少有30亿人生活在贫困之中,赤贫者不下10亿。最近由于资本的疯狂发展而引发的金融海啸正在折磨着各国人民。人类的生存的自然环境既在改善也在恶化,发展中国家生存环境的恶化尤其严重。世界还远不是"和睦的大家庭","同一个世界"也并没有"同一个梦想",倒是"同球异梦"的事实大量存在。如果也有某种平衡状态,那也不是"良知"启示的结果,而是各种力量制衡的结果,与我们希望的"和"并不是一回事。要逐步达到名副其实的"和",还是要在唯物辩证法的指导下面对现实,遵循社会发展的客观规律,以科学的态度承认矛盾,分析矛盾,采取最可行最有效最明智的策略解决矛盾(化解也是解决矛盾的一种方式)。这需要若干代人的极其艰巨的努力,直到马克思和恩格斯预言的"每个人的自由发展是一切人的自由发展的条件"的时候,和合的理想才能完全变成现实。和合不是一厢情愿的事,我不相信当今世界上那些以掠夺和扩张为生存目的的利益集团和霸权主义者们会因为受到和合思想的启示而良心发现,改变"思维方式",从全人类的根本利益出发,顾全大局,翻然悔悟,改弦更张,放弃私利而致力于天下为公,世界大同。我也不相信"己所不欲,勿施于人"真的会成为当今全人类实际上一体遵循的"金律"(golden rule)。倘真能如此,那就不仅是"半部《论语》治天下",而且是"一句《论语》治全球"了。坦率地说,我不相信和合思想有那么大的神力。

但是,我并不认为和合思想没有价值。这是因为,被科学地阐释了的和合思想对当前我国建设社会主义和谐社会还是有启迪意义的;对世界大多数人也有启示作用,有助于帮助大多数人意识到人类的根本利益,着眼于长远和未来,知道自己应该怎么做,也知道应该怎么遏制那些陷人类于毁灭的贪婪狂悖的行为。这比宣传"仇必仇到底"终究要明智得多,效果也好得多。和合思想的当代价值正在于此。

践行马克思主义的实践观，
为实现中国梦而奋斗①

中国梦正在激励着中国各族人民开启史无前例的伟大长征。

中国梦就是国家富强，民族振兴，人民幸福之梦。这个梦不是虚幻不实的空想，不在遥不可及的彼岸，而是必定能够实现的理想。其所以如此，就是因为我们找到了实现这一理想的正确道路，这就是中国特色社会主义的道路。正如习近平总书记深刻概括的，这条道路来之不易。它是经过中华民族从5000多年前到近30多年来的探索和总结中一步一步地走出来的。这里的决定性的事件，就是中国人找到了马克思主义这个救国救民的真理。

鸦片战争以来，伟大的中华民族在资本帝国主义列强的残暴侵略下陷入了血泪斑斑的苦难深渊，救亡图存的任务迫在眉睫。先进的中国人历尽千辛万苦向西方寻来的各种资产阶级理论和方案，到了中国都一一破产。在长夜漫漫的困境中，中国人找到了马克思主义，建立了以马克思主义为指导思想的中国共产党，"路在何方"的难题才有了正确的答案，中国的

---

① 原载《湖北日报》2013年3月27日头版，编者按说："近日，我省首批荆楚社科名家武汉大学资深教授陶德麟撰文，倡导践行马克思主义的实践观，为实现中国梦而奋斗。目前，大力倡导马克思主义的实践观，不仅具有重要的理论意义，也具有强烈的针对性。本报自今日起开设'实践观讨论'专栏，欢迎社会各界特别是理论界踊跃来稿，就此展开讨论。"《中国社会科学报》2013年3月29日第4版"特别报道"首篇刊载此文时作了提要。《光明日报》2013年4月16日第4版刊载并在头版头条发表了长篇报道，称此文"一石激起千层浪"。《湖北日报》2013年4月18日头版头条全文转载了《光明日报》报道，并加了编者按。随后，《光明日报》连续报道了全国许多省市和部队理论工作者就此问题展开讨论的情况和相关文章。

命运才发生了根本改变。经过28年的奋斗，我们建立了新中国；又经过60多年的奋斗，中国才取得了今天这样举世瞩目的成就，成了岿然屹立于世界民族之林社会主义国家。这是任何人也否认不了的事实。

为什么马克思主义在中国有这么"灵验"？就因为它是科学的理论。马克思主义也产生于西方，但它不是地域性的理论而是世界性的理论。马克思主义的产生是人类思想史上最伟大的革命，它批判地吸取了人类思想史上的优秀成果而又突破了他们的局限性，形成了崭新的世界观和方法论，根本改变了人们的思维方式。它的根本精髓，就是马克思创立的科学的实践观。这一实践观揭示的道理主要是：（1）人类社会存在的基础和发展的动力是以物质生活资料的生产为根本的实践活动。社会发展规律的"秘密"只能到实践中去探求，而不应当与此相反。（2）人类社会的一切"问题"都是在实践中发生的，解决这些问题也只能通过"变革的实践"，而不能停留于"解释世界"。（3）认识是否具有真理性，只有实践才能检验，离开实践的争论是"纯粹经院哲学的问题"。马克思以前的社会历史理论浩如烟海，体系如林，有些理论也包含着局部的真理甚至颇为深刻的真理，但究竟如何理解社会，如何创造历史，如何看待人类的前景，仍然是"斯芬克斯之谜"，没有人能揭穿"谜底"，总的说仍然是一笔糊涂账。马克思的理论一出，就提供了一把开启"暗箱"的钥匙，使人们如拨云雾而见青天。当然，不同的人们由于种种原因，并非都能理解和接受马克思主义，但这是另一个问题；马克思主义至今仍然占据着人类思维的制高点，却是客观事实。

建立在科学实践观基础上的马克思主义理论是普遍规律的反映，它不可能直接对各个不同国家、民族、地区的千差万别的特殊情况和特殊问题提供现成的答案，而只可能提供观察问题和解决问题的世界观和方法论。马克思和恩格斯一再告诫人们，他们的理论只是行动的指南而不是教条。把马克思主义当成包医百病的处方，不问具体情况照抄照搬马克思主义著作的词句，恰恰违背了马克思主义，首先是违背了它的实践观。中国有中国的特殊情况和特殊问题。要解决中国的问题，没有马克思主义的指导不行，不把马克思主义的普遍真理与中国实际正确地结合起来也不行。中国道路是中国人自己"走"出来的，是中国共产党把马克思主义的普遍真理与中国革命建设的具体实际（包括中国的历史传统和中国所处的时代条件和国际环境）不断结合的过程，是全国各族人民共同奋斗的过程。这个过程就是践行马克思主义实践观的过程。要把中国道路走好，就得严格遵循马克思主义的实践观，在各项工作中把它落到实处。

践行马克思主义的实践观，要做到几点：第一，要刻苦学习马克思主义理论，特别是中国化的马克思主义理论即中国特色社会主义理论，学习党的方针政策，学习历史经验，吃透精神，掌握实质，用来武装头脑，提高思维水平，反对没有理论指导的目光短浅的经验主义。第二，要下硬功夫深入实际，调查研究，走群众路线，获取第一手材料，在全面准确地占有材料的基础上进行理论概括，作出符合实际的判断，审时度势，提出有全局眼光和长远眼光而又切实可行的处理方案并付诸实践，防止形式主义和误国空谈。第三，要发扬创新精神，勇于根据日新月异地发展着的实践提出新举措，开拓新局面，防止保守僵化。第四，要在马克思主义实践观的引领下切实整顿党风、学风和文风，反对主观主义，反对党八股和洋八股。第五，坚持实践是检验真理的唯一标准的原理，不唯书，不唯上，把一切判断和措施都交给人民群众的实践去检验，正确的就坚持，错误的就改正。

只要我们始终不懈地践行马克思主义的实践观，我们就有充分的理由树立理论自信、道路自信和制度自信，在中国精神的鼓舞下战胜征途上的任何艰难险阻，稳步地达到我们的目的，使"中国梦"梦想成真。

附录

陶德麟：笔有雷鸣道不孤[①]

《光明日报》记者 王斯敏

编者按：马克思主义理论研究和建设工程，是一项事关中国特色社会主义事业发展全局的战略工程、生命工程、基础工程。工程实施近十年来，哲学社会科学界的一大批专家学者为之忘我投入、鞠躬尽瘁，尽显坚定信仰与火热襟怀。工程首席专家陶德麟便是其中一位。自从青年时代选择了马克思主义，他便在这条通往光明的道路上辛勤跋涉，不断摘取真理的硕果。通过他的人生故事，我们看到了一个资深理论工作者的上下求索、不懈探寻，也感受到了马克思主义科学真理感召世人、催人奋进的恒久光辉。

陶德麟的哲学人生，每个节点都充溢着胆识与锐气——

24岁，初涉哲学便锋芒崭露，撰文批评前苏联哲学家的权威著作《简明哲学辞典》，向苏联哲学教条主义发起有力一击；

47岁，历经磨难后信念弥坚，积极投身反对"两个凡是"的理论斗争，"顶风"参加真理标准大讨论，用一篇篇旗帜鲜明、论述严密的文章持续发声，在讨论中占据重要一席；

82岁，年至耄耋却思考日深，融毕生思考入一篇短文，呼吁践行马克思主义实践观，"把一切判断和措施都交给人民群众的实践去检验"，引发

[①] 原载《光明日报》2013年11月21日第13版。

了湖北社科界乃至全国的热烈讨论，其效应一直延续至今。

"笔有雷鸣道不孤"，这是多年老友、哲学家陈先达教授对他的评价。

得遇恩师露峥嵘

"搞马克思主义的人要有坚持真理的品格，不能像摆摊的小贩，天晴把摊子摆出来，下雨就收摊子。"

——恩师李达的话，影响了他一生

1953 年，一个寻常春日。青年陶德麟迈进屋子的脚步，忐忑而凝重。

屋中一榻，一病弱老人半躺于上，清癯的脸庞因高烧而显憔悴，双眼却清亮有神。见到陶德麟，他招手示意年轻人坐在身旁，开始了一场决定陶德麟人生走向的谈话。

这一年，是李达就任武汉大学校长的第二个年头。作为把马克思主义引入中国的先驱者，他有着多病之躯盛放不下的宏图伟志。他对马克思主义各个领域都造诣精深，但最关心的还是哲学。他需要一个年轻而得力的助手。多方考察后，即将毕业的陶德麟成为最佳人选。虽然这个年轻人读的是经济而非马哲，但表现的资质令李达青眼有加。此番找他前来，便是特意商谈此事。

要不要改换专业？这对陶德麟几乎不是问题。他早在中学时期就涉猎过一点哲学，进大学后又精读过李达的哲学名著《社会学大纲》，还硬啃过《资本论》第一卷，学习笔记便是明证。

陶德麟当即表示服从安排。欣慰之余，李达以父辈的深情与他倾心长谈。

"搞马克思主义的人要有坚持真理的品格，不能像摆摊的小贩，天晴把摊子摆出来，下雨就收摊子。"话语像粒种子，在他心里生了根。

从此，李达有了一个得力助手，哲学园地多了一位辛勤的躬耕者。

钻研马克思主义经典著作，自学中外哲学史，以哲学眼光考察现实……一种奇妙的感觉在陶德麟心中升腾着。他感到，很多曾困扰自己的"问号"逐渐变成了"惊叹号"——

他的父亲，辛亥革命和北伐战争的参与者，后因保护被通缉的共产党员、力主国共合作抗日而不见容于当局，愤而退出国民党，五十多岁就困厄病逝。父亲在追求什么？自己走什么样的道路才能告慰其英灵？

他的少年时代，热血善思，常在周记中抨击时局、探寻民族之出路。胡适讲演《两个世界，两种文化》，他如饥似渴地去听，却对其政治观点很不满意。但，其谬误何在？什么样的理论才能擦亮这双苦苦寻找的眼睛？

现在，他找到了。马克思主义哲学给了他批判的武器，照亮了他苦心求索的那条道路。

1955年夏，年仅24岁的陶德麟写了题为《关于"矛盾同一性"的一点意见》的论文，投给《哲学研究》。翌年2月，文章刊发，立时引起轩然大波。

从哪个角度看，这都是一篇"大胆"的文章——

批判锋芒直指罗森塔尔、尤金合著的《简明哲学辞典》，两位作者皆是苏联的科学院院士。在那个学习苏联"老大哥"的年代，此举无疑是挑战权威。

《辞典》中"矛盾同一性"的释文把"同一性"定义为事物、现象同它自身相等、相同的范畴，断言生与死、资产阶级与无产阶级、战争与和平等根本对立、相互排斥的事物之间没有同一性。陶德麟明确指出这种观点是违背唯物辩证法的。在那个年代，这样的言论固然正确，却并非人人敢言。

事实很快证明了他的批评是对的——1957年1月7日，毛泽东在省市自治区党委书记会议上的讲话中肯定了此观点；1958年6月24日，毛泽东邀集一些学者，专门谈论此事。《辞典》的作者也接受了批评，在再版时对"同一性"的条目作了原则性修改。

牛刀小试，一鸣惊人。

乐耘杏坛遭劫波

"临歧自古易彷徨，我到歧前不自伤。心境长随天上月，如环如玦总清光。"

——突遭厄运，他以诗明志

1956年，创建于1922年的武大哲学系中止四年后成功重建。时年25岁的陶德麟登上讲台，很快得到了学生们的喜爱。

"陶德麟、萧萐父、康宏逵三位先生是当时哲学系讲课最'叫座'的青年教师，被誉为李达的'三面红旗'。其中，萧慷慨激昂，康旁征博引，陶老师则是严谨细致、娓娓动听，还特别善于联系实际，记下来就是一篇文章。"华中科技大学哲学系教授王炯华忆想当年。

课还讲到了校门之外——1959年起，他连续四年为全省中高级干部讲授《实践论》、《矛盾论》，讲稿《〈实践论〉浅释》被印发全省，广为流传。同时，他陆续发表数十篇论文，在理论界拥有了许多知音。

1961年8月末的一天，一项沉甸甸的使命落到了陶德麟肩上——协助李达编写中国人自己的马克思主义哲学教科书。

这是毛泽东对李达的殷切嘱托。

1961年8月20日，李达在庐山养病，恰逢毛泽东也在庐山。他约李达到住所畅谈哲学问题。

为什么苏联的马哲教科书"一统天下"？我们中国人有那么丰富的实践经验，为什么要照搬苏联的？历时四小时的长谈中，毛泽东多次表露不满，并希望李达以自己20世纪30年代发表的《社会学大纲》为基础，撰写一部够分量的哲学教科书。

此时的李达已诸病缠身，手颤厉害，大量写字已有困难，但他并未迟疑便接受了任务。几天之后，他找来了陶德麟。

陶德麟深知，这也是老师多年的心愿。

在李达看来，毛泽东哲学思想是马哲史上重要的新阶段，理应受到高度重视。而这次编写马哲教科书正是让世人了解中国人哲学贡献的好机会。

撰写工作开始了。

难度是巨大的——要系统凸显马克思哲学在中国的独特发展，科学阐发毛泽东哲学思想的理论创新与历史地位，在当时尚属"前无古人"；此外，要讲清马克思主义哲学与现代科学的关系，还要涉及相对论、量子力学等自然科学内容，陶德麟虽然学过普通物理，但这些知识对他而言几乎是空白。他不得不奋力学习，请教物理系教授，常常通宵伏案，浑然忘我。

遵照李达要求，他写好一章，便当作教材，在哲学系"李达实验班"中讲授，一边讲一边听取意见，进而修改。这样的修改有多少次？已很难历数。

1965年10月，38万字的《唯物辩证法》上卷送审稿完成。收到书稿，毛泽东仔细阅读，写下255字的批注。

师生二人满怀欢欣，立即着手撰写下卷。然而，突如其来的厄运阻住了前路。

"文化大革命"开始了。李达被打成"武汉大学三家村黑帮总头目"，遭到残酷批斗，两个多月后含冤去世。

陶德麟在劫难逃，他的生活顿时变成了黑色。顶着"李达三家村黑帮分子"的帽子，陷入了长达八年的批斗、侮辱和劳动改造，几次遇险，命悬一线，家人也遭遇牵连。

然而，强大的信念支撑住了他。他坚信，人民不会听任国家就此沉沦，黑暗的局面总会改变。

"临歧自古易彷徨，我到歧前不自伤。心境长随天上月，如环如玦总清光。"

1974年，风雨如晦的暗夜，他写下这样一首小诗，怀明月之心，默默守候着黎明到来。

冲破阴霾勇发声

"乍暖还寒夜正深，残冰犹自伴彤云。池边小草冲泥出，不为争春只报春。"

——赴京参加真理标准讨论会,他心情激动抒怀

1974年,李达初步平反,陶德麟也总算回到了教师队伍,但仍被视作"有严重问题的人",处处受限。"文革"结束,举国欢呼,理应是云开日出了,但雾霾真的散尽了吗?

1977年2月7日,"两个凡是"的论调出台。照此推理,"文革"本身并没错,错的只是林彪、"四人帮"对"文革"的歪曲。这让陶德麟更为担忧。

这种担忧,在9月参加了中国社会科学院组织的一次会议后,更为深重。

会议主题是纪念《实践论》、《矛盾论》发表40周年。收到邀请后,已跟外界失去联系11年的陶德麟冲破阻力,赴京参会。邢贲思、汝信、赵凤岐、陈筠泉、陈中立……学者们劫后重逢,感慨万端。

一个共识在讨论中清晰起来——"文革"虽去,遗毒仍在。只有摧毁"文革"全套理论的哲学基础,才能挣脱"两个凡是"的枷锁。而在支撑"文革"的理论中,一个错误观点必须驳倒——检验真理的标准不是实践,而是领袖的"最高指示"。

冻结十年的冰面坚硬如铁,如何炸开它,释放那浩荡澎湃的春河之水?

时机终于来了。1978年5月11日,《光明日报》发表特约评论员文章《实践是检验真理的唯一标准》,立即引发了关于真理标准的热烈讨论。支持者众,反对声也格外严厉,"反动且荒谬"、"丢刀子"、"攻击毛主席"等指责如疾风骤雨,扑面而来。

陶德麟决心发声,做"实践标准的坚定支持派"。一个多月后,中国社科院在北京召开"理论与实践问题哲学讨论会"。收到邀请,陶德麟再次顶住压力,亲赴会场。火车上,他心情澎湃,提笔写下一首小诗:"乍暖还寒夜正深,残冰犹自伴彤云。池边小草冲泥出,不为争春只报春。"

陶德麟被推举为第一讨论组副组长,组长是《实践是检验真理的唯一标准》一文的最初作者、南京大学教师胡福明。

7月17日,大会开幕。一种兴奋而忐忑的气氛笼罩在会场上空。

小组讨论中,多数人旗帜鲜明地赞同只能以实践检验真理,也有人质疑、犹豫,甚至震怒——"这是个什么会?是举旗还是砍旗?我不参加了!"当即拂袖而去。

不断传来的"小道消息"也加重了紧张空气。"党中央不支持这个会","某主要领导大发脾气,说一帮学者在'开黑会'"……然而,探求真理的渴望与使命感战胜了纷扰,会议继续举行,讨论越来越热烈。

23日下午,会议闭幕。陶德麟作了大会发言。他针对常见误解一一阐析,从理论上加以澄清,得出结论:"实践是检验真理的唯一标准"是马克思主义哲学的根本原理,在实践标准之外另立真理标准是理论上的倒退。很快,《哲学研究》第10期就发表了这篇文章。

会议结束的第二天,他找到《人民日报》的汪子嵩和《哲学研究》杂志的张岱,送上了一份特殊的"礼物"。

这是三封毛泽东亲笔信的复印件。20世纪50年代,李达正在撰写《〈实践论〉解说》、《〈矛盾论〉解说》和《胡适思想批判》,毛泽东多次写信给他,指出自己文中的不当之处:"实践论中将太平天国放在排外主义一起说不妥,出选集时拟加修改,此处暂仍照原。""《矛盾论》第四章第十段第三行'无论什么矛盾,也无论在什么时候,矛盾着的诸方面,其发展是不平衡的',这里'也无论在什么时候'八字应删,在选集第一卷第二版时,已将这八个字删去。你写解说时,请加注意为盼!"

这无疑是铁证:毛主席从不讳言自己文章的不妥之处,又何谓"句句是真理"?

12月25日,三封信在《哲学研究》第12期发表,并被广泛转载,对破除"两个凡是"起了很大的促进作用。

怀着思想解放的火种,陶德麟回到武汉,用一场场报告四处播火。很多听众激动得拍红了巴掌,但面露惊讶之色的也不在少数,写满问题的小纸条每次都会递上厚厚一叠。

一次，在武汉市图书馆的报告结束后，主持人悄悄提醒陶德麟："如果不把毛主席的话作为检验真理的标准，会不会犯错误？"陶德麟只好解释："实践是检验真理的唯一标准"，这本身就是毛主席的话啊。对方将信将疑。陶德麟当场拿出《实践论》，指着"马克思主义者认为，只有人们的社会实践，才是人们对于外界认识的真理性的标准"的一段原话给他看，他这才放下心来。

看来，想要打破多年来形成的思想禁锢，仍很艰难。

陶德麟手中的笔挥得更勤了。《认识的对象是检验真理的标准吗？》《实践怎样检验认识》、《真理阶级性讨论中的一个方法问题》……一篇篇文章接连问世，在讨论热潮中引发关注。

"这其中，《逻辑证明与真理标准》一文特别被学界推崇。因为在当时，大家对'实践是检验真理的标准'已基本接受，但对'唯一'二字仍有怀疑。而为什么逻辑证明和认识对象不是检验真理的标准？马克思主义经典著作里并没有论证过，需要独立研究。老陶就是在这方面下了很大工夫，从理论上证明了真理标准的唯一性。"陶德麟的"老战友"、武大哲学系教授朱传棨感慨。

贡献不会被遗忘。1995年，这篇文章获得了国家教委首届人文社会科学优秀成果一等奖。此时，距其发表，已过去了14年。

倾力呼吁"中国化"

"必须'让马克思主义说中国话'——从中国实际出发提出问题，按自己的'坐标'研究问题，以简明易懂的语言陈述问题。"

——与现实脱节的研究令他忧心

武汉大学哲学系主任、研究生院院长、常务副校长、校长……哲学家的智慧经受住了实践考验，也推动了实践发展。在他和同事们的苦心经营下，武大哲学系日益壮大，百年武大也驶上了发展快车道。

此时的中国正在改革开放道路上摸索前进。随着计划经济体制被打破，群众的迷惘也开始抬头。"我们还需要马克思吗？""哲学是空话，'四化'要的是经济效益"……种种论调刺痛了陶德麟。

"我坚信哲学对一个民族至关重要。它既是民族精神的升华物，又是民族精神的铸造者。抛弃了马克思主义哲学，就等于抛弃了我们民族的精神支柱，抛弃了观察处理当代一切复杂问题的最科学的方法。"他接连写下十余篇文章，批驳谬误，激浊扬清。

然而，捍卫真理不等于迷信教条。他也清醒地看到，民众对马克思主义哲学的疏远疑虑，和学界的研究取向、传播方式不无关系。

近年来，一些哲学家专注于和现实脱节的问题，"热心于建构新体系，用一大串涵义不明的'新'名词、'新'说法来做推演，弄出一套又大又空的理论，使人读了莫测高深"。更有甚者，不但张口闭口海德格尔、避而不谈中国实际，还把话说得佶屈聱牙、艰深晦涩，他对此十分反感。

哲学虽然是抽象程度最高的学问，但"理论如果在书斋中自说自话，就只有死路一条"。马克思主义哲学必须与中国实际相结合，并躬身走进老百姓中去，才能成为中国人自己的哲学。

有感于此，他发出"马克思主义中国化"的响亮呼声——

"黑格尔说过，'我力求教给哲学说德语'。我们也必须'让马克思主义说中国话'——从中国实际出发提出问题，按自己的'坐标'研究问题，以简明易懂的语言陈述问题。"

这成了他心魂所系的话题。

2004年，马克思主义理论研究和建设工程隆重启动。作为《马克思主义基本原理概论》首席专家，他强调编写教材"应体现马克思主义中国化的学术成果""保持明白流畅的文风"，这成了课题组成员们记忆深刻的"金句"。

2013年3月27日，一篇题为《践行马克思主义实践观 为实现中国梦而奋斗》的文章出现在《湖北日报》头版,作者正是陶德麟。

短短两千字通晓流畅,从马克思主义实践观的角度解读中国梦、探寻中国梦的实现路径,鼓励人们胸怀道路自信、理论自信、制度自信,走好"中国人自己走出来的'中国道路'"。

共鸣很快被激发。短短几天,湖北社科界掀起了一场"马克思主义实践观大讨论"。4月中旬,经《光明日报》挖掘报道,讨论热潮迅速蔓延至全国。

"恰逢其时,触及了当前理论界的重要现实问题。""讨论反映了知识界的自觉与自责,打开了思想的闸门,应该长期深入下去。"……各界学者纷纷撰文,参与到讨论中来。"小文章"引出了"大文章",这令陶德麟欣慰有加。

"这绝不是对我个人一篇短文的回应,而是对时代呼声的回应,"陶德麟感慨,"十几亿人史无前例的伟大实践为我们提供了取之不尽的原料,唯有不断探索、提炼,才能产生中国人自己的理论创造。"

爱智忧民师道真

"我深感自己是个平庸的探索者,在浩瀚无际的哲学大海里乘桴而行。而今垂垂老矣,还常常自觉如童稚之无知。然而我并不怨悔。"

——桑榆晚境,壮心不已

温而厉,威而不猛,恭而安。这是陶德麟留给后学的印象。

"陶先生很保护学生,从不给我们贴标签,从未让我们尴尬,却恰如其分地促人勤学自省。当我成为教师之后,才知道这样做有多难。"复旦大学哲学学院教授冯平喟叹,"我初任教时,对树立优良学风有'赴汤蹈火在所不辞'的豪情、'众人皆醉我独醒'的自诩,所以狂傲至极,动辄'枪毙'学生论文。学生私下送一绰号:'四大名捕'之'温柔一刀'。有次开会遇到陶老师,我以此炫耀,他只轻轻说了一句:'学生还在学习阶段,不要以你现在的水平要求他们。'此话似当头棒喝,顿时让我看到了自己的褊狭。他让我认识到:师者,首先要是一个仁者。"

学生写的文章有一点出彩的地方，就要充分肯定；有一点创新，就要及时鼓励。这是陶德麟对自己和教师们的要求。

对本专业以外的学生，他一样爱才。

1997年，湖南考生李若晖报考武大中文系古汉语专业硕士。这位年轻人在古汉语方面发表了数篇突破陈说、引发关注的论文，但外语未考过线。得知此事，已卸任校长职务的陶德麟专门写信给学校负责人，力主破格录取："若囿于陈规，失之交臂，是瞽于识才也。"李若晖终于圆梦，后又考取北大博士，现已是复旦大学哲学学院教授。

让他牵挂的，不只是学生。

"校长爷爷，我是附小的学生。我家停电了，我要做作业，怎么办呢？"一位小女孩打来电话。

"学校施工，水泥搅拌机吵得我们睡不着觉，怎么办啊？"凌晨四点，一位教师打电话来"投诉"。

担任校长期间，年轻教师评职称、学生宿舍漏雨、退休教师要房子……都习惯问他"怎么办"。

虽烦琐细碎，他却从不敷衍。"这些事对学校全局好像是小事，但对个人就是大事。要办好学校，对这样的'小事'也要认真解决。"他常一天工作14个小时。

然而，陶德麟的严格也在全校出了名。

一方面，他要求学生不要成为老师的"复制品"；另一方面，又要求他们学风严谨，言必有据。他批阅论文的意见有时长达上万字，学生论文达不到合格水平，决不允许提交答辩。

"我当年论文修改到第三稿时，先生正住院手术，行动尤其说话很不便。我以为他会放宽些标准，不料，先生躺在病床上，照样认认真真地看，仔仔细细地改，毫不苟简。"山东理工大学法学院教授倪勇感慨不已。

"古人说'不知老之将至'，我是明知'老之已至'，但有生之年不敢懈怠而已。"陶德麟笑言。

他对哲学怀有无尽的爱，甘愿探索至最后一刻。年轻一辈身上，寄托着他的厚望与嘱托。在他看来，中国学者皆应以"为天地立心，为生民立命，为往圣继绝学，为万世开太平"为己任。尽管，任何哲学都不可能一劳永逸地"为万世开太平"，但哲学家不可无此追求。爱智求真与忧国忧民相统一，才是哲学家应有的境界。

"陶先生追随真理之心不曾动摇。他的信仰从不因客观环境的变化、别人的闲言碎语甚至打击而改变。这种因真理而生的浩然之气，使他敢于为国家、为人民、为时代发声。一个真正的马克思主义者，当有此情怀。"武大党委副书记骆郁廷感叹。

"胸罗正气常忧国，笔扫彤云只务真。"乘一叶哲学之舟，陶德麟航行于浩渺无际的真理海洋。那搏风击浪的强音是最响亮的召唤，必有后学紧紧跟上，必有风帆在这条勇者航路上继续高扬！

索 引

外国人名

J. H. 沃斯 64，83
爱因斯坦 42，196，197，205，238
巴枯宁 117
柏拉图 216
俾斯麦 178
波普尔（K. Popper） 221
伯恩施坦 118
达尔文 171，173，175
第谷 180
杜林 56，57，186，187，252，276，317，324，328，336，337
杜威 141，161，162，163，164，165，166，167，177，179
恩格斯 4，24，34，36，43，45，55，56，57，60，69，78，89，146，147，183，184，186，187，209，210，222，230，231，232，247，252，253，255，276，277，278，280，294，298，299，300，305，313，317，324，328，332，333，334，336，337，339，357，369，370，374，377
费尔巴哈 45，56，60，183，226，299，332，334，336，339，346
伽利略 241
哥白尼 173，174，175，180，241，293
海德格尔 387
河上肇 59，126
荷马 64，83
赫尔曼·郭泰 115
黑格尔 27，43，45，46，58，60，64，83，84，86，91，92，103，199，232，278，294，331，332，333，335，338，387
胡克（Sidney Hook） 161
惠更斯 283
开普勒 174，180

克鲁泡特　117

李卜克内西　120，121

利玛窦　100

列宁　3，7，14，16，17，34，36，45，54，55，57，58，59，66，67，69，98，110，115，116，117，118，119，121，122，129，130，133，139，142，147，169，170，171，177，178，180，181，184，187，189，199，203，223，226，232，242，247，259，277，289，290，291，293，296，300，301，305，326，329，335，336

卢波尔　59

路德　64，83

罗森塔尔　275，381

马赫　178，180

马克思　1，3，4，5，6，7，14，16，17，18，19，20，21，22，23，24，25，26，27，28，29，30，31，32，33，34，35，36，37，38，39，40，41，42，43，44，45，47，48，49，50，51，52，53，54，55，56，57，58，59，60，61，62，63，64，65，66，67，68，69，70，71，72，73，74，75，76，77，78，79，80，81，82，83，84，86，87，88，89，90，91，92，93，94，95，102，103，105，106，107，108，109，110，113，114，115，116，117，118，119，121，122，123，125，126，127，128，129，130，131，132，133，134，135，136，137，139，140，141，142，143，144，145，146，147，148，149，150，151，152，153，154，156，157，158，170，182，183，184，186，187，188，193，209，210，224，226，227，230，232，233，236，237，240，243，244，245，247，250，251，252，253，254，258，259，260，261，262，263，265，266，267，268，270，271，276，277，278，279，284，285，286，287，291，292，293，294，295，296，297，298，299，300，304，306，308，310，311，312，313，316，317，319，320，321，322，324，328，330，331，332，333，334，335，336，337，338，339，340，342，343，344，346，347，348，349，350，352，355，357，358，361，362，363，364，365，366，369，370，371，372，373，374，376，377，378，379，380，381，382，383，385，386，387，388，390

摩尔根　215，284

牛顿　174，180，220，283

皮尔士（Charles Peirce）　161

蒲鲁东　117

莎士比亚　322

斯大林　50，55，58，59，60，61，66，130，279

塔尔海玛　59，126

托尔斯泰 316，358
托勒密 173，174，175
西洛可夫 59，127
席勒 161，163
易卜生 313，314

尤金 275，381
约翰·保罗二世 241
詹姆斯 161，162，163，164，165，167，168，169，170

中国人名

艾思奇 26，60，82
白鹏飞 131
陈豹隐 130
陈独秀 59，115，120，121，123，127，140
陈筠泉 384
陈望道 115，121
陈先达 380
陈星野 128
陈沂 128，136
陈志尚 348
陈中立 384
程潜 132
德韶 99
邓初民 123，125，131
邓小平 49，51，73，74，75，148，149，257，262，263，267，268，269，270，271，338，340，341，343
丁俊萍 137
丁玲 121
杜甫 360
段君毅 128，136

段祺瑞 114
段启咸 113
范文澜 284
方克立 152
冯定 26，82，136
冯平 388
冯天瑜 100
冯雪峰 316，350，358
冯玉祥 127，131
高畠素 115
顾海良 113
光业 99
郭谌波 127
郭洪涛 127
郭化若 129，130
韩德培 132
韩非 226
韩愈 156，157，351，360
何萍 137
侯外庐 127，128
胡福明 385
胡锦涛 77，82，338，340，344

胡乔木　136

胡绳　136

胡适　23，101，161，162，164，166，168，173，174，175，176，284，313，381，385

黄凌霜　117

黄楠森　348

黄松龄　127，131

慧远　99

慧忠　99

江亢虎　122

江明　123，124，125，128

江泽民　271，340，341

康宏逵　382

孔夫子　102，140，152，320

赖亚力　131

雷仲坚　127

李达　23，26，59，60，82，84，86，113，114，115，116，117，118，119，120，121，122，123，124，125，126，127，128，129，130，131，132，133，134，135，136，380，382，383，384，385

李大钊　59，115，127，140

李辅仁　114

李汉俊　115，119，120

李其驹　113

李若晖　389

李书城　120

李维汉　122，132

李维武　137

李潇潇　86

李祖荫　132

梁启超　116

刘少奇　67，133

鲁迅　40，41，101，102，106，299，302，312，316，349，350，358

陆定一　132

陆斐文　128

吕振羽　123，124，125，127，128

罗学瓒　122

马寅初　284

马玉璞　130

毛泽东　3，5，6，7，8，9，10，11，12，13，14，15，16，17，18，19，20，21，22，23，24，33，35，43，49，51，60，61，66，67，68，69，70，71，72，73，74，79，81，84，85，86，90，93，101，102，116，122，127，129，130，132，133，134，135，136，140，142，143，145，147，148，152，182，184，185，188，222，247，250，251，258，259，260，262，264，267，283，285，286，289，291，292，293，294，295，296，299，325，326，340，381，382，383，385

孟子　157，321，345，351，357，360，373

倪勇　389

彭德纯　128

彭德怀　136

钱伟长　135

屈原　360

索引

任继愈　136
任仲夷　128，136
汝信　135，136，384
神秀　99
沈玄庐　115
沈雁冰　121
沈泽民　121
施存统　115
石曼华　135
史立德　128
孙中山　102，114，120，140，143，152
陶德麟　61，84，86，88，90，91，93，113，130，134，135，137，235，265，355，356，358，362，376，379，380，381，382，383，384，385，386，387，388，389，390
汪信砚　113
汪子嵩　385
王充　173，174，175
王会悟　120
王剑虹　121
王静　126
王炯华　382
王明　33，51，67
王斯敏　379
王衍　322
王一知　121
魏文伯　127
文遂　99
习近平　113，376
夏明翰　122，123

夏曦　122
萧劲光　122
萧萐父　382
肖耀南　121
谢民师　84，92
邢贲思　136，384
熊崇善　113
许德珩　114
许全兴　135
玄奘　99
颜鹏飞　137
晏婴　105
扬雄　84，92
杨润殷　196，197，205
杨献珍　26，82，136
杨易辰　128
余志宏　134
俞秀松　115
袁世凯　114
云杉　112
曾勉之　113
张岱　385
张东荪　116
张国焘　119，120
张栗原　126
张庆孚　127，132
张友渔　127，128，136
张之洞　102，140
赵凤歧　384
赵恒惕　121，122
知玄　99

专业词汇

包容性　110，363

暴力　147，154，282，288，289，292，293，294，295，312，316，365，374

本本　70，71

本土化　52，53，79，90

剥削　74，78，89，121，144，146，147，149，157，172，252，253，254，270，305，311，312，313，314，319，320，323，327，345，351，356，358，360，362

辩证法

　辩证法的整体性　153，365

　辩证唯物主义　6，28，34，45，58，59，60，130，134，166，169，175，177，178，179，180，191，209，276，284

　唯物辩证法　59，60，103，128，129，130，134，135，145，153，154，155，156，161，173，185，270，275，276，277，280，356，364，365，366，369，370，371，372，374，381，383

产业革命　125，126，131

抽象　5，22，28，46，57，65，67，68，79，86，90，103，157，187，204，250，251，252，254，257，297，298，299，300，301，302，303，304，305，306，311，314，315，330，331，332，333，335，339，340，342，344，346，350，351，352，359，360，361，362，387

大众化　1，77，78，79，80，81，82，83，84，86，88，89，90，91，92，93，94，110，133

道德

　道德观念　317，318，324

　道德原则　254，255，256，321，325，326，327

邓小平理论　49，51，74，75，149，257，268，271，338，343

斗争

　斗争哲学　153，154，155，364，365，366，368，369

　阶级斗争　5，30，66，72，118，119，146，147，148，177，246，251，267，279，281，282，283，284，285，286，299，306，309，312，319，321，341

　思想斗争　282，292，295

对抗　154，155，260，279，283，356，365，367，368，373，374

对象标准论　224，229

多种经济成分　249，250，251，255

改变世界　78，346，347，352，361

索 引

工具主义　161，162，167，168，173
公有制　38，149，249，250，251，253，269，271，342
共同富裕　74，149，270
国家资本　126，150，250
和合哲学　372，373
和谐哲学　153，155，156，364，366，367
价值
　　价值观　53，151，245，246，247，265，266，267，271，355，363
　　价值体系　110，158，243，246，355，356，358，359，360，361，362，363
　　核心价值体系　110，158，355，356，358，359，360，361，362，363
　　主导价值体系　356
僵化观念　37，38，48，318
教条主义　9，68，69，70，71，72，73，74，75，76，94，187，260，379
阶级性　47，235，236，237，238，239，240，241，242，284，299，305，386
进化论　171，173，175，176
经济效益　112，247，248，387
精神实体　304，347，352，361
科学发展观　74，75，149，338，340，341，342，344，347，348，352，353，354，358
劳动
　　必要劳动　253，254
　　剩余劳动　253，254
历史观　14，128，140，273，297，298，305，308，310，311，350，359，362
利益
　　个人利益　313，314，321，322
　　集体利益　313
两个凡是　51，73，209，244，247，262，264，379，384，385
逻辑
　　定理　51，64，168，174，196，197，198，205，212，232，237，264
　　公理　195，196，198，199，205，207，212，221，222，242
　　定义　96，97，153，161，162，173，182，183，197，198，225，226，253，275，326，335，381
　　推理　10，69，184，193，194，198，199，200，201，202，203，204，205，206，207，210，215，218，240，384
　　演绎推理　193，194，198，202，204，206，207
　　逻辑证明　193，194，196，198，201，202，206，208，210，212，214，215，263，386
马克思主义中国化　1，49，50，51，52，53，54，55，61，62，63，64，65，66，67，68，69，70，71，73，74，75，76，77，79，80，84，86，88，89，90，93，94，108，113，130，137，148，152，153，371，387
马克思主义中国化的必要性　50，137
马克思主义中国化的可能性　50，54，62

毛泽东思想　35，49，51，68，79，90，133，134，135，182，188，259，262，264，289，295，296

矛盾

 矛盾普遍性　356

 矛盾同一性　61，275，381

 矛盾哲学　153，154，155，364，365，366

民本思想　153，156，157，344，345，347，349，351，358，360，361，362

民主革命　33，65，68，70，71，74，75，79，90，123，126，143，148，149，250，260，261，321，324，326，342，353

民族革命　102，126，152

命题

 待验命题　217，218，219

 分析命题　195，212，213，214

 辅助命题　217，218，219，220

 逻辑命题　211，212，214，216

 矛盾命题　190，195，212，213，214，217

 普遍命题　187，196，207，216，217，218，219，220，221，222

 实在命题　211，212，214，215，216

 知觉命题（经验命题）　194，207，216，217，219，218，219，220，221

批判地继承　102，103，317

群众观点　3，5，6

融合　153，154，156，372

儒家　50，63，99，100，137，140，151，152，153，155，156，157，158，372

儒学　151，152

认识

 感性认识　6，9，11，12，13，210，216

 理性认识　6，8，9，11，12，13，14，210，229，246

 检验认识　69，76，183，184，185，191，193，206，209，210，211，214，216，224，227，228，229，230，244，245，265，386

人

 以人为本　338，339，340，341，342，343，344，345，346，347，348，352，353，354，358，361

 抽象人性论　157，298，304，305，314，344，350，351，359，360

 个人主义　117，313，322

 集体主义　313

 具体的历史的人　352

 具体人性　299，302，303

 普遍人性　345，350，359

 人道主义　297，298，304，306，308，309，310，311，312，313，314，315，316，317，344，345，347，348，349，350，351，358，359，360，361，362

 人的本质　157，299，303，334，339，346，347，348，349，351，352，360，361

 人的社会　3，157，183，313，332，334，344，346，350，351，352，

索引

359，360，361

人的社会性　3，157，183，344，350，351，352，359，360，361

人权　150，151，342，344，345，349，350，358，359，361

人性　46，157，297，298，299，300，301，302，303，304，305，306，308，311，314，344，345，349，350，351，358，359，360，361

人性论　46，157，297，298，299，303，304，305，306，308，311，314，344，350，351，359，360

人学　54，55，59，61，105，141，157，348，349，350，351，352，354，360

现实的人　332，340，346，347，352，361

性恶论　157，351，360

性善论　157，351，360

共同人性　298，299，301，302

三者同一　58

三个有利于　75，148，257，258，268，269，270，271

社会

社会革命　66，116，117，120，126

社会关系　57，236，299，302，314，324，332，339，340，346，347，352，355，361

社会主义　22，24，26，28，29，31，36，37，38，39，40，49，56，57，69，70，71，72，74，75，77，79，80，81，82，88，90，91，93，94，96，98，104，107，108，110，112，113，115，116，117，118，120，121，122，124，131，135，139，147，148，149，150，151，152，153，155，156，158，184，209，229，230，244，246，247，248，250，251，252，255，256，257，259，261，264，266，267，268，269，270，271，276，277，278，281，282，286，288，289，290，291，295，296，303，304，305，306，308，309，310，311，312，313，314，315，316，317，318，319，320，321，323，324，325，326，327，329，340，341，342，343，350，351，352，353，354，355，356，357，358，359，360，361，362，363，364，366，367，368，375，376，377，378，379

社会主义初级阶段　155，251，352，357，367

社会主义道路　88，150，150，268，268，268，268，269，270，270，318

社会主义的本质　74，149，270，306

生产

精神生产　109，249，343

解放生产力　74，146，147，149，267，270，320

发展生产力　74，147，148，149，

248，251，252，254，256，267，268，269，270，306

劳动生产率 147，247，290，305，329

生产力 5，30，31，39，46，74，125，129，136，138，146，147，148，149，157，159，243，244，245，246，247，248，249，250，251，252，253，254，255，256，257，258，260，264，265，266，267，268，269，270，271，302，306，311，312，318，319，320，334，341，343，345，346，351，353，357，360

生产力标准 148，159，243，244，247，248，249，254，255，256，257，258，264，265，266，267，268，269，270，271

物质生产 109，249，343

实践

实践本体论 55，56，335，336

实践标准 58，65，69，75，161，177，179，180，181，182，223，224，244，245，246，247，258，261，262，263，264，265，266，267，270，271，384，385

实践的合理性 245，264，265，267

实践观 3，5，6，183，339，348，376，377，378，379，387，388

实践观点 3，5，6

实践合理性标准 245，267

实践活动 5，167，199，332，333，334，339，346，347，352，361，377

时代化 1，77，79，86，88，89，90，91，93，94，110，133

实事求是 24，30，31，35，45，48，72，73，74，110，136，148，149，258，259，260，261，262，263，266，296，363，365

实用主义 27，161，162，164，165，167，168，169，170，171，172，173，176，177，178，179，181，284

世界观 8，21，24，27，29，32，33，34，36，44，56，59，63，64，108，110，117，118，126，129，139，141，258，271，281，283，284，285，286，289，291，297，308，317，324，336，344，347，363，377

世界化 52，79，90，101

淑世主义 313

所有制 38，251，269，271

天赋人权 344，349，358

同一 4，9，47，52，56，58，60，61，77，81，119，129，142，152，153，154，156，188，189，199，202，221，222，228，240，244，245，249，275，276，277，278，279，280，283，284，317，330，336，337，355，365，366，368，369，370，371，374，381

同一律 199，275

同一性 60，61，154，156，221，222，275，276，277，278，279，280，

365，368，381

土地问题　126

外来思想　140

外域文化　103，104，105，106

文本研究　75，76，94

文化

　　文化安全　107

　　文化霸权　98，107

　　文化产品　109，110，111，112

　　文化建设　96，98，105，108，111，341，353

　　传统文化　40，50，53，98，99，100，101，102，103，105，108，140，141，152，153，158，344，345，347，358，371

唯物唯心

　　聪明的唯物主义　45，58

　　聪明的唯心主义　45，58

　　旧唯物主义　5，45，57，58，183，226，334，335

　　历史唯物论　128，132

　　唯物史观　115，122，123，124，125，126，134，135，247，268，270，298，299，303，304，306，308，309，332，348，352，361

　　愚蠢的唯物主义　45，58

物质

　　物质本体论　55，56，336

　　物质实体　347，352，361

物化　233，234

先进性　110，340，363

现代性　79，90

相对主义　161，173

消灭　18，66，74，78，89，101，143，144，146，149，153，154，155，157，250，252，253，292，293，311，312，315，319，320，323，358，365，368，372，373

异化　277，301，304，330，333，350，359

扬弃　233

意识形态　26，38，47，56，60，102，106，150，151，153，210，282，286，288，292，295，318，332，333，334，336，339，345，346，350，355，356，359

庸俗化　26，82，249

语录标准　35，38，182，229，244，261，262，263，267

自然界　155，205，277，330，331，332，333，334，335，346，357，367，372，373

综合国力　148，269，270

真理

　　绝对真理　58，161，173，175，176，177

　　相对真理　58，161，173

　　主观真理　181

　　客观真理　161，169，173，177，178，179，180，181

　　普遍真理　3，67，71，72，108，141，142，143，145，149，187，258，343，377，378

　　检验真理　34，35，38，44，69，70，

73，161，177，178，179，180，182，183，185，188，189，190，191，192，193，194，198，199，201，202，206，207，208，209，210，212，214，224，225，226，230，232，261，263，264，295，378，384，385，386

认识的真理性　133，178，184，187，191，193，210，245，258，260，386

认识真理性的标准　69，183，244，245，246

中国传统辩证法　364，370，371，372

中国化　1，40，49，50，51，52，53，54，55，61，62，63，64，65，66，67，68，69，70，71，73，74，75，76，77，79，80，84，86，87，88，89，90，91，93，94，99，105，108，110，113，130，133，137，139，141，145，148，152，153，158，371，372，378，386，387

中国化的马克思主义　40，49，53，68，79，87，90，105，108，139，141，145，153，158，378

中国梦　376，378，387，388

中国实际　40，66，72，73，76，79，90，93，98，107，108，124，139，141，142，148，149，352，377，386，387

专政　35，66，70，116，118，119，120，143，146，147，235，237，239，244，246，250，260，261，262，287，288，289，290，291，292，294，295，309，312

无产阶级专政　35，66，118，119，120，146，147，244，260，261，262，287，288，289，290，291，309，312

（本索引词条由杜永明编制）